Passer les frontières sociales

Paul Pasquali

Passer les frontières sociales

Comment les « filières d'élite » entrouvrent leurs portes

Fayard

Ce livre est édité sous la direction de Patrick Weil.

Couverture : Stéphanie Roujol
Illustration : © Flore Angèle, « En chemin ».

ISBN : 978-2-213-68095-8

Introduction

« **Boursier**. C'est, je crois, mon maître Albert Thibaudet qui a le premier opposé la catégorie des *boursiers* à celle des *héritiers*. Malgré les statistiques, je ne peux guère avoir de doute sur ma propre place dans ce champ. En sport, cela s'appelle être "issu des qualifications", quand ce n'est pas "de l'immigration". Je récapitule parfois, avec un plaisir tempéré d'une vague mauvaise conscience, tout ce que je dois à la fameuse méritocratie républicaine, du seul fait apparemment d'avoir un jour, en sixième, passé avec succès le "Concours des bourses", si c'est bien ainsi que cela se nommait, et même si l'on ne parlait pas encore, par figure, de "l'ascenseur social", sans doute parce que, de l'ascenseur comme du reste, on ne parle que lorsqu'il est en panne. Boursier, donc, jusqu'au baccalauréat ; boursier en khâgne, pendant trois ans ; pris en charge par quelque équivalent de la Sécurité Sociale, pendant quelques mois de sanatorium, puis un an de postcure ; de nouveau boursier, puis élève-fonctionnaire rue d'Ulm, et finalement fonctionnaire tout court. Boursier à vie, en somme, j'aurais pu payer tout cela d'un long calvaire pédagogique, si le métier m'avait déplu autant que je l'avais imaginé d'avance. Mais je découvris très vite que l'enseignement est plus agréable à donner qu'à recevoir. Et plus profitable : le peu que j'ai appris, ce fut d'abord, comme élève, en désertant des classes inutiles pour lire en cachette des livres plus instructifs, mais surtout et plus tard, comme professeur, en préparant des cours qui, juste retour des choses, ne l'étaient peut-être, instructifs, que pour moi. Boursier, mais toujours autodidacte[1]. »

En 2006, le sémiologue et critique littéraire Gérard Genette fait partie des intellectuels français les plus reconnus. À 76 ans, il délaisse l'analyse de romans pour écrire une autobiographie en forme de dictionnaire, intitulée *Bardadrac*. Il y évoque par bribes son enfance en banlieue parisienne, puis à Ménilmontant, dans une famille populaire (son père était ouvrier tailleur et sa mère sans profession après sa naissance), sa scolarité qui lui a ouvert les portes de l'École normale supérieure (ENS) de la rue d'Ulm et sa carrière de professeur en classes préparatoires, avant qu'il devienne directeur d'études à l'École des hautes études en sciences sociales (EHESS). En faisant figurer l'entrée « boursier » dans son alphabet, il « récapitule » un passé qui survit toujours en lui à travers son oscillation entre le bonheur d'avoir découvert des savoirs réservés aux « héritiers » et son sentiment de dette, source de sa « vague mauvaise conscience », à l'égard de la « fameuse méritocratie républicaine ». Cette expérience ambivalente est le lot de la plupart de celles et ceux qui avaient peu de chances, à leur naissance, de changer radicalement de milieu social. C'est encore le cas de beaucoup des bénéficiaires de programmes mis en place, depuis le début des années 2000 en France, pour élargir l'accès aux grandes écoles.

L'« ouverture sociale » : genèse d'un mot d'ordre réformateur

Le mot « boursier » fait aussi écho à l'actualité au moment où Genette écrit son livre. Au fil de la décennie, le thème de la « panne de l'ascenseur social » s'est imposé dans les débats publics en France pour désigner une situation qui, surtout depuis les émeutes de 2005, est reconnue comme un « problème » : la fermeture croissante, depuis environ trente ans, des grandes écoles et des classes préparatoires (CPGE), à laquelle sont censés remédier les programmes d'« ouverture sociale[2] ». Dans les mobilisations en faveur de ce mot d'ordre, les boursiers occupent une place doublement centrale : d'une part, en tant que figures mémorielles d'un âge d'or de la méritocratie républicaine, incarné dans des noms célèbres, de Jaurès à Pompidou, en passant par Pagnol et Camus, où chaque élève, quel que soit son milieu, aurait été récompensé de ses efforts selon ses seules aptitudes ; d'autre part, comme catégorie d'action publique mesurant des phénomènes ou assignant des objectifs, dont le dernier en date est celui de 30 % de boursiers dans les grandes écoles. Les promoteurs de ces réformes « par le haut » de l'enseignement supérieur contribuent ainsi à rendre possible, au moins pour une partie des bénéficiaires de leurs politiques, le franchissement des frontières sociales. Revenons brièvement sur l'histoire de cette cause[3].

La mise en place, en 2001, d'une voie spécifique d'accès à l'Institut d'Études Politiques (IEP) de Paris – plus connu sous le nom de Sciences Po Paris – réservée à des bacheliers issus de lycées en Zones d'Éducation Prioritaire (ZEP), inaugure une décennie de mobilisations parmi les responsables de grandes écoles, les hauts fonctionnaires, les acteurs politiques et les grands patrons, pour élargir l'accès aux « filières d'élite[4] ». La création de ce dispositif appelé Conventions Éducation Prioritaire (CEP) a provoqué de violentes controverses au sein des « élites » et du monde enseignant, entre ceux qui y voyaient une réforme accordant l'idéal méritocratique à la réalité et ceux pour qui il s'agissait, au mieux, d'une diversion servant à redorer le blason de la rue Saint-Guillaume, au pire, d'une subversion du système de sélection méritocratique fondé sur des concours anonymes et ouverts à tous les candidats. Ces critiques ont notamment dénoncé la « discrimination positive » qui se cacherait derrière un mode de recrutement tenant compte davantage des origines sociales et – surtout – ethniques des élèves que de leurs performances scolaires, expression à laquelle s'est peu à peu substituée celle, plus consensuelle, de « diversité ». Depuis, le spectre d'un « communautarisme » à l'américaine[5] hante toujours les débats français sur les inégalités d'accès aux établissements les plus prestigieux de l'enseignement supérieur. L'initiative de Sciences Po Paris a contraint la plupart des « filières d'élite » à prendre position, en réagissant à travers des discours, des publications ou des dispositifs alternatifs aux CEP[6]. En 2003, l'École supérieure des sciences économiques et commerciales (ESSEC) a ainsi mis en place un programme de tutorat, progressivement étendu à d'autres grandes écoles de commerce et d'ingénieurs, destiné à des lycéens souhaitant intégrer des établissements sélectifs ou entrer dans de bonnes conditions à l'université. D'autres expérimentations ont été créées dans des lycées à CPGE. La plus connue est la Classe préparatoire aux études supérieures (CPES) ouverte à Henri IV en 2006. Si les promoteurs de ces réformes agissent selon des logiques, des temporalités et des intérêts différents, ils partagent depuis une décennie un seul et même mot d'ordre : celui de l'ouverture sociale. Auparavant, l'État était plutôt en retrait. Il se bornait à soutenir ponctuellement divers projets et à financer quelques bourses de mérite. À partir de 2005, il intervient plus directement, par des circulaires, des lois, des chartes et des subventions plus conséquentes[7]. Par la suite, le nombre de dispositifs lancés en faveur de cette cause a constamment augmenté. Aujourd'hui, l'idée d'une intervention des pouvoirs publics s'impose comme une évidence. Et même si leurs effectifs ne représentent que 7 % des bacheliers et 3,5 % des inscrits dans l'enseignement supérieur, les CPGE focalisent l'attention des ministres, parlementaires, journalistes ou experts qui s'expriment au sujet de la clôture des « élites[8] ».

Cette focalisation sur les établissements les plus prestigieux et sur leurs antichambres tend à entretenir la fascination du sens commun pour les « hauts lieux » scolaires. Ce faisant, elle ratifie l'illusion ordinaire selon laquelle la vie nationale se confond avec celle de la capitale. Or on ne saurait réduire la cause de l'ouverture sociale aux réformateurs les plus en vue, au risque d'occulter le rôle décisif des enseignants, des proviseurs et de bien d'autres acteurs éducatifs dans la mise en œuvre de ces politiques publiques dans l'ensemble du pays. Contre cet inconscient élitiste, qui est aussi un régionalisme qui s'ignore, il faut rappeler que le développement des scolarités des enfants des classes moyennes et populaires aux XIXe et XXe siècles ne s'est pas réalisé « par le haut » du système d'enseignement (lycées, universités et grandes écoles), mais essentiellement par les écoles primaires supérieures et les cours complémentaires des villes de province[9]. Et si la mémoire collective ne retient que des noms célèbres, on ne doit pas oublier que ce sont d'abord des acteurs éducatifs anonymes qui, à chaque époque, travaillent quotidiennement à la conserver ou à la transformer sur tout le territoire. Pour déplacer le regard, j'ai pris le parti d'enquêter dans une ville de province, baptisée Carmont[10], où a été ouverte, en 2002, une CPGE expérimentale que j'ai appelé « prépa sup-expé », dispositif original consistant en une préparation intensive d'un an aux *concours normaux* de plusieurs IEP (excepté celui de Paris) et, depuis 2005, au concours post-bac d'une École supérieure de commerce (ESC). Implantée dans un grand lycée à « prépas » – le lycée Coty – qui occupe une place centrale dans la région concernée, cette classe est réservée aux seuls bacheliers ZEP de l'académie, à raison d'une vingtaine par promotion. Enfants de familles populaires (parents ouvriers, employés ou inactifs) dans leur écrasante majorité, ceux-ci n'ont pas droit au redoublement et ne sont pas recrutés par le biais d'épreuves dérogatoires, comme c'est le cas à Sciences Po Paris[11]. Dans la mesure où ce dispositif est beaucoup moins atypique que les CEP, puisqu'il ne remet pas complètement en cause les principes méritocratiques et constitue un niveau de cursus intermédiaire entre la Terminale et l'enseignement supérieur, il autorise davantage des comparaisons avec les « filières d'élite » traditionnelles, en particulier les CPGE littéraires, plus connues sous le nom d'hypokhâgnes, pour la première année d'études.

La mobilité sociale en train de se faire

Les bénéficiaires de l'ouverture sociale sont, au moins en partie, des jeunes en cours d'ascension sociale qui entendent continuer leurs études après l'obtention du baccalauréat. Pour comprendre les processus à travers lesquels leur (re)socialisation s'opère, il faut croiser des domaines de recherche habituellement séparés en sous-objets (éducation, immigration, jeunesse, mobilité sociale) et, par là, sortir des approches macroscopiques qui sont traditionnellement utilisées en France, en Angleterre et aux États-Unis. Dans ces trois pays, la mobilité sociale a fait l'objet depuis un demi-siècle de très nombreux travaux étudiant les « mouvements individuels ou collectifs de passage d'une position sociale à une autre[12] ». Cette branche particulière des enquêtes spécialisées dans l'étude de la stratification sociale a connu, dans les années 1950-1970, un âge d'or marqué par une préférence quasi-exclusive pour les statistiques[13]. Ces travaux ne s'intéressaient guère au sens donné à leurs expériences par les personnes en situation de mobilité, ou alors ils se limitaient simplement à des réflexions psycho-sociologiques sommaires sur les risques de déstabilisation psychique ou de comportements déviants chez les hommes ayant changé de milieu par rapport à leur père[14]. Faute d'aller voir sur le terrain, ces chercheurs n'observaient qu'indirectement, et de très loin, des itinéraires biographiques agrégés dans les flux statistiques[15].

Dès les années 1970, le sociologue Anselm Strauss a critiqué les présupposés stériles de cette approche considérant les « mobiles » comme une population homogène, c'est-à-dire à part (distincte des « immobiles »), déconnectée de l'histoire et composée d'individus interchangeables[16]. Il a ainsi plaidé pour une ethnographie de la mobilité sociale, seule capable de rendre compte des *processus* qui produisent des mouvements au sein de la structure sociale[17]. Dans cette perspective, les enquêtes de longue durée fondées, outre sur des statistiques, sur des entretiens approfondis et des observations *in situ*, sont les mieux placées pour se déprendre de l'idée selon laquelle les mobiles suivraient tous une seule direction, isolément et selon la même temporalité. Ces débats n'ont guère rencontré d'écho en France, où la mobilité sociale n'a jamais vraiment constitué un champ de recherche unifié, en raison de la prédominance, chez de nombreux chercheurs, d'une perspective davantage concentrée sur la reproduction sociale et les inégalités scolaires, mais aussi à cause de la faible autonomie de ces derniers par rapport aux données et aux questionnements des enquêtes produites par l'Institut national des études démographiques (INED) ou l'Institut national de la statistique et des études économiques (INSEE)[18]. Cependant, une approche aussi critique que celle de Strauss a été esquissée en France par un éminent spécialiste de la mobilité sociale, Daniel Bertaux[19]. Celui-ci soulignait la nécessité d'accorder le même intérêt aux petits et aux grands déplacements sociaux, en tenant compte des ancrages historiques, géographiques et familiaux des individus. Il proposait, surtout, d'observer des mobilités en train de se faire, en s'appuyant sur des récits de vie, des archives familiales, des tableaux généalogiques et des monographies locales[20].

Strauss et Bertaux ont posé les jalons d'un renouveau qui, à quelques exceptions près, n'a pas eu de postérité en France[21]. De fait, les spécialistes de la mobilité sociale continuent de préférer les enquêtes quantitatives macroscopiques[22]. Il est vrai que ces dernières offrent des informations indispensables : grâce à elles, on sait que la « fluidité sociale » ne varie guère d'un pays à l'autre, la mobilité sociale étant largement due aux transformations des marchés du travail, que les petites ascensions ont toujours été plus fréquentes que les grandes et que, même quand les frontières sociales étaient plus perméables, comme dans les années 1950-1960, les catégories supérieures étaient très peu ouvertes aux individus issus des autres groupes[23]. Par ailleurs, les statistiques permettent d'invalider certaines idées reçues, comme celle selon laquelle nous vivrions dans une société essentiellement fondée sur le « mérite » individuel[24]. Cependant, elles ne parviennent pas à restituer dans toute son épaisseur et dans sa diversité l'expérience vécue du déplacement social, comme peuvent le faire notamment les autobiographies d'intellectuels d'origine populaire. Le succès des ouvrages d'Annie Ernaux ou, plus récemment, de Didier Eribon[25], témoignent de l'intérêt de ces témoignages sur le franchissement des frontières sociales. Or, en dépit de leur richesse et de leur finesse descriptive, ces récits rétrospectifs de personnes d'âge mûr ne peuvent pas non plus se substituer à l'observation ethnographique de la mobilité sociale en train de se faire. C'est la raison pour laquelle j'ai pris le parti de m'inscrire dans le sillage de Strauss et Bertaux en m'intéressant aux itinéraires des bacheliers ZEP qui se sont portés candidats à la prépa sup-expé et, le cas échéant, y ont été admis. À partir du cas particulier de ces jeunes, il s'agit de comprendre comment et dans quelle mesure celles et ceux qui tentent de franchir les frontières sociales sont façonnés par des techniques d'apprentissage et des situations pédagogiques qui, au-delà des objectifs proprement scolaires, visent à transformer tout ou partie de leurs manières d'être, de penser et de sentir.

Plusieurs questions se posent, ici : quels rapports ces élèves entretiennent-ils avec leurs enseignants, les autres préparationnaires et les membres de leur univers d'origine ? Dans quelle mesure leurs héritages familiaux et les ressources qu'ils ont accumulées au cours de leur scolarité rendent-ils possibles, sinon probables, leur candidature et leur admission à cette classe préparatoire ? À travers quels discours essaie-t-on de les convaincre d'y postuler, puis de croire en leurs chances de réussite aux concours ? Qui, dans leur entourage, intervient pour les en persuader ou les en dissuader ? Comment s'approprient-ils des savoirs, des savoir-faire et des savoir-être qui, pour la plupart d'entre eux, les éloignent radicalement de leur milieu social, au moins pour un temps ?

En répondant à ces questions, on peut mieux comprendre ce que Genette entend par « être issu des qualifications ». Mais il faut d'emblée préciser que, contrairement à ce que suggère cette métaphore sportive, les itinéraires de ces élèves ne se résument pas à une course linéaire pareille à une succession de sauts d'obstacles identiques pour tous. Et surtout, pour ceux qui, parmi ces bacheliers ZEP, sont issus des milieux populaires, qui ne franchissent pas une fois pour toutes les frontières sociales : ils les passent et les repassent en permanence.

En effet, dans la mesure où le lycée Coty ne dispose pas de locaux pour héberger les préparationnaires, ils sont contraints de rester chez leurs parents, faute de moyens pour louer un appartement individuel, à la différence de la majorité des élèves scolarisés dans les CPGE traditionnelles. On ne saurait donc limiter les interprétations à leur salle de classe ou à l'enceinte de l'établissement, au risque d'oublier que, sitôt la journée de cours terminée, ils reviennent dans leur univers d'origine et que, pour certains, les week-ends sont l'occasion de revoir les amis du quartier, en présence desquels ils sont conduits à réactiver leur passé social incorporé. Ne découvrant souvent les « héritiers » que sur le tard, sans être complètement reclus dans le lieu où ils étudient, ils se distinguent ainsi des « boursiers » de la génération de Genette, qui étaient très tôt séparés de leur milieu (entre 11 et 13 ans) par une succession d'épreuves très sélectives et par leur vie en internat. Si, pour comprendre comment sont produits les « miraculés scolaires », il faut tenir compte de la pluralité des espaces géographiques où ils s'inscrivent, l'analyse doit aussi restituer les trames temporelles de leurs itinéraires individuels et collectifs, en menant une enquête sur une durée aussi longue que possible. C'est la raison pour laquelle j'ai suivi une partie des élèves avant et après les concours, pendant cinq ans. En comparant le devenir scolaire et professionnel de ces bénéficiaires de l'ouverture sociale, on peut mieux observer la façon dont les dispositions que chacun d'eux a intériorisées à différents moments de sa trajectoire se renforcent, s'affaiblissent ou disparaissent au fil du temps, à condition d'être attentif aux singularités de chaque parcours. Du même coup, on saisit des phénomènes qui sont presque toujours occultés dans les débats sur les inégalités d'accès aux « filières d'élite », comme les abandons d'études, les bifurcations en cours de cursus, les difficultés rencontrées par ceux qui n'intègrent pas une grande école, déroutés par le manque d'encadrement dans les premiers cycles universitaires, les problèmes auxquels sont confrontés ceux qui ont réussi aux concours, désarmés face à leurs nouveaux enseignants et condisciples issus, dans leur immense majorité, des classes supérieures, ou encore les obstacles à leur insertion sur le marché du travail lorsqu'ils cherchent un stage ou un premier emploi.

Pour rendre compte des traversées dans l'espace social avant qu'elles ne soient enregistrées dans les statistiques, j'ai pris le parti de citer de nombreux extraits d'observation ou d'entretien, parfois longs :

c'est là le seul moyen de restituer la part de fragilité et de réversibilité de ces ascensions en pointillés (y compris lorsqu'elles se traduisent par l'obtention de diplômes prestigieux). Ce choix permet, d'une part, de comprendre comment ces élèves vivent leur succès ou leur échec aux concours des grandes écoles, pourquoi et dans quelle mesure ce verdict scolaire est ensuite confirmé ou infirmé, mais aussi de quelle façon les positions que chacun d'eux occupe sur les scènes familiale, amicale, résidentielle et conjugale évoluent ou non au fil du temps. Cela permet, d'autre part, de répondre à une question capitale : que conservent-ils, modifient-ils ou abandonnent-ils de leurs héritages, sachant que les ressources qu'ils acquièrent en dehors de leur univers d'origine (savoirs, diplômes, modèles de comportement, relations, etc.) ne suffisent pas, dans un contexte[26] marqué par le chômage de masse et la précarisation des nouveaux entrants sur le marché du travail, à leur assurer une réussite professionnelle à la hauteur de leurs espoirs ? En définitive, l'enjeu consiste à mettre au jour les conditions de possibilité, les modalités pratiques, les temporalités spécifiques et les incidences biographiques des déplacements petits ou grands au sein de l'espace social de la France contemporaine, qu'effectuent les jeunes issus des classes populaires ou moyennes scolarisés dans des filières sélectives de l'enseignement supérieur[27].

Penser les passages des frontières sociales

J'ai d'abord entendu parler de passages des frontières sociales dans un entretien avec une enseignante de la prépa sup-expé, qui résumait son rôle en disant qu'elle faisait « traverser » les élèves de « l'autre côté » de Carmont, c'est-à-dire des quartiers pauvres vers les quartiers riches de la ville, le lycée Coty étant situé à la lisière de ces deux zones géographiques. Plus tard, je fus frappé par les propos similaires d'un élève, lors d'une conversation enregistrée : « L'an dernier, on préparait le bac, là on prépare une grande école ! C'est... (*enthousiaste*) 'y a une frontière qu'on a traversée. » J'ai mis du temps avant de savoir comment interpréter ces termes indigènes. D'un côté, ils me semblaient plus pertinents, pour comprendre les perceptions sensibles des discontinuités sociales, culturelles ou territoriales, que le vocabulaire stratificationniste de la mobilité (qui suppose l'existence de personnes « immobiles » pendant toute leur vie) et sa représentation pyramidale de la société, avec une base, un sommet et des échelles à grimper individuellement, exactement comme dans les représentations du sens commun[28]. Mais, d'un autre côté, le mot « frontière » ne s'avère guère utile s'il n'est qu'une pure métaphore pour désigner la ségrégation urbaine, les hiérarchies scolaires ou les disparités culturelles, et non un concept qui aide à comprendre en quoi consistent les frontières franchies – où, par quoi et par qui passent-elles ? – et le franchissement lui-même.

Si le concept de frontières sociales rencontre un franc succès dans les sciences sociales anglo-saxonnes, il reste encore peu utilisé en France[29]. Articulé à la notion de frontières symboliques (*symbolic boundaries*), ce concept visait à l'origine à étudier de façon plus concrète et plus dynamique la pluralité des logiques et des expériences qui sont à l'œuvre dans l'édification des hiérarchies et la justification de l'ordre social[30]. Cependant, malgré ou à cause de son succès outre-Atlantique et outre-Manche[31], il souffre d'une imprécision qui rend nécessaire, pour exploiter tout son potentiel heuristique, sa redéfinition au sein d'un cadre interprétatif davantage consistant, en l'associant plus étroitement avec la notion d'espace social[32]. C'est Pierre Bourdieu qui, le premier, a parlé d'espace social pour construire, à l'aide de statistiques, d'observations et d'entretiens, une topographie relationnelle des goûts, des pratiques et des modes de vie propres à chaque catégorie sociale, selon le pays et l'époque considérées. Cette notion permet de saisir des proximités ou des distances de classe qui échappent en grande partie à la connaissance ordinaire. Mais cette sorte de cliché instantané, aussi précieux soit-il, n'est guère adapté pour étudier des déplacements qui mènent d'un point à un autre de l'espace social dans le temps. Le fait de s'interroger sur les franchissements des frontières sociales sert justement à restituer les dynamiques que le modèle structural tend en grande partie à évacuer : pour filer la métaphore, cet ouvrage se propose de passer ainsi de la photographie au film, étant entendu que les deux sont indispensables. En effet, ce n'est pas le seul fait d'être « mobile » qui importe dans les traversées de l'espace social, c'est la succession des épreuves subies et des lieux investis, la confrontation directe à des univers qualitativement différents et la découverte, en explorateur, de *régions* du monde social qui ont leurs propres coutumes, traditions et idiomes, leurs zones surveillées et leurs dispositifs de contrôle[33]. À la différence du voyage touristique, qui laisse toujours au curieux la possibilité de rester ce qu'il est en observant, en spectateur, un autre univers que le sien, c'est ici une rupture radicale et inédite, en un mot *dépaysante*, qui est en jeu.

En dehors des sociétés d'ordres ou de castes, les frontières sociales sont toujours perméables, mais elles ne sont pas pour autant mouvantes ni purement imaginaires[34]. Plus ou moins admises ou déniées, elles apparaissent en toute clarté à celles et ceux qui, en pénétrant dans un univers avec lequel ils ont peu de choses en commun, se risquent à les transgresser[35]. Structurées en grande partie par les classes sociales dans des pays où, comme la France et l'Angleterre[36], les luttes contre l'exploitation économique ont profondément marqué l'histoire, elles reposent toujours aussi sur des hiérarchies de genre : non seulement les femmes les franchissent plus difficilement que les hommes qui, en dépit des avancées législatives, monopolisent l'essentiel des richesses, du pouvoir et du prestige, mais elles connaissent aussi beaucoup plus souvent qu'eux un déclassement[37]. Parler de frontières sociales ne suppose pas toutefois de concevoir les groupes étudiés comme des entités homogènes. Depuis trente ans, la structure de classe a considérablement changé de physionomie. Pour s'en tenir ici aux classes populaires, de nombreux travaux[38] ont montré qu'elles n'ont jamais constitué un « bloc » et que leurs limites sont devenues de plus en plus floues. Ces transformations obligent à réviser l'hypothèse d'Hoggart selon laquelle la plupart des boursiers, après avoir grandi en étant isolés de leur pairs, seraient contraints, une fois entrés au lycée, d'« obéir alternativement à deux codes culturels » en se sentant en permanence « écartelés »[39]. Ce constat était sans doute fondé à une époque où les classes populaires avaient une culture qui les distinguait clairement des « autres ». Mais, pour la France contemporaine, ce modèle n'est guère adéquat : l'opposition entre « nous » et « eux », sans disparaître, a changé de sens et perdu de sa force[40].

Les frontières sociales ne sont pas pour autant la survivance d'une époque révolue. Toutes les enquêtes statistiques sur le système éducatif en témoignent : si les taux d'accès au baccalauréat par génération ont triplé entre la fin des années 1950 (20 %) et 2010 (66 %), les disparités se sont globalement maintenues. Ainsi, 84 % des jeunes âgés de 20 à 24 ans dont le père est cadre ou profession intermédiaire ont obtenu ce diplôme, contre 54 % de ceux dont le père est ouvrier ou employé[41]. La « massification » de l'enseignement supérieur n'a pas

Origine sociale des étudiants français en 2010-2011 (en pourcentage)

Filière	Agriculteurs, artisans, commerçants et chefs d'entreprise	Cadres et professions intellectuelles supérieures	Professions intermédiaires	Employés	Ouvriers	Retraités et inactifs	Non renseigné	Ensemble
Universités	9	31	13	12	11	13	11	100
Instituts Universitaires de Technologie	12	28	16	15	15	9	5	100
Grands établissements*	10	51	8	7	4	14	6	100
Sections de Techniciens Supérieurs	13	16	15	17	21	13	5	100
CPGE	11	51	13	10	6	6	3	100
Écoles d'ingénieurs	12	48	12	7	5	7	10	100
Écoles de commerce, gestion, vente et comptabilité (en 2007)	15	38	7	6	2	5	27	100
Écoles normales supérieures (Ulm, Cachan, LSH et Lyon)	9	57	9	7	2	5	11	100
Écoles artistiques, culturelles, de journalisme, de communication et d'architecture (en 2007)	12	31	11	9	3	6	29	100
Total	**11**	**39**	**11**	**10**	**8**	**9**	**12**	**100**

*IEP de Paris, École nationale des chartes, École pratique des hautes études, EHESS, Institut national des langues et civilisations orientales, Observatoire de Paris, Institut de physique du Globe, École nationale supérieure des sciences de l'information et des bibliothèques, Université Paris Dauphine, INP de Grenoble et de Bordeaux. L'origine sociale est celle du chef de famille de l'étudiant. Source : DEPP-MESR, 2011.

non plus aboli les hiérarchies, elle les a seulement différées et rendues plus floues[42]. Sauf en Sections de Techniciens Supérieurs (STS) et, à un moindre degré, dans les Instituts universitaires de technologie (IUT), les enfants d'ouvriers et d'employés sont toujours sous-représentés. Quant aux « filières d'élite », elles s'avèrent, de très loin, les plus sélectives, comme on peut le voir dans le tableau ci-dessus.

Ces phénomènes ne constituent pas un particularisme national. Les dénonciations récurrentes, dans les débats publics, de l'« archaïsme » des grandes écoles, présentées comme le symbole d'une « exception française », accordent une importance excessive à la singularité de nos institutions et brossent un portrait souvent idyllique des pays anglo-saxons. Aux États-Unis, les disparités sont pourtant aussi très marquées. L'écrasante majorité des hauts fonctionnaires, hommes d'affaires, officiers et avocats de ce pays sont issus de l'une des huit universités de l'*Ivy League*, dont les plus célèbres sont Harvard (la plus riche de la planète), Columbia, Yale et Princeton, derrière lesquelles figurent, par ordre de sélectivité sociale, environ 150 établissements privés ou financés par les États (comme Berkeley et Michigan) et, tout en bas de la hiérarchie, environ 2 000 formations nettement moins dotées et exigeantes qui, elles, accueillent la plupart des enfants d'origine populaire et de minorités ethniques[43]. Ces « élites » sont triées en amont, dans des pensionnats (*boarding school*) et des classes préparatoires (*preps schools*) huppés auxquels n'accèdent que de rares boursiers[44]. Quant à la Grande-Bretagne, les inégalités sont telles que le gouvernement travailliste a mis en cause, à la fin des années 1990, le quasi-monopole des postes de pouvoir par les diplômés d'Oxford, en encourageant le développement de programmes de tutorat (sous le label de la *widening participation*) et de dispositifs visant à assurer la transparence des informations pour les choix d'orientation (désignés par le terme d'*outreach*)[45]. En outre, les dénonciations médiatiques du « retard français » contribuent aussi à focaliser l'attention des acteurs politiques et des citoyens ordinaires sur les établissements les plus emblématiques, comme Sciences Po Paris, l'ENA ou Polytechnique. Elles laissent ainsi dans l'ombre ceux qui, comme les huit IEP de province, jouent un rôle crucial dans l'accès au postes de pouvoir administratifs, politiques, économiques et médiatiques. Au milieu des années 2000, les IEP de province accueillaient en moyenne 53 % d'étudiants enfants de cadres ou exerçant une profession intellectuelle supérieure, contre 10 % de fils et de filles d'employés ou d'ouvriers. Ces taux diffèrent à peine de ceux observés à Sciences Po Paris à la même époque (respectivement 57 % et 9 %). Pourtant, c'est toujours vers la capitale que les regards se tournent[46]. C'est pour renverser cette perspective que je me suis principalement intéressé au cas d'un IEP de province, à l'origine de la création de la prépa sup-expé, situé dans une ville que j'ai baptisée Lagnecourt[47].

Une enquête ethnographique sur un terrain familier

L'une des particularités de mon enquête est ma connaissance préalable du terrain. Si je n'ai pas été scolarisé dans la prépa sup-expé, j'ai en effet été élève dans l'un des lycées ZEP et dans l'un des IEP partenaires du dispositif, après avoir passé une partie de mon enfance et de mon adolescence dans un quartier populaire de la ville où mon enquête a eu lieu. Celle-ci se fonde sur 82 entretiens approfondis réalisés auprès de 28 élèves et 12 enseignants ou personnels de direction, sur des observations directes, régulièrement consignées dans mon journal de terrain pendant trois ans, et indirectes, tirées des rushes d'un reportage au sujet du dispositif réalisé par des documentaristes[48], ainsi que sur des statistiques élaborées à partir des dossiers scolaires de l'ensemble des candidats à la prépa sup-expé entre 2002 et 2009 (soit 124 individus) et d'un questionnaire (établi par mes soins) rempli par la quasi-totalité des entrants en première année de CPGE au lycée Coty en 2009 (soit 507 individus). Elle a été complétée par l'exploitation des archives courantes de cet établissement et l'analyse de diverses sources sur l'histoire de la société locale et au sujet des autres dispositifs français d'ouverture sociale (monographies historiques, travaux statistiques, rapports officiels, notes d'expertise, articles de presse). Pour me tenir au plus près des déplacements sociaux en train de se faire, j'ai effectué des entretiens répétés avec la moitié des enquêtés et deux tiers des élèves, à raison de deux à six fois pendant cinq ans, en général à intervalle régulier (chaque trimestre, année ou semestre, par exemple). Ces élèves sont tous passés par la prépa sup-expé entre 2002 et 2007. Ils étaient âgés de 19 à 26 ans à la fin de ma recherche. Deux tiers d'entre eux sont des filles. Les enfants d'ouvriers, d'employés ou de chômeurs de longue durée que j'ai rencontrés représentent la même proportion. Les entretiens ont laissé une place importante aux récits de vie et ont été accompagnés par un travail d'observation simultané. Parmi les enseignants sollicités pour un ou plusieurs entretiens, 9 font partie de l'équipe pédagogique ou des responsables administratifs du dispositif, 3 sont des professeurs en poste dans les lycées ZEP. Ces derniers m'ont mis en contact avec une dizaine de leurs collègues, avec lesquels j'ai eu de nombreuses conversations informelles. Avec eux, les discussions ont été plus longues qu'avec les élèves, mais moins fréquentes. Ces différences s'expliquent par la nature des relations que j'ai nouées avec les uns et avec les autres. Pour pouvoir en dire plus sur ce point, je dois dire quelques mots de mon propre parcours, compte tenu de son importance dans l'orientation et le déroulement de ma recherche.

À bien des égards, j'aurais pu compter parmi les élèves dont je parle, au moins indirectement, pour deux raisons. En premier lieu, ma socialisation s'est effectuée dans des univers sociaux très contrastés. Dernier enfant d'un couple hétérogame, j'ai hérité de mes parents de dispositions peu compatibles, qui ont implicitement joué dans leur séparation, lorsque j'avais 6 ans. Titulaire du seul brevet des collèges, ma mère est la fille aînée d'une ouvrière et d'un artisan, tous deux sans diplômes. Habitante d'une cité populaire de Carmont, elle a longtemps été employée non qualifiée (fonctionnaire assimilée) dans un organisme social, avant d'être promue à un poste qualifié à la fin de sa carrière, puis licenciée. J'ai vécu seul avec elle après son divorce. Lors de mon entrée au collège, j'ai été accueilli par mon père, qui résidait alors dans une commune rurale. Celui-ci a une trajectoire qui a contribué à ma réussite scolaire. Fils cadet d'un ouvrier et d'une employée de commerce, il a étudié les mathématiques pendant trois ans à l'université locale, grâce à une bourse des PTT. Reçu au concours d'inspecteur des Postes, il a été cadre à des grades de plus en plus élevés jusqu'à sa retraite anticipée. Si la culture classique (littéraire, philosophique, artistique ou musicale) n'a jamais fait partie de ses centres d'intérêt, il m'a transmis un goût prononcé pour l'histoire, une bonne volonté scolaire, des bribes de mémoire ouvrière (héritée de son propre père, sympathisant communiste) et, peut-être surtout, un sens de la discipline qui ont beaucoup pesé sur mon avenir. Mais, revoyant ma mère un week-end sur deux, je franchissais à chaque fois, sans m'en apercevoir, la frontière entre ces « mondes » diamétralement opposés – celui de ma mère étant assez proche de celui dans lequel mon père a grandi et avec lequel il n'a jamais vraiment rompu, sur le plan symbolique. En second lieu, ma recherche est inséparable de ma scolarité dans un lycée ZEP, où j'ai été interne pendant trois ans, après m'être rapproché de ma mère, à la fin de la Troisième. Entouré de cités, cet établissement se trouve à trois kilomètres de son domicile, où je revenais un week-end sur deux et durant la moitié des vacances scolaires. Au cours de cette période, j'occupais encore une position frontalière entre des univers très contrastés. J'ai été imprégné de l'ambiance virile des dortoirs réservés aux garçons qui, contrairement à moi, étaient presque tous en filières technologiques ou professionnelles et originaires d'autres villes. Jusqu'en Terminale, mes camarades en série Économique et Sociale (ES) étaient dans leur majorité des enfants de famille populaire, pour beaucoup des filles d'immigrés. Mais je fréquentais également des personnes de milieux plus aisés qui avaient choisi ce lycée parce qu'il était l'un des rares dans la région à offrir les formations auxquelles ils voulaient accéder. Après une scolarité en demi-teinte en primaire et au collège, je suis devenu ce qu'on appelle un « bosseur », même si je côtoyais surtout des personnes qui ne l'étaient guère. Obtenant d'excellents résultats dans toutes les disciplines, je me suis peu à peu pris de passion pour la lecture et l'écriture. Par ailleurs, j'étais immergé dans la sociabilité des externes (atelier journalisme, clubs hip-hop et vidéo) et j'éprouvais quelque plaisir à discuter longuement avec mes enseignants, à l'issue des cours ou au hasard des rencontres dans les couloirs. Tout cela m'a conduit, comme les élèves les plus âgés que j'ai rencontrés, à postuler – avec succès – à la prépa sup-expé l'année de sa création. J'hésitai alors entre cette classe, grâce à laquelle je pouvais rester avec certains de mes amis, et l'hypokhâgne lettres et sciences sociales du lycée Coty, pour laquelle ma candidature avait aussi été retenue. Finalement, aucune de ces possibilités ne s'est réalisée : ayant obtenu le baccalauréat avec une mention Très Bien, j'ai intégré « sur titre » l'IEP de Lagnecourt. Cette orientation s'imposait d'autant plus à moi que, pour bénéficier de la bourse de mérite à laquelle j'avais droit au vu de mes résultats et de la situation matérielle de ma mère, il était conseillé de poursuivre les études dans une grande école et, dans tous les cas, nécessaire d'aller ailleurs qu'à l'université, voie qui m'apparaissait alors la plus naturelle. Mon professeur de Sciences Économiques et Sociales (SES), qui s'était beaucoup impliqué dans la création de la prépa sup-expé, a contribué à m'en détourner, en discutant longuement de mon avenir avec moi, en téléphonant à mon père et en rencontrant ma mère pour qu'ils m'incitent à rejoindre une « filière d'élite ». Je l'ai revu plusieurs fois après ma Terminale et, peu à peu, nous sommes devenus proches. Féru de sociologie, il a joué un rôle crucial dans mon entrée sur le terrain.

Ces précisions sont utiles pour comprendre les conditions qui ont rendu possible mon enquête. Celle-ci a commencé lorsque cet enseignant m'a invité, en juin 2006, à une réunion d'information adressée aux élèves du lycée Voltaire intéressés par la prépa sup-expé. Ce jour-là, il me présente comme un « ancien du bahut » qui a « réussi Sciences Po » et qui effectue une recherche sociologique sur les bacheliers ZEP désirant entrer dans une grande école (je suis alors étudiant en Master 2, à l'ENS et à l'EHESS). Je n'interviens pas dans les échanges. Je me borne à prendre des notes et, après la discussion, à proposer, sans contrepartie, mon aide à ceux qui le souhaitent, sous la forme de conseils bibliographiques et méthodologiques. Ce n'est que trois mois plus tard que je les sollicite pour un entretien individuel, que tous acceptent sans hésiter. Aux yeux de ces jeunes, qui représentent environ un tiers des élèves rencontrés, j'apparais alors comme un « allié » potentiel dans leur réussite scolaire, mais aussi comme un « étranger », dans la mesure où je n'ai pas suivi exactement la même voie qu'eux et où j'appartiens, désormais, à un autre « monde » (celui du « savoir », de Paris, etc.). Par ailleurs, ils sont tenus, consciemment ou non, de répondre à mes demandes par loyauté envers ce professeur qui sert d'entremetteur. Avec ces élèves, la relation d'enquête était marquée de part en part par une sorte de *proximité distante*. Il en fut autrement avec ceux qui, au début de ma recherche, n'étaient pas des candidats ou des élèves, mais des « anciens » de la prépa sup-expé. Parmi eux, une petite minorité est constituée de camarades de lycée, la majorité est formée de bacheliers provenant des trois établissements partenaires du dispositif, que j'ai rencontrés au fil des entretiens. Ce ne sont pas les mêmes types de relation d'enquête qui se sont joués avec les uns et les autres. Mes rapports avec les premiers étaient sous-tendus par une *familiarité subjective*, liée à notre passé commun et à un faible écart d'âge. Cette proximité a été à la fois une ressource et un obstacle : je me sentais sans cesse confronté au risque de glisser de la complicité vers la connivence et de la connivence vers la complaisance, ce qui m'a obligé à leur demander d'expliciter des détails qui leur semblaient anecdotiques ou « évidents » et, inconsciemment, à sur-formaliser les échanges. À l'inverse, mes rapports avec les autres enquêtés étaient structurés par des *affinités objectives* et moins chargés d'affects. Avec eux, les entretiens se sont avérés souvent plus faciles à négocier, à mener et à réitérer.

En règle générale, j'ai effectué mes premiers entretiens avec les élèves dans des cafés ou des brasseries situés dans les centres-villes de Carmont et de Lagnecourt. Je leur laissais le choix du lieu mais, hormis quelques exceptions, ils n'avaient souvent pas de préférence. Par la suite, je leur proposais de se revoir à leur domicile, prétextant une visite chez ma mère prévue de longue date. Cette stratégie a en grande partie échoué : la plupart d'entre eux ont rejeté cette idée, à travers des refus discrets, des remarques évasives ou des silences gênés. Quand la distance sociale était trop accusée, leurs réponses étaient plus explicites : « Laisse tomber, mon quartier il craint trop, déjà que c'est chaud pour moi, alors pour toi ! » me dit ainsi une fille d'ouvriers algériens. À l'inverse, ceux qui se sentaient tiraillés entre leur univers d'origine et leur univers d'accueil abordaient spontanément cette possibilité. Avec eux, j'ai pu réaliser des conversations enregistrées, denses et plus longues, dans leur chambre ou dans la salle à manger de leurs parents[49]. Pour réduire autant que possible la distance avec les uns et les autres, je parlais sur un ton et employais des mots utilisés dans leur univers d'origine, en m'efforçant de ne pas en rajouter. Il aurait été illusoire de chercher à abolir cette proximité distante en me déguisant. Si j'ai essayé, sur le tas, de « doser » les indices de proximité et les indices de distance, j'ai vite compris que l'essentiel échappait à mon contrôle et que les remarques au sujet de mon attitude ou de mes habits faisaient partie de l'enquête. Je n'ai donc ajusté mon apparence physique qu'à la marge. Ce fragile équilibre se serait peut-être rompu si je n'avais pas anticipé, lors de mon entrée sur le terrain, les risques d'être assimilé à un agent de l'institution scolaire. J'ai attendu plusieurs mois avant de prendre contact avec l'administration du lycée Coty, ai décliné les propositions des enseignants de servir de « tuteur officiel » et n'ai jamais sollicité le soutien ni l'autorisation des responsables des établissements concernés. Ce choix a facilité le déroulement de ma recherche, dans la mesure où il me garantissait un minimum d'autonomie tout en préservant la confiance des élèves. Mais il a eu pour contrepartie de rendre incertaine la place que m'attribuaient les professeurs et les personnels de direction.

Au début de l'enquête, mes rapports avec les enseignants de la prépa sup-expé étaient assez limités. C'est mon ancien professeur de SES qui m'a mis en contact avec eux, en parlant de ma recherche à la professeure responsable de l'équipe pédagogique. Intéressée par ce qui lui semblait être une piste pour l'évaluation du dispositif, elle a accepté la proposition d'entretien que je lui ai envoyée, à l'automne 2006, par courrier électronique. Quelques mois plus tard, j'ai rencontré par son intermédiaire plusieurs de ses collègues, avec lesquels j'ai effectué des conversations enregistrées, presque toutes réalisées au lycée Coty. Pour les raisons que je viens de mentionner, j'ai préféré ne pas tenir au courant l'administration de l'existence de ma recherche pendant les deux premières années. Cette stratégie a contribué à me donner un statut ambigu, à leurs yeux. D'un côté, ils me percevaient comme « l'élève du prof d'éco de Voltaire », « un ancien ZEP » dont on avait entendu dire « du bien ». D'un autre, j'étais pour eux « le sociologue » ou « un thésard qui vit à Paris » et, si je campais trop le rôle du « savant », j'alimentais leurs soupçons : dans cet univers où l'inspecteur est une figure aussi crainte que respectée, l'observateur impartial peut s'apparenter à un « espion ». Le fait d'avoir prolongé mon enquête pendant plusieurs années a permis de lever une partie de cette ambiguïté. Au fil du temps, ces enseignants m'ont considéré de plus en plus comme un des leurs. Au vouvoiement d'usage a succédé le tutoiement avec un « jeune » désormais perçu comme un collègue[50].

Pour ne pas masquer cette familiarité avec le terrain, j'ai choisi d'utiliser principalement la première personne du singulier. C'est, je crois, le seul moyen d'être cohérent avec l'effort de distanciation sans céder à l'illusion d'une suspension automatique du jugement par l'effacement du narrateur. Ce style d'écriture s'inscrit dans la lignée de l'ethnographie réflexive défendue par plusieurs chercheurs en sciences sociales[51]. Cependant, je n'ai pas opté pour une anonymisation partielle, comme le font la plupart des ethnographes contemporains[52]. Sauf pour les villes, établissements ou individus dont le rôle historique, l'audience médiatique ou la singularité des fonctions m'obligeaient à donner l'identité réelle, j'ai préféré recourir à une anonymisation intégrale des lieux et des personnes directement liés à l'enquête, tout en décrivant le contexte social et historique local[53]. Ce choix m'a permis de recueillir des anecdotes sur des sujets « sensibles » cruciales pour l'enquête, et des matériaux précieux, comme les textes que certains élèves ont écrits pour eux-mêmes ou en réaction à un entretien, que je n'aurais jamais obtenus si je ne m'étais pas d'emblée engagé à modifier l'ensemble des noms propres et, bien sûr, à garantir la confidentialité des informations collectées[54]. Cette décision m'a par ailleurs protégé des tentatives de récupération ou d'ingérence de la part de certains responsables des lycées ou des grandes écoles étudiés : en leur indiquant que je ne mentionnerai ni leurs patronymes, ni les noms réels des lieux, j'ai pu ainsi garder un minimum de distance pour ne pas devenir, à mon insu, un expert ou un porte-parole. C'était, je crois, la meilleure façon d'avoir un regard un tant soit peu objectif pour comprendre, au fil des entretiens et des observations, comment les « filières d'élite » entrouvrent leurs portes.

Chapitre 1

Prospection, élection, projections : le recrutement des candidats

« Il y a une chose que j'ai envie de vous dire aujourd'hui : ayez de l'ambition ! Vous devez viser haut ! Et n'hésitez pas à parler de cette prépa à vos camarades… portez la bonne parole autour de vous ! » C'est en ces termes que, le 7 février 2008, la proviseure du lycée Gide, l'un des plus grands établissements ZEP de Carmont, s'adresse à la quinzaine d'élèves venus assister à une réunion de présentation de la prépa sup-expé co-organisée avec les responsables du dispositif. Quelques minutes plus tôt, des enseignants du lycée Coty leur promettaient d'être « aidés par d'excellents entraîneurs » pour « réussir le semi-marathon » menant aux grandes écoles et leur proposaient d'assister, dès les semaines suivantes, aux cours de préparation aux concours des IEP et des écoles de commerce. Pour les mettre en confiance, le professeur de philosophie, Didier Lamy, leur lance alors : « Comme quoi, vous voyez que Coty, c'est accessible ! » La perplexité ou la curiosité qui se lisaient sur les visages au début de la réunion laissent place en quelques minutes à l'enthousiasme, au sentiment d'avoir à portée de mains un avenir prometteur. Un élève assis au premier rang, jusque-là silencieux, ose poser une question : « Qu'est-ce qu'on doit réviser en priorité pour être admis ? »

À travers cette scène, on perçoit bien la nécessité, pour cette proviseure et ces enseignants, de trouver un public enclin à les rencontrer, à décoder leurs messages et, le cas échéant, à les suivre. Car pour remplir ce rôle de « passeurs » de frontières sociales qu'ils cherchent à endosser, il ne suffit pas d'« aller au peuple » : encore faut-il prospecter en son sein des jeunes qui soient à la fois conformes à leurs attentes, prêts à s'éloigner, même temporairement, du destin et du quotidien de leur milieu, mais aussi capables de se projeter dans un futur qui, au-delà du baccalauréat, reste très flou. Bref, au-delà du recrutement proprement dit, l'enjeu consiste à transformer, ici et maintenant, des prétendants en candidats. Pour comprendre les ressorts sociaux de ce processus, il faut se demander comment ces lycéens sont « élus » et sous quelles conditions en viennent-ils à « s'élire » eux-mêmes.

Derrière la question des conditions de possibilité de trajectoires *a priori* inattendues et réduites en quantité se cache un problème que les statistiques, à elles seules, ne permettent pas de résoudre. Limiter l'enquête à la recherche de propriétés objectives des prétendants, ce serait courir le risque d'évacuer les situations et les interactions qui transforment leurs penchants, leurs inclinations ou leurs velléités en « choix » définitifs, exclusifs des autres avenirs inscrits dans leur horizon des possibles. De même, au lieu de s'en tenir aux procédures officielles de recrutement, il faut interroger les mécanismes sociaux qui, en deçà ou à côté des règlements, contribuent à « fabriquer » des prétendants, puis des candidats et, pour une partie d'entre eux, des « élus ». Cette phase antérieure à la scolarité est décisive de la socialisation des futurs préparationnaires : elle met en jeu, par toute une série d'injonctions, de sollicitations et d'encouragements, leur « pré-adéquation (...) à la transformation que l'institution exerce sur eux[1] », processus non linéraire dans lequel interviennent notamment, outre leurs parents et d'autres membres de leur famille, les enseignants et les « anciens » de la prépa sup-expé.

Dans la mesure où ce dispositif est réservé à des lycéens provenant d'établissements au recrutement très populaire (même si, nous le verrons, ce n'est pas le cas de toutes les recrues), il faut se donner les moyens de mesurer aussi précisément que possible l'amplitude du déplacement social, symbolique et géographique engendré par l'entrée au lycée Coty. Pour cela, je décrirai ici, statistiques et observations à l'appui, leurs univers sociaux de provenance et de destination. Nous verrons ainsi que la grande majorité de ces jeunes vit une *migration de classe* provisoire, souvent commencée avant la Terminale[2]. Par analogie avec les migrants algériens étudiés par Abdelmalek Sayad, on doit penser leur expérience dans ses deux versants, c'est-à-dire, à la fois comme une *émigration* et une *immigration de classe* : ce sont les « deux faces indissociables d'une même réalité qui ne peuvent s'expliquer l'une sans l'autre[3] ». Sur le plan théorique, cette approche conduit à repenser la sociologie de la mobilité sociale de deux manières. D'une part, en produisant des données statistiques de première main qui soient suffisamment fines et comparables pour pouvoir mettre en évidence les déterminants sociaux, à l'échelle locale, de l'élection scolaire de ces lycéens. Pour cela, les dossiers scolaires constituent une source à la fois riche et fiable. D'autre part, en tenant compte des incertitudes des premiers moments, aux abandons en cours de route et des façons dont ces lycéens perçoivent l'autre rive du monde social au moment où ils s'apprêtent à la rejoindre. Pour me tenir au plus près de leurs expériences avant le verdict du jury d'admission, j'ai notamment examiné les lettres de candidature consignées dans leurs dossiers. Au-delà des formules de politesse et des témoignages de gratitude, ces lettres donnent à voir une diversité de rapports à l'avenir et de tactiques de présentation de soi, mais aussi des images des frontières sociales qui mêlent le désir de les franchir à l'espoir de ne pas les repasser en sens inverse.

Ces deux dimensions de l'analyse – déterminants objectifs et expériences subjectives – sont aussi indispensables l'une que l'autre. Pour tirer parti de leurs apports respectifs, il faut rompre au préalable avec l'opposition, artificielle mais toujours prégnante dans les sciences sociales, entre statistiques et ethnographie[4]. L'un des moyens de dépasser la fausse alternative routinière entre « qualitatif » et « quantitatif » est d'élaborer une « statistique ethnographique »[5] qui, sans viser à une représentativité de même nature que celle des enquêtes portant sur de grandes populations, permet de saisir des processus généraux. Pour ce faire, j'ai d'abord recouru à la méthode du « questionnaire ethnographique[6] ». À la fin du premier entretien, j'ai rempli avec chaque enquêté une fiche complétant ou synthétisant les informations obtenues au cours de l'échange, constituée de quatre items : état civil ; nationalité, âge, situation matrimoniale, lieu de résidence, profession et diplôme des membres de la famille ; situation matérielle, scolarité et projets de l'enquêté ; conditions de l'orientation post-bac. La plupart des élèves ont répondu sans manifester de gêne, de méfiance ou d'incompréhension. La façon dont je leur présentais cet exercice « scolaire » (en m'excusant par avance, souvent sur le ton de la plaisanterie, de les « ficher ») et mes précautions (rappel de l'anonymat et de la confidentialité) ont sans doute favorisé leur participation à cette conversation beaucoup plus dirigée que celle de l'entretien proprement dit. Dans un deuxième temps, j'ai élargi la perspective en accédant aux dossiers de candidature de toutes les promotions à l'exception de la première, conservés au lycée Coty. D'une part, j'ai pu mesurer la spécificité des enquêtés par rapport aux élèves de la prépa sup-expé : les enfants de classes moyennes, les élèves du lycée Voltaire (où j'ai été élève et débuté ma recherche) et, dans une moindre mesure, les filles, sont surreprésentés dans mon « échantillon »[7]. D'autre part, j'ai pu comparer leurs propriétés avec les données académiques (tableaux et documents du Rectorat) et nationales (exploitation de la Base élèves de la Direction de l'Évaluation, de la Prospective et de la Performance – DEPP –, chiffres publiés par l'INSEE ou par le Ministère de l'enseignement supérieur).

LES DÉTERMINANTS SOCIAUX DE L'ÉLECTION SCOLAIRE

Les dossiers de candidature des élèves de la prépa sup-expé permettent de saisir des propriétés objectives qui ne prennent tout leur sens qu'à la condition de les rapporter à l'espace social et scolaire local dans lesquels ils s'inscrivent. Arrêtons-nous un instant sur l'histoire et la morphologie sociales de Carmont, ville où résident près de 90 % des élèves – dans un quartier défavorisé pour 86 % d'entre eux – au moment de postuler et dont ils sont natifs pour les trois quarts d'entre eux[8].

Sociohistoire d'une ville populaire en crise

Pour cerner ce qui différencie ces élèves de leur cohorte d'origine (c'est-à-dire à la fois des lycéens ZEP de Carmont et des bacheliers ZEP inscrits en CPGE en France), je m'intéresserai à trois dimensions de la configuration locale : la structure de classe, la morphologie urbaine et l'espace scolaire.

Déclin et reconversion d'un vieux bassin industriel

Jusqu'à la fin des années 1970, Carmont figurait parmi les principaux centres de la France ouvrière. Dominée par un patronat traditionaliste et – paradoxalement – libre-échangiste, l'économie locale reposait sur l'import-export, l'exploitation des minerais et la transformation de matières premières dans les usines installées dans une vaste zone des quartiers pauvres de la ville. La prospérité des dynasties patronales formées entre la fin du Second Empire et les années 1930 tenait principalement aux arrivées massives et régulières d'une main-d'œuvre étrangère bon marché. Les travailleurs venus d'Europe du Nord et du Sud, du Maghreb, de l'Asie et de l'Afrique subsaharienne ont marqué la mémoire collective, la langue et les coutumes locales. Les patronymes des élèves de la prépa sup-expé portent la trace de cet héritage : si presque tous sont de nationalité française, près des 70 % d'entre eux ont un nom à consonance étrangère[9].

Comme bien d'autres régions industrielles françaises, celle de Carmont a subi, entre 1975 et 2000, une longue et profonde crise économique qui a modifié la structure de classe locale. De 1975 à 1990, en moyenne, la ville a ainsi perdu chaque année 1,6 % de sa population[10]. La proportion d'ouvriers dans la population active est passée, entre 1975 et 1999, de 33 % à 18 %. Au total, de 1982 à 1999, ce sont deux emplois d'ouvriers sur cinq qui ont disparu. Le secteur industriel est le plus touché : les effectifs d'ouvriers y ont baissé de 34 % (ouvriers qualifiés) à 43 % (ouvriers non qualifiés). La part de ce secteur dans l'emploi local a reculé de plus de 60 % depuis 1975, essentiellement au profit du tertiaire, dont font désormais partie la majorité des ouvriers de l'agglomération. Les classes populaires ont perdu leur prépondérance dans le paysage local : en 2008, les ouvriers et employés ne représentent plus que 50,5 % des actifs de 15-64 ans résidant à Carmont, contre 64,5 % en 1975. Parallèlement, la proportion de cadres et de professions intermédiaires a crû très rapidement. Mais la ville ne s'est pas « moyennisée » pour autant : bon nombre des ouvriers d'hier sont devenus retraités ou chômeurs. C'est ainsi que, en 2008, Carmont compte un taux de bénéficiaires des minima sociaux parmi les plus élevés du pays, une forte proportion de foyers fiscaux non-imposables (51,5 %, contre 45,7 % en France) et une faible part d'actifs occupés (54 % des 15-64 ans, contre 64 % en France).

Les classes populaires et, plus largement, les ménages résidant dans les quartiers pauvres, sont les premiers touchés par cette crise. Le dualisme spatial entre l'ouest de la ville, plus aisé et plus « Blanc », et l'est, où sont concentrés les foyers les plus modestes et les familles d'immigration récente, s'est considérablement renforcé. Ainsi, les inégalités de revenus entre les ménages sont trois fois plus élevées que la moyenne nationale. La reprise économique du début des années 2000 a résorbé une partie de l'inactivité structurelle apparue après le second choc pétrolier, mais le taux de chômage des 15-64 ans est toujours supérieurs à la moyenne nationale (17,5 % contre 11 % en 2008). Ces polarisations ne reflètent pas seulement les évolutions du marché du travail consécutives aux politiques néolibérales mises en œuvre depuis les années 1980 : elles résultent aussi de la reconversion de ce vieux bassin industriel, entreprise depuis le milieu des 1990 par les municipalités successives, de droite comme de gauche. En l'occurrence, un vaste programme de réaménagement urbain a transformé de fond en comble le cœur historique du Carmont ouvrier, avec la création d'un centre d'affaires (implantation de sièges sociaux de grandes banques et de firmes multinationales), l'ouverture de restaurants, bars et hôtels haut de gamme, la construction d'une immense zone commerciale (grandes enseignes de vêtements, de chaussures et de cosmétique) accompagnée d'infrastructures culturelles (musées, salles de spectacle, cinéma géant), dans le but d'attirer une population plus aisée et de relancer l'économie par le tourisme de luxe. Les frontières sociales ne disparaissent pas pour autant : elles sont repoussées vers les quartiers déshérités.

À la précarisation et à la paupérisation des classes populaires locales s'ajoutent l'effacement symbolique du passé ouvrier de Carmont, la déstructuration des collectifs de travail et de l'érosion des forces militantes (principalement, de la Confédération Générale du Travail – CGT – et du Parti Communiste Français – PCF) qui, pendant plusieurs décennies, ont fait de cette ville un « bastion rouge » combatif, très redouté par le patronat. La presse régionale évoque aujourd'hui plus volontiers les faits divers qui scandent l'« actualité » morose et tragique des quartiers pauvres que les grèves ou les occupations d'usine qui, aujourd'hui comme hier, font resurgir les clivages de classe. Symbole de cette défaite historique, les élus communistes ont perdu tous leurs mandats dans les années 2000, au profit des socialistes. Le patronat local a, lui aussi, subi d'importantes reconfigurations. Les concentrations industrielles, l'intensification de la compétition internationale, la tertiarisation et la financiarisation croissantes de l'économie ont contraint la vieille oligarchie locale à céder ses entreprises à des groupes étrangers et à se reconvertir dans le tourisme de luxe, l'immobilier ou la spéculation foncière. Si ses membres restent présents dans de nombreux conseils d'administration de grandes firmes, dans les organismes chargés du programme d'aménagement et dans la scène politique locale, ils disposent d'une visibilité et d'une marge de manœuvre moins importantes qu'auparavant. L'école de commerce de Carmont, qui constitue l'un des principaux débouchés des élèves de la prépa sup-expé, est directement impliquée dans ces reconversions : propriété de la Chambre de commerce, ce lieu de formation et de rencontre des « élites » régionales est l'un des pivots de ce nouveau système économique.

Ségrégation urbaine et hétérogénéité des quartiers populaires

La morphologie urbaine de Carmont reste marquée par une forte polarisation entre l'est et l'ouest de la ville. Entre ces deux zones s'interpose une troisième, socialement et géographiquement intermédiaire, où sont implantés la plupart des lieux de pouvoirs (Palais de justice, Chambre de commerce, Mairie, sièges de banques ou d'entreprises, cabinets d'avocats, de notaires et d'architectes), et une quatrième au nord, où prédominent les ménages de classes moyennes vivant dans des quartiers résidentiels. C'est dans la zone intermédiaire, située en plein centre-ville, que se trouve le lycée Coty. Ce n'est pas un hasard si, pour résumer son rôle, l'un des enseignants de la prépa sup-expé explique en entretien vouloir « faire passer les élèves de l'autre côté de Carmont », c'est-à-dire par-delà la limite immatérielle où commencent les « beaux quartiers », qui continuent à l'ouest. Le tableau suivant offre un aperçu de ces lignes de partage.

Morphologie sociale de Carmont en 2008 (actifs de 15 à 64 ans)

Catégories socioprofessionnelles → Zones ↓	Artisans, commerçants, chefs d'entreprise	Cadres et professions intellectuelles supérieures	Professions intermédiaires	Employés et ouvriers	% de la zone dans la population active totale
Ouest	6,2 %	28,4 %	29,1 %	36,3 %	20,2 %
Est	5 %	8,6 %	20,1 %	66,3 %	32,9 %
Nord	5,4 %	15,4 %	28,1 %	51,1 %	29,9 %
Intermédiaire	4,7 %	18,9 %	28,2 %	48,2 %	17,0 %
Carmont	5,3 %	17,8 %	26,4 %	50,5 %	100 %

Source : INSEE, recensement 2008 (exploitation complémentaire).

Ces lignes de partage s'observent dans les contrastes architecturaux. Aux grands bâtiments haussmanniens de la partie bourgeoise du centre-ville, aux nouveaux buildings des quartiers réhabilités et aux maisons villageoises qui prédominent à l'ouest de la ville s'opposent les multiples tours et barres d'immeubles HLM de l'est, vaste zone dans laquelle demeurent, çà et là, quelques pavillons ouvriers ou lotissements de classes moyennes. Ce paysage urbain se double d'un isolement spatial par rapport au reste de la ville, faute d'une desserte suffisante des transports en commun. C'est ainsi que beaucoup de lycéens ZEP que j'ai rencontrés vivent leur entrée au lycée Coty comme un véritable dépaysement : « C'est la première fois que j'ai pris le bus pour aller à l'école ! », explique l'un d'eux. Et cette frontière sociale existe une seconde fois dans les corps et les têtes, transformant en opposition entre des « blocs » étanches ce qui, objectivement, s'apparente à un continuum. Dans les conversations ordinaires comme dans les discours publics, ces deux « mondes » constituent bien plus que de simples références topographiques : ce sont des marqueurs symboliques qui valorisent ou stigmatisent, en les réifiant, les appartenances de classe qui s'ancrent dans chaque territoire.

Venir des quartiers populaires de Carmont, c'est en effet s'exposer en permanence, lorsqu'on en sort, au soupçon d'appartenir à des quartiers couramment assimilés à une « jungle » par ceux qui n'y vivent pas ou qui les ont fuis. C'est aussi devoir compter avec des regards ou des remarques qui assignent un statut dégradant, dans les interactions où se joue leur droit à s'approprier l'espace public, dont on ne peut se défaire qu'au prix de dénégations ou d'un usage ostentatoire d'une identité figée, transformée en « béquille » de fortune par les stigmatisés pour se protéger des humiliations éventuelles[11]. De là la fierté ambiguë, souvent visible chez les bacheliers ZEP que j'ai rencontrés, de venir des « quartiers chauds ».

Les catégories qui servent de supports à ces appartenances collectives résultent largement de constructions médiatiques qui font des quartiers populaires de Carmont un univers dénotant la saleté, l'ignorance, la fainéantise, l'illégalité et le laxisme, partagées y compris parfois par ceux qui y résident[12]. Cette stigmatisation qui affecte l'ensemble des habitants des espaces concernés, immigrés ou non, est inséparablement sociale et raciale : c'est d'abord le style de vie populaire des immigrés qui sous-tend le racisme ordinaire dont ces derniers sont victimes. Cette violence symbolique provoque, en retour, des réactions ambiguës à l'égard des quartiers riches, perçus comme une sorte d'oasis négative dont on envie l'opulence tout en estimant, par expérience ou par ouï-dire, qu'ils sont peuplés de personnes arrogantes et racistes.

Il faut se garder toutefois d'introduire dans l'analyse, sans vigilance critique, ces luttes de classements qui durcissent les frontières sociales. Il existe en effet au sein des classes populaires carmontoises des strates que l'opposition indigène entre l'est et l'ouest tend à occulter. On peut repérer dans la périphérie est des lignes de partage analogues à celles observées par Olivier Schwartz dans son beau livre, *Le Monde privé des ouvriers*[13]. Au sud-est de la ville, une strate de ménages en voie de déprolétarisation résidant dans des petits pavillons ou des copropriétés coexiste avec une strate prolétarienne dont les membres vivent en HLM ou en résidences locatives privées, soudées, en dépit de la déstructuration des solidarités professionnelles, par une sociabilité intense par l'intermédiaire d'associations, de comités de locataires et d'unions locales de syndicats. Au nord-est, une strate sous-prolétarisée concentre une forte proportion d'inactifs, de travailleurs précaires et de familles d'immigration récente dans les grands ensembles les plus vétustes de Carmont, presque entièrement isolés de la ville et de la sociabilité ouvrière des quartiers voisins. Par ailleurs, les admis à la prépa sup-expé qui résident dans ces quartiers populaires ne vivent pas tous dans des cités HLM. Les questionnaires ethnographiques permettent d'en savoir plus sur les 26 élèves enquêtés. La moitié d'entre eux habitent en HLM, tous issus des classes populaires et, pour la plupart, de familles immigrées. Environ un tiers d'entre eux vit dans des maisons individuelles ou dans des lotissements, tous d'origine moyenne ou supérieure. Les autres habitent dans des résidences privées ou dans de petits pavillons à côté des usines. Ce sont tous des enfants d'ouvriers en ascension ou de « petits moyens[14] », rarement immigrés.

Le lycée Coty ou la « voie royale »

En se diffusant chez un nombre croissant de familles et d'élèves de toutes les classes sociales, l'« idéologie de l'orientation scolaire[15] » a, entre autres effets, celui de renforcer l'une des illusions les mieux partagées au sujet du système éducatif : l'idée selon laquelle les aspirations des parents et de leurs enfants correspondrait à des « besoins » préexistants que les agents de l'institution scolaire auraient pour mission de satisfaire[16]. Le fait d'envisager de postuler, de se porter officiellement candidat ou d'être admis à la prépa sup-expé (ou dans tout autre formation post-baccalauréat) est le produit, et non la cause, des rapports de concurrence entre des établissements de plus en plus enclins à tirer profit de la « mise en marché » du système éducatif[17]. Il est d'autant plus nécessaire d'analyser la dimension spatiale des inégalités scolaires que, comme l'indiquent plusieurs enquêtes récentes, les disparités territoriales sont plus accusées dans les départements qui, comme celui où se trouve Carmont, combinent un haut degré d'urbanisation et un fort taux d'élèves défavorisés[18].

L'espace scolaire local se caractérise tout d'abord par une forte ségrégation entre les lycées publics ou privés. L'enseignement privé occupe une place relativement importante dans l'académie de Carmont-Lagnecourt, notamment dans le second cycle du second degré, où le secteur public ne représente que 46 % des lycées professionnels (LP) et généraux et technologiques (LGT), contre 59 % en moyenne en France[19]. La répartition de ces établissements dans la ville repose sur une logique analogue à celle qui vaut pour les zones de résidence : alors que les lycées publics sont implantés dans presque chaque quartier, plus de la moitié des lycées privés est concentrée dans les quartiers riches, contre 1/6e dans les quartiers pauvres. La ségrégation de l'espace scolaire local oppose, à un pôle, les lycées d'origine des candidats à la prépa sup-expé, à l'autre, le lycée Coty, et, entre ces deux extrêmes, les autres établissements publics et privés de Carmont, hiérarchisés selon leur degré de sélectivité sociale et scolaire.

En dépit de ses différences par rapport à ses rivaux du secteur privé, en particulier sa soumission à la carte scolaire (même « assouplie »), le lycée Coty est plus proche d'eux que des autres établissements publics. Proposant un cursus de la Sixième aux CPGE, il dispose d'une réputation sans égale, du fait de son quasi-monopole à l'échelle de la région en termes de places en CPGE, mais aussi en raison d'une histoire et d'un prestige qui font de ce vieux lycée d'État *la* « voie royale », passage obligé pour accéder aux établissements supérieurs les plus sélectifs, à Paris ou en province. Avec un taux de réussite au baccalauréat proche de 100 %, ce lycée se hisse presque chaque année à la première place des palmarès officiels, au niveau de l'académie. Parmi les lycées à CPGE du pays, il se situe dans une position intermédiaire entre les « grandes prépas » parisiennes et les « petites » de province (qui n'ont presque jamais de reçus aux plus grandes écoles), du fait de ratios d'admissibilité et d'intégration très honorables aux « filières d'élite » les plus sélectives[20]. Loin de se restreindre au présent, son prestige s'enracine dans un glorieux passé qu'incarnent les grands noms d'anciens élèves devenus romanciers célèbres, industriels d'envergure nationale, maires de Carmont ou hommes d'État. Cette « tradition » se cristallise d'abord dans ses murs : implanté dans un couvent datant de l'Ancien Régime, ses bâtiments conservent les traces des générations précédentes, qui « habitent » les couloirs à travers les vieux objets (instruments scientifiques, anciens registres d'inscriptions), les plaques commémoratives et les panneaux relatant l'histoire du lycée depuis Napoléon Ier. Ce lycée est au centre de l'imaginaire collectif local, mais aussi des stratégies de reproduction des familles aisées : les lycées privés de Carmont restent dominés par cette « vitrine » de l'élitisme républicain où, après la Terminale, leurs meilleurs élèves sont envoyés en CPGE littéraires, scientifiques ou commerciales. Les CPGE du lycée Coty constituent elles-mêmes un « monde à part », numériquement (la moitié des effectifs) et symboliquement (bâtiment et entrée séparés des classes secondaires), dont les frontières sont contrôlées par les appariteurs qui, depuis leur guérite à l'entrée, surveillent les allées et venues, délivrent les laissez-passer aux visiteurs (en échange de leur carte d'identité et après justification des motifs de leur présence) et filtrent les élèves[21]. Les téléphones portables, baladeurs, écouteurs et piercings sont rigoureusement proscrits.

Ce rang et ce prestige résultent aussi pour partie d'une sélection implicite des élèves entre la Seconde et la Terminale, qui s'opère par le biais de son offre éducative : sa section européenne (la plus réputée de l'académie) accueille un tiers des effectifs en Seconde et 70 % des élèves sont en séries scientifiques en Première et Terminale[22]. L'offre éducative des trois lycées ZEP de Carmont est très loin de cette spécialisation conforme aux attentes des familles les mieux dotées. Si les quatre établissements ont des effectifs équivalents en second cycle, ceux d'où proviennent les élèves de la prépa sup-expé se distinguent par une part plus faible d'élèves en série S (scientifique) en Première (entre 34 à 45 %) et en Terminale (de 40 à 51 %), par un très faible nombre d'inscrits en sections européennes, de fortes proportions d'élèves en séries technologiques (de 26 % à 42 % des effectifs du second cycle selon les lycées) et un nombre dérisoire de lycéens en options ou en langues rares. Les mêmes écarts s'observent dans la hiérarchie des diplômes décernés : 88 % des bacheliers sont issus des séries générales au lycée Coty, contre 34,5 % à 44,5 % aux lycées Flaubert, Gide et Voltaire.

Cette ségrégation scolaire se retrouve, ici comme ailleurs[23], dans les différences de recrutement social de chaque établissement. En 2008, les élèves dont le premier responsable (PR)[24] appartient aux classes supérieures (cadres, professions intellectuelles supérieures ou patrons de 10 salariés ou plus) représentent ainsi 58 % des effectifs au lycée Coty, contre 5 % au lycée Gide, 6 % au lycée Flaubert et 13 % au lycée Voltaire[25]. Ces disparités sociales se traduisent par de nets contrastes en termes de performances scolaires. En 2008, dans les trois lycées ZEP, 48 % à 58 % des bacheliers n'ont jamais redoublé, contre 77,5 % au lycée Coty (en France, 53 % en ZEP et 68,6 % hors ZEP), tandis que la part des entrants en Seconde en 2002 avec au moins deux ans de retard y est dix fois plus importante (entre 9,5 et 11,5 % contre 1 %). Dans cette cohorte des survivants du collège, 28 % à 36 % n'ont pas obtenu le baccalauréat après une ou plusieurs tentatives, ce qui n'est le cas que de 4,8 % au lycée Coty. À ces écarts s'ajoutent les inégalités de résultats au baccalauréat : si, au lycée Coty, 60,7 % des bacheliers ont obtenu au moins une mention Assez Bien (contre 35 % en moyenne en France, hors ZEP), ils sont entre 14 % à 20 % à y parvenir dans les trois établissements ZEP (ces taux sont proches de la moyenne nationale en ZEP).

Au-delà du baccalauréat, la segmentation de l'offre locale de formations supérieures contribue à reproduire les hiérarchies qui se sont formées auparavant, de la maternelle à la Terminale : entre le lycée Coty où se libèrent, chaque année, environ 500 places en CPGE littéraires, scientifiques ou commerciales, et les trois lycées ZEP de Carmont, qui proposent presque exclusivement des Brevets de Technicien Supérieur (BTS), eux-mêmes hiérarchisés[26], ce ne sont ni les mêmes normes de réussite, ni les mêmes « possibles » qui s'immiscent dans les rapports à l'avenir des bacheliers. Dans cette académie qui se singularise par un nombre limité de « filières d'élite » (sur la soixantaine de lycées de l'académie, 18 ont au moins une CPGE, contre 23 à 25 dans les académies de taille équivalente, et il y a dans cette académie deux à trois fois moins d'écoles de commerce, d'écoles d'ingénieurs non universitaires et d'IUT), ce sont d'abord les STS et l'université locale (répartie entre Carmont et Lagnecourt) qui accueillent le plus d'étudiants. Les formations universitaires (hors IUT) regroupent, à elles seules, 64 % des inscrits, contre 56 % en France.

Si l'on observe l'offre locale de places en CPGE, l'importance du lycée Coty ressort très clairement : un tiers des préparationnaires de l'académie sont accueillis dans cet établissement. On peut ainsi mieux mesurer ce que peut avoir d'extraordinaire, au sens littéral, pour des lycéens ZEP en séries générales qui n'ont pas encore obtenu le baccalauréat, l'idée même de postuler à une CPGE – fût-elle expérimentale – et d'envisager d'entrer dans cet établissement huppé, réputé, aux antipodes de leur univers d'origine. À condition de se défaire du légitimisme qui, implicitement ou explicitement, considère les grands lycées parisiens comme un étalon de mesure universel, on devine pourquoi, même s'ils entrent dans ce grand lycée par la « petite porte », la plupart de ces élèves vivent leur admission comme un « choc » ou comme une « miracle ».

Une élection improbable ?

En septembre 2009, au lycée Coty, en dehors des élèves de la prépa sup-expé, aucun entrant en première année de CPGE ne provient d'un lycée ZEP[27]. Ces bénéficiaires de l'ouverture sociale constituent donc bien des exceptions statistiques, mais pas tous au même degré : le fait d'être bacheliers ZEP et/ou résidents d'un quartier relégué ne suffit pas à les définir. Leurs spécificités ressortent plus clairement lorsqu'on compare leurs propriétés objectives avec celles des bénéficiaires des autres dispositifs d'ouverture sociale les plus connus.

Un public populaire, féminisé et scolairement hétérogène

À l'image de bien des bénéficiaires de l'ouverture sociale, les admis à la prépa sup-expé sont dans leur grande majorité des filles (72 %). Cette tendance est plus marquée que parmi les étudiants des CEP (61,5 % environ entre 2001 et 2004[28]), mais moins que chez ceux de la CPES du lycée Henri IV (83,3 % entre 2006 et 2010[29]). En revanche, ce taux est proche de celui observé en première année dans les CPGE littéraires (77 %[30]). Cette distribution s'explique en grande partie par la spécialisation sexuée des séries du baccalauréat – générales pour 98 % des admis : seulement 15 % d'entre eux sont titulaires d'un baccalauréat S, alors que 37 % ont obtenu un baccalauréat L (littéraire) et 46 % un ES (économique et social), deux séries très féminisées en France (respectivement 79,3 % et 62,3 % des bacheliers en France en 2010, contre 46,5 % en série S[31]), et plus encore dans les lycées d'origine des candidats[32]. Une première conclusion s'impose : dispositif de promotion sociale au féminin, la prépa sup-expé a ceci d'original qu'elle inverse la tendance générale qui, au moment de l'orientation post-bac, détourne les bachelières des CPGE et d'autres « filières d'élite »[33]. En effet, parmi les bacheliers généraux avec mention en France, les filles s'inscrivent deux fois moins en CPGE et rejoignent plus souvent l'université que les garçons[34].

Par rapport aux autres dispositifs, qui accueillent davantage des élèves issus des classes moyennes[35], le recrutement social de la prépa sup-expé est par ailleurs plus populaire[36]. 71 % des recrues ont un père appartenant aux classes populaires (au chômage, employé ou ouvrier), 17 % aux classes moyennes (profession intermédiaire, artisan ou commerçant) et 12 % aux classes supérieures (chef d'entreprise ou cadre et profession intellectuelle supérieure)[37]. Les pères sont plus souvent ouvriers (42 %) qu'employés (15 %), et au chômage pour 14 % d'entre eux, situation modale chez les mères des répondants (39,1 %), dont 76,4 % appartiennent aux classes populaires, 13,6 % aux classes moyennes et 10 % aux classes supérieures [cf. le tableau suivant]. En revanche, le taux de boursiers en prépa sup-expé est presque aussi élevé (74,6 %) que pour les CEP (79 % en 2009) et l'expérimentation du lycée Coty attire autant de bacheliers de classes supérieures que celle de Sciences Po Paris[38].

Origines socioprofessionnelles des bénéficiaires de trois dispositifs d'ouverture sociale

Origines socioprofessionnelles → Dispositifs ↓	Classes supérieures	Classes moyennes	Classes populaires
Prépa sup-expé (mères)	10 %	13,6 %	76,4 %
Prépa sup-expé (pères)	12 %	17 %	71 %
CEP-Sciences Po	12 %	29,8 %	58,2 %
PQPM-ESSEC*	3,1 %	31,6 %	65,3 %
Périodes : 2001-2008 (CEP) et 2003-2009 (prépa sup-expé et PQPM).			

Sources : dossiers de candidature à la prépa sup-expé, 2003-2009 (lycée Coty) ; IEP de Paris, 2008 ; Van Zanten A., 2010.

* Taux recalculés en excluant les non-réponses (2 %).

Ce qui singularise ce dispositif, enfin, c'est la forte hétérogénéité scolaire de son public. Ainsi, 6,5 % des recrues du dispositif ont redoublé au moins une fois. Entre 2003 et 2007, la moitié d'entre eux ont obtenu le baccalauréat sans mention, 35,6 % avec une mention Assez Bien, 14,4 % avec une mention Bien et aucun avec une mention Très Bien. À titre de comparaison, en 2008, 7,9 % des étudiants CEP ne sont titulaires d'aucune mention et 57,1 % d'une mention Bien ou Très Bien (dont 29,4 % dans ce dernier cas), 90 % des admis à la CPES du lycée Henri IV ont eu au moins une mention Assez Bien, dont 40 % une mention Bien ou Très Bien, entre 2006 et 2010[39]. Le programme « Pourquoi pas moi ? » (PQPM) de l'ESSEC est moins sélectif (17 % de mention Bien ou Très Bien, 32 % de sans mention), mais les deux tiers de ses bénéficiaires ont obtenu au moins une mention Assez Bien[40]. L'hétérogénéité scolaire de la prépa sup-expé ne doit toutefois pas être interprétée comme l'indice d'une sous-sélection : les écarts résultent des différences de procédures, de viviers et de périmètres de recrutement, qui introduisent des « filtres » supplémentaires à l'entrée des dispositifs parisiens[41].

Exceptions probables et miracles statistiques

La comparaison sociographique que je viens d'esquisser est importante pour saisir les spécificités du profil de ces bénéficiaires-là de l'ouverture sociale par rapport aux autres. Mais, pour savoir dans quelle mesure on peut, sans abus de langage, parler à leur sujet d'exceptions statistiques, il faut comprendre en quoi ils se distinguent significativement[42] des autres lycéens ZEP de Carmont et de France[43]. En d'autres termes, pourquoi leur orientation après la Terminale s'apparente bien à une élection, pour tous, voire à un « miracle », pour certains. Ce travail d'objectivation est possible grâce aux informations contenues dans les dossiers des candidats, saisies dans une base de données puis traitées à l'aide des logiciels couramment utilisés dans les enquêtes quantitatives. Cependant, des éléments cruciaux pour l'analyse apparaissent bien avant la mise en série des données, en lisant attentivement les documents en papier conservés dans les archives du lycée Coty.

Les pièces administratives en disent déjà beaucoup sur les enjeux implicites du recrutement de ce dispositif d'ouverture sociale. D'une part, on constate immédiatement que ces dossiers sont faits « sur mesure » pour cette classe, alors que les CPGE ont toutes les mêmes dossiers. Cette spécificité s'exprime notamment dans l'obligation de rédiger une lettre de candidature, ce qui n'est pas requis pour entrer dans une CPGE classique. Ainsi, ces lycéens ZEP doivent donner des gages, prouver qu'ils méritent *personnellement* leur admission, au-delà de leurs résultats. D'autre part, l'adjonction aux supports ordinaires d'évaluation du niveau scolaire d'une note *ad hoc*, peut s'interpréter comme un « recodage », une transmutation symbolique fondée sur des critères qui, pour le sociologue, traduisent moins des aptitudes culturelles que les attentes de l'institution, en dehors du cadre scolaire proprement dit. Le jury sanctionne ainsi un devenir, plus qu'un état, avec une démarche beaucoup plus explicite et rationalisée que dans le cas des admissions aux CPGE[44].

En transformant des dossiers de candidature en source pour l'enquête, le sociologue arrache ces informations à leurs fonctions originelles : de pièces administratives conservées pour assurer la sélection, l'identification et la gestion des élèves, elles deviennent un matériau pour l'élaboration d'hypothèses sans autre visée pratique que celle de produire des connaissances. La « paperasse » est ainsi constituée en corpus, puis en données empiriques, à partir d'une problématique (en quoi s'agit-il d'une élection plus ou moins improbable ?) qui guide implicitement le recueil et l'interprétation de « faits » préconstruits par l'institution et reconstruits par l'enquêteur. Faute de tenir compte de cette longue chaîne d'opérations symboliques, on risque de faire des raccourcis qui peuvent s'avérer encore plus dommageables que les « biais » parfois imputés aux indicateurs statistiques. C'est notamment le cas lorsqu'on utilise, sans examen critique, des chiffres censés démontrer par eux-mêmes l'existence d'un mécanisme d'autocensure dans les cerveaux des élèves de milieux populaires. Ce genre d'explication est d'autant plus voué au succès qu'il économise tout effort de contextualisation et de réflexivité à l'égard des sources, des variables et des techniques quantitatives. Il en va de même pour la notion de miraculés, lorsqu'elle est mobilisée sans que l'on sache en quoi consiste au juste le miracle.

Ainsi envisagées, les statistiques permettent de préciser en quel sens ces lycéens ZEP constituent des exceptions statistiques. D'abord, ils se distinguent, à l'échelle nationale, des 87 % de néo-bacheliers généraux qui ne s'inscrivent pas en CPGE après la Terminale[45] et, surtout, des 98 % des bacheliers ZEP généraux ou technologiques qui n'accèdent pas à une CPGE[46]. Ensuite, à l'échelle de l'académie, leur devenir apparaît encore plus singulier : ils appartiennent aux 7,5 % de bacheliers généraux ou technologiques qui intègrent une CPGE. Enfin, au sein de leurs lycées d'origine, ils constituent de véritables aberrations statistiques : entre 1 % et 3,5 % des bacheliers de ces établissements sont admis à une CPGE.

Mais les statistiques permettent aussi, pour autant que l'on dispose de données précises et exhaustives[47] et à condition de prendre au sérieux les cas, minoritaires mais sociologiquement normaux, d'« irrégularités sociales[48] », d'identifier les traits spécifiques qui contribuent à expliquer l'existence de trajectoires atypiques[49]. L'examen à la loupe des propriétés objectives des élèves de la prépa sup-expé, mises en regard avec celles des membres de leur cohorte d'origine, donne à voir trois types de « caractéristiques compensatoires[50] ». Celles-ci sont d'abord scolaires. Par rapport à leurs camarades de Terminale, les admis à la prépa sup-expé sont beaucoup plus fréquemment issus d'une section européenne et ont plus souvent choisi une spécialité artistique du baccalauréat littéraire (histoire de l'art, cinéma, théâtre) ou une option rare (obligatoire ou facultative). C'est le cas de 43,5 % d'entre eux, dont un quart provient d'une section européenne ou d'une spécialité artistique. La section européenne ne concerne que 12,5 % et 16 % des inscrits en Terminales générales aux lycées Voltaire et Flaubert en 2011. Et si la spécialité et les options artistiques représentent 38 % des effectifs dans les Terminales générales au lycée Flaubert, les taux sont deux à quatre fois plus faibles dans les deux autres établissements.

Cette section, cette spécialité et ces options méritent une attention particulière. D'une part, parce qu'elles impliquent à partir de la Seconde ou de la Première, au moins durant quelques heures hebdomadaires, une séparation physique et symbolique des intéressés par rapport au reste de leurs camarades, au point qu'on leur attribue des surnoms qui marquent leur différence (« artistes », « théâtreux », « européens »). D'autre part, parce qu'elles contribuent à l'acquisition de « bonnes dispositions », mais aussi à leur mise en contact prolongée avec des enseignants enclins à voir en eux des recrues potentielles[51].

Le deuxième type de caractéristique compensatoire est démographique[52]. La taille de la fratrie est, comme on sait, décisive dans les chances d'ascension[53]. Ce n'est pas un hasard si les admis sont plus souvent des enfants uniques et ont plus fréquemment moins de deux frères et sœurs que les élèves ZEP entrés en Sixième en 1989[54]. Plus largement, ils se distinguent des jeunes de moins de 18 ans en France, qui proviennent de familles de trois enfants ou plus pour 34 % d'entre eux, soit deux fois et demi de plus[55].

Le dernier type de caractéristique compensatoire ressort de l'analyse détaillée des origines socioprofessionnelles des admis. Derrière le recrutement majoritairement populaire du dispositif se cachent des différences dans la composition sociale des couples parentaux. Si près des trois quarts des admis ont un père ou une mère ouvrier, employé ou au chômage, moins des deux tiers proviennent d'un ménage populaire homogame[56]. Par ailleurs, ils se distinguent des élèves de Terminales générales de leurs lycées par des origines socioprofessionnelles qui les situent plus souvent dans les classes populaires stables ou dans les fractions les moins éloignées de l'institution scolaire des classes moyennes et supérieures[57]. Le prochain tableau offre un aperçu synthétique de ce type de caractéristique compensatoire et des deux autres.

Bien évidemment, ces caractéristiques compensatoires n'expliquent pas tout et ne se répartissent pas au hasard au sein de cette petite population d'élus. Elles sont utiles cependant pour repérer des régularités sociales qui se cachent derrière des exceptions statistiques. Encore faut-il, pour éviter des analyses homogénéisantes, s'interroger sur la diversité des usages possibles d'un même dispositif selon le milieu d'origine de ses usagers. Tout d'abord, si pour ceux qui proviennent des classes populaires la prépa sup-expé constitue une

Synthèse des caractéristiques compensatoires

Caractéristiques ↓	Prépa sup-expé	Lycées ZEP*
Propriétés scolaires		
Section européenne, spécialité ou options artistiques	43,5 %	35,4 %
Allemand deuxième langue	13,8 %	5,5 %
Taille de la fratrie		
Enfants uniques	15,8 %	9,8 %
2 à 3 enfants	70,8 %	53,8 %
+ de 3 enfants	13,4 %	36,4 %
Origines sociales**		
Pères inactifs	14 %	27,6 %
Pères ouv. non qualif.	6 %	12,1 %
Mères ouv. non qualif.	5,5 %	12,1 %
Mères empl. du public	9,1 %	5 %

*Moyenne des lycées Flaubert, Gide et Voltaire ; entrants en Sixième en 1989 en France pour la taille de la fratrie.

**Père, mère ou tuteur de l'élève pour les lycées ZEP.

Sources : dossiers de candidature à la prépa sup-expé, 2003-2009 (archives du lycée Coty) ; Base Élèves 2006 de la DEPP ; Benabou R., Kramarz F. et Prost C., 2003.

voie de promotion sociale, elle ne revêt pas nécessairement la même signification pour chacun d'eux : les uns frayent un chemin radicalement nouveau et effectuent un déplacement de grande amplitude, les autres poursuivent l'ascension ou les projets avortés de leurs parents. Ensuite, le cas des enfants de familles aisées mérite attention. Il est aussi atypique, mais dans un tout autre sens : ces admis sont des exceptions parmi les exceptions, ils étaient déjà des raretés dans leurs lycées, où les taux d'élèves de milieux favorisés oscillent en Terminale générale entre 0 % et 4 %. Pour eux, l'enjeu consiste moins à détenir des caractéristiques compensatoires qu'à transformer leur scolarité en ZEP en atout, en profitant d'une sorte d'effet d'aubaine. Il s'agit, en premier lieu, d'enfants d'artistes qui, s'ils ne représentent que 4 % des admis, sont en proportion jusqu'à quarante fois plus nombreux que dans les Terminales générales des lycées ZEP de l'académie. Les dossiers de candidature portent les traces de certaines de ces bifurcations pragmatiques : la mention « sup-expé » a été ajoutée sur la page de garde de deux d'entre eux, à côté des initiales de CPGE (« AL », « BL » ou « EC ») raturées au crayon[58].

C'est sans doute pour les élèves issus des classes moyennes par au moins l'un de leurs parents que le choix de la prépa sup-expé constitue une destinée probable – ce qui ne veut pas dire jouée d'avance. Parmi ces jeunes, on observe une forte surreprésentation de mères appartenant aux professions intermédiaires du secteur sanitaire et social : c'est le cas de 10 % de l'ensemble des admis, soit deux à huit fois plus que parmi les élèves des Terminales générales des trois lycées ZEP, alors que la part de mères des autres catégories appartenant aux classes moyennes atteint moins de 4 %. Ce résultat prend tout son sens quand on sait que c'est au sein de ces fractions-là des classes moyennes que se trouvent les parents – les mères en particulier – les mieux renseignés sur l'état du système éducatif, les plus intéressés par la psychologie de l'enfance et les plus disposés à inscrire leurs enfants dans des expérimentations scolaires[59].

On voit ainsi que les bénéficiaires de l'ouverture sociale constituent une population beaucoup moins homogène que ce que suggèrent des catégories, aussi floues qu'ambiguës, comme celles de « minorités visibles » ou les « Français de la diversité », très en vogue chez les journalistes et les acteurs politiques. En réalité, pour un même dispositif éducatif, il existe une diversité relative d'usages et d'usagers possibles. On ne sait rien, cependant, de la façon dont s'opère progressivement le tri entre les prétendants et entre les candidats avant le verdict du jury.

LA « FABRIQUE » DES ÉLUS

C'est en replaçant ces lycéens ZEP dans leurs scènes scolaires, familiales, résidentielles et amicales que l'on peut cerner les bonnes dispositions et petits héritages qui rendent possible, concrètement, la fabrique progressive de leur élection. Ici, seule l'approche ethnographique permet de restituer des combinaisons de traits favorables. Elle aide à cerner la part de probable que contiennent toujours des trajectoires apparemment improbables.

Les capitaux cachés des élus

Au fil de leur parcours, les lycées qui se portent candidats ont acquis, dans les différentes scènes sociales où ils s'inscrivent, des ressources cruciales dont on ne trouve pas trace dans les statistiques.

Les rapports à la culture, à l'école et à l'avenir qu'ils ont peu à peu intériorisés les inclinent, lorsque vient le moment d'envisager leur orientation après le baccalauréat, à se sentir autorisés à franchir les frontières sociales en postulant à la prépa sup-expé.

Les « armes » des migrants de classe

Bien souvent, l'entrée au lycée Coty est, pour ces lycéens, l'aboutissement d'un long processus d'accumulation primitive de capital culturel. Ceux qui proviennent d'une famille populaire sont parvenus à se forger des « armes » grâce auxquelles ils ont pu progressivement faire la différence, sans forcément briller, au prix d'un éloignement partiel de leur milieu d'origine. S'ils en restent membres physiquement, ils s'en écartent symboliquement par des gestes, des mots et des silences à travers lesquels leur entourage a pris l'habitude de les situer « ailleurs ». À force d'être rangés au-dessus ou à côté des leurs, ils entrevoient la possibilité et, finalement, ressentent la nécessité de « s'en sortir », pour citer une expression souvent entendue en entretien. Ce processus se traduit par la lente intériorisation d'un *devoir de réussir* qui transforme les sacrifices exigés par l'institution scolaire en défis et les attentes de leurs parents en mission. Celle-ci consiste, notamment, à satisfaire par procuration les aspirations frustrées, limitées ou à demi concrétisées de leurs proches.

Dans ces incitations à renverser le destin, les aînés sont souvent en première ligne. C'est le cas de Réda, admis à la prépa sup-expé en 2006. Né en 1987 en Algérie de parents algériens arrivés en France en 1993, avec lui, sa sœur et son frère (ils ont trois et six ans de moins que lui) pour fuir la vague d'attentats consécutive à l'annulation, par le pouvoir en place, des élections législatives remportées par le Front Islamique du Salut (FIS), celui-ci a grandi avec sa famille dans une cité HLM à l'est de Carmont. Au moment du premier entretien, réalisé en septembre 2006 dans une brasserie proche du lycée Coty, son père est chauffeur de taxi, sa mère, femme au foyer, après quelques missions d'intérim comme employée dans une société de nettoyage. Je suis entré en contact avec lui en juin 2006, lors de la réunion d'information organisée par Marcel Noiret au lycée Voltaire avec une dizaine d'élèves qui envisageaient de postuler, à l'issue de laquelle j'ai récupéré une liste de mails et de numéros de téléphone, en échange de mon aide (conseils bibliographiques, relecture de devoirs, soutien moral).

Cet entretien avec Réda en dit long sur le poids des expériences traumatisantes dans la genèse de ce qu'il appelle son « amour de l'école française » : le bruit des balles dans la nuit, le sang découvert devant la porte de l'école de son village natal et d'autres scènes macabres lui reviennent à l'esprit après son premier séjour en Algérie depuis que sa famille a émigré en France. Émerveillé par sa récente entrée au lycée Coty, il espère réussir le concours de l'IEP de Lagnecourt et devenir journaliste. À plusieurs reprises, il use de termes ou d'idées qui suggèrent une forte politisation (ses parents sont « socialistes », lui « penche pour des partis plus à gauche ») et un certain goût pour l'actualité. Il présente ses parents comme « des gens assez cultivés », qui lui ont « toujours dit que l'école, c'est la clé de tout » et la France « un pays où on doit travailler pour être quelqu'un ». Ce n'est que dans les entretiens ultérieurs que je comprendrai le sens de l'opposition, récurrente dans son discours, entre la « bonne situation » de ses parents « avant » et leurs difficultés « ensuite » (leur émigration). Son père a été professeur de français en Algérie, tandis que sa mère « a été une année à la Sorbonne » avant de se marier. S'ils lui « répètent tout le temps que pour être heureux dans la vie, faut faire des études longues », c'est que son avenir porte la promesse d'un rattrapage de leur position sociale en Algérie :

> « *Pourquoi tes parents préfèrent que tu fasses de longues études ?*
>
> — Parce que c'est plus facile pour ceux qui font de longues études de trouver un bon travail, de devenir quelqu'un… mon père, il était prof de français pendant 17 ans en Algérie, et aujourd'hui… il est chauffeur de taxi. Quand j'étais au collège, j'ai vu un film sur les chauffeurs de taxi et ça m'a plu. Je lui ai dit (*en riant*) : "Je veux faire chauffeur de taxi !" Il m'a dit : "Arrête tes conneries !" (*rires*). Donc, voilà… ça me pousse vers les études ! »

Ce qui est en jeu dans la façon dont le père de Réda tente de le dissuader de l'imiter, c'est un rapport à l'avenir entièrement tourné vers la quête du salut par l'école, une « reproduction interdite » qui implique aussi une injonction positive, favorable à l'adoption d'une morale ascétique et d'une bonne volonté culturelle. Derrière la remarque du père se cachent une mission et, plus largement, une vision du monde produite par ses tentatives antérieures et ses sacrifices pour rattraper sa position originelle. En effet, jusqu'en 2000, le père de Réda a été ambulancier après avoir réussi le concours qui donne accès à ce métier. Souffrant de conditions de travail très difficiles (montées de plusieurs étages sans ascenseur, horaires flexibles, isolement, mal de dos), il s'est endetté à hauteur de 30 000 euros pour acquérir la licence de chauffeur de taxi pour « être enfin son propre patron ». Cette prise sur l'avenir ne se traduit pas, toutefois, par un investissement régulier dans l'éducation de ses enfants. Faute de temps et d'énergie, il laisse cette responsabilité à son épouse, comme c'est souvent le cas dans les familles populaires[60]. L'« année à la Sorbonne » dont parlait Réda au sujet de sa mère prend ici tout son sens :

> « *Tes parents, ils se sont occupés de tes devoirs ?*
>
> — Ouais, ma mère… (…) Mon père, il travaille souvent la nuit, il dort le jour donc… il est déphasé, il est trop fatigué pour m'aider. Ma mère, par contre, comme elle travaille pas, elle est là pour moi, pour ma sœur et mon frère. Même si elle me dit que je peux faire ce que je veux plus tard, j'ai pas droit à l'erreur. »

La transmission partielle de l'héritage paternel est compensée par l'intervention de la mère de Réda qui, elle aussi, a une trajectoire qui l'incline à « élire » son fils aîné. Avant d'être femme de ménage puis au chômage, elle a occupé des emplois qui l'ont maintenue au contact de l'univers scolaire, d'abord en tant qu'employée de cantine dans un collège (où Réda a été élève), puis comme auxiliaire puéricultrice dans une crèche. Suite à un grave accident, elle s'est complètement investie dans l'éducation de ses enfants, en devenant déléguée de parents d'élèves (en primaire et au collège) et en contrôlant strictement leurs fréquentations :

> « *Tes amis au quartier, tu leur as dit que t'allais entrer en prépa ?*
>
> — (*Gêné*) Au quartier ? Euh… je fréquente pas tellement le quartier…

— *T'as pas de relations ?*

— Non ! (...) je suis pas attiré pour sortir... si c'est pour rester à rien faire, hein ! J'ai ma communauté au lycée, je veux dire, ma microsociété elle était au lycée, donc j'avais pas besoin de chercher d'autres amis dans le quartier (...). Mes parents, surtout ma mère, ils veulent pas que je sois comme les exemples que je vois dans mon quartier, que je passe ma journée dehors... ils veulent que je fasse quelque chose de ma vie (...).

— *C'est qui, ces exemples ?*

— C'est tous ceux qui n'ont pas réussi dans le quartier. Même si je sais que... c'est pas présomptueux, mais je serai jamais comme eux, à pétarader avec une moto à deux heures du matin, pendant toute la nuit, ou à fumer en bas du quartier. »

Sa mère le guide aussi dans son orientation scolaire. Ainsi, il fait du latin pendant trois ans dans le collège public de secteur, où il participe à un atelier théâtre de la Sixième à la Troisième. La proximité de sa mère avec l'univers scolaire n'est sans doute pas étrangère à la relation d'amitié entre Réda et sa professeure de français à partir du collège, avec qui il a entretenu une correspondance ponctuelle jusqu'à aujourd'hui. Obtenant de très bons résultats, il demande, au moment de son passage en Seconde, une dérogation pour s'inscrire dans un lycée public (non ZEP) d'un quartier proche, moins populaire que le lycée Voltaire, pour rejoindre une classe option théâtre. Mais sa requête est rejetée. Il entre donc par défaut au lycée Voltaire. Il y obtient des résultats en dents de scie, redouble sa Première L, puis décroche le baccalauréat avec la mention Assez Bien. Son goût pour la lecture et son investissement dans les luttes contre le Contrat Première Embauche (il est désigné porte-parole par ses camarades, ce qui est une autre forme d'« élection »), lui confèrent auprès de ses enseignants une réputation qui le place au premier rang des candidats pressentis pour la prépa sup-expé.

Comme nous le verrons, Réda échouera aux concours des IEP et de l'école de commerce. Aîné de la fratrie, il a essuyé les plâtres, mais il a frayé un chemin que sa sœur et son frère emprunteront avec succès, concrétisant ainsi les attentes des parents. La première, en tête de classe depuis le CP, s'inscrira en première année de médecine à l'université de Carmont, après avoir obtenu un baccalauréat S au lycée Voltaire. Quant au benjamin, il entrera en Seconde au lycée Coty, quelques années après le passage de Réda par la prépa sup-expé.

Cette implication parentale est toutefois loin d'être généralisable à l'ensemble des migrants de classe. De même que le surinvestissement dans l'éducation des enfants ne suffit pas à expliquer les réussites scolaires en milieux populaires, de même l'échec scolaire ne se résume pas à une « démission parentale ». Le cas de Soraya permet d'étayer ce constat. Née à Carmont en 1986, elle est admise en 2004 à la prépa sup-expé, après avoir décroché un baccalauréat scientifique. Elle me reçoit en juillet 2009 dans l'appartement familial, situé dans une cité HLM parmi les plus peuplées de la ville, pour un long entretien, réalisé dans sa chambre. Soraya s'est levée très tôt pour m'accueillir dans les meilleures conditions. Elle a tenu à venir me chercher avec sa vieille Ford Fiesta rouge (qui porte sur le pare-brise un adhésif disant : « quand je serai grande, je serai une Ferrari ») alors que son domicile est à moins de cinq minutes de l'arrêt de bus (« c'est l'habitude, je me déplace jamais sans ma Ferrari ! » plaisante-t-elle). Elle a préparé du café qu'elle m'apportera lors d'une courte pause. Plus qu'un sens de l'hospitalité, ces précautions suggèrent que je suis un « étranger » qu'il faut mettre à l'aise : « un Blanc, ici, ça passe pas inaperçu ! » lâche-t-elle, lorsque je lui demande comment elle a pu m'identifier alors qu'elle ne m'avait jamais vu auparavant.

Soraya est la troisième d'une fratrie de six enfants (3 frères et 3 sœurs). Sa sœur et son frère aînés ont 30 et 28 ans au moment de l'entretien. Leurs mises en ménage et la séparation des parents en 2001 ont attribué *de facto* à Soraya le statut de « grande sœur » chargée de veiller sur ses frères cadets (21 et 17 ans) et sur la benjamine (14 ans). Le père, né en Tunisie, est agent de sécurité. Elle ne l'a plus revu depuis le divorce. Il est arrivé en France à l'âge de 5 ans et a poursuivi ses études jusqu'au lycée sans obtenir de baccalauréat. Née en Algérie de « parents analphabètes », sa mère a émigré à l'âge de 25 ans. Elle a quitté l'école après le CM2. Longtemps femme au foyer, elle est devenue aide à domicile (salariée) il y a quelques années pour subvenir aux besoins de la famille après le départ du père.

Ce contexte familial contraint Soraya à faire office de mère de substitution. Si, à la différence de Réda, elle n'a pas à essuyer les plâtres, elle est prise dans une logique similaire qui l'a conduite à « tout donner pour réussir », comme elle dit, d'autant plus que les scolarités des aînés ne se sont guère avérées payantes. Sa sœur a échoué deux fois consécutives aux examens d'entrée en deuxième année de médecine et travaille depuis comme employée dans une entreprise de télécommunications. Son frère, titulaire d'un Brevet d'Études Professionnelles (BEP) en mécanique, est devenu, comme son père, agent de sécurité. Bien que Soraya évoque, comme Réda, son « amour de l'école », son déplacement social ne renvoie pas aux mêmes expériences, non seulement parce qu'elle a toujours vécu en France, mais parce qu'elle doit effectuer des tâches dont les migrants de classe de sexe masculin sont très souvent dispensés. Or ce sont justement ces tâches qui contribuent à l'acquisition de bonnes dispositions[61]. En assurant l'aide aux devoirs de ses frères et sœurs et en s'occupant des démarches administratives de la famille, elle a assimilé très tôt les règles de l'écriture, de la lecture, de la présentation de soi et appris à prévoir et organiser rationnellement l'avenir :

> « Je me trimballe toujours une pochette avec tous les documents de la famille, parce que je connais trop bien les excuses de l'administration, à la CAF [Caisse d'Allocations Familiales], à la sécu et compagnie : avec moi, ils peuvent peut pas faire le coup de la pièce qui manque ! »

La répétition de ces confrontations avec l'administration a pour contreparties l'apprentissage de ressources potentiellement valorisantes sur la scène scolaire (pour comprendre rapidement une consigne, se concentrer sur un exercice, préférer le travail aux distractions pendant les pauses) et l'acquisition d'une *maturité de classe* propice au développement d'une réflexivité (d'où ses nombreux efforts de clarification au cours de l'entretien et son usage fréquent, en début de phrase, de l'expression « je t'explique ») et d'une maîtrise de soi, renforcées grâce aux cours de théâtre qu'elle a suivis au collège et au lycée. À ces dispositions s'ajoute une attitude disciplinée liée à sa socialisation de genre (peu de sorties, respect des règles, docilité à l'égard des enseignants) qui ressort bien dans son récit de ses années au lycée :

> « La Première et la Terminale, c'est sans doute les années de ma vie où j'ai le plus travaillé ! J'avais aucune vie sociale ! Sur huit heures de cours, je restais deux heures de plus, toute seule dans un coin, dans une salle libre ou au CDI parce que… je savais que si je rentrais chez moi, j'aurais pas la possibilité de travailler. »

Les efforts de Soraya seront en partie récompensés. Elle obtient le baccalauréat avec la mention Assez Bien. Mais, comme pour Réda, elle échoue aux concours et ce sont les autres membres de la fratrie qui connaîtront le plus de succès : l'un de ses frères cadets et la benjamine accèderont par dérogation en Seconde au lycée où Réda avait tenté d'entrer (en option latin pour l'un, en option théâtre pour l'autre), l'un d'eux étant admis par ailleurs au Conservatoire d'art dramatique de Carmont. L'autre cadet entrera en Terminale S au lycée Voltaire.

Soraya et Réda ont en commun d'avoir été, avant leur entrée au lycée Coty, très ancrés dans la scène familiale, peu investis sur la scène amicale et relativement absents de la scène résidentielle. Ils partagent aussi un rapport enchanté à l'école, qui est loin de se manifester chez tous les enquêtés d'origine populaire. Prenons l'exemple de Thierry, élève de la promotion 2002, scolarisé auparavant au lycée Gide. Je le rencontre pour la première fois en avril 2009, dans un parc proche de son domicile. J'ai été mis en contact avec lui par l'intermédiaire de Vincent, qui fut son camarade en prépa sup-expé et le mien au lycée Voltaire. Né en 1983 à Carmont de parents français, Thierry est le fils d'un ouvrier qualifié fonctionnaire et d'une femme de ménage. Son père est allé jusqu'à la Terminale sans obtenir de baccalauréat, sa mère a interrompu ses études à 14 ans. Ils ont divorcé lorsqu'il avait 9 ans. Il a une sœur aînée (32 ans), inspectrice des Impôts après de brillantes études de droit.

Comme Réda, Thierry envisage de travailler dans le journalisme au moment de postuler à la prépa sup-expé. Attiré par le prestige du lycée Coty (« ça véhicule une certaine image, Coty, donc on signe ! »), il souhaite surtout « prendre un peu de recul » avant de se lancer dans un cursus de philosophie à l'université. Il n'envisage pas alors d'intégrer un IEP. Dans un récit très dense au cours duquel il multiplie les digressions et les analyses à chaud, comme s'il s'improvisait sociologue, il revient longuement son passé et évoque son goût précoce pour la politique et les débats d'actualité. À deux reprises, il s'excuse de « trop parler » (« désolé, je suis un peu bavard ! »). Cette propension à se livrer est le fruit d'une trajectoire heurtée, marquée par un rapport ambigu à l'école : il a très tôt « aimé l'école », « [se] cultiver » et « découvrir le monde », mais s'est progressivement désinvesti de la scène scolaire. Ses expériences chaotiques au lycée (nombreuses absences et retards, consommation régulière de cannabis, etc.) contrastent avec le « bon élève » qu'il était à l'école primaire et au collège de secteur (il a suivi des cours de latin obligatoires en Cinquième et Quatrième). À partir de la Troisième, il participe de plus en plus aux réseaux de sociabilité sur la scène résidentielle, bénéficiant du dynamisme associatif et politique de son quartier, aux mains du PCF de 1936 à 2006. Il y rencontre des « vieux cocos », comme il dit, amis de la famille ou simples voisins, qui stimulent un goût pour l'actualité, la discussion et la réflexion déjà présent chez des membres de sa famille élargie (tous votent socialiste ou communiste, mais aucun ne milite). Il fréquente, à la même période, la Maison des Jeunes et de la Culture (MJC) du quartier ainsi que les gymnases et terrains de sport : féru de basket, il y joue plusieurs fois par semaine avec des amis d'enfance ou des camarades de classe, ce qui l'ancre plus fortement dans les scènes amicales et résidentielles que Réda et Soraya.

Contrairement à eux, l'essentiel des « petits » capitaux de Thierry ne provient pas des héritages familiaux ou des bonnes dispositions acquises sur le tas en aidant les parents. Il s'est construit sans son père, « disparu de la circulation » quand il avait 9 ans (il ne le reverra que quatorze ans après), et contre sa mère qui, après des années de conflits, l'a « foutu dehors la semaine du bac de français » (ils n'ont jamais renoué). Significativement, quand Thierry parle de ses parents, il les désigne avec distance en évoquant « la mère », « le père » et « les enfants ». Un peu éprouvé de revenir sur ce passé douloureux, il conclut froidement, avant de passer à un autre sujet : « Voilà le tableau familial ! »

À partir de la Seconde, Thierry cesse d'être un « bon élève » (« je suis devenu un peu un fumiste », confie-t-il). Ses résultats se dégradent rapidement, il redouble, se réoriente en Seconde Sciences et Technologies Tertiaires (STT), « pour être peinard », puis passe en Première et en Terminale L, alors qu'il visait initialement la série S. Il obtient son baccalauréat avec la mention Assez Bien. Si, en dépit de ses « détours », comme il dit, il aboutit finalement au même endroit que Réda et Soraya, c'est parce qu'il a accumulé des petits capitaux très précieux en assistant régulièrement, pendant ses années au lycée, aux réunions d'un parti d'extrême gauche où il a côtoyé un grand nombre d'intellectuels (d'intention ou de profession), ce qui lui a permis d'incorporer un rapport critique au monde et de développer un fort intérêt pour l'actualité, au point de devenir « accro aux médias » (« je me shootais à l'information, je regardais tout le temps Euronews, LCI ! (*rires*) ») et de s'imaginer devenir journaliste. C'est aussi qu'il a bénéficié de son passage par la « bohême populaire[62] ». Entre la Seconde et la Terminale, il passe, en effet, une grande partie de son temps avec les membres de son groupe de hip-hop (des jeunes plus âgés rencontrés deux ans auparavant à la MJC du quartier et deux camarades de classe), quitte à « sécher » les cours. Grâce à ces expériences, Thierry s'insère dans les réseaux contre-culturels de Carmont, développe sa capacité à parler en public et prend l'habitude d'écrire rapidement des textes de rap. En cherchant les bons mots, la formule qui « fait mouche » ou la « rime qui tue », il acquiert un sens de la répartie et une distance au langage par d'autres voies que l'institution scolaire. Délaissant le chant pour les platines (il devient « DJ à plein temps »), il élargit ensuite sa culture musicale. Il découvre « sur le tas » les standards du jazz, transformés en *samples* pour les instrumentaux de son groupe.

Mais ces apprentissages n'auraient probablement pas abouti à son admission à la prépa sup-expé si Thierry n'avait pas bénéficié, par ailleurs, du soutien constant d'un membre de sa famille qui n'apparaît pas dans son dossier de candidature : sa tante maternelle. C'est elle qui l'héberge lorsqu'il rompt avec sa mère en Première, l'incite à ne pas décrocher scolairement et le pousse à faire les « bons choix ». Elle fait office de seconde mère, d'autant plus qu'elle est célibataire et n'a pas d'enfants. Quand Thierry se réfère à elle, il commet un lapsus très significatif, en l'appelant « ma mère » (et non « la mère », comme il le fait quand il évoque sa mère biologique). Employée catégorie C à l'Inspection académique, sa tante lui a inculqué assez de sérieux scolaire pour qu'il ne « dévie pas », comme ce sera le cas de beaucoup de ses amis pris dans la toxicomanie ou les petits trafics (certains sont allés en prison). Titulaire d'un CAP de secrétariat, elle lui transmet ses aspirations déçues à monter socialement. Bien avant que Thierry ne quitte l'appartement maternel, sa tante aidait sa mère pour les démarches administratives, la remplaçait pour les « réunions parents-profs » des deux enfants et transmettait par différents moyens, à sa sœur et à lui, son « petit » capital culturel : « C'est elle qui nous a donné accès à la culture, qui nous a menés au musée, nous a mis des bouquins entre les mains ». Cette socialisation collatérale a grandement pesé sur la réussite de l'aînée qui a produit un appel d'air dont Thierry a bénéficié : première bachelière de la famille, elle a passé une année à l'IEP de Lagnecourt, où elle a préparé – sans succès – le concours de l'École Nationale de la Magistrature (ENM). En dépit de ses détours, Thierry a fini par se rapprocher du sillon tracé par sa sœur : il est, avec Vincent, le premier à intégrer cet IEP.

Excellence scolaire, héritages brouillés et frontières de genre

Comment rendre compte des trajectoires des candidats les mieux dotés culturellement et économiquement ? Ces lycéens ZEP issus des fractions supérieures des classes moyennes ou des classes supérieures auraient pu intégrer une CPGE ou une école post-bac (dont l'IEP de Lagnecourt et l'école de commerce de Carmont). Leurs performances scolaires ne sont pas seules en cause : les dossiers de candidature montrent que la majorité d'entre eux ont des résultats suffisants pour se passer d'une année au sein de ce dispositif. Ces élèves ont un trait en commun : des failles dans la transmission de l'héritage, liées à une forte instabilité familiale (divorces, conflits récurrents avec les parents) ou, dans le cas des filles, à une préférence pour le monde des choses humaines qui les éloigne, y compris lorsqu'elles sont jugées brillantes par leurs professeurs, des « filières d'élite » scientifiques, dont on sait qu'elles sont à la fois les plus légitimes, les plus masculines et les plus proches du monde des choses matérielles[63].

Certes, pour ces lycéens, ces frontières de genre et ces failles n'entraînent pas la dilapidation complète et irréversible de leur héritage familial. Il n'en demeure pas moins que leur entrée au lycée Coty par la petite porte renvoie sinon à un écart par rapport à la pente initiale de leur trajectoire, du moins à un désajustement entre leurs aspirations et les chances modales de succès de leur cohorte sociale d'origine. En réalité, la prépa sup-expé est pour eux une sorte de *détour de reproduction*, un mode de reconversion de l'héritage profitable à long terme, même s'il semble *a priori* moins rentable, à court terme, que la plupart des « filières d'élite ». C'est ainsi que, comme nous le verrons plus loin, certains d'entre eux accèdent, après leur année au lycée Coty, à une grande école.

Je ne m'intéresserai ici qu'aux effets de la socialisation de genre sur l'orientation après le baccalauréat. C'est là un bon moyen pour saisir des processus qui valent aussi, quoique sous des formes différentes, pour les filles d'origine populaire scolairement excellentes. L'existence d'un « plafond de verre » limitant l'accès des lycéennes aux « filières d'élite » repose sur des mécanismes qui apparaissent bien dans le parcours de Solène, dont les parents, tous deux nés en France, sont inspecteurs des Impôts. Admise en 2005, elle est née en 1987 dans une ville moyenne de province. Elle arrive à Carmont avec son frère cadet (il a quatre ans de moins qu'elle), au moment d'entrer en Sixième, après la mutation de ses parents, auparavant affectés dans un département rural. Solène découvre alors une vie urbaine en rupture avec l'atmosphère villageoise dans laquelle elle a grandi et avec la petite école communale où elle a été scolarisée. Ses parents achètent un beau pavillon au cœur des quartiers ouvriers et l'inscrivent dans le collège ZEP de secteur. Elle s'y plaît, s'y fait « plein de copines » et obtient des résultats qui la classent toujours à la première place.

Au cours de l'entretien réalisé en 2009 sur la terrasse d'un snack à Lagnecourt en présence de Pascal, son petit-ami depuis l'année en prépa sup-expé, Solène parle peu d'elle. Elle se décrit modestement comme « une élève sage » qui « a toujours eu des facilités ». Cette humilité fait disparaître les atouts scolaires qui font d'elle une exception statistique : parmi les recrues des promotions 2003 à 2007, elle est la seule à avoir obtenu un baccalauréat S avec une mention Bien. Si elle n'a pas été inscrite en section européenne, ses bulletins de Terminale indiquent qu'elle était première de la classe en français, en histoire-géographie et en anglais, et deuxième en philosophie. Dans sa fiche de demande d'admission, le proviseur ne tarit pas d'éloges sur elle : « Des qualités certaines de réflexion, d'analyse, de rigueur. Un investissement maximum, un travail efficace. Ne peut que réussir en classe prépa. Un très bon élément », écrit-il. La discrétion de Solène tend aussi à mettre au second plan ses héritages familiaux, tout aussi exceptionnels que ses atouts scolaires. Ses parents ont étudié à la Sorbonne jusqu'en maîtrise. Ses grands-pères travaillaient aux PTT (l'un d'eux était cadre), titulaires d'un doctorat pour l'un, d'une licence pour l'autre; sa grand-mère maternelle, bachelière, était professeur d'histoire-géographie en lycée (elle ne se souvient pas de l'autre). Mais la trajectoire de Solène est loin de ressembler à celles de beaucoup d'enfants de son milieu. D'une part, ses parents n'ont jamais tenté de la scolariser dans le secteur privé ni demandé de dérogation pour un établissement public réputé. D'autre part, ce n'est qu'à la suite d'une Seconde Arts Appliqués au lycée Voltaire (par dérogation, car elle aurait dû aller au lycée Gide) qu'elle s'oriente en série S, abandonnant le projet « trop risqué » de devenir styliste sur les conseils de ses parents (« faut du piston pour faire ce métier ! » s'exclame-t-elle), grâce à d'excellents résultats en mathématiques (elle oscille dans cette discipline entre 18 et 20 sur 20 de moyenne). C'est avec force pudeur qu'elle évoque ses performances : « J'étais un peu douée en maths, donc je suis allée en S et j'ai pas eu de problèmes ensuite. »

Solène redéfinit alors son projet professionnel, souhaitant désormais devenir architecte ou ingénieure. Elle envisage d'intégrer une CPGE scientifiques au lycée Coty. Admise en « maths sup », elle aurait pu y entrer par la « grande porte » ou, à défaut, postuler à l'école d'architecture de Carmont, mais elle préfère finalement suivre ses camarades de Terminale candidats à la prépa sup-expé. Elle s'aperçoit alors de son manque d'appétence pour les sciences : « Je me sentais pas de faire que des maths, des trucs abstraits ou très spécialisés, restreints à l'industrie. Je voulais rester dans une voie généraliste avec de bons débouchés », raconte-t-elle. Elle aurait pu également intégrer l'IEP de Lagnecourt directement après le baccalauréat, mais elle a échoué au concours d'entrée. Elle y réussira l'année suivante, tout comme Pascal.

Solène perçoit sa trajectoire comme une succession de choix incohérents : « 'Y a rien de logique dans mon parcours », lâche-t-elle en souriant. Pourtant, ses bifurcations n'ont, sociologiquement, rien d'anormal. D'une part, son auto-élimination de l'une des « filières d'élite » les plus « rentables » professionnellement reproduit la logique genrée qui structure fortement, indépendamment des performances scolaires, les choix d'orientation des filles et des garçons après le baccalauréat, au détriment des premières[64]. D'autre part, son abandon *in extremis* s'explique pour partie par son imprégnation durable dans des établissements où prédominent des élèves dont les prétentions scolaires sont souvent plus restreintes, ce qui a peut-être contribué à contrecarrer les aspirations liées à sa socialisation de classe. Ainsi, les mécanismes que ce cas-limite donne à voir ont sans doute plus de poids chez les bonnes élèves d'origine populaire : à de rares exceptions près, l'éventualité même de postuler à une CPGE scientifique, littéraire ou commerciale dans un lycée renommé a, pour elles, encore moins de chance de relever du domaine du possible.

Critères, modalités et enjeux de la procédure de recrutement

Les carrières scolaires ne sont jamais les purs produits de déterminants objectifs. Elles sont aussi le résultat des processus et des médiateurs qui, localement, « fabriquent » des élus et des exclus. La procédure qui organise le recrutement de la prépa sup-expé comporte trois étapes avant la décision finale du jury : la détection des candidats potentiels, le dépôt des dossiers et leur classement par les établissements ZEP. Chacune de ces étapes implique un tri parmi les prétendants et une élection supplémentaire pour les survivants. Voyons comment s'opère cette sélection avant la sélection.

Des élections anticipées

La phase de prospection des candidats s'étale sur une période plus ou moins longue qui débute parfois en Seconde mais, le plus souvent, commence en Première. Deux types d'acteurs éducatifs interviennent ici : d'une part, les enseignants en ZEP, chargés de trouver des recrues potentielles ayant les capacités et le profil recherché, d'autre part, les enseignants et responsables du dispositif, qui se déplacent dans les lycées ZEP une à deux fois par an, au premier et au deuxième trimestres, pour tenir des réunions d'information en présence du directeur de l'IEP partenaire et de quelques anciens élèves. La phase suivante est celle de la constitution des dossiers de candidature, entre avril et juin, par les élèves pressentis ou, plus rarement, par ceux – candidats qu'on qualifierait volontiers de « spontanés » si ce terme ne faisait pas écran à la réalité – qui n'ont pas eu de contact avec leurs enseignants. Parallèlement à la démarche formelle qui consiste à réunir les pièces requises, des négociations informelles entre les élèves et leurs professeurs (notamment le « prof principal ») ont lieu pour rédiger la lettre de motivation, en trouvant les mots pour plaire au jury, et recueillir les appréciations des enseignants les plus valorisantes possible, chaque candidat ayant la responsabilité de leur faire remplir son dossier. Cette étape décisive constitue une sorte d'élection anticipée : si les intentions du prétendant ne sont pas confirmées par ses professeurs, celui-ci peut abandonner en cours de route. Pascal et Solène insistent sur cet enjeu crucial :

> « Pascal – Un de mes meilleurs potes au lycée, il voulait faire la prépa, mais il n'y est pas entré… parce que… faut savoir qu'au lycée, quand tu soumets ton dossier, faut une lettre de motivation mais (*avec insistance*) surtout, faut avoir la signature de tes profs !
> Solène – Ah ouais ! Du prof principal, surtout !
> Pascal – Oui. Et lui, il l'a pas eue… ça m'a fait bizarre, parce qu'il était beaucoup plus fort que moi, mais mes profs trouvaient qu'il avait pas un bon comportement (…). Si t'as pas ta signature, c'est pas la peine ! »

Plus qu'un soutien, cette « signature » représente une garantie symbolique que l'institution ne donne qu'aux prétendants jugés aptes à concourir en raison de leur niveau scolaire, mais aussi de leurs manières d'être. Avoir le « bon comportement », comme le dit Pascal, c'est donner aux professeurs des signes qu'une admission est non seulement possible, mais légitime, et donc susceptible d'être confirmée. Ce sont les lycéens les plus dociles (ceux que les enseignants rencontrés appellent les « gros travailleurs ») et/ou les plus « originaux » (que ces derniers qualifient de « curieux » ou de « passionnés ») qui voient leurs candidatures appuyées en priorité. Les autres ne sont pas encouragés, soit à cause de problèmes de discipline, soit pour ne pas les « griller » en sous-estimant leurs difficultés d'adaptation au rythme de travail intensif qui les attend : « Pour certains, les pousser à entrer à Coty c'est les envoyer au casse-pipe ! » explique une enseignante du lycée Voltaire. Ainsi, pour devenir candidat, il ne suffit pas de retirer un dossier, de le remplir puis de le déposer : il faut se sentir compétent et être autorisé par les agents de l'institution qui détiennent le pouvoir de fabriquer les « appelés ».

Le caractère personnalisé et plus ou moins arbitraire de cette étape de la procédure place ces lycéens dans des situations typiques de la « mobilité par parrainage », fondée sur des dispositifs spécifiques incluant une part de cooptation, par opposition à la concurrence individuelle et anonyme de la « mobilité par compétition »[65]. Cette façon de procéder contraste avec les règles en vigueur pour les candidats aux CPGE, qui ont pour seule obligation de répondre aux réquisits formels des jurys d'admission, lesquels ne connaissent d'eux, en principe, que ce qu'en disent leurs dossiers[66].

Comment trier ?

Contrairement à ce que suggère l'image de la « signature », le rôle des équipes pédagogiques et administratives des lycées ZEP ne se limite pas à donner un avis conforme ou un classement sans suite aux candidatures. Ces enseignants et ces proviseurs introduisent au cours de la troisième étape de la procédure des informations qui complètent et modifient les informations sur le profil du postulant. Ce recodage s'effectue, implicitement, à travers les appréciations contenues dans une fiche d'admission spécifique, laquelle précise qu'il doit être tenu compte, non seulement des résultats obtenus, mais des « progrès constatés et [des] aptitudes décelées ou prévisibles » et, explicitement, avec l'« avis général » (selon quatre items allant de « très favorable » à « défavorable ») du chef d'établissement, et, surtout, une note sur 25 points, accompagnée d'un résumé des « points forts » et « points faibles » du candidat, en sus de ses moyennes en Première et en Terminale.

Si, d'après les enseignants interrogés, ces verdicts supplémentaires sont d'une haute importance dans le choix final du jury d'admission, ils ne remplacent pas les bulletins trimestriels. Toutefois, la mise en série des données révèle que ce recodage tend à relativiser (et donc à relever) les résultats scolaires de certains candidats, en particulier ceux qui ont entre 10 et 12 sur 20 de moyenne générale. Ainsi, alors que 1/7e des candidats obtiennent le baccalauréat (après la décision du jury) avec une mention Bien, ils sont 1/5e environ à avoir entre 23 et 25 points sur 25 à cette note *ad hoc*, 3/5e ont entre 21 et 23 points et seulement 1/8e ont moins de 18 points[67]. Mais, loin de renvoyer à une sur-notation bienveillante, ce recodage consiste avant tout à ajuster la demande à l'offre, en poussant à l'extrême la logique de personnalisation de la « valeur » des candidats contenue, sous une forme plus atténuée, dans tout jugement scolaire. Ces notes supplémentaires expriment moins le « niveau réel » du candidat que son degré d'adéquation aux attentes des responsables du dispositif. En effet, même si ces scores ne sont pas de purs artefacts (ils se fondent *aussi* sur des faits avérés et/ou des anticipations rationnelles), ils traduisent avant tout ce qui est valorisé en priorité chez ces lycéens : une attitude à mi-distance entre le conformisme et la nonchalance. Ce n'est donc pas un hasard si les scores les moins élevés concernent les items « niveau de culture générale », « qualité de l'expression orale » et « qualité de l'expression écrite » (la note maximale est atteinte, respectivement, par environ 1/6e, 1/5e et un tiers des candidats), alors que plus de la moitié des lycéens ont 5/5 aux items « curiosité – ouverture d'esprit » et « capacité au travail ». Les trois premiers items reposent sur des critères qui renvoient implicitement au brio, à cette aisance distinctive qui correspond plutôt aux postulants aux CPGE, tandis que les deux autres sont plus proches d'une forme de bonne volonté culturelle typique des miraculés scolaires[68].

L'« avis général » des proviseurs des lycées ZEP ajoute un autre verdict qui contribue à faire le tri entre les prétendants, selon une logique analogue à celle des commissions de sélection de CPGE[69]. Il hiérarchise les candidats en trois groupes : les candidatures pleinement légitimes, celles qui méritent discussion et celles qui, faute de résultats satisfaisants ou d'une attitude convenable, ont de grandes chances d'être rejetées. Sans surprise, le premier sous-groupe représente plus de la moitié des admis. Il concerne des lycéens dont le niveau scolaire est assez élevé (plus de 13/20 de moyenne) pour que l'examen de leur dossier soit autre chose qu'une formalité. C'est parmi eux que l'on trouve des candidats refusés à une CPGE, au lycée Coty ou ailleurs, qui ont dû se rabattre sur la prépa sup-expé. C'est le cas, par exemple, d'une élève dont le proviseur vante la « finesse », la « motivation » et la « maturité », lui trouvant pour seul « point faible » de « [n'avoir] pas eu la chance d'être dans une bonne classe ». Les élèves du deuxième sous-groupe ont de moins bons résultats (entre 11 et 13/20 de moyenne). Jugés « discrets », « timides » ou « irréguliers », ils ont à leur actif une motivation et une application qui s'ajoutent à des notes correctes dans les principales disciplines de la prépa sup-expé (histoire, philosophie et, le cas échéant, SES). Regroupant 40 % des admis, ils sont loués par leurs enseignants pour leur acharnement au travail. C'est le cas d'une lycéenne décrite par son proviseur comme « méthodique et rigoureuse », d'une autre, « discrète, mais qui a su faire la preuve de ses capacités de travail, de son sérieux et de son intérêt pour les études ». Le reste des admis forment un sous-groupe de postulants qui ont survécu *in extremis* à toutes les étapes de la sélection, en dépit d'un « avis réservé » ou « très défavorable ». Malgré une scolarité poussive, des problèmes de discipline ou des difficultés d'apprentissage liées à leur arrivée récente en France, ils sont « sauvés » par des équipes pédagogiques qui souhaitent leur offrir une « seconde chance », en présumant que la prépa sup-expé les « recadrera »[70]. Les enseignants vantent souvent en entretien leur bagout, leur « force de caractère » ou leurs progrès spectaculaires qui « rattrapent » leurs mauvaises performances. C'est le cas, par exemple, d'un élève qui, selon le chef d'établissement, « serait capable si son intérêt était stimulé [même si] un gros effort d'adaptation sera nécessaire ».

Passeurs de frontières et chaîne migratoire

En donnant trop d'importance aux règles formelles et à la procédure officielle, on risque d'oublier qu'elles ne se substituent pas à ceux qui les produisent ou les subissent. On ne peut comprendre ces tris successifs sans voir, d'une part, qu'ils s'effectuent *après* les éliminations et auto-éliminations de lycéens qui auraient pu être prétendants et, d'autre part, qu'ils mettent en jeu, avant la décision du jury, différentes sortes de passeurs de frontières.

La sélection avant la sélection

Le fait même d'envisager de postuler à cette prépa sur mesure suppose, au-delà de la « curiosité » et de la « capacité au travail » requises par le jury d'admission, d'avoir un rapport à l'avenir ajusté aux exigences des enseignants. La difficulté de se projeter dans un futur hanté par la rentabilité professionnelle des diplômes à court terme est redoublée par la préférence « spontanée » pour des établissements géographiquement proches, qui économise les coûts temporels des trajets quotidiens à effectuer et qui anticipe les coûts symboliques de l'adaptation à un univers socialement étranger. Ces possibles ne font souvent qu'effleurer l'esprit des bons ou très bons lycéens, comme un « rêve » un peu fou, risqué, présomptueux : ici, être prétendant, c'est être prétentieux. Les enseignants en ZEP sont les mieux placés pour constater ce phénomène, comme l'illustre cet extrait d'entretien avec Marc Lafargue, professeur d'anglais au lycée Voltaire :

> « La plupart des élèves, quand ils arrivent en fin de Terminale, ils ont des demandes d'orientation qui sont largement en deçà de leurs capacités réelles. Et ça, ça fait mal au cœur, quoi ! Le seul moyen d'échapper à ça, c'est de leur dire (*haussant la voix*) : "Mais il faut que vous demandiez des choses ambitieuses !" Le problème, c'est que même les meilleurs, ils vont demander des BTS (...) C'est tout un travail à faire pour arriver à leur faire comprendre que, eux aussi, ils ont le droit à aspirer à des études supérieures, à entrer dans des grandes écoles. »

Pour expliquer ces phénomènes, nombre d'experts et de décideurs recourent à un concept pseudo-sociologique : l'« autocensure ». Le succès de ce mot-valise tient moins à sa pertinence empirique qu'à sa fonction de dénégation des inégalités de classe : il n'est d'aucune aide s'il se limite à désigner, comme c'est souvent le cas, une décision solitaire, un réflexe mécanique ou une peur irrationnelle empêchant les lycéens de faire le « bon » choix. En considérant les préjugés individuels des élèves et de leurs familles comme des obstacles à l'avènement d'une méritocratie pure et parfaite, on présuppose ainsi que ces élèves choisissent de ne pas choisir ce qu'ils auraient dû choisir s'ils n'étaient pas craintifs ou ignorants, ce qui revient à occulter ce que leur élimination doit au fonctionnement *normal* de l'institution scolaire. Bref, on finit par estimer que celles ou ceux qui s'éliminent l'ont (bien) voulu parce qu'ils ne peuvent ou ne savent pas vouloir[71]. Il va de soi, dans cette perspective, que le « déclic » dépend en premier lieu de la générosité des réformateurs.

Sans méconnaître la participation des acteurs éducatifs à l'intériorisation d'un sens des limites par les élèves d'origine populaire, on doit prendre au sérieux la récurrence dans les récits de tous les enquêtés des références à un ou plusieurs enseignants, rencontrés au lycée, au collège ou à l'école primaire, qui ont converti des velléités fragiles en volonté ferme, des intentions multiples en une vocation unique. Les anecdotes et les exemples qui abondent dans les entretiens sont les restes des « élections » par un professeur à l'occasion d'une réunion parents-profs, d'un entretien d'orientation, d'une discussion à la fin d'un cours ou d'une conversation dans les couloirs, à travers des encouragements (« je te vois en prépa », « t'as le profil Sciences Po », « t'as le niveau ! », « vise plus haut qu'un BTS ! ») qui viennent affermir des penchants produits par la socialisation primaire. Mais le rôle de ces agents recruteurs ne se résume pas à une bienveillance progressiste : il suppose de la part des lycéens une aptitude, socialement apprise, à décoder le sens de ces messages et à agir en conséquence.

Rien d'étonnant dès lors si, en 2009, 12 des 14 élèves de la prépa sup-expé déclarent qu'au moins un enseignant a joué un rôle décisif dans leur choix, contre trois quarts des entrants en CPGE au lycée Coty[72]. Parmi les premiers, 9 ont aussi pris leur décision sur les conseils de l'un de leurs parents et 7 après des discussions avec des amis. Le recours aux enseignants s'impose d'autant plus à ces lycéens ZEP qu'ils connaissent rarement dans leur entourage une personne passée par une CPGE : c'est le cas d'un quart d'entre eux, contre près des deux tiers des élèves de CPGE. Et, quand ils mentionnent des proches qui sont ou ont été préparationnaires, ce ne sont jamais des membres de leur famille restreinte, mais des cousins ou des amis.

Ces agents recruteurs sont souvent des enseignants en ZEP engagés, politiquement et syndicalement. Ils ont, du fait de leur propre trajectoire, des affinités électives avec ces lycéens, de sorte qu'ils sont conduits à les investir d'un « mandat d'ascension », à la manière d'un père ou d'une mère[73]. De fait, il n'est pas rare que des enquêtés fassent en entretien un parallèle entre leurs parents et certains de leurs professeurs. D'autres les qualifient de « tuteurs », comme Sofian, fils d'un ouvrier au chômage et d'une serveuse, l'un et l'autre d'origine algérienne, qui évoque l'intervention décisive de son enseignant de SES au lycée Voltaire :

> « Monsieur Noiret, c'est vraiment le prof qui m'a le plus aidé, avec qui j'avais le plus de liens. On communiquait

beaucoup, il s'intéressait vraiment à ce que je voulais faire. C'était pas un tuteur, mais presque… il était vraiment derrière moi, quoi ! Il était vraiment derrière moi, depuis la Seconde. Il voulait vraiment que je réussisse… Après, 'y avait d'autres profs, mais c'était vraiment lui ! »

Ces agents recruteurs sont, si l'on peut dire, des passeurs de frontières à titre officiel. Leur intervention s'accompagne parfois des conseils d'un ancien enseignant. On se souvient, par exemple, de cette professeure de collège avec qui Réda entretient une correspondance. Absents des organigrammes, ces *alliés d'ascension* sont loin d'occuper une place marginale dans la fabrique des candidats, comme dans le cas de Vincent. Fils d'un agent de maîtrise fonctionnaire et d'une mère au foyer, il pensait, deux semaines avant la fin de la Terminale, s'inscrire en STAPS (sciences et techniques des activités physiques et sportives) ou, à défaut, en licence de sociologie ou d'AES (administration économique et sociale). Très sportif, il espère alors devenir un jour danseur professionnel et, d'ici-là, gagner sa vie comme professeur d'éducation physique et sportive (EPS). Entrer au lycée Coty signifie alors consentir à des « sacrifices » contradictoires avec ses aspirations et les exigences de la danse de haut niveau. C'est son instituteur, avec qui il correspond depuis le CM2, qui le persuade de changer d'avis. À la fin d'un entretien réalisé en 2006 dans une brasserie du centre-ville de Carmont, il m'avoue un « secret » :

« Faut que je t'avoue un secret : depuis le CM2, je corresponds avec l'instituteur que j'avais en primaire. Donc on en a parlé beaucoup, de la prépa, et lui, il faisait le parallèle avec l'Armée. Il me disait que quand il était parti en Algérie pour la guerre, il avait eu l'impression que le monde s'écroulait sur ses épaules, qu'il regrettait toujours d'y être allé, mais que finalement c'était que un an dans sa vie … en gros il me disait : “Tu vas aller à Coty, peut-être tu vas arrêter la danse pendant un an, mais c'est pas non plus dramatique et c'est important pour ton avenir”… alors je me suis dit : “Je vais freiner [restreindre le nombre d'heures de danse], je vais pas m'arrêter, mais je vais freiner.” »

Comme Sofian, Vincent souligne également le rôle décisif de Marcel Noiret, qui dissipe ses craintes de « rentrer au couvent » et de se mêler aux « bourges » et « costards-cravates » :

> « Et puis il y a monsieur Noiret, mon prof d'éco et professeur principal de l'époque, je l'ai eu de la Seconde à la Terminale… et en Première, aux réunions parents-profs, je crois qu'il commençait à parler de la prépa, il commençait à me dire, à dire à mes parents que… que j'avais un profil pour les grandes écoles et tout mais… pourtant, même s'il faisait toujours l'effort d'expliquer ce que c'est, moi "grande école", ça me disait rien. Donc, petit à petit, j'ai cherché dans les revues de l'ONISEP, je cherchais c'est quoi les grandes écoles… 'y a les grandes écoles et les petites écoles, hein ! (*rires*). J'ai trouvé Sciences Po, HEC, plein de sigles, IEP, HEC, des sigles qui te disent rien, quoi. Moi j'ai dit : "Jamais de la vie je ferai ça !"
>
> — *Pourquoi ?*
>
> — (*Haussant la voix*) Être avec ces gens-là ? J'ai pas envie ! (*rires*)… c'est les costards cravates, les bourges, pour parler comme ça, c'est… voilà ! J'avais pas envie de… j'avais pas envie…
>
> — *Et pourquoi t'as fini par changer d'avis alors ?*
>
> — J'ai changé d'avis… ça a été dur, parce qu'au dernier moment j'avais fait tous mes papiers pour faire fac de sport, ou même une autre fac quoi… socio, AES… j'avais lu aussi que les classes prépas, c'était rentrer au couvent, c'était énormément de travail, c'était un ou deux ans de sacrifices, et moi, je voulais continuer à danser… puis monsieur Noiret m'a dit un truc qui m'a marqué sur le coup, je m'en rappelle, il m'a dit : "En fait, je crois que la danse, c'est une excuse : t'as peur !" (*rires*).
>
> — *Et t'as dit quoi, toi ?*
>
> — J'ai rien répondu ! J'ai déchiré mon dossier de STAPS ! (*rires*). Et je me suis dit (*sur le ton du défi*) : "moi, j'ai peur ?". »

En le piquant au vif, Marcel Noiret défie la fierté de Vincent : à la façon d'un père faisant appel au sens de l'honneur de son fils, il lui parle avec une connivence empreinte d'un ethos viril sans laquelle le « message » n'aurait peut-être pas été reçu aussi facilement. Parce que ses parents lui ont appris à écouter les professeurs et dans la mesure où il est doté de bonnes dispositions (il a toujours été en tête de classe et obtiendra le baccalauréat ES avec une mention Bien), Vincent est enclin à suivre les conseils de son professeur. Les incitations prennent des formes plus implicites dans le cas des enseignantes – indépendamment du sexe de l'élève. Prenons l'exemple de Viviane Leroy. Au terme de nombreuses sollicitations, elle convainc Julien de postuler à la prépa sup-expé alors qu'il s'apprête à suivre la même voie que son père (un IUT de commerce), propriétaire d'un petit commerce qu'il tient avec son épouse (non bachelière). Julien n'a pas un excellent dossier scolaire (il aura son baccalauréat ES avec 11/20 de moyenne), mais elle estime qu'il « a le profil », en raison de son goût pour la réflexion et pour l'actualité. Elle agit par petites touches et, de suggestions en suggestions, parvient à le persuader de se porter candidat :

> « *'Y a des gens qui t'ont particulièrement poussé pour faire cette prépa ?*
>
> — (*Immédiatement*) Ah oui, madame Leroy ! On a eu un entretien pour les orientations vers janvier-février ou mars, pour savoir ce qu'on voulait faire, parce que c'était ma prof principale. Et on discutait, et… elle me dit : “Qu'est-ce tu veux faire l'an prochain ?”, et je lui fais : “Je veux faire un IUT commerce.” Elle me regarde comme ça, là (*il mime un visage déçu*), et je lui dis : “Quoi ?” Elle me dit : “Non, franchement c'est dommage, parce que moi honnêtement Julien, je te vois à l'IEP. Je te vois en prépa Sciences Po, tu travailles pas, t'arrives à avoir des [bonnes] notes, c'est tout le temps toi le plus mécontent quand 'y a du travail mais c'est toi qui a la meilleure moyenne, c'est toi qui as ci, qui as ça.” (…) Moi, sur le coup, je me suis dit : “Non, va 'y avoir trop de travail.” Après, le soir, je rentre, et… ça cogite ! Deux jours après, on s'est revu, elle m'a dit : “T'as pensé un peu à ce que je t'ai dit ?” Et je lui ai dit : “C'est

bon !" J'étais dedans... j'avais envie d'y être. Mais... (*admiratif*) j'adore madame Leroy ! C'est une femme qui est... (*geste symbolisant l'immensité*) comme ça ! »

Aux yeux de certains élèves, surtout les plus jeunes, je suis perçu moi-même comme un « allié » potentiel. J'endosse plus ou moins volontairement ce rôle en acceptant de répondre aux sollicitations de tel ou tel enquêté me demandant quels ouvrages il faut lire ou quels « trucs » il faut savoir pour réussir au concours, quelle organisation ou quels choix d'orientation ils pourraient faire en cas d'échec, comment est l'ambiance « là-bas » ou comment je m'y suis pris pour aller jusqu'au doctorat. Ma présence signifie pour eux la possibilité de nouer des liens avec quelqu'un en qui ils voient, à tort ou à raison, une personne apte à les guider, compte tenu de mes expériences en ZEP et dans un IEP, quelqu'un aussi dont ils savent qu'il s'intéresse de près à eux et qui doit rester plusieurs années auprès d'eux pour réaliser sa recherche. Si je n'ai pas trop de difficultés à leur servir de tuteur informel, je ne me sens pas toujours très à l'aise dans ce rôle, n'ayant pas été élève de ce dispositif ni d'une CPGE. Par ailleurs, je m'efforce sans cesse de réduire la distance en essayant de ne pas être assimilé à un enseignant et de perdre ainsi les avantages de cette position frontalière qui m'autorise à les rencontrer hors du lycée Coty et à parler avec eux de leur vie extrascolaire, sans que cela soit pris pour de la curiosité déplacée. Évidemment, je n'ai pas d'autre choix que de faire avec cette relation d'enquête, qui se cristallise dans la façon dont mes interlocuteurs me nomment : d'entretien en entretien, j'acquiers un statut de plus en plus consistant à leurs yeux, celui de « grand frère » pour Youssef ou de « psy gratuit » pour Claire, par exemple. Que je le veuille ou non, ils m'incluent dans l'espace de leurs alliés d'ascension, car ils sont au courant de mes relations régulières avec des professeurs de la prépa sup-expé et certains de leurs enseignants en ZEP (« tu connais monsieur Bressac, donc on peut écouter tes conseils ! » me dit par exemple Réda). Cette position constitue un atout autant qu'un obstacle : d'un côté, elle a l'avantage d'inscrire les relations d'enquête dans la longue durée ; d'un autre, elle s'avère coûteuse auprès de ceux qui n'ont pas eu les succès escompté (ils refusent un deuxième ou troisième entretien, peut-être par peur de perdre la face).

Les réunions d'information et les « anciens »

Les migrants de classe et les migrants géographiques ne sont pas confrontés aux mêmes situations. Les premiers ne risquent pas une expulsion ou un internement, ne doivent pas modifier leur patronyme et n'ont pas à subir sans cesse les humiliations et l'arbitraire de l'administration que connaissent la plupart des seconds[74]. Mais ils ont en commun, outre la hantise diffuse d'être renvoyés vers leur univers d'origine et réduits à une condition subalterne, des formes de solidarité et des réseaux de recrutement qui organisent une *chaîne migratoire*. Une partie de ceux qui ont passé les frontières, sociales ou nationales, se chargent de faire venir leurs semblables et, parfois aussi, de les accueillir à l'arrivée. Dans le cas présent, ces passeurs sont des anciens élèves ou des admis de la dernière promotion qui participent aux réunions d'information dans leur établissement d'origine. Si, officiellement, ce type de rencontre a pour objectif d'aider les lycéens à s'orienter, le simple fait d'y assister constitue pour les prétendants un premier acte d'élection, comme le suggère Pascal :

> « Au lycée Gide, les profs organisaient une ou deux fois par an une réunion de présentation, avec les profs de Coty, le proviseur de Coty et le directeur de l'IEP. Deux semaines avant, ils faisaient passer le message aux profs, en leur disant d'envoyer les élèves potentiellement éligibles. Mon prof de maths, il nous a expliqué ce que c'était et après il a pris une liste et il a dit : "Bon, les noms que je vais citer, votre absence à mon cours ne sera pas décomptée et on vous invite à aller à cette réunion d'information." »

Ceux qui, comme Pascal, sont enclins à se sentir potentiellement éligibles, sont désignés publiquement, c'est-à-dire autorisés, au double sens du terme, à se penser et à agir en tant que prétendants : la liste des « invités » ratifie implicitement leurs prétentions car, si elle ne suffit pas à décider du sort des « appelés », elle les fait exister symboliquement en les distinguant des autres, par une dérogation aux règles (l'absence excusée) et une proposition qui ont tous les dehors d'une convocation. L'anonymat du pronom dans la phrase « on vous invite » exprime toute la force de l'institution impliquée dans cette interaction. Si les arguments mis en avant par les responsables du dispositif séduisent Pascal, c'est qu'ils constituent un autre acte d'élection :

> « En Première, je suis allé à une réunion où 'y avait aussi le directeur de l'IEP. Il nous parlait d'une sclérose des hautes sphères de l'État, au sein de l'administration et dans le monde du travail... il parlait d'une consanguinité qui faisait qu'on retrouve quasiment toujours les mêmes à des postes très élevés, et lui, c'était ce qu'il voulait changer. (...) Moi, ça m'a parlé, parce qu'au-delà de la couleur, dans la classe politique ou ailleurs, on retrouve toujours les mêmes, tout le monde se connaît, c'est plein de piston ! Du coup, c'était un peu une mise au défi. Lui, il voulait savoir si 'y avait des gars motivés qui se sentaient de relever le défi, tout en nous disant : "Si vous entrez en prépa, ça veut pas dire que vous aurez forcément le concours, on vous donne pas une place à l'IEP, mais au moins vous pourrez dire que vous avez tenté." »

Si Pascal garde en mémoire cette réunion d'information, c'est que la venue de ce directeur d'IEP, événement rare dans la vie d'un lycée ZEP, a contribué à produire ou à entretenir sa croyance dans l'enjeu : à la logique du défi scolaire, observable dans n'importe quel discours sur une « filière d'élite », s'ajoute celle du défi civique, qui investit les prétendants d'une mission gratifiante, comme s'ils étaient des justiciers oeuvrant pour le bien commun et non pour leur propre intérêt. Ce discours a d'autant plus d'efficacité qu'il s'accompagne d'une mise en garde qui vise autant à dissuader qu'à persuader : c'est parce qu'ils n'ont pas de place assurée que ce défi en vaut la peine, puisque l'enjeu reste conforme à l'idéal méritocratique.

Tous les élèves insistent, en outre, sur le rôle décisif des anciens élèves lors de ces réunions : ce sont des « gens comme nous », qui sont « passés par là » et « savent de quoi ils parlent », expliquent-ils. Les enseignants sont conscients de l'apport de ces témoins, précurseurs susceptibles de marquer les esprits des nouvelles générations et de les pousser à les imiter en jouant de la proximité liée à l'âge et aux expériences communes. Ils viennent raconter leur parcours, détaillent les avantages de la prépa (le petit nombre d'élèves par rapport à l'université ou à une CPGE ordinaire, les savoirs et méthodes transmis, l'encadrement pédagogique personnalisé) et rassurent les prétendants qui ont du mal à s'imaginer dans un « lycée de riches ». L'analyse du déroulement d'une réunion organisée dans l'un des lycées ZEP montre comment s'opère cette autre forme d'élection en actes.

Le 10 avril 2007, le proviseur du lycée Coty Gérard Lopez, son adjointe, Monique Dulong et la professeure principale de la prépa sup-expé Nicole Michel (le directeur de l'IEP est absent ce jour-là) viennent présenter le dispositif au lycée Voltaire, accompagnés de deux élèves de la promotion actuelle, Réda et Youssef (fils d'un ouvrier au chômage et d'une femme de ménage, ce dernier est né en Algérie, comme son camarade). Pendant un peu moins d'une heure, une vingtaine d'élèves (autant de filles que de garçons, Noirs ou Maghrébins dans leur majorité), assis face à la tribune de la salle de conférence, écoutent attentivement. Seul enseignant ZEP présent, Marcel Noiret prend des notes, restant silencieux durant toute la réunion. Le proviseur du lycée Coty, qui s'exprime en premier, le salue. Les élèves restent concentrés, chuchotent, échangent quelques plaisanteries. Gérard Lopez commence par un bref retour sur l'histoire de cette classe, qu'il qualifie de « tremplin » avec de « très bons débouchés ». Elle ne remet pas en cause, dit-il, le « système très efficace » des CPGE, mais l'améliore en compensant l'« avantage qu'ont les élèves dont les familles sont passées par là », explique-t-il. Il loue la qualité de l'équipe pédagogique et les « belles réussites des anciens », puis lance un appel aux élèves :

> « Écoutez-moi bien ! Il y a parmi vous, (*avec insistance*) forcément, autant de bons, de très bons élèves que dans les autres lycées. (*Bref silence.*) Forcément ! Je vois pas pourquoi il y aurait [ici] moins d'élèves intelligents, avec moins de potentiel. Le seul problème, c'est que dans certains lycées, ça paraît naturel de faire une prépa. (...) Notre but, c'est de vous offrir une voie pour exprimer votre potentiel. »

Ce jugement transforme une hypothèse en certitude : l'appel vise à persuader les lycéens que leurs prétentions sont légitimes parce qu'il est venu le leur dire. L'opposition, au centre de cette prophétie autoréalisatrice, entre la « nature » et le « potentiel », donne aux élèves présents un ticket d'entrée symbolique en vertu de l'autorité du proviseur et du prestige de son lycée. Ensuite, c'est au tour de Nicole Michel de prendre la parole. Elle évoque son fonctionnement et l'organisation du cursus (colles, bibliothèque installée dans la classe, voyage à Paris et à Strasbourg à la fin du premier semestre, disciplines au programme, devoirs d'été à rendre à la rentrée). Enfin, Monique Dulong aborde les règles d'assiduité en vigueur au lycée Coty et met en avant sa « disponibilité pour quoi que ce soit » : « Je suis là pour vous du matin sept heures jusqu'à huit heures du soir », dit-elle.

Installés à une table en biais par rapport à la tribune, à gauche des chaises où sont assis les lycéens, Réda et Youssef parlent à voix basse pendant la présentation des responsables du dispositif. Gérard Lopez leur donne la parole à la fin de l'exposé : « Allez-y, dites ce que vous apprenez dans cette classe. » Ils semblent mal à l'aise dans ce rôle de témoin. Réda a les yeux rivés sur la table, lâche de petits rires nerveux, se touche machinalement les doigts. Youssef amorce une phrase, mais débute par des propos confus : « Que dire ? Hum… (*rires*). Je prépare tellement mes discours depuis tout à l'heure que j'ai tout oublié ! (*rires parmi les lycéens*). » Il garde ses mains enfoncées dans les poches de son survêtement, se balance sur sa chaise, cherchant ses mots pour endosser ce rôle d'exemple, difficile à tenir face à des élèves qui peuvent interpréter un éloge du lycée Coty comme une trahison. Si Réda et Youssef doivent participer à la promotion du dispositif, donner des arguments pour convaincre les lycéens d'y postuler, ne serait-ce que pour remplir leur contrat, ils ne peuvent pas trop marquer leur différence, au risque de passer pour des prétentieux. Après de longues secondes d'hésitations, Youssef finit par se lancer : « Il faut faire cette classe, parce que, même dans le cas où ça n'apporte rien au niveau scolaire [s'il y a échec aux concours], ça apporte quand même quelque chose au niveau personnel. » Comme s'il voulait se dépêtrer de cette situation ambiguë, à la fois scolaire et « libre », dans un lieu où il est comme chez lui, mais aux antipodes du lycée où il étudie désormais, il semble chercher un compromis entre un discours trop zélé qui ferait de lui un « fayot » et un discours trop franc qui ferait perdre la face à ses enseignants. Il souligne ainsi des aspects qui peuvent séduire l'auditoire sans le mettre lui-même sur un piédestal, comme le désintéressement à l'égard du savoir qu'il a découvert au lycée Coty : « Tout ce qu'on apprend, c'est pour nous, c'est pas pour le jour du contrôle, comme au lycée ! » Puis, il en vient au lycée Coty :

> « Je vais pas cracher sur Voltaire, parce que… franchement, c'est un bon lycée, hein ! Mais, ce que j'peux dire, c'est que là-bas [au lycée Coty], 'y a tout le monde qui va dans le même sens ! À la récréation, ça parle que de “x + b au carré” ! (*Se corrigeant* :) mais c'est pas pour autant qu'ils se prennent la tête ! Ils sortent le soir, ils ont aussi leurs petites sœurs et leurs petits frères, hein ! »

Youssef fait son possible pour relativiser l'épreuve – *son* épreuve – de la migration de classe. Ce n'est pas un hasard s'il ne décrit le lycée Coty qu'à travers ces jeunes étranges qui parlent d'équations même pendant les pauses : ses camarades et lui vivent dans un entre-soi qui, comme nous le verrons dans le chapitre suivant, les empêche d'en savoir plus sur ces élèves que ces bribes d'informations pareilles aux premières impressions d'un voyageur dans un pays exotique. Il tente néanmoins d'atténuer cette distance en faisant comprendre que les préparationnaires, en dépit des apparences, sont des gens normaux. La fin de sa phrase est lourde d'une complicité indicible, d'un « comme nous » qui n'arrive pas à sortir, parce que ce serait précisément trahir son éloignement par rapport à son univers d'origine, qui continue de l'habiter et où il vit toujours.

Lorsque Youssef s'essouffle, Réda lui vient en aide. Il adopte un ton plus adapté à la situation. Délégué de sa promotion, il est ici en tant que porte-parole doublement légitime, à la fois ancien du lycée Voltaire et ambassadeur symbolique du dispositif. Il conseille aux élèves de prendre d'ores et déjà l'habitude de lire les journaux, évoque les cours d'actualité « passionnants » en prépa sup-expé (« l'actualité, en fait, c'est de l'histoire en train de s'écrire ! »), puis leur lance : « Vous allez complètement changer de vie si vous suivez la prépa ! » Dans le public, les visages restent impassibles. Sans doute parce que « changer de vie » fait toujours courir le risque de se perdre soi-même, Youssef rectifie sur-le-champ les propos de son camarade : « Faut pas dénigrer les autres ambitions, mais vous pourrez changer de vie si vous entrez dans un IEP ! » Réda reprend la parole. Il réitère son invitation implicite à suivre son exemple, en parlant des savoirs qui leur donneront accès à cet « ailleurs » qu'il lui est cependant difficile de définir clairement, faute d'y appartenir entièrement : « La prépa, ça va vous donner des armes. Après, vous allez pouvoir vous battre et vous aurez les moyens de faire ce que vous aurez envie de faire. Vous pouvez faire ce que vous voulez… médecin, politicien, archéologue ! » Mi-impressionnés, mi-incrédules, les élèves chuchotent devant cette publicité un peu exagérée mais qui, si l'on s'efforce de se mettre à leur place, n'est pas forcément mensongère : le contraste est tel entre cette image séduisante de l'avenir et la façon dont on parle habituellement du futur dans leur entourage que les propos de Réda peuvent bien leur sembler plausibles, sur le moment. La présence de ces témoins apprend ainsi aux prétendants à se projeter dans un horizon des possibles élargi et, ce faisant, à se penser eux-mêmes comme des élus en puissance.

Plus qu'une réunion d'information, cette rencontre est, pour ceux qui seront admis à la prépa sup-expé (Sofian assiste à la réunion par exemple), la première étape d'une transformation de leurs dispositions. Sans le savoir, Réda les prépare à cette socialisation à venir, en lançant à la cantonade, mi-sérieux, mi-ironique : « Parmi vous, qui veut être ministre, préfet ou président de la République ? » Le brouhaha et les rires qui s'ensuivent traduisent bien l'incongruité de cette question qui symbolise à sa façon le message que Réda veut faire passer : franchir les frontières sociales, c'est accéder à un univers où tout devient subitement possible, les succès, dont il parle, mais aussi les échecs, qu'il n'a pas le droit d'évoquer ici. Moins crédule, Youssef reprend la parole : « Ça vous donne en tout cas un an de plus pour réfléchir, ça vous donne de la maturité, ça donne un sens à vos études. » Un élève lève la main. Youssef le connaît : il lui sourit et hoche la tête pour le saluer. Le lycéen demande à Réda et Youssef quels sont leurs « conseils pour réussir l'année à Coty ». Youssef répond à côté, sans doute parce qu'il est en train de décrocher à cette période-là, comme nous le verrons plus loin. Il vante la solidarité du groupe : « Ne vous inquiétez pas, vous allez avoir des coups de blues, mais faut pas céder ! Quand 'y en a un qui va pas bien, tout le monde est là pour lui ! » C'est la maladresse de trop. Gérard Lopez intervient pour le recadrer : « Réponds à la question qui t'est posée, Youssef ! » Réda s'en charge, préconisant une lecture régulière du *Monde*. Le proviseur reprend alors la parole, et lance un nouvel appel :

> « Je remercie Réda et Youssef de nous avoir donné leur point de vue avec franchise. J'ai pour ma part une dernière chose à vous dire : il faut oser ! Il ne faut pas vous dire : "C'est pas pour moi" ! (*Haussant la voix* :) Nous, ça fait cinq ans qu'on a des jeunes qui viennent de Voltaire, de Gide, de Flaubert, qui se sont dit que ces études c'était pour eux, et pas pour les enfants de bourgeois ! Vous aurez la chance d'avoir des professeurs de qualité, pleins de convictions, donc ne vous privez pas de cette chance ! »

Réda prolonge cette conclusion en adoptant le même volontarisme : « C'est vrai. Et puis nous, chaque fois qu'on apprend quelque chose qu'on connaît pas, on a envie d'en apprendre davantage ! Sur le plan personnel, ça, c'est magnifique ! » Agacé, Youssef lui glisse à voix basse, avec ironie : « fallait que tu le cales, le terme "magnifique" ! » Puis, comprenant qu'il doit se conformer aux conventions, il cite des exemples qui illustrent la « qualité » de l'équipe enseignante et témoignent de la « bonne ambiance » dans la classe, comme s'il voulait rattraper sa « mauvaise » prestation. Significativement, c'est au même moment qu'il emploie une diction très « quartier », cette marque de fidélité aux origines servant implicitement de compensation à son changement de posture :

> « On n'a qu'des bons profs, ça c'est vrai ! (*Admiratif*) Not' prof de philo, c'est un vidéo-club ! Dès qu'il nous parle d'un sujet, il nous sort un film qui se réfère à la question ! (*rire*). Not' prof de français, lui, c'est un personnage de cinéma ! (...) Et entre nous, on s'aime tous, c'est une super ambiance ! La vérité, on est partis en voyage, ça a été le feu ! [*Des lycéens rient, surpris par ce soudain revirement de posture et par le ton relâché de Youssef.*] Bon, moi j'parle normal, sup-expé ou pas sup-expé ! Mais j'ai évolué aussi, je sais très bien adapter mon discours, hein ! »

En dépit des apparences, Youssef est parfaitement dans son rôle, ici : en affirmant qu'il est capable de changer de registre (de langage, mais aussi de pensée) et que la migration de classe, si elle oblige à « évoluer », ne signifie pas nécessairement trahir son milieu, il sert à sa façon de modèle. En usant d'un style et d'un vocabulaire qui permettent aux prétendants de s'identifier à lui, il ajuste ainsi le mandat d'ascension au public visé et, ce faisant, ajoute à la présentation alléchante de Réda un portrait réaliste et rassurant, susceptible d'attirer des lycéens qui, comme lui, croient sans y croire aux promesses d'un avenir radieux. Gérard Lopez profite de ce revirement pour enfoncer le clou avec un ultime argument : la gratuité des études au lycée Coty et, en cas de réussite au concours, à l'école de commerce. Cette précision a beaucoup d'importance pour des élèves qui, pour la plupart, n'ont pas de quoi payer les 7 000 euros annuels de frais de scolarité.

Le rôle de ces témoins passeurs de témoin ne se résume pas à propager la bonne parole. Après la réunion, Youssef encourage Sofian et un autre élève du lycée Voltaire à tout faire pour être admis à la prépa sup-expé. Il leur conseille de discuter avec les enseignants qui l'ont convaincu, l'année précédente, de postuler à cette classe sur mesure. Puis, au moment de se quitter, il leur propose de se revoir prochainement : « J'habite dans le quartier, on se voit quand vous voulez pour en reparler ! » Ce qui se joue dans la complicité entre lui et Youssef, c'est une intégration à la chaîne migratoire, la circulation d'un mandat d'ascension collectif, d'année en année, par le biais de ces sortes de « retours au pays ». À quelques pas de la frontière, les prétendants commencent alors à imaginer l'autre rive, qu'ils entraperçoivent depuis leur monde.

ÉCRIRE POUR « S'ÉLIRE »

« L'émigration, écrivait Sayad, ne peut se concevoir et s'accomplir, ne peut être supportée et se perpétuer qu'à la condition qu'elle s'accompagne d'un intense travail de justification », et c'est d'abord « aux yeux de l'émigré lui-même » que ce travail s'effectue[75]. C'est là l'intérêt des travaux examinant les correspondances familiales des migrants ou fondés sur des romans, poèmes et chansons où se lit l'expérience du départ[76]. Dans le cas des migrants de classe, les traces écrites sont plus difficiles à trouver : les autobiographies de miraculés, outre qu'elles se limitent presque entièrement à ceux qui n'ont jamais quitté l'univers des intellectuels (instituteurs, romanciers, chercheurs, etc.), contiennent souvent des rationalisations rétrospectives qui laissent dans l'ombre le « travail de justification » survenu avant le passage des frontières. En étudiant les lettres de candidature de ceux qui, parmi ces lycéens, sont d'origine populaire, je me propose de combler une partie de cet angle mort.

Considérer ces lettres de candidature comme un matériau d'enquête ne va pas de soi. Pièces obligatoires aux dossiers d'admission, tout sépare ces feuilles manuscrites des autobiographies d'intellectuels de première génération qui, si elles ne sont pas dénuées de contraintes de style et d'anticipations du jugement des récepteurs, conservent toujours une marge de liberté inhérente à la création littéraire. Aussi, pour interpréter ces lettres, il est nécessaire de garder à l'esprit leur nature (des supports de sélection), leurs destinataires (les membres du jury d'admission), leurs fonctions (présentation du candidat et de ses « motivations », persuasion du jury) et leurs conditions de production (outre le lycéen, ses enseignants, ses parents ou ses pairs peuvent participer à la rédaction). Ce matériau se rapproche donc moins des auto-analyses, savantes ou romancées, que des fichiers biographiques constitués par des organisations politiques qui, comme le PCF, cherchaient à obtenir des gages de conformité pour se protéger des hérésies et gérer des carrières[77].

Ce n'est qu'entre les lignes que se lisent les projections des candidats d'origine populaire. Pour les comprendre, il faut se mettre à leur place au moment où ils rédigent leur lettre, rapporter leurs propos à leurs propriétés sociales et scolaires par un retour aux données construites à partir de leurs dossiers, « décrypter » leurs discours en tentant de cerner ce que la déférence ou le conformisme, la nonchalance ou le zèle, la maîtrise ou la maladresse disent de leur émigration de classe. Si ce sont souvent les mêmes idées, parfois les mêmes mots, qui reviennent chez les uns et les autres, ces récurrences ne signifient pas une absence d'originalité. Elles sont la manifestation d'un fait social : la répétition, d'un candidat et d'une promotion à l'autre, d'images (« un tremplin », « une porte », « une passerelle ») et d'idées (« une chance », « une opportunité », « une occasion idéale ») qui constituent des passages obligés dans l'écriture du départ suggère combien le passage des frontières sociales *oblige* ces lycéens, comme s'ils contractaient une « dette symbolique » à l'égard de l'institution scolaire, en général, et du lycée Coty, en particulier : le « noblesse oblige » des héritiers a son pendant dans le « miracle oblige » des boursiers.

De même que les émigrés algériens doivent, selon Sayad, mentir aux autres et à eux-mêmes pour justifier leur émigration, ces candidats d'origine populaire sont enclins à refouler plus ou moins complètement toute référence à une « faveur » ou une « charité », alors même qu'ils ne cessent de remercier le lycée Coty de leur « donner [leur] chance ». À travers leurs lettres, ils font plus que donner des gages : ils commencent à s'approprier cette nouvelle peau qui doit s'écrire avant d'être enfilée. Car, pour se faire « élire », il faut encore trouver les mots pour « s'élire » soi-même.

Ne partant pas de la même position, ces lycéens n'écrivent pas leur départ et n'envisagent pas leur avenir de la même façon : chacun d'eux est enclin, par sa condition de genre, de classe et ethnique, à adopter un certain ton, certains thèmes et certains arguments pour convaincre le jury, mais aussi à imaginer des « petits scénarios » et des « rôles futurs » qui s'apparentent à des « rêves éveillés »[78]. Même quand ils s'efforcent de neutraliser leur présentation de soi, leur rapport à leur milieu transparaît dans leurs manières de parler d'eux.

Spectres des origines et désir de parvenir

Ce qui frappe d'abord à la lecture de ces lettres, c'est l'ambivalence du rapport à l'avenir de ces lycéens. D'un côté, les candidats sont souvent animés par un refus plus ou moins ferme de rejoindre l'université, perçue comme un repoussoir par contraste avec l'« encadrement », le « prestige » et la « bonne ambiance » qu'ils prêtent au lycée Coty. D'un autre, ils n'ont souvent qu'une vision vague de cet « ailleurs » où ils espèrent aller. Certains confondent la prépa sup-expé et l'IEP, par exemple, en déclarant souhaiter « entrer dans votre grande école » ou intégrer « la prépa avec accession à l'IEP ». Le flou sémantique qui entoure ces dénominations traduit bien leurs difficultés à s'approprier un futur proche qui reste socialement lointain : le dispositif devient la « prépa à Sciences Politiques » et l'IEP, « l'école Sciences Politiques ». Ils se fixent divers objectifs, de l'ambition exclusive d'intégrer un IEP ou l'école de commerce, au désir d'une émancipation culturelle grâce à l'apprentissage de savoirs approfondis et de méthodes efficaces, en passant par le souhait de bénéficier d'une année supplémentaire pour réfléchir à leur orientation.

Pour la majorité des candidats, ces anticipations vont au-delà de projets scolaires. C'est d'abord leur avenir professionnel qui les préoccupe. Qu'ils soient précisés ou non, les métiers envisagés restent empreints d'une forme d'onirisme qui s'exprime dans des aspirations vagues mais toujours valorisantes (« le secteur des relations internationales », « le journalisme », « la diplomatie », « l'humanitaire »), parfois très utopiques, comme cette lycéenne qui déclare vouloir devenir secrétaire générale des Nations unies. Ces incursions imaginaires dans l'autre rive du monde social manifestent une rupture avec la trajectoire antérieure pour les uns et, pour les autres, la fidélité explicite au passé, convertie en ressource morale ou en emblème du mérite[79]. Ces deux postures sont des variantes d'une attitude à l'égard de l'avenir que l'on peut appeler un « désir de parvenir », par opposition à l'attitude inverse du « refus de parvenir »[80].

La première posture est un mélange d'ambition, d'humilité et d'auto-dévalorisation. Elle se traduit par une mise à distance plus ou moins explicite des origines qui, sans impliquer nécessairement un reniement ou une honte de soi, conduit à rompre verbalement avec « la ZEP », comme cette lycéenne en série ES, fille de chômeurs, née en 1989 en Algérie :

> « Madame, Monsieur,
> Il s'agit d'écrire en quelques mots ce qui me pousse à postuler pour cette classe préparatoire, exercice difficile mais c'est certainement la première étape pour y parvenir. (...) Tout d'abord, il y a un réel décalage, voire un fossé entre mon niveau d'études et celui demandé par les grandes écoles et notamment un Institut d'Études Politiques. En ayant eu l'idée de parcourir les annales des concours d'entrée sur les sites de différents IEP de France, j'ai pu réaliser que la difficulté est de taille. Je n'y parviendrai pas seule et j'ai absolument besoin de cette opportunité qui se présente à moi pour espérer avoir une chance de réaliser mon projet (...) [et] combler mes lacunes qui ne sont pas des moindres (...). D'abord sur le plan de la culture générale, s'intéresser à l'actualité nationale et internationale me paraît être indispensable, malheureusement j'ai rarement le réflexe de le faire n'étant pas dans un environnement adapté à ce genre

d'activités. (...) Je souhaiterais me détacher de cette image de ZEP qui me colle à la peau et faire changer d'opinion les nombreuses personnes qui jugent a priori que les classes préparatoires ne sont pas pour nous et les grandes écoles encore moins [même si] je réalise parfaitement que je pars d'un niveau beaucoup plus bas que la plupart des personnes se présentant à ce genre de concours (...). Pour l'instant, je n'ai pas grand-chose, je n'ai aucun point d'avance mais ce que je possède, je ne le perdrai jamais : une immense motivation et une capacité de travail (...).
Souhaitant avoir été claire sur mes motivations et avoir su attirer votre bienveillante attention sur mon projet.
Je vous prie d'agréer, Madame, Monsieur, mes salutations les plus respectueuses. »

La mise à distance de « la ZEP » s'exprime également dans des éloges du lycée Coty et dans la reconnaissance du « handicap » d'avoir été scolarisée dans un établissement souffrant d'une mauvaise réputation. Une candidate, elle aussi en série ES et née en Algérie en 1989, fille d'un ouvrier à la retraite et d'une technicienne, se livre ainsi à un panégyrique de cet établissement, qualifiant la prépa sup-expé de « chance inouïe » :

« Monsieur le Proviseur du lycée Coty,
Votre établissement affiche un palmarès qui fait rêver plus d'un élève assidu, motivé et ambitieux (...). [Le lycée Coty], chargé d'histoire, riche en culture, propice à l'épanouissement humain et intellectuel, efficace avec des résultats constamment exceptionnels, est le lieu idéal pour que mon projet d'étude ne soit pas un souhait banal mais un authentique cadre de mes expressions et qualités.
Ce devenir handicapé par mon appartenance à ce que l'on appelle la "zone d'éducation prioritaire", pourrait redevenir un potentiel qui s'inscrit dès aujourd'hui et qui s'exécutera avec votre aide. (...) La sup-expé est pour moi une chance inouïe, un tremplin qui me redonne espoir et une très grande volonté (...).
Je sollicite donc votre haute bienveillance, l'écoute favorable à mes doléances pour que mon désir de réussite

> devienne une mission que j'accomplirai pour promouvoir par l'exemple et le sacrifice les valeurs que vous prônez : "le travail et la réussite par le mérite." »

Ces propos illustrent la docilité de ces candidats-là à l'égard de leurs « juges », mais aussi la prégnance chez eux d'une foi méritocratique qui ne trouve pas dans l'entourage immédiat des exemples dans lesquels elle pourrait s'incarner. C'est la raison pour laquelle ces lycéens s'identifient parfois à des personnalités aux trajectoires analogues, comme cette fille d'une mère divorcée au chômage, élève en Terminale L, née en France en 1988 (son prénom et son patronyme ont une consonance maghrébine), qui évoque Rachida Dati, la très médiatique ministre de la Justice sous Nicolas Sarkozy :

> « (...) j'aimerais bien suivre le modèle de Rachida Dati mais seulement pour son courage, ses ambitions et sa volonté. J'admire sa force puisqu'elle vient d'un milieu social qui au départ n'était pas extrêmement favorable et elle a réussi à gravir les échelons. »

Les lycéens qui, à l'inverse, valorisent leur univers d'origine, souhaitent aussi devenir des exemples, mais dans un tout autre sens : ce qu'ils mettent en avant, c'est leur implication dans la vie sociale de leur lycée ou de leur quartier. Ce témoignage de loyauté constitue en même temps un gage de sérieux et une preuve de maturité attestant la possession d'une sorte de capital civique. C'est le cas de cette candidate en série L, née à Carmont en 1987, fille d'un artisan maçon et d'une mère au foyer non-immigrés :

> « Étant donné que je souhaite comprendre la société dans laquelle je vis, je veux être actrice de la vie citoyenne. C'est pour cette raison que j'ai intégré le conseil de la vie lycéenne, le conseil d'administration et le conseil de discipline [du lycée Gide]. »

L'investissement associatif dans le quartier peut aussi tenir lieu de capital civique, comme pour cette candidate en série L, née en 1988 à Carmont, fille d'un chômeur et d'une femme au foyer non immigrés :

« Depuis mon plus jeune âge, je passe beaucoup de temps dans les bibliothèques. (…) Depuis trois ans, j'ai décidé de faire partager cette passion aux plus jeunes. Je consacre deux après-midi par mois à un groupe d'enfants de mon quartier pour les emmener à la bibliothèque et leur faire découvrir les livres. »

Considérant la prépa sup-expé comme « un honneur et une chance », Youssef avait axé son propos sur son intérêt pour la politique. S'il n'évoque pas sa participation aux grèves contre le Contrat Première Embauche, cette expérience se lit en creux dans sa lettre de candidature, à côté de son éloge des enseignants du lycée Voltaire, indice d'une filiation assumée à « la ZEP » :

« (…) voilà plusieurs années que je m'intéresse à la politique. Je trouve cela normal, je pense que c'est le devoir de tout citoyen. Néanmoins, pour moi, ce domaine occupe une place privilégiée. Grâce à l'enseignement que j'ai reçu de mes différents professeurs, que je considère énormément et dont j'admire la dévotion, j'ai développé mon esprit critique et également ma conscience politique. Les cours de littérature, d'histoire ou encore la philosophie m'ont beaucoup ouvert (…). Je réfléchis beaucoup à tous les problèmes de société et j'espère réellement avoir la chance d'apporter ma vision, mes idées et de contribuer à la construction d'un nouveau monde, avec la fraîcheur, la fougue, la tolérance de ma génération. »

En reprenant à son compte le rôle de justiciers que les responsables du dispositif proposent aux prétendants d'endosser, Youssef s'ajuste aux attentes du jury. C'est aussi le cas de Réda, qui prend à partie les lecteurs de sa lettre en évoquant son engagement civique et sa « curiosité doublée d'une soif de savoir » pour justifier son « projet d'avenir (…) fruit d'un parcours atypique » :

« (…) une conviction profonde (…) était ancrée en moi et fit surface à mon arrivée en France, il y a 11 ans. J'avais un goût prononcé pour la lecture, qui se confirma tout au long [de ma scolarité], ce qui m'entrouvrit les portes

> de la culture et développa en moi une curiosité doublée d'une soif de savoir. Ce qui motive ma demande, c'est une volonté de changer la société, la faire progresser. Devant les paradoxes de ce temps, je ne peux rester sans rien faire. Si vous pensez que c'est un utopiste qui s'adresse à vous, alors détrompez-vous. Ma volonté n'est pas seulement d'avoir des idées, mais d'agir. C'est par votre aide que cette vie peut et doit commencer. Par la présente, je m'engage à satisfaire tout le travail demandé par vos soins et d'user de ce savoir en faveur d'une société équitable, libre et juste. »

La nécessité de plaire au jury et le souci de bien écrire ne sont pas présents chez tous les candidats d'origine populaire. Cette attitude est plus souvent adoptée par les lycéens littéraires et par les filles. Leurs lettres sont souvent plus longues, contiennent relativement moins de formules stéréotypées et de fautes d'orthographe que les autres. C'est justement ce qui fait leur intérêt : en se donnant autant de peine, ces migrants de classe rendent visibles les attentes implicites de l'institution : application, sérieux, correction linguistique, mais aussi capacité à se projeter dans l'avenir.

Défi masculin et prudence féminine

L'inégale maîtrise de l'écrit et les différences de posture à l'égard des origines cachent une autre opposition, tout aussi marquée, entre les filles et les garçons de milieux populaires. Si, quel que soit leur sexe, ces candidats admettent plus ouvertement avoir des « lacunes » que ceux issus des classes moyennes ou supérieure, la prépa sup-expé étant censée combler leurs « manques » (même quand il s'agit de lycéens bons scolairement), les filles se distinguent par leur tendance plus systématique à minimiser leurs atouts, à expliciter leurs doutes, à limiter leur propos à la seule scène scolaire et à avouer leur « manque de confiance ». Alors que les garçons considèrent leur admission éventuelle comme un défi, qu'ils sont d'ores et déjà prêts à relever, elles conçoivent cette possibilité comme une hypothèse incertaine, qui les oblige à énumérer tous les motifs justifiant leur candidature. L'aisance ou la nonchalance avec laquelle ces garçons d'origine populaire parlent de leurs projets, souvent en envisageant leur admission sur le mode de l'évidence, s'oppose aux marques de prudence des candidates : « je pense avoir acquis la méthode de travail appropriée », écrit l'une d'elle, « je crois avoir le niveau requis », affirme une autre, comme si elles laissaient au jury la possibilité de les contredire. Une lycéenne en série S, fille de chômeurs, née en 1986 en Algérie, écrit à la fin de sa lettre :

> « Pour être tout à fait honnête, je n'ai pas une culture générale très étendue et j'en suis navrée, mais le plus important c'est que je compte y remédier. L'être humain tend à évoluer et l'essentiel est de savoir qu'on ne sait pas et d'avoir la volonté d'apprendre et de s'élever. »

Ces propos contrastent avec la logique du défi à laquelle adhère un candidat en série ES, né en 1987 à Carmont de parents africains, fils d'un père invalide et d'une mère au foyer, qui affirme « avoir des bases solides au niveau de [sa] culture générale » et se dit « enchanté à l'idée qu'une telle classe puisse l'étoffer », avant d'ajouter : « Une classe aussi exigeante que la vôtre ne me procure aucune appréhension, car ma motivation s'accroît face à la difficulté. » C'est chez les candidates d'origine populaire, en particulier quand elles sont descendantes d'étrangers, que la gratitude s'exprime avec le plus d'insistance. Par exemple, une lycéenne en série ES née en 1987 à Carmont, fille d'un ouvrier qualifié et d'une mère au foyer immigrés, remercie longuement le lycée Coty, non pas de lui permettre d'exprimer son « potentiel », mais de lui offrir les conditions qui « feront [d'elle] une étudiante aux capacités très prometteuses » :

> « (...) j'aimerais avoir l'honneur d'être admise à votre école [le lycée Coty] que j'estime énormément pour avoir vu en nous, élèves venant de lycée classés en zone d'éducation prioritaire, plus que des jeunes issus de milieux défavorisés et donc "sans avenir". En effet, vous avez compris qu'énormément de personnes étudiant en lycées classés en ZEP veulent réussir dans la vie (...). Je me doute que des candidats seront déçus [en cas de non admission], j'espère ne pas faire partie de ces élèves car j'aimerais vraiment accéder à vos enseignements. »

Cette humilité est parfois poussée à l'extrême, comme chez cette lycéenne en série L, née en 1986 en Algérie, fille d'un comptable et d'une femme de ménage, qui conclut sa lettre en écrivant : « J'espère que cette lettre vous aidera à établir la légitimité ou pas de ma présence dans un tel cadre d'études. » Si ce manque d'assurance s'exprime aussi ouvertement ici, c'est que cette élève n'est pas dotée de la disposition, typiquement masculine, qui incline à relativiser les verdicts scolaires et à leur opposer d'autres principes de jugement, attitude grâce à laquelle bien des garçons d'origine populaire parviennent à gommer leurs défauts ou à grossir leurs atouts[81]. C'est tout le poids d'une socialisation structurée à la fois par la classe, le genre et l'ethnicité qui sous-tend cette prudence excessive, dont on trouve un équivalent dans le lapsus d'une candidate en série ES, née en 1983 en Algérie, fille d'une aide-soignante divorcée, qui estime que « la préparation ne sera que bénéfique pour [elle] même si [elle] ne réussir[a] [réussissai[t] ?] pas le concours ».

Toutes ces migrantes de classe ne font pas preuve d'autant de prudence. Mais, même quand elles se montrent assurées, elles valorisent beaucoup moins souvent leurs activités que les garçons d'origine populaire et insistent davantage sur leurs qualités relationnelles et sur leur personnalité, évoquant des attributs traditionnellement associés aux femmes, comme le désintéressement ou la docilité, que leurs socialisations familiale, scolaire et amicale ont « naturalisés[82] ». Ainsi, une lycéenne en série ES, née en 1984 à Madagascar, fille d'un père ouvrier spécialisé et d'une mère inactive, met en avant sa discipline et son dévouement en déclarant : « Je sais m'adapter avec sourire et bonne humeur au travail que l'on me confie. » Alors que les garçons ne mentionnent presque jamais leur « épanouissement personnel », les filles en font souvent un objectif, qu'elles opposent à la quête de diplômes et de reconnaissance professionnelle : « Il ne s'agit pas d'obtenir des diplômes pour être reconnue mais d'un épanouissement personnel par le biais de l'apprentissage », explique une candidate citée plus haut.

Certes, le refus d'entrer dans une logique de compétition n'est pas réductible à une soumission à l'ordre social. Cependant, il faut prendre la mesure des effets probables sur les carrières scolaires et professionnelles de ces imaginaires genrés de la migration de classe. La croyance (performative) dans sa propre légitimité est d'abord un privilège masculin. Comme l'écrit Rose-Marie Lagrave, « la pesanteur de la valence différentielle des sexes et les limitations qu'elle induit sous forme de restriction des possibles sont au principe de l'inégalité sexuée entre transfuges de classe[83] ». Même si elles sont plus nombreuses que leurs homologues masculins, ces candidates ont donc moins de facilité qu'eux à « s'élire elles-mêmes » et moins de chances d'avoir les « armes » pour faire face à la déstabilisation engendrée par leur déplacement social une fois arrivées au lycée Coty, puis, pour certaines, dans un IEP ou à l'école de commerce de Carmont.

* *
*

Pour bénéficier de l'ouverture sociale, il ne suffit pas d'être issu des classes populaires ou d'avoir été scolarisé en ZEP. Nous avons ainsi montré que, dans une configuration locale marquée par une forte ségrégation sociale, une déstructuration des solidarités ouvrières et la place centrale d'un grand lycée à CPGE, les postulants doivent au préalable avoir intériorisé de bonnes dispositions, détenir certains « petits » capitaux, acquis ou hérités, qui les distinguent de leur cohorte d'origine, mais aussi des aspirations qui s'inscrivent dans une dynamique entretenue par la famille, des enseignants et des pairs aux trajectoires analogues. Objet d'une diversité d'usages, ce dispositif ne parvient à attirer des élus conformes aux attentes de ses responsables qu'au terme d'un long processus dans lequel intervient une pluralité d'acteurs, sur la scène scolaire et en dehors. Par ailleurs, ce passage des frontières sociales nécessite, pour les migrants de classe, un travail symbolique, plus difficile pour les filles que pour les garçons, au cours duquel se cristallisent des images de soi et de l'avenir plus ou moins en phase avec les normes de leur univers social de destination. Nous allons voir maintenant comment, lorsqu'ils y entrent durablement pour la première fois, pendant leur année au lycée Coty, leur position et leurs dispositions sont « travaillées » par ce passage des frontières sociales.

Chapitre 2

« Apprenez votre place » : ethnographie d'une entreprise d'acculturation

« (Ap)prenez votre place » : le jeu de mots qui sert de slogan à la prépa sup-expé exprime clairement les attentes des enseignants à l'égard des recrues. L'invitation volontariste et rassurante à rejoindre ce dispositif sur mesure (cette « place » est déjà la leur, ils n'ont qu'à la « prendre ») a pour contrepartie l'acquisition de manières d'être, d'agir et de sentir conformes aux exigences de leur univers d'accueil. Le dessin utilisé comme logo sur les plaquettes et les affiches officielles – un perchiste dont le saut est décomposé en plusieurs mouvements, image inspirée d'une chronophotographie de Marey – symbolise d'une autre façon l'objectif assigné aux élus : grâce à un entraînement intensif, ils surmonteront les obstacles scolaires et sociaux en s'appropriant des savoirs, des méthodes de travail et des comportements qui les ajusteront aux règles et aux enjeux de la compétition, condition nécessaire à leur présence durable sur l'autre rive du monde social. Mais l'intérêt de l'emblème réside aussi dans ce qu'il ne montre pas : contrairement à l'athlète, ces jeunes accomplissent un mouvement qui n'est ni individuel, ni linéaire, ni irréversible.

Plus qu'un accroissement de capital culturel, c'est un saut qualitatif que ces élèves, en particulier ceux d'origine populaire, doivent effectuer. La présence au sein du lycée Coty de ces jeunes beaucoup moins prédisposés que la plupart des préparationnaires à « prendre leur place » est marquée par une distance sociale et/ou un sentiment d'indignité culturelle (le plus souvent exprimé en terme de « retard ») qui imprègnent leurs relations avec leurs nouveaux enseignants. Le rapport pédagogique dans lequel s'opèrent leurs apprentissages confère une signification particulière aux exercices, lectures, cours, colles et devoirs effectués tout au long de l'année : le *curriculum* et l'organisation du dispositif (effectifs réduits, horaires allégés et nombre de colles doublé par rapport aux CPGE) constituent une *entreprise d'acculturation*, variante personnalisée de ce que l'anthropologue Roger Bastide appelait l'« acculturation planifiée », pour désigner des programmes institutionnels visant à modifier, de façon durable, systématique et contrôlée, les us et coutumes d'un groupe ou d'un peuple[1].

L'objectif de ce chapitre est d'analyser concrètement ce processus de désocialisation et de resocialisation, qui commence bien avant la rentrée de septembre. Je m'intéresserai notamment aux rites, techniques et injonctions constitutifs de cette entreprise d'acculturation, cas particulier de l'« ascétisme institutionnel[2] » des grands lycées à CPGE dont l'originalité réside dans l'absence ici de classement, remplacé par d'autres mécanismes de « mise au travail ». J'examinerai les situations dans lesquelles les enseignants tentent, sinon de convertir, du moins de transformer les dispositions des élus, en me fondant principalement sur des observations directes (recueillies *in situ*) et indirectes (tirées des rushes d'un documentaire portant sur les élèves d'une promotion, diffusé sur une grande chaîne de télévision) et, secondairement, sur des entretiens réalisés avec des élèves pendant ou après leur année au lycée Coty. Cette resocialisation assumée par l'institution fait ressortir des phénomènes qui, pour les admis en CPGE d'origine populaire, prennent des formes plus tacites, diffuses et « honteuses », dans la mesure où ils sont recrutés par une procédure de droit commun qui, en principe, ne tient pas compte de leur parcours antérieur. Elle a donc aussi l'intérêt de compléter les travaux sur la « logique de l'urgence[3] » dans la socialisation des préparationnaires, en donnant à voir la formation d'un nouveau rapport à l'espace, au temps, aux lieux, aux objets et aux membres de l'univers d'accueil des recrues, dont les allers-retours quotidiens sont autant de déplacements géographiques et symboliques. Contre la vision scolaro-centrée réduisant la socialisation à la salle de classe, il faut élargir le champ de l'analyse en ajoutant à l'observation des cours des situations d'apprentissage apparemment secondaires comme les auditions qui, j'y reviendrai, ont lieu après la sélection, ou la cérémonie de bienvenue à la rentrée.

Confrontés à une nouvelle échelle de valeurs pour estimer leur rang par rapport à leurs camarades, ces élèves sont dans l'obligation de faire leurs preuves, dans un laps de temps plus bref qu'en CPGE (un an, contre deux, trois voire quatre) et sans possibilité de redoublement. Mais, malgré l'« enveloppement continu[4] » qui leur est imposé, comme à tous les préparationnaires des grands lycées, ils ont une vie en dehors des cours et une « place » à tenir sur d'autres scènes sociales (familiale, amicale, résidentielle), surtout en l'absence d'internat[5]. C'est la raison pour laquelle, dans le prochain chapitre, je compléterai l'analyse en accordant une importance particulière à leurs rapports avec les autres élèves, à leur sociabilité et à leurs relations avec les membres de leur univers d'origine. Je me bornerai ici à montrer comment les spécificités de la prépa sup-expé (cursus en une année, absence de classements, horaires allégés, dédoublement des colles, petits effectifs, débouchés restreints, équipe enseignante mixte) donnent lieu à un type particulier d'enveloppement continu. La personnalisation du rapport pédagogique, l'atténuation de la logique de compétition et la prépondérance des apprentissages méthodologiques constituent un cadre adéquat pour mettre en œuvre les techniques de surveillance, de sanction et de pression propres à l'univers des classes préparatoires[6]. Cette resocialisation nécessite, dès la fin de la Terminale, de multiples « mises en condition[7] » pour assigner à ces élèves leur nouvelle « place ».

LA MISE EN CONDITION DES ÉLUS AVANT LA RENTRÉE

Quelques jours après les épreuves du baccalauréat, les élèves admis sont convoqués à une réunion au lycée Coty, au cours de laquelle les enseignants leur rappellent les objectifs et les exigences de l'année à venir, leur distribuent une liste de livres à lire pendant l'été et leur donnent des devoirs à rendre en septembre. Depuis 2008, cette réunion est précédée d'auditions qui servent moins à les sélectionner qu'à « marquer le coup », comme le dit la proviseure adjointe, Monique Dulong : le recrutement a déjà eu lieu, mais on ne le leur dit pas.

« On va les passer à la moulinette ! » : les auditions

Officiellement, l'enjeu de ces auditions est l'admission à la prépa sup-expé. C'est donc en tant que candidats que les lycéens s'y rendent et que le jury (le proviseur ou son adjointe, les enseignants du dispositif et les « colleurs », en poste en ZEP) s'adresse à eux. Dès le début de l'échange, on leur indique qu'ils seront fixés sur leur sort par courrier d'ici quelques jours. Cette simulation dissimulée n'est pas un simple jeu de dupes : c'est une technique de mise en condition initiale qui, en contraignant les élus à faire leurs preuves une seconde fois, fonctionne comme une désocialisation en actes, d'autant plus efficace qu'elle s'accomplit en méconnaissance de cause. « On va les passer à la moulinette ! On va les motiver et aussi leur montrer qu'on n'entre pas comme ça à Coty », lâche Henri Mounier, le nouveau proviseur, lors d'un entretien réalisé en juin 2008, cinq jours avant les auditions.

Ces auditions sont un préalable à la resocialisation de ces bacheliers ZEP. Elles limitent ainsi le « flottement statutaire » qui survient souvent dans cette période charnière située entre les résultats au baccalauréat et l'entrée dans l'enseignement supérieur. Si les candidats aux CPGE en sont dispensés, c'est qu'on les juge assez prédisposés pour que leur mise en condition ait lieu plus tard et sous une forme moins formalisée, contrairement aux élèves de la prépa sup-expé, ces « gamins » qui ne « savent pas se tenir », comme l'explique Monique Dulong, lors d'un entretien réalisé dans son appartement de fonction au lycée Coty, en novembre 2009 :

> « Les auditions, ça donne un côté solennel pour rentrer dans ce style de classe. C'est très riche, parce que ce sont des gamins qui… (*Elle cherche ses mots*) on sent qu'ils savent pas se tenir, ils savent pas parler… enfin… [Je hoche la tête pour montrer que je comprends ce qu'elle veut dire :]
>
> — *Mais, si j'ai bien compris, les jeux sont faits, non ?*
>
> — Oui, c'est juste une façon de marquer le coup, quoi. Et puis c'est un bon exercice, c'est leur premier travail pour entrer au lycée Coty, si tu veux. »

Ce « premier travail » existait avant l'instauration des auditions. Il intervenait plus tard, juste après la rentrée de septembre, dans le cours de français. Jeanne, élève de la promotion 2004, se souvient du « petit test » organisé par le professeur de lettres, Raymond Portuis :

> « Je me souviens que le premier jour, on venait juste d'arriver, et notre premier cours c'était avec monsieur Portuis, le prof de français. Il entre dans la classe, et… il est super bizarre comme monsieur, super bizarre ! (*Admirative*) C'est un sacré personnage ! Il se présente à nous et nous dit qu'il veut nous faire passer un genre de grand oral, un petit test. Il demande : "Qui veut être le premier ?" – Moi, je me dis Banco !, je lève la main. Et là, ça a été l'enfer ! (*Elle affiche une mine angoissée, comme si elle le revivait en en parlant*) Mais l'enfer ! Je me suis retrouvée avec toute la classe derrière mon dos, moi devant, seule… sur une chaise, sans table ni rien, juste le prof. Et il me demande : "Vous venez d'où ?", "Vous voulez faire quoi dans la vie ?" On discute puis, au fil du temps, ça commence à se durcir. Et je me demande où est-ce qu'il veut en venir… moi, je réponds à ses questions et, à la fin, il me fait : "En gros, vous n'avez qu'un rêve, c'est d'être fonctionnaire !" Et, au bout d'une demi-heure de discussion un peu musclée, j'ai fondu en larmes, je me suis effondrée ! (*rire*). Monsieur Portuis, sur sa chaise, devant tout le monde : "Bon, là on stoppe l'entretien." Je suis sortie, j'étais… comme un gamin quand il pleure (*elle imite la respiration saccadée d'un enfant qui pleure nerveusement*). Après, il est venu me voir et il m'a dit : "Je suis désolé, c'est un exercice, désolé si c'est un peu musclé." Après, le reste de l'année s'est bien passé, j'ai pas refait l'exercice, mais ça a été une rentrée un peu musclée, quoi ! C'est mon premier souvenir de prépa… après deux jours, c'était… je me suis dit : Mais où est ce que j'ai mis les pieds ? Mais bon, quand même, ce prof, il m'a beaucoup marquée. J'aimerais bien le revoir un jour. »

Ce rituel opère la séparation inaugurale de Jeanne et, à travers elle, de ses camarades, qui participent indirectement à cette ratification de leur « élection » et de leur agrégation à la population des entrants au lycée Coty : l'« échange réparateur » qui succède aux assauts du professeur a le pouvoir de changer leur statut par le recours à une violence contrôlée[8]. La dernière phrase de l'extrait suggère l'efficacité de cette technique de désocialisation : déstabilisée, Jeanne pleure et se demande où elle « a mis les pieds », mais elle finit par voir dans cette « discussion musclée » un « exercice », reprenant ainsi à son compte les schèmes de l'institution. En reconnaissant la légitimité charismatique de ce « sacré personnage », elle accepte du même coup sa « place ». L'année suivante, elle lui rendra visite pour lui témoigner sa gratitude.

L'instauration d'auditions programmées *avant la rentrée* rationalise cette sorte de pédagogie du déracinement en la dramatisant et en l'individualisant davantage : généralisé à l'ensemble des élèves et des enseignants, le rituel est transformé en rite d'institution, « acte inaugural de constitution » qui consacre la séparation des élus des autres lycéens ZEP et leur confère une « raison d'être », c'est-à-dire un « droit d'être » inséparable d'un « devoir être »[9]. Mais, contrairement aux recrues des grandes écoles, la majorité des entrants en prépa sup-expé ne sont pas des « poissons » auxquels on enseigne la nage. La distance sociale avec le jury est si forte que la conversation consiste, d'abord, à leur greffer des nageoires. L'observation ethnographique[10] permet de comprendre les implications du « premier travail » dont parlait Monique Dulong.

En général, les auditions commencent vers 9 heures. Les élèves sont appelés par ordre alphabétique et doivent répondre, durant vingt minutes environ, aux questions de l'un des trois jurys. En attendant leur tour, ceux qui se connaissent déjà discutent à voix basse. Les autres, assis sur le sol ou adossés aux murs du couloir en face des salles des CPGE, restent silencieux, le visage tendu. Certains viennent avec des amis, d'autres, visiblement plus assurés, sont accompagnés par leur père ou leur mère. Sauf exception, tous ont soigneusement choisi leur tenue : les filles sont vêtues de robes sobres ou d'un pantalon et d'un chemisier neufs, elles ont les cheveux tirés en arrière, les yeux et les joues très légèrement maquillés, tandis que la plupart des garçons portent des jeans de marque, des polos ou des t-shirts repassés et des chaussures de ville. De temps en temps, on entend résonner l'écho des voix des enseignants, entrecoupées par la sonnerie du lycée et le crissement des chaises à l'ouverture des portes. Chaque jury est composé de trois à quatre membres. Assis côte-à-côte devant des tables d'écolier mises en ligne, face au petit bureau réservé à l'élève, ils endossent implicitement des rôles distincts et complémentaires. Au centre, un « meneur » (le proviseur, son adjointe ou, en leur absence, la professeure principale, Nicole Michel), chargé d'ouvrir la discussion, d'expliciter les objectifs de l'audition (« sélectionner » et « mieux connaître » le lycéen), de distribuer la parole, de surveiller le temps écoulé, garde les dossiers de candidature posés devant lui, qu'il synthétise à voix haute avant l'entrée de l'intéressé et fait circuler à ses pairs ; à côté de lui, un « aiguillon » (Raymond Portuis, par exemple) demande des précisions aux réponses données au « meneur » et pose des « questions-piège », en changeant brusquement le ton de l'échange ou en « enfonçant le clou » après une remarque corrosive ; enfin, un « accompagnateur » (un enseignant en ZEP, en général), plus discret et empathique, tente de rassurer l'élève, de le mettre en valeur ou de le « rattraper », même s'il lui arrive de souligner ses contradictions, sans énoncer toutefois de jugement normatif ou définitif, contrairement à l'« aiguillon » et au « meneur ».

Le déroulement des échanges varie peu d'une audition à l'autre : d'abord, les membres du jury se présentent individuellement, puis c'est au tour de l'élève ; la discussion débute alors, sous la forme de questions-réponses où sont abordés successivement les conditions dans lesquelles le lycéen a entendu parler de la prépa sup-expé, les raisons qui l'ont conduit à y postuler, sa représentation du lycée Coty, ses attentes concernant les enseignements, les débouchés offerts et son avenir professionnel ; enfin, le « meneur » clôt la conversation en indiquant au pseudo-candidat qu'il sera fixé sur son sort d'ici quelques jours par voie postale. Quels que soient ses interlocuteurs, l'impétrant doit donner des gages d'allégeance à l'institution, en acceptant de tenir ses opinions sur l'établissement pour des préjugés, en prenant ouvertement ses distances avec son univers d'origine et en se déclarant prêt à consentir des sacrifices. Il rompt ainsi avec son statut antérieur, à travers des aveux, des promesses et des garanties qui opèrent son *dépouillement* avant sa semi-réclusion temporaire[11]. Ce « premier travail » implique une redéfinition de son image de soi et de son rapport à l'avenir, comme le suggère cet extrait d'observation :

> 30 juin 2009, salle des hypokhâgnes B/L [lettres et sciences sociales] du lycée Coty. Monique Dulong [MD] commence

par demander à la lycéenne pourquoi elle a choisi la prépa sup-expé. L'élève [E1] explique qu'elle souhaite entrer à l'école de commerce de Carmont. « Qu'est-ce qui motive ce projet ? » lui demande MD. « C'est d'abord pour des raisons financières, pour acquérir de la culture générale, et puis pour avoir plus confiance en moi ». Raymond Portuis [RP] l'interpelle brusquement : « la culture générale, vous devez l'acquérir au lycée ! Vous devriez peut-être redoubler votre Terminale, non ? » Il lui reproche de « faire de la psychologie » en évoquant son manque d'assurance. Il l'apostrophe subitement : « Vous n'êtes pas faite pour cette classe, Mademoiselle : vous venez ici, mais vous êtes à contre-emploi. C'est drôle, développez-moi ça ! » E1 murmure une réponse confuse. MD lui reproche d'avoir d'abord invoqué les « raisons financières ». E1 tente de se corriger en affirmant que sa candidature ne se résume pas à cette « opportunité ». Ensuite, MD l'interroge sur l'année écoulée : « Pourquoi étiez-vous au lycée ? » « Pour apprendre, pour me construire et… pour mon avenir ! » s'exclame E1. Exaspérée par cette affirmation un peu vague, MD lui lance : « Vous ne savez pas pourquoi vous étiez au lycée, alors ? » E1 ne semble pas comprendre le sens de cette accusation, ce qui conduit MD à préciser sa pensée : « Le lycée, ça ne prépare pas au bac, mais aux études supérieures ! » E1 hoche la tête sans rien ajouter. Lorsqu'on lui parle des CPGE EC, E1 avoue ne pas savoir de quoi il s'agit. MD pousse un soupir d'agacement, puis reprend la parole en s'énervant : « Que peut-on faire après la Terminale ? » « Plein de choses… des classes prépas, par exemple », rétorque E1. « Mais pourquoi faire cette prépa-là, alors ? » lui demande MD. Avec une franchise naïve, E1 explique que c'est « parce que c'est fait pour les ZEP ! » ce qui provoque la colère de MD : « Vous êtes née en ZEP et vous voulez rester ZEP, alors ? » Abasourdie, E1 laisse échapper un petit « non », avec un trémolo dans la voix. RP change de sujet : « Où vous voyez-vous dans 40 ans ? » E1 parle de son envie de « voyager beaucoup » et de travailler dans le commerce ou la publicité. RP se moque de ses ambitions : « Vous rêvez un peu, là ! Je pense que vous allez vite redescendre sur terre, mais ne vous inquiétez pas :

> on vous y aidera ! » Subitement, E1 avoue qu'elle ne savait « pas vraiment » ce qu'elle voulait faire après la Terminale. Elle se fige, garde ses coudes sur la table, ses avant-bras tendus vers son visage, la bouche couverte par ses mains jointes. RP revient à la charge en critiquant sa posture corporelle : « Qu'avez-vous à cacher, Mademoiselle ? » E1 réagit avec un balbutiement inaudible. « Vous articulez mal, on ne vous comprend pas », poursuit RP. Après une longue minute de silence, E1 fond en larmes, essuie le rimmel qui coule au bord de ses yeux. Elle multiplie les excuses, se justifie en murmurant des mots pour dire qu'elle est désolée de pleurer, soupire, met ses bras sous la table, puis se reprend. MD la rassure avec un ton maternel : « C'est normal que ça sorte. En école de commerce, vous aurez ce genre d'exercice, ça n'a rien de négatif ce que vous vivez là. » RP émet un petit rire, avant de rassurer E1 : « Vous avez un dossier solide, ne vous faites pas de soucis pour votre avenir » (Journal de terrain, 2 juillet 2009).

La tension croissante dans l'échange provoque chez l'élève un état émotionnel qui défait, verbalement et physiquement, son statut de lycéenne. La violence et la compassion sont les deux faces complémentaires d'un rite qui, par son caractère éprouvant, consacre la séparation de l'élue d'avec son univers d'origine. La suite de l'audition montre comment est mise en scène l'agrégation à son univers d'accueil :

> MD reprend un ton solennel : « N'ayez pas de jugement sur ceux qui sont devant vous, n'ayez qu'un jugement sur vous-même », dit-elle. E1 acquiesce d'un mouvement de tête. Mais le plus dur reste à venir : lorsque MD lui demande comment elle qualifierait le lycée Coty, elle répond de but en blanc : « C'est un lycée bourgeois. » Furieuse, MD dément ce jugement, en affirmant que l'établissement se situe « dans un quartier populaire » et « ne choisit pas ses élèves, parce qu'il est soumis à la carte scolaire ».

En mobilisant une image du lycée Coty à la fois vraie (le secteur de recrutement de la Sixième à la Terminale est composé d'un certain nombre de familles d'ouvriers, d'employés et d'inactifs) et fausse (les CPGE et, à un moindre degré, les classes de second cycle, accueillent surtout des enfants issus des classes supérieures, et la carte scolaire a connu d'importants assouplissements), la proviseure-adjointe nie implicitement l'écart entre les univers d'origine et d'accueil de l'élève. La dramatisation de l'échange a pour contrepartie la dédramatisation du passage des frontières sociales, qui nécessite de neutraliser toute tentative de résistance à l'institution, à travers une série de provocations rituelles :

> La sonnerie retentit : un morceau de musique classique, composé par des élèves du lycée Coty, interrompt la conversation. « Écoutez ça », dit MD à E1. Quand la mélodie s'achève, elle lui demande son avis. Craignant une nouvelle maladresse, E1 ne répond rien. Cette sonnerie l'a surprise : en comparaison du bruit strident émis par le carillon standard utilisé par la plupart des établissements, elle est socialement exotique, pour une jeune issue de ZEP, et assez déroutante. MD la soumet à une sorte de test culturel : « Quel siècle à votre avis ? » E1 lâche, au hasard : « Quatorzième ? » Les membres du jury éclatent de rire. « J'en étais sûre ! » s'exclame MD. RP reprend la parole : « Un adjectif pour qualifier cette sonnerie ? » E1 ne sait plus où donner de la tête. Elle paraît épuisée, alors que l'audition a débuté il y a moins d'un quart d'heure. MD l'encourage à préciser, en lui suggérant de comparer avec son expérience au lycée Voltaire. Dépitée, E1 campe sur sa position, répétant le mot « bourgeois ». Nouveaux rires du jury. MD contredit E1 en l'informant que le morceau a été composé par un lycéen dont le père est au chômage. Puis, RP ironise sur cet adjectif et sous-entend qu'elle ne sait pas ce qu'il signifie et, implicitement, qu'elle devrait cesser de l'employer. « D'où vient ce terme ? [Silence d'E1]. Ah, vous ne savez pas ! Bourgeois, c'est venir du bourg, de la ville. Vous venez de la ville, non ? [E1 acquiesce]. Donc vous êtes une bourgeoise, une bourgeoise qui s'ignore ! » Quand E1 s'en va, MD se tourne vers moi : « On l'a un peu bousculée, mais je pense qu'elle a compris ! » (Journal de terrain, 2 juillet 2009).

La sévérité condescendante qui se lit dans ces extraits d'observation n'a rien d'une « dérive » de l'institution et ne se résume pas à une violence gratuite. Le propre d'un rite d'institution est de « naturaliser les coupures décisoires » en exerçant, dans le cas où les destinataires de l'investiture y sont peu préparés, une forte pression émotionnelle, pour que l'intensité dramatique les conduise à se souvenir longtemps de cette rupture biographique inaugurant leur travail d'ascèse[12]. Ce qui différencie ces auditions d'un face-à-face aléatoire et, par-là, les inscrit dans un répertoire spécifique de techniques pédagogiques, c'est la répétition des mêmes procédés d'une année, d'un jury et d'un élève à l'autre. Car derrière ces personnes singulières, c'est un rapport social fondamentalement asymétrique qui se trame, dont les effets s'exercent bien au-delà de la vingtaine de minutes impartie au jury. Comme le montre la séquence suivante, le dépouillement concerne aussi les lycéens les mieux armés scolairement :

> Après les présentations, MD demande à E2 si elle a d'autres projets que la prépa sup-expé pour l'année prochaine. « Je suis prise en prépa EC à La Fontaine [un établissement public de Carmont], mais je préfère le lycée Coty, c'est mieux, c'est plus réputé », répond-elle. La réaction du jury est mitigée : si E2 marque des points en reconnaissant d'emblée la légitimité du lieu, elle semble méconnaître la hiérarchie des filières de l'enseignement supérieur et ignorer l'écart de rang, inavouable dans cette situation, entre le dispositif et les CPGE. MD lui suggère de « tenter sa chance dans une prépa pure », en insistant sur l'opportunité de tenter « des concours très au-dessus » du Bachelor, auquel donne accès la prépa sup-expé, puis lui conseille d'approfondir sa réflexion avant de se décider. Ce n'est que dans un second temps que la discussion se durcit. Changeant brusquement de ton, MD reproche à E2 sa diction, typique des jeunes de cités de la région : « Dans le français que vous parlez, il y a beaucoup de choses à améliorer… comment dire ? Beaucoup de travail à faire », lui lance-t-elle. E2 acquiesce humblement, sans manifester de gêne. Pleine de bonne volonté, elle affirme être prête à « évoluer », parce qu'elle « aime être la première ». RP l'interrompt : « Ça, ça ne se dit pas en France, en 2009 ! » dit-il sur un ton ironique. « C'est bien, vous êtes

> une future Rachida Dati », poursuit-il. E2 reste impassible : mate de peau, elle ne s'attendait pas à cette comparaison qui, implicitement, lui impose une image de soi négative (à l'époque, la ministre défraye la chronique et se voit accusée d'opportunisme dans la presse) et réactive son stigmate racial. RP continue de l'interroger sur le thème des sacrifices à consentir pour « devenir quelqu'un » : « Que seriez-vous prête à abandonner pour réussir ? » « Tout ! » s'exclame E2. « Même vos vacances ? » ; « oui ! » répond-elle avec enthousiasme. « Et les enfants ? » ; « ah, ça, non ! ». RP lâche ce jugement lapidaire, comme s'il lui suggérait qu'elle se trompe sur elle-même : « Alors, vous avez mal répondu ! » Des larmes montent lentement aux yeux d'E2. Elle se retient de pleurer pendant quelques secondes, puis s'effondre. Un long silence s'ensuit, interrompu par MD : « Vous êtes émue ? » lui lance-t-elle, avec compassion. RP rassure E2 en soulignant « la qualité de son dossier » : « Ne vous inquiétez pas : tout indique la réussite chez vous ! » MD se charge de justifier cette « méthode » : « C'est normal de pleurer, ça nous permet de sentir la nature en vous, ce qu'il y a de vrai et de beau en vous » (Journal de terrain, 2 juillet 2009).

Le dépouillement ne s'opère pas toujours par la manière forte. Dans les autres jurys, la violence symbolique prend une forme moins visible, mais c'est le même processus qui s'effectue à travers de subtils rappels à l'ordre et des injonctions en douceur. Sans brusquer l'élève, on lui suggère que certaines de ses habitudes ou de ses activités extrascolaires conformes aux exigences des enseignants devront être développées. La retranscription de l'audition qui suit illustre cette variante pacifique de la mise en condition des élus :

> L'audition du lycéen [E3] a lieu le 25 juin 2008, dans la salle des B/L. Le jury est composé de Nicole Michel [NM], dans le rôle de la « meneuse », Jérôme Bressac [JB] dans celui de « l'aiguillon » et Patrick Kléber [PK] dans celui de « l'accompagnateur ». E3 porte un short, un polo et des baskets, tenue qui contraste avec celles des autres élèves. Significativement, aucune remarque ne lui est faite à ce sujet et NM ouvre la discussion en précisant qu'il ne s'agit

« pas d'un oral d'examen, mais d'un entretien pour affiner votre projet, pour vous présenter, nous présenter et vous présenter cette classe ». Les enseignants déclinent leur identité et leurs fonctions, puis donnent la parole à E3 :

« E3 – Bah, je m'appelle X, je suis au lycée Gide, en sport études.

NM – Vous avez fait une demande pour une préparation EC au lycée Coty [E3 acquiesce]. Comme votre dossier n'a pas été suffisamment bien classé, on a pris l'initiative de vous contacter, pour qu'on puisse entendre votre projet. Alors, avez-vous une idée de ce qu'est cette classe ?

E3 – J'ai eu un petit entretien avec un de mes enseignants, mais c'est tout (...) Avant, j'en avais entendu parler vaguement, sans trop savoir...

NM – D'accord. [Elle jette un œil au dossier de candidature.] Alors, je vois que vous êtes sportif de haut niveau en judo, donc expliquez-nous comment vous conciliez votre vie de sportif de haut niveau avec votre scolarité. [E3 détaille son emploi du temps, puis évoque les dernières compétitions internationales auxquelles il a participé.] Que retirez-vous en dehors de vos exploits sportifs, de ces déplacements à l'étranger et de ces rencontres avec des étrangers ?

E3 – (...) J'ai beaucoup voyagé, donc j'ai appris à m'adapter. S'entraîner avec des judokas étrangers, ça apprend beaucoup et puis on voit d'autres cultures. Au Japon, par exemple, ils mangent par terre... ça a été une découverte, ça !

JB – Est-ce que vous pensez qu'étudier c'est comme une compétition de haut niveau ?

E3 – Oui, comme l'entraînement, faut beaucoup de travail pour y arriver ! (...)

NM – Quand vous êtes en compétition, quelle langue parlez-vous avec les autres joueurs ?

E3 – L'anglais. Ou la langue des signes, ça dépend (*rires d'E3 et du jury*). Mais, en général, c'est l'anglais.

PK – Vous avez le temps de lire ?

E3 – Pas non plus énormément, mais quand j'ai le temps, oui.

NM – Et que lisez-vous ?

E3 – Euh… là, en ce moment, je lis *La prophétie des Andes*, c'est un livre sur… comment dire… c'est un livre spirituel sur la coïncidence dans nos existences…

PK – Et la presse ?

E3 – (*Surpris*) La presse ? Non, j'ai pas trop le temps. (…)

NM – On voit que vous avez un niveau très convenable en langues vivantes et dans d'autres matières. Vous pensez que ce que vous avez appris au niveau du travail en équipe, ça peut vous servir dans votre cursus d'enseignement supérieur ?

E3 – Oui, bien sûr… le judo, comme tous les sports, ça demande beaucoup de travail, un travail assidu… faut jamais s'arrêter…

JB – Vous croyez qu'il faut passer en force pour réussir quelque chose dans la vie ?

E3 – S'il le faut vraiment, oui… mais 'y a d'autres moyens…

JB – Que peut-on utiliser d'autre que la force ?

E3 – Le dialogue, c'est important, euh… faut dialoguer, faut trouver des…

JB – Mais, si vous ne vous affrontez pas à quelqu'un d'autre, mais à vous-même ? (…) Si vous devez atteindre un objectif et que c'est pas en travaillant trois heures de plus que vous y parviendrez, qu'est-ce que vous avez de plus que la force ou la motivation ?

E3 – Déjà, faut bien être entouré, parce que ça sera dur ! »

La faible intensité dramatique de cet échange illustre cette variante douce du dépouillement, qui repose sur la valorisation de leurs atouts et sur des incitations à cultiver leurs bonnes dispositions, extrascolaires dans le cas présent. Imperceptiblement, ce lycéen est conduit à faire le tri dans ses penchants, en privilégiant ceux qui sont les plus conformes aux exigences de l'institution. L'ascèse sportive est ainsi requalifiée en ascèse scolaire, la force physique et l'esprit de compétition en endurance psychique et en bonne volonté culturelle. La référence humoristique à la « langue des signes » ou l'aveu de pratiques culturelles peu légitimes ne sont pas sanctionnés par ce jury. Les savoir-être acquis antérieurement (maîtrise de soi, sens de l'adaptation, curiosité, respect des règles et des concurrents, altruisme) sont considérés ici comme les matériaux de base de la resocialisation et non comme des manies à anéantir. En dépit des apparences, ce procédé n'est pas dénué de violence symbolique : il accomplit sans heurts ce que la « manière forte » obtient par les provocations, les larmes et les excuses rassurantes. Car il s'agit aussi de mettre en scène la coupure entre ces lycéens et leur univers d'origine, comme le montre cet extrait d'observation d'une autre audition :

> La lycéenne [E4] est auditionnée par le même jury qu'E3. Avant qu'elle n'entre, NM explique à ses collègues que c'est « un fort caractère de Gustave Flaubert » et leur fixe un objectif : « Il faut la recadrer », dit-elle. E4 est vêtue d'un jean et d'un pull sans marques. Durant l'échange, elle s'exprime avec timidité, parlant toujours à voix très basse et éludant les questions trop personnelles. Significativement, le jury ne fait aucune remarque sur son attitude. Après les présentations d'usage, la conversation s'ouvre sur ses difficultés en anglais puis porte sur ses choix d'orientation :
>
> « NM – Comment avez-vous connu la sup-expé et pourquoi avez-vous eu envie de présenter votre candidature ?
>
> E4 – En fait, j'ai connu la sup-expé à travers mon professeur d'éco, il m'en avait parlé déjà en Première et ensuite il nous en a reparlé en Terminale… et petit à petit, on a été vraiment très intéressés. (…)
>
> JB – Par rapport à une filière universitaire plus classique, pourquoi l'IEP ?
>
> E4 – Je préfère parce que c'est plus cadré, plus scolaire. (…)
>
> NM – (*En souriant*) Alors, la fac vous fait un peu peur ?
>
> E4 – Oui, ça me fait un peu peur parce que c'est vraiment… j'ai peur de pas suivre, de pas comprendre… de pas assez être assez encadrée, de pas avoir vraiment un objectif… à la fac, je vois pas trop un objectif précis (…).

NM – Les autres élèves de votre classe, est-ce que vous en avez-parlé ensemble, comment ils ont perçu ce projet que vous avez ? Est-ce qu'on vous a dit "mais tu es complètement folle, une prépa à Coty !" ou est-ce qu'au contraire, les gens trouvaient que c'était une bonne démarche ?

E4 – (*Gênée*) Euh… ils m'ont plutôt soutenue. Ils m'ont dit : "Faut y aller, faut que tu continues, tu peux réussir, c'est vraiment une bonne prépa, ça peut vraiment te permettre de préparer au mieux le concours !"

NM – Alors, pourquoi 'y en a pas plus qui ont présenté leur dossier ?

E4 – Parce que… peut-être qu'ils arrivaient pas à… peut-être parce qu'ils pensaient que c'est trop dur, peut-être qu'ils voyaient que c'était un niveau complètement différent, aussi…

NM – Oui, il y a une image du lycée Coty qui est très particulière…

E4 – Le lycée Coty, c'est vraiment pour ceux qui ont un niveau très… alors que nous, à Flaubert, 'y a un niveau… plus bas… donc, beaucoup de mes camarades se disent : "si je réussis pas trop à Flaubert, alors à Coty c'est pas possible !"

NM – Et vous, vous pensez que c'est possible ?

E4 – Moi, je pense que je peux réussir en travaillant et avec beaucoup de motivation, aussi ! »

Les enseignants ne mettent pas en cause les manières d'être et le désir de la lycéenne de rester dans un cadre « scolaire », ce que l'autre jury lui aurait sans doute reproché. Au lieu de lui demander ce qu'elle pense du lycée Coty pour lui imposer, ensuite, un autre point de vue sur cet établissement, ils font en sorte qu'elle se sépare elle-même de son univers d'origine : à travers la comparaison avec ses camarades de Terminale, elle participe activement à son « institution », le contraste opérant insensiblement la naturalisation de la limite qui est en train d'être tracée. Ici, la resocialisation ne se fonde pas sur des jugements définitifs, mais sur des questions contenant des injonctions cachées qui visent, par une sorte de maïeutique, à l'adapter par avance à son univers d'accueil, comme le suggère la suite de l'audition :

« PK – Vous lisez la presse ?

E4 – Oui. Je lis tous les jours *Métro* et *20 minutes*. Et puis je lis aussi *Le Courrier de Carmont* [principal journal local] pour compléter et avoir un regard plus objectif sur l'actualité (...).

NM – Est-ce que vous avez le sentiment que c'est suffisant ?

E4 – Je pense qu'il faudrait que je passe à des journaux plus consistants, plus intéressants. Surtout pour l'économie. [Elle est en série ES.]

NM – Alors, qu'est-ce qui vous intéresse en économie ou en sociologie ?

E4 – J'aime bien en économie tout ce qui est calculer, la... la comptabilité... et, en sociologie, c'est pour connaître les personnes, comprendre pourquoi 'y a tel ou tel fait...

NM – Et, en sociologie, quel est le livre qui vous a le plus intéressé ?

E4 – (*Immédiatement*) *Sociologie de la bourgeoisie* !

NM – Qu'est-ce que vous en avez appris ?

E4 – En fait, j'ai pu apprendre que, dans les différentes classes sociales, 'y a vraiment des stéréotypes... la classe bourgeoise, elle a des stéréotypes, euh... elle a la meilleure culture, des traditions très... très propres à elle... alors que avec la classe ouvrière, elle a vraiment de grosses différences... au niveau scolaire, 'y a des différences entre les élèves de classe bourgeoise et les élèves de classe ouvrière...

JB – Est-ce que vous considérez que vous appartenez à la bourgeoisie ?

E4 – (*Surprise*) Non, j'crois pas...

JB – Est-ce qu'en entrant à l'IEP, vous appartiendrez à la bourgeoisie ?

E4 – Non, je pense pas...

JB – Vous ne pensez pas non plus ? [E4 ne dit rien.] On reste dans une classe sociale...

E4 – Je pense que c'est pas seulement en entrant en classe prépa à Coty qu'on change de... de classe. C'est plutôt au niveau professionnel... je pense qu'on reste toujours dans sa propre classe, ses traditions… je pense que c'est un peu difficile de changer…

NM – Donc, pour vous, l'idée de la mobilité sociale, c'est encore loin d'être une réalité ?

E4 – Non, je pense que… elle est présente aujourd'hui, mais… je pense pas que si on vient d'une classe inférieure, on est voué à l'échec… je pense qu'on peut vraiment réussir si on s'en donne les moyens.

JB – Quel est la proportion d'enfants d'ouvriers dans les grandes écoles ?

E4 – Euh… je sais pas (*elle réfléchit*). 50 % ? [Rires du jury, puis bref silence.]

JB – C'est à peu près douze fois [plus que] la réalité !

NM – Dans votre entourage familial, on a trouvé intéressant votre projet ? On vous pousse à intégrer cette classe, à faire des études longues ?

E4 – Oui, ma mère… mes parents, ils me poussent vraiment à faire ça, parce que ce que je leur avais dit, c'est que j'avais envie de venir… ma mère, elle veut vraiment nous… elle nous pousse, mon frère et moi…

NM – Votre frère a fait des études aussi ?

E4 – Oui, il est actuellement en Master 2 à l'université, en sciences.

NM – (*Admirative*) Ah, c'est un scientifique ! C'est très bien, vous avez l'exemple de quelqu'un qui, en travaillant, est en train de réussir ! »

En interrogeant la lycéenne sur la façon dont son entourage familial la perçoit, le jury lui offre la possibilité de réitérer verbalement son élection, ratifiée par le jugement positif à l'égard de son frère. Simultanément, elle est subtilement rapprochée de la bourgeoisie, à travers les petites remarques de Nicole Michel sur « l'idée de la mobilité sociale » et de Jérôme Bressac sur le changement de classe. Le rappel à la réalité statistique du recrutement social des grandes écoles la prépare, sans la bousculer, aux épreuves qui l'attendent. De même, au lieu de la faire entrer de force dans son nouveau statut, on lui fait prendre conscience de sa condition minoritaire, en stimulant, au détour d'une phrase, son ambition sociale.

Les devoirs de vacances : une socialisation à distance

Une fois que l'admission des élèves est officialisée, leur mise en condition se poursuit avec leurs devoirs de vacances, à rendre à la rentrée[13]. Fin juin, les enseignants leur donnent une liste d'ouvrages à lire et à ficher, des commentaires à rédiger et, enfin, un « journal de bord » à écrire en anglais, résumant l'actualité internationale entre juillet et août et récapitulant leurs activités quotidiennes. Cette scolarisation de l'été constitue un « deuxième travail », après le « premier » évoqué par Monique Dulong. Au-delà de ses objectifs scolaires (acquérir des savoirs dans les différentes disciplines, prendre ou ne pas perdre l'habitude de lire et d'écrire, corriger des lacunes en anglais ou améliorer le niveau pour correspondre aux réquisits des concours préparés), cette ingérence de l'institution dans une période qui lui échappe et des espaces qui lui sont étrangers permet ainsi d'initier l'« enveloppement continu » des recrues.

Cette socialisation à distance vise à modifier les dispositions des élèves de plusieurs façons. D'abord, en les « mettant à l'heure », culturellement, de façon à réduire le « temps de démarrage » dans les deux premiers mois de cours, pour reprendre une expression du professeur de philosophie, Didier Lamy. Ensuite, en leur apprenant à considérer leurs « temps morts » comme des moments à combler par du travail scolaire ou des activités extrascolaires « rentabilisables » dans leurs études et à s'organiser rationnellement en vue d'une échéance fixe, comme ils devront le faire à partir de la rentrée. En les contraignant, aussi, à limiter leurs relations avec leur groupe de pairs, dans une période où la disponibilité aux rencontres et aux sorties entre amis est décuplée[14]. Enfin, en les familiarisant avec des savoir-être qui seront au cœur de leur socialisation en classe : d'une part, ils acquièrent ou renforcent leur goût pour l'actualité politique et s'habituent au discours autorisé véhiculé par la presse nationale et internationale (on leur conseille de lire *Le Monde* et *Courrier international*), d'autre part, ils développent une distance à soi à travers l'écriture et l'usage d'une langue étrangère pour décrire leurs activités personnelles, ce qui les oblige à la fois à occuper leur temps (ils doivent avoir des faits à raconter, donc ne peuvent pas trop « lézarder ») et à penser leur quotidien avec un certain recul.

Dans les faits, les conditions ne sont pas toujours réunies pour que les élèves se consacrent pleinement à leurs devoirs de vacances. Ayant pris contact au mois de juin avec les admis de la promotion 2006, je constate vite l'écart entre l'organisation de leurs semaines, de juillet à août, et les consignes des enseignants. Chaque fois que je rencontre, téléphone ou écris à ces enquêtés, tous évoquent leurs difficultés à se (re)mettre au travail. Certains ont des « petits boulots » qui les empêchent de dégager des plages horaires suffisamment longues pour faire leurs devoirs, comme Julien, embauché comme vendeur, chauffeur-livreur puis éboueur à Carmont, ou Youssef, qui remplace son cousin, en congé, au poste de concierge d'un immeuble de sa cité. D'autres, comme Réda et Jessica, sont partis voir leur famille au « bled » avec leurs parents et n'ont pas la possibilité (pas d'accès à internet ni à des marchands de journaux) ou la disponibilité d'esprit (repas, sorties, avec des proches) pour s'y mettre vraiment. D'autres encore n'ont appris que tardivement l'existence de ces devoirs de vacances, faute d'avoir assisté à la réunion. Ainsi, après sa réussite aux épreuves d'admissibilité au concours post-bac de l'école de commerce de Carmont, Aurore pense que son avenir n'est plus au lycée Coty et elle se désintéresse de la prépa sup-expé. Mais, quand elle apprend, à la mi-juillet, qu'elle a finalement échoué au concours, elle se rabat sur le dispositif et contacte Myriam, sa camarade en Terminale, qui lui transmet la liste d'ouvrages et lui détaille les exercices à faire.

Myriam est un cas atypique : alors que la plupart des enquêtés « sélectionnent » les exercices à faire et se mettent à leurs devoirs de vacances vers la mi-août, elle les commence dès le mois de juillet, achète tous les ouvrages, étudie en détail la plupart d'entre eux, suit régulièrement l'actualité et tient à jour son « journal de bord » en anglais. Durant tout l'été, elle reste à Carmont et travaille dans sa chambre. Fille d'une chômeuse de longue durée, veuve et originaire du Sénégal, elle n'appartient pas à un univers culturellement privilégié, mais les bonnes dispositions (prévision des échéances, respect rigoureux des consignes, réduction des loisirs au profit du travail scolaire, etc.) qu'elle a acquises au lycée ajustent son attitude aux attentes des enseignants. Pourtant, ces vacances studieuses ont, pour elle aussi, quelque chose d'incongru. Au-delà des difficultés à comprendre le langage très technique de certains ouvrages et la nécessité de se détendre après l'intense période de révision du baccalauréat, cette socialisation à distance est trop inédite et inhabituelle pour ne pas susciter en elle des résistances, qui s'expriment dans ses rires et ses mimiques lorsque je lui parle, au début du mois de septembre, de ses devoirs de vacances :

« *Je voulais te parler du travail pendant l'été [elle éclate de rire]. Je sais que c'est un grand mot de parler de devoirs en été, mais dis-moi simplement comment ça s'est passé…*

— (*En souriant et en haussant les sourcils*) Bah, j'ai beaucoup lu ! Tous les livres qu'il y avait à lire, je les ai lus. Ceux en français, *Micromégas*, *Candide*, *Bel-ami* de Maupassant… 'y avait aussi un autre livre de Voltaire, que j'ai pas lu… 'y avait *Capitaine Conan* de Vercel, lui j'ai lu que le début. Les livres d'éco, c'était vraiment des trucs techniques, franchement j'arrivais pas à m'y mettre, fallait faire la fiche de lecture à côté, et ça, non ! (*rires*).

— *Tu as fait tout le travail qu'on vous a demandé, les fiches…*

— (*Avec une pointe de dérision*) On va dire que je l'ai fait… par rapport aux délais que laissaient les profs, je l'ai vite fait. Comme j'avais déjà lu le livre en philo, c'était pas trop dur, j'avais les notes, je les ai recopiées. Pour la rentrée, il me manquait une fiche de lecture. Je viens de la finir, là.

— *Et ton travail d'anglais ?*

— En anglais, oui. Bon, le mois de juillet, je l'ai laissé un peu passer. J'ai utilisé Wikipédia, puis je m'y suis mise un peu plus sérieusement ensuite, mais bon, 'y a des semaines où j'oubliais un peu le boulot !

— *T'as voyagé un peu cet été ?*

— Non, je suis restée à Carmont, chez moi. Je suis juste allée deux jours à Paris, pour voir des cousins… à part ça, j'ai pas trop bougé (…). »

Dans la mesure où ces devoirs de vacances marquent une rupture avec sa trajectoire antérieure et, simultanément, avec son univers d'origine, cette socialisation à distance provoque chez Myriam des réactions ambivalentes : l'envie de « s'y mettre » et d'« y être » oscille avec le désir de profiter des ultimes occasions de détente avant la rentrée. L'ambiguïté de cette période, où les partitions habituelles entre travail et loisirs, efforts et repos, scène scolaire et scènes amicale ou familiale se brouillent, a des effets sur la relation d'enquête. Présent à Carmont au moment où ses enseignants du lycée Voltaire et ceux de la prépa sup-expé sont en vacances, je suis conduit à endosser le rôle de « prof de substitution », à la fois tuteur et passeur, beaucoup plus vite que je ne l'avais prévu. Se souvenant de la proposition que j'avais faite lors de notre première rencontre, au cours de la réunion organisée par Marcel Noiret en juin, Myriam me sollicite ainsi à deux reprises, pendant l'été, pour me demander des conseils méthodologiques et bibliographiques. Le 4 août 2006, elle m'écrit un courrier électronique pour me demander « un petit coup de pouce » :

> « Bonjour,
> Je ne sais pas si vous vous souvenez de moi, je suis Myriam [nom de famille] et je vais intégrer la classe sup-expé à Coty en septembre (je suis élève à Voltaire, et j'ai assisté à la petite réunion avant les vacances). Nous avons eu comme devoirs de vacances des livres à lire avec des fiches de lecture à faire. Je vous écris donc pour vous demander quelques conseils pour faire une fiche de lecture bien présentée, efficace (présentation, organisation, etc.). Je suis peut-être un peu culottée de demander ça, mais j'ai vraiment du mal à m'en sortir, alors ce serait vraiment gentil de votre part de me filer un petit coup de pouce…
> Respectueusement, Myriam »

Je lui réponds le lendemain, en lui donnant des conseils détaillés pour faire ses fiches de lecture. J'en profite pour lui demander ses notes au baccalauréat. Elle m'envoie, le jour-même, un courriel dans lequel elle revient sur chacune d'elle.

> « Bonjour,
> En effet j'ai eu mon bac, avec une mention assez bien. (…) Et encore merci pour les conseils de méthode, je sens que ça va vraiment beaucoup m'aider. Donc mes notes du baccalauréat section ES sont : Français écrit : 12/20. J'avoue que je m'attendais vraiment à mieux, du genre de 14 ou 15, mais je

n'ai pas eu de chance, je suis tombée sur de la poésie. Français oral : 14/20. Je m'attendais à moins, car il me semblait avoir quelques difficultés pour l'oral, mais j'ai su me défendre face à l'examinateur, et ça a payé. Histoire-Géographie : 6/20… la plus grosse déception, c'est l'une de mes matières préférées et celle où habituellement je m'en sors le mieux. Mais je n'ai pas fini l'épreuve, j'ai juste fini la première partie (dissertation) avec une conclusion complètement bâclée. Ça m'apprendra à travailler plus vite. SES : 15/20. La grosse surprise (je m'attendais à une note aux alentours de 11-12/20). C'est probablement ce qui a sauvé mon bac (…). LV1 Anglais : 14/20. Pas vraiment de surprise, je pensais encore avoir un 14. LV2 Allemand : 14. Encore une (bonne) surprise. Habituellement, je tourne autour de 10-12 de moyenne en allemand et cette année a carrément été désastreuse pour moi (j'ai l'impression de n'avoir rien appris). Philosophie : 15/20. Sans aucun doute la note dont je suis le plus fière, car la philosophie est incontestablement ma matière préférée. Mais je m'attendais plutôt à un 13/20, par exemple (…). LV1 Anglais renforcé : 16/20. Sans vouloir me la jouer, je m'attendais à cette note. Je n'ai pas de problème particulier en anglais et nous avons eu une excellente préparation à l'oral pendant l'année, alors… Mathématiques (j'ai failli l'oublier) : 3/20. La catastrophe, qui aurait pu me coûter cher. C'est la pire note que j'ai jamais eue de toute ma vie, mais je m'y attendais, je suis nulle en maths. Option section européenne : 17/20. Je ne m'attendais pas vraiment à une note si bonne, mais je pensais au moins avoir 12. (…) Ma moyenne totale fut donc de 12,10/20. La mention AB au ras des pâquerettes, et je ne cache pas être assez déçue de ma note… je pense que j'aurais dû mieux réviser. Voilà, désolée pour le roman. Et merci encore de votre aide.
Cordialement, Myriam »

Le fort investissement scolaire de Myriam et sa propension à s'auto-évaluer, parfois sévèrement (par exemple en évoquant sa « mention AB au ras des pâquerettes »), souvent avec justesse, se lisent dans ses efforts pour expliciter les raisons du décalage entre les notes qu'elle a obtenues au baccalauréat et celle qu'elle escomptait. Cette réflexivité, qui est due, dans une certaine mesure, à la relation d'enquête, est aussi l'indice de sa prédisposition à s'adapter, sans attendre la rentrée, aux exigences de son univers d'accueil, en tirant les leçons de ses déceptions (elle ne travaille pas assez vite, aurait « dû mieux réviser ») et en corrigeant tout ce qui peut nuire à sa réussite scolaire. En dépit du fatalisme qui l'incline à se résigner à être « nulle en maths » – attitude courante chez les filles – et à délaisser l'allemand, elle est mue par une bonne volonté culturelle typique des migrants de classe les plus studieux[15].

Pour comprendre ce qui fait de Myriam une exception, prenons l'exemple de Youssef qui, lui aussi, reste à Carmont entre juillet et août 2006. Cet été constitue une rupture avec l'adolescence (son embauche comme concierge est sa première expérience professionnelle), mais n'entre pas en contradiction avec ses pratiques ordinaires de sociabilité : il reste proche de ses « potes » et s'estime heureux d'occuper un emploi qui lui procure du prestige en tant que « maître des lieux » dans sa cité. Son entrée au lycée Coty lui paraît trop lointaine, temporellement et symboliquement, pour qu'il s'investisse pleinement dans cette socialisation préalable sans professeur ni salle de classe. Contrairement à Myriam, il n'a pas acquis des dispositions qui peuvent l'inciter à « jouer le jeu » : « pas besoin d'apprendre, j'assimile direct ! » lâche-t-il quand je lui demande, peu après la rentrée, s'il révise les cours au sujet des ouvrages qu'il n'a pas lus pendant l'été pour rattraper son retard. Loin d'anticiper, comme Myriam, l'intense phase de travail qui les attend à partir de septembre, Youssef et d'autres de ses camarades comprennent mal les consignes, commencent tardivement leurs devoirs de vacances et y consacrent peu de temps. Beaucoup ont du mal à entrer dans la logique d'ascèse exigée par les enseignants. Certains trouvent des astuces pour respecter, malgré tout, les échéances fixées avant les vacances, en remplaçant la lecture régulière de la presse par le visionnage ponctuel des journaux télévisés, ou en consultant des dossiers de synthèse sur internet, comme Réda, revenu de son voyage en Algérie quelques jours avant la rentrée, ce qui ne lui a pas laissé assez de temps pour étudier en profondeur les ouvrages au programme. D'autres sont freinés dans leur élan par des tergiversations qui rendent encore moins évidente cette socialisation préalable à distance, comme Yasmine, fille d'une femme de ménage algérienne et d'un concierge français. Dans un entretien réalisé en septembre 2006, elle revient sur ce qu'elle appelle sa « période de doute » :

« *Comment tu t'es organisée cet été pour faire le travail qu'on vous a demandé ?*

— En fait, au départ, je devais acheter les livres qu'ils nous ont demandés et tout, donc je suis partie les acheter dès qu'ils nous l'ont dit… et puis après, j'ai commencé à douter, en plus 'y avait ma mère qui me mettait un peu le doute aussi, bon…

— *Pourquoi ?*

— (*Elle ignore ma question*) Même mes copines, elles me disaient : (*sur le ton de la mise en garde*) "c'est une école prépa, déjà la fac, ça craint, alors là-bas, c'est encore pire". Et bon, après, au mois de juillet, bon, j'ai pas pu… (*gênée*) je suis partie une semaine, deux semaines en vacances, donc c'est vraiment en août que j'ai commencé à me dire "bon, il serait temps un peu de s'y mettre !". Bon, début août, j'ai eu un peu de mal, après au fur et à mesure j'ai commencé un peu à lire, mais j'ai pas lu grand-chose, juste deux [livres]. Après, j'étais à la fin-fin-fin, il fallait que je fasse mes fiches et tout, et j'étais pressée, parce que justement c'est cette période de doute qui m'a pris beaucoup de temps, j'ai passé beaucoup de temps à réfléchir. »

Pour Yasmine, le lycée Coty est un monde étranger. Le flou entourant les enseignants, désignés par un pronom collectif (« ils ») et sans référence à leurs fonctions professionnelles, suggère sa difficulté à se projeter dans cet univers diamétralement opposé au sien (ce que sous-entend son « nous »), si lointain qu'elle ne parvient pas à le définir autrement que par un terme (l'« école prépa ») amalgamant son futur proche et le débouché le plus prestigieux du dispositif. Peu à l'aise scolairement, elle est anxieuse à l'idée de rejoindre cet établissement huppé, sans garantie de réussir et avec la certitude qu'elle aura du mal à y trouver sa « place ». Les rappels à l'ordre de sa mère et de ses « copines » nourrissent ses craintes, ce qui l'enferme dans un cercle vicieux fragilisant son passage des frontières, encore réversible malgré son admission :

« *Ça t'a permis de faire le vide, les vacances ?*

— En fait, je sortais du bac, donc j'étais un peu sur les choux. Nous, quand on était en Terminale, on pensait qu'à une chose, c'est d'avoir le bac. Après, le reste, on s'en fichait un petit peu. Quand on a eu le bac, on s'est dit : "il faut bien aller quelque part." Donc c'est ça, aussi, qui… mais bon après c'est vrai qu'il y a eu aussi un peu le stress, un peu le doute, je savais pas à quoi m'attendre. Et puis avec les copines qui me disaient : 'la fac, ça craint déjà, alors si tu vas en école prépa, c'est encore pire !', ou 'tu vas pas réussir'. (…) Et puis ma mère, elle me disait : 'mais qu'est-ce que c'est cette école prépa ?'.

— *Tu lui as expliqué ?*

— Ouais, je lui ai expliqué, mais ça rentrait pas dans sa tête ! (*Rire crispé.*)

— *Tu lui as dit quoi ?*

— Je lui ai dit : (*avec fierté*) "C'est des cerveaux dans les grandes écoles !" Elle m'a dit : "Oui, mais c'est payant !" Je lui ai dit : "Va 'y avoir des aides." Mais non, elle a quand même… elle est bornée, ma mère ! »

Contrairement à Myriam, Yasmine n'arrive pas à se projeter dans un avenir aux contours nets : perdue devant cette perspective sans objectif défini qui est aussi une nouvelle séquence temporelle difficile à s'approprier, elle a été déstabilisée par l'épuisement de ses ressources physiques et morales consécutif à ses efforts pour achever son année de Terminale avec succès. Mais, à la fin du mois d'août, ses hésitations cessent. À défaut de convaincre sa mère, elle s'est persuadée elle-même. Ce dénouement n'est pas dû à un ultime sursaut d'orgueil. C'est Myriam qui l'a entraînée dans son élan :

« Pendant l'été, j'ai eu aussi beaucoup de discussions avec Myriam. Elle m'a convaincue… elle m'a dit au téléphone, en août, que de toute façon, c'est pas une année perdue, parce que si on réussit rien on peut quand même aller en deuxième année de fac, que c'était que du bon, que la plupart du temps les élèves qui réussissent en fac, c'est des élèves qui sortaient de prépa… je pense que ça va m'apprendre à avoir la capacité de travailler, d'organiser mon temps, la capacité de travailler beaucoup, d'avoir beaucoup de boulot et de pouvoir le finir. »

LA SOCIALISATION DES ÉLUS À PARTIR DE LA RENTRÉE

Si la rentrée n'est pas le point de départ de la socialisation des élus, elle marque une rupture : à la présence ponctuelle et aux incursions symboliques dans leur univers d'accueil succède une immersion continue qui reproduit quasi-quotidiennement le passage des frontières. Parallèlement, le travail pédagogique intensifie le rythme et augmente la densité de l'entreprise d'acculturation, à travers la multiplication des situations d'apprentissage et la répétition des injonctions professorales. Dès les premiers jours, les élèves sont « mobilisés » par les enseignants, qui tentent d'effectuer les « derniers réglages » avant le début des cours.

Premiers jours, derniers réglages

Le jour de la rentrée, les élèves de la prépa sup-expé sont réunis le matin pendant deux heures, dans leur salle de classe, pour une séance introductive. Comme dans toutes les CPGE, les enseignants font l'appel, se présentent, détaillent les règles à respecter (assiduité, implication régulière, autonomie et travail en groupe), distribuent les emplois du temps et répondent à leurs questions. Mais, à la différence des autres préparationnaires, ces bacheliers ZEP reçoivent la visite des « anciens », ce jour-là et les suivants, qui leur donnent des conseils, les encouragent, les rassurent sur le rythme de travail et sur le fonctionnement du lycée. Leurs prédécesseurs, après leur participation au recrutement, contribuent à mobiliser les élus. L'observation ethnographique et l'analyse des rushes d'un film documentaire[16] réalisé pour une chaîne de télévision, dont le tournage a eu lieu au début de mon enquête, permettent de comprendre ce qui se joue dans cette autre forme de mise en condition[17].

Le 4 septembre 2006, les élèves de la prépa sup-expé font leur rentrée. Professeure principale, Nicole Michel est chargée de l'organisation de cette séance introductive, à laquelle assistent également d'autres enseignants et la proviseure-adjointe, Monique Dulong[18]. Après avoir fait l'appel en prenant soin de prononcer correctement les noms sur sa liste, elle leur souhaite la bienvenue et les rassure :

« On est très heureux de vous accueillir ici. C'est quand même un saut pour vous mais, je vous rassure, dans les classes à côté, ils sont pas plus à l'aise que vous. C'est un saut pour tous les élèves en prépa, puisque vous passez dans l'enseignement supérieur. Ne vous inquiétez pas : on va vous dorloter, vous chouchouter, prendre en compte vos états d'âme toute l'année. »

Les élèves restent impassibles : dans la mesure où la présence de l'équipe de tournage brouille la frontière entre la réalité et la fiction, ils doivent faire bonne figure mais, en même temps, ils ne peuvent pas savoir si les caméras ne sont pas pour quelque chose dans cette bienveillance affichée. Après avoir demandé que deux volontaires se désignent pour être délégués, Nicole Michel donne la parole aux quatre « anciens » (trois garçons et une fille, tous d'origine immigrée) de la promotion sortante : Mustafa et Farid, qui viennent d'intégrer l'école de commerce de Carmont, et Abdel et Laure, admis à l'IUP (Institut Universitaire Professionnalisé) de management de Lagnecourt. L'enseignante se tourne vers eux : « Alors, racontez-nous comment vous avez vécu votre année au lycée Coty, comment vous avez souffert et comment vous avez surmonté la souffrance. » Sa phrase provoque de petits rires et quelques murmures parmi les élèves. Debout à côté d'elle, dos au tableau, les « anciens » répondent à tour de rôle à cette question qui vise à poursuivre la mise au travail des recrues :

« Laure – Un truc important pour nous, ça a été de nous mélanger, peu importe le lycée d'où on venait, Gide, Flaubert ou Voltaire… faut que vous travailliez ensemble, pas faire de rivalités individuelles… faut être soudés, quoi ! On a tous eu nos moments de déprime, où on voulait tout lâcher, mais on savait qu'on pouvait compter sur les autres (…).

Abdel – Moi, je dirais qu'il faut aussi pas avoir peur de travailler quand vous rentrez à la maison (*rires parmi les élèves*).

Laure – Même ici, jusqu'à 19 h 30 !

Abdel – (*En souriant*) Bon, travailler trois heures après la journée de cours, vous allez le sentir passer, hein ! (*rire*).

Mais, à la fin de l'année, vous serez contents d'avoir appris plein de choses. Au final, ça paye !

Laure – (*Enthousiaste*) Oui, ça paye !

NM – J'ajouterais : commencez tout de suite à travailler !

Laure – Nous, c'est vrai qu'on a eu un peu de mal à démarrer, mais je vous conseille de vous y mettre dès demain ou après-demain.

Abdel – (*En plaisantant*) En fait, fallait commencer en juin, avec les fiches de lecture… (*rires parmi les élèves*). »

Si Abdel prend un ton mi-ironique mi-sérieux pour dédramatiser les sacrifices que les nouveaux venus devront consentir, c'est peut-être qu'il sait que, pour l'instant, l'adoption d'un rapport ascétique au temps ne va pas de soi. Avec Laure et ses ex-camarades, il participe ainsi à légitimer l'inculcation de normes culturelles en confirmant les propos de Nicole Michel. Pour insister sur la nécessité de rester concentré tout au long de l'année, cette dernière utilise des métaphores empruntées au sport et à la religion :

« NM – C'est un peu comme une course de fond : il faut tenir sur toute l'année, en vous économisant au maximum pour rentabiliser vos efforts. L'état d'esprit qui convient, c'est d'être des paresseux qui entrent en religion. Vous vous économisez, mais vous oubliez aussi une partie de la vie extérieure.

Laure – Une grande partie, même !

Mustafa – (*En riant*) Oubliez tout !

Abdel – (*En riant, avec une diction typique des jeunes de cités*). Ça va barder encore pendant quelques mois ! (*Rires des élèves*). »

En surenchérissant sur les préconisations de l'enseignante tout en restant très décontractés, les « anciens » servent les intérêts de l'institution à double titre : d'une part, ils accréditent Nicole Michel et l'aident à réduire la distance sociale qui la sépare des élèves, d'autre part, ils permettent à ceux-ci de croire dans les bienfaits de l'ascétisme en leur montrant que, même en cas d'échec aux concours, leurs efforts seront récompensés, pour peu qu'ils acceptent, à l'instar des athlètes, de suivre les conseils de leurs entraîneurs et, comme les clercs, de délaisser la vie profane et de s'éloigner, au moins temporairement, de leur univers d'origine. Si la seule « paresse » autorisée consiste à planifier, à s'économiser et à maximiser le rendement scolaire du capital culturel acquis, c'est que la resocialisation de ces élèves implique avant tout la redéfinition de leur rapport au temps. Ainsi, la professeure d'anglais, Jacqueline Aubert, complète les propos de sa collègue en déclarant, d'une voix ferme : « le travail a déjà commencé, dans deux jours, je ramasse vos journaux de bord ! » Le rappel de cette date-butoir imminente oblige les élèves à se mobiliser immédiatement, en considérant la rentrée non comme un début, mais comme une reprise de l'entreprise d'acculturation initiée trois mois auparavant.

La mobilisation des élèves par les anciens se poursuit les autres jours de la semaine de la rentrée. Ainsi, lors du premier cours d'histoire, Claire et Cassandra sont invitées par Nicole Michel pour parler de leurs expériences l'année précédente. Toutes deux filles de père ouvrier et de mère employée, elles viennent d'être admises à l'IEP de Lagnecourt, ce qui leur donne une légitimité plus forte que leurs ex-camarades. Auréolées de leur succès, elles évoquent, elles aussi, les « sacrifices » qu'elles ont dû consentir. Elles conseillent à leurs successeurs de « jouer le jeu », comme le dit Claire, mais sans renier leurs origines :

> « Claire – Arrivés ici, d'un côté faut garder d'où on vient, conserver une partie de soi-même et, d'un autre côté, accepter de jouer le jeu, de s'intégrer pleinement et de s'ouvrir en parlant aux autres [les élèves des CPGE], même si, en apparence, ils ont l'air bizarres ou différents, ou décalés. Ça passe par des trucs tout simples : par exemple, au lieu de réviser une semaine à l'avance, moi j'allais aux conférences organisées à Coty, parce que ça sert aussi !
>
> Cassandra – Oui, c'est aussi important que les cours !
>
> Claire – Faut s'ouvrir… n'ayez pas peur de combattre cette image stigmatisante, faut pas qu'elle vous bloque et vous empêche de vous épanouir ici ! Vous allez beaucoup travailler, faire plein de sacrifices… faut souffrir mais, au final, ça paye !
>
> Cassandra – Oui, quoi qu'il arrive ! »

Enclines par leur succès à se considérer comme des preuves que la ténacité et la docilité envers les enseignants payent, Claire et Cassandra ne peuvent que conseiller à leurs successeurs d'accepter de « souffrir » et de « s'ouvrir » aux « autres », même s'ils paraissent « bizarres ». Mais, dans la mesure où leur déplacement social vient d'être prorogé, leur rapport à leur univers d'origine est en cours de redéfinition, ce qui explique pourquoi Claire insiste sur la nécessité de « garder une partie de soi-même ». En suggérant qu'il est possible d'honorer ces deux parties, fondamentales et solidaires, du mandat d'ascension, Claire justifie l'entreprise d'acculturation et décuple le pouvoir de persuasion de Nicole Michel[19].

En dehors de ces situations, les élèves sont aussi mobilisés par les responsables de l'institution au même titre que les autres élus. Le jour de la rentrée, ils sont convoqués, comme les autres préparationnaires, à une cérémonie de bienvenue organisée dans le gymnase du lycée, en présence du proviseur, de ses adjoints et des autres personnels d'encadrement. Même s'il n'y a pas d'appel, tous les nouveaux entrants sont tenus de venir. L'extrait d'observation qui suit met en évidence l'importance de ce rite d'agrégation au cours duquel les prescriptions succèdent aux éloges et aux mises en garde :

> 2 septembre 2008, 14 heures, gymnase du lycée Coty. Environ 150 élèves en première année de CPGE ou en prépa sup-expé sont présents, ainsi qu'une douzaine d'enseignants. Je suis assis au milieu des rangs formés par les bancs alignés horizontalement sur le terrain de basket tracé sur le sol. Lorsqu'Henri Mounier parle au micro, le brouhaha qui résonnait depuis un quart d'heure cesse immédiatement. Très décontracté, il présente les personnels d'encadrement, puis félicite les recrues, en évoquant leur admission comme le fruit d'une affinité élective : « Je suis heureux de vous recevoir dans cet établissement que vous avez choisi et qui vous a choisi : en quelque sorte, nous nous sommes choisis mutuellement, c'est donc une histoire d'amour (*rires parmi les élèves*). »
> Le proviseur change vite de ton. Il prend un air solennel et sérieux pour évoquer la pression qui s'exercera sur les nouveaux entrants dès le lendemain : « J'espère que vous avez profité de l'été pour engranger de l'énergie pour cette

> année. Car, ici, les profs partent du principe qu'ils sont déjà en retard sur leur programme. » Après un bref rappel du règlement intérieur, il les met en garde : « Jusqu'en juin, vous étiez les meilleurs, les premiers. Désormais, vous êtes ensemble dans une classe de 50, avec un classement de 1 à 50, vous allez vous trouver dans une grande pression mais, en cas de pression, ne vous laissez pas gagner par le découragement, organisez-vous bien et venez nous voir, les proviseurs et enseignants. » Cet avertissement provoque des chuchotements inquiets, interrompus par les préconisations et les promesses du proviseur : « Ménagez-vous un tout petit espace de vie en dehors de votre travail. Faites du sport, allez au théâtre, au cinéma, lisez (...). Donnez le meilleur de vous-mêmes et je vous garantis que cela vous sera rendu (...). » Enfin, il incite les élèves à adopter un esprit de corps, en leur conseillant de ne pas se considérer comme des rivaux, mais comme des partenaires : « Vous n'êtes pas en compétition les uns avec les autres. Travaillez ensemble pour réussir ensemble. Le jour des concours, vous ne vous battrez pas contre les autres étudiants de Coty, mais contre tous les autres » (Journal de terrain, 4 septembre 2008).

À travers ce discours inaugural, le proviseur tente de fixer des principes permettant la régulation de la concurrence entre les préparationnaires, tout en légitimant de la logique de l'urgence dans laquelle les enseignants les feront bientôt entrer. Pour la majorité des élèves en première année de CPGE, l'échéance des concours des grandes écoles est encore lointaine, contrairement à ceux de la prépa sup-expé. Aussi, leur mobilisation repose moins sur le rappel de cet objectif que sur le maintien de l'ordre au lycée : l'émulation tempérée par le travail en groupe et l'esprit de corps vise, comme l'incitation à se préserver physiquement et moralement, à prévenir un excès de compétition qui serait fatal aussi bien aux intéressés qu'à l'établissement, dont la réputation dépend étroitement des intégrations des écoles les plus prestigieuses. Cependant, Henri Mounier et les enseignants doivent, à court terme, assurer la mise au travail des nouvelles recrues : en leur annonçant qu'ils sont « déjà en retard », le proviseur ne fait pas autre chose. Encore faut-il les persuader de s'en remettre à l'institution et les dissuader de se retourner contre elle, comme le montre cet autre extrait d'observation :

> 2 septembre 2009, 16 heures, gymnase du lycée Coty. Le public est un peu plus nombreux que l'année précédente (environ 200 personnes, tous entrants en CPGE ou en prépa sup-expé). Henri Mounier donne assez vite la parole à son adjointe. Monique Dulong commence par détailler les horaires de fermeture du lycée, récemment allongés : 21 heures les lundis, mardis et jeudis, 20 heures les mercredis et 19 heures les vendredis. Elle conseille aux élèves de passer le maximum de leur temps dans l'établissement, où elle-même réside la semaine : « Il faut être des gagnants, mais avoir aussi un esprit d'équipe. Pour ça, vous avez des lieux, le CDI, la salle de travail, où doit régner un silence total (*petits cris de dérision dans les rangs*). » Faute d'internat, elle justifie cette prise en charge par des arguments financiers (« Vous pouvez manger ici, avec un repas complet pour 3,50 euros ! » insiste-t-elle) et par l'« ambiance de travail » qui règne dans l'établissement. Puis elle les alerte sur les risques de fatigue corporelle et mentale, leur proposant de la contacter sans rendez-vous dès les premiers signes d'épuisement, afin d'éviter une dépression ou une démission. Comme le proviseur, elle souligne la nécessité de se reposer et d'avoir des loisirs. « De préférence au lycée », insiste-t-elle. Enfin, d'une voix ferme, elle dresse la liste des tenues interdites (piercings, minijupes, bermudas) et avertit que toute utilisation du nom du lycée pour un blog ou une fête sera lourdement sanctionnée, ce qui provoque un brouhaha réprobateur (Journal de terrain, 5 septembre 2009).

Les marques de dérision et de protestation parmi les préparationnaires invitent à nuancer le pouvoir revendiqué par l'institution : même s'ils ne vont pas jusqu'à transgresser l'ordre cérémoniel, leurs réactions suggèrent que les injonctions ne sont pas toujours suivies d'effet et, surtout, qu'on peut y obéir en conservant une certaine distance. Néanmoins, la résistance plus ou moins forte à ces discours autorisés suppose une assurance inégalement distribuée socialement. Ce n'est pas un hasard si les élèves de la prépa sup-expé se distinguent par une extrême concentration et un silence constant, comme s'ils étaient inhibés par cette première confrontation directe avec les autres élus :

> Au début du discours de bienvenue [du 2 septembre 2009], un fait attire immédiatement mon attention : les élèves de la prépa sup-expé arrivent, groupés, par le côté gauche de la cour (loin du gymnase), accompagnés par l'un de leurs enseignants, alors que les autres préparationnaires viennent en ordre dispersé et sans leurs professeurs, seuls ou entre amis, en empruntant la deuxième entrée, plus proche. J'ai l'impression que, pour les premiers, le court trajet menant de leur salle de classe au gymnase constitue, en lui-même, un voyage symbolique. La différence entre les uns et les autres saute aux yeux : les premiers sont reconnaissables à leur apparence physique (Noirs et Arabes en forte proportion, cheveux coupés courts pour les garçons et attachés ou tirés en arrière pour les filles) et à leur tenue vestimentaire (habits proches du corps, hauts toujours rangés dans le pantalon), très éloignés du style des seconds (très majoritairement Blancs, beaucoup ont des jeans ou des pulls larges et, parmi les garçons, un grand nombre ont les cheveux longs). Assis côte à côte au premier rang, les élèves de la prépa sup-expé ne bavardent presque pas avant le début de la cérémonie et, ensuite, presque tous restent muets. Certains regardent leurs pieds, la plupart évitent de se retourner. Le visage tendu, ils prennent des notes en écoutant parler Henri Mounier et Monique Dulong (Journal de terrain, 5 septembre 2009).

Acte de consécration pour tous les préparationnaires, la cérémonie de bienvenue est d'abord, pour les élèves de la prépa sup-expé, un moment délicat : ils endossent, pendant plusieurs heures et en public, leur nouveau statut de membres – à titre partiel et provisoire – des fractions dominantes de la jeunesse scolarisée. On comprend ainsi pourquoi certains enquêtés gardent souvenir de cet après-midi, vécu comme une découverte. Quatre ans après son admission, Pascal raconte son étonnement devant le goûter clôturant la journée de rentrée :

> « Ce qui m'a marqué, c'est le goûter à la fin du jour de la rentrée des prépas. On nous avait invités après le discours du proviseur et moi je me disais : (*sceptique*) "on va avoir quoi ? Un verre de Coca, et encore : du faux Coca !" Mais non… quand je suis arrivé, j'ai vu (*impressionné*) des pains au chocolat, des croissants ! Je me suis dit : "Oh, mais où on est, là ?". »

La surprise de Pascal est à la mesure de la distance sociale qui le sépare, alors, de son univers d'accueil, à un moment de l'année où il ne s'y est pas encore familiarisé : « Mon lycée, il date des années soixante, c'est Khrouchtchev qui l'a inauguré ! (*Petit rire.*) Là, t'arrives, tu reçois ton carnet et on te dit : "Ici, c'était un monastère avant" ! » lâche-t-il en plaisantant. Après la rentrée, la principale tâche des enseignants consiste justement à habituer les élèves à ces découvertes.

L'acculturation dans la salle de classe

Les enseignants hiérarchisent souvent les objectifs de la prépa sup-expé : elle serait, en premier lieu, une préparation aux concours et, en second lieu, une préparation intensive aux études supérieures. Cette façon de voir les choses occulte les fonctions implicites de leur travail pédagogique : l'observation de leurs interactions avec les élèves en classe montre que, dans les faits, l'ordre des priorités est inversé. Bien que le *curriculum* soit indexé sur les exigences des écoles visées[20], les cours et les colles constituent avant tout la poursuite de l'entreprise d'acculturation par d'autres moyens. Au-delà des savoirs disciplinaires, ce que ces élèves apprennent en classe, c'est d'abord à maîtriser toutes les subtilités de la langue française. Le professeur de lettres commence ainsi ses cours en leur demandant de répondre par écrit, avec un nombre limité de mots et dans un laps de temps restreint, à une question portant sur l'un des ouvrages étudiés ou sur une citation qui en est extraite. Les copies leur sont remises, corrigées, notées et commentées à voix haute, au début de la séance suivante. Plus largement, tous les enseignants sanctionnent systématiquement les fautes de style et d'orthographe.

Ces exigences ne sont pas imposées sous la forme désincarnée d'un tableau de conjugaison ou d'un précis de grammaire : la familiarisation avec les manières légitimes d'écrire et de parler va de pair avec la prescription de pratiques culturelles distinctives, comme la lecture régulière du *Monde* et de *Courrier International.* « Je leur disais : on ne peut pas aspirer à être cadre en France si on ne lit pas régulièrement *Le Monde*, donc vous lisez *Le Monde* », explique George Tudercq, qui fut un moment chargé de la conférence de méthode. Il préconisait aussi l'écoute de « La Matinale » de France Inter, de certaines émissions de France Culture, comme « L'esprit public », et conseillait de limiter au strict minimum le temps passé devant la télévision, à l'exception du Journal du Soir sur Arte et du magazine de géopolitique *Le Dessous des cartes*, diffusé par la même chaîne. La familiarisation avec le lexique et les thèmes médiatiques ne vise pas seulement à préparer les élèves aux concours, mais aussi à les doter de l'assurance qui leur fait souvent défaut. Pour que ces prescriptions ne restent pas lettre morte, les enseignants recommandent aux élèves de s'abonner à au moins un journal en format papier ou, à défaut, à la version approfondie du *Monde* proposée sur internet pour quelques euros par mois. De plus, ils ont installé dans la salle de classe une armoire contenant tous les ouvrages nécessaires à la préparation (atlas géopolitiques, essais, livres au programme, romans, manuels, dictionnaires). Cette petite bibliothèque est « autogérée » par les élèves (la clé leur est confiée), responsables de cette propriété collective qui les rapproche, physiquement et symboliquement, des savoirs à acquérir.

L'agencement de la salle de classe offre un indice supplémentaire de la volonté des enseignants de réduire la distance entre les élèves et l'univers préparationnaire : les traditionnelles rangées horizontales, face au bureau du professeur et à l'estrade devant le tableau, sont remplacées par un demi rectangle ouvert sur le côté où se trouve l'enseignant, qui dispose d'un petit espace pour circuler et se rapprocher des élèves au moment de leur dicter sa leçon, de leur rendre les copies ou de leur poser des questions. Avec des effectifs deux fois moins nombreux que dans les CPGE (20 à 25 élèves, contre 35 à 50 environ) et une équipe enseignante mixte (lycée Coty/ZEP), cette formule pédagogique favorise les contacts directs et le suivi personnalisé, dans une ambiance qui tranche avec celle observable dans les autres classes.

En dehors ou à la fin des cours, les enseignants s'emploient à modifier les pratiques culturelles et l'attitude des élèves à l'égard des concours, en n'hésitant pas à aborder, en privé, des questions d'ordre personnel. Par ailleurs, le doublement des heures de colles par rapport aux CPGE a pour objectifs explicites de leur apprendre non seulement à synthétiser leur pensée, mais aussi à contrôler leur présentation de soi, par exemple en évoquant, dans les dernières minutes de l'interrogation, leur situation scolaire et extrascolaire, leurs doutes, leurs craintes et, parfois, la vie de leurs proches. Ce suivi personnalisé permet d'entretenir la dynamique de mobilisation et, ainsi, favoriser l'intériorisation d'un sentiment de compétence qui consiste à valoriser ce qu'on connaît et à cacher ce qu'on ignore. Par delà la maîtrise de savoirs, la fonction de ces interrogations orales est d'abord d'apprendre à réfléchir vite à des questions qui dépassent les notions vues en cours et à faire comme s'ils se les étaient déjà posées, comme le suggère le professeur de philosophie, Didier Lamy :

> « Dans les colles, les sujets sont totalement ouverts, ils sont pas liés uniquement aux thèmes des IEP. Ça peut tomber sur n'importe quoi, et même ce que je n'ai pas dit en cours… ça me permet de voir comment ils réagissent à un sujet surprenant. (…) Ces sujets surprenants, c'est pour moi une façon de leur faire acquérir une forme de confiance en soi, qui est pour eux une lacune importante.
>
> — *Mais comment ils peuvent parler de choses qu'ils n'ont pas apprises ?*
>
> — C'est pas qu'ils ne connaissent pas ce dont ils doivent parler, c'est qu'ils le connaissent sans forcément le savoir. Ils ont peut-être eu un passage de cours qui renvoyait à ça, donc il faut qu'ils mobilisent cette connaissance-là, faire un lien entre les différentes matières. »

En habituant les élèves à maîtriser des situations qui les prennent au dépourvu, Didier Lamy les habitue à s'exprimer avec la *certitudo sui* propre aux dominants, qu'il doit, pour sa part, à sa scolarité en khâgne puis à l'ENS Ulm. Cette capacité à gérer l'inconnu compte autant que les savoirs eux-mêmes. Pour Pascal, elle est à l'origine d'une « prise de confiance » :

> « En prépa, on a appris des méthodes, des approches, des comportements… des comportements qu'on n'avait pas

> avant (…). Par exemple, aujourd'hui, en culture générale, si j'ai un sujet que j'ai pas ou peu approché, je me décourage plus, alors qu'avant, je m'effondrais! (…). On nous a appris à combattre le fait qu'on ignore, à essayer de toujours partir des connaissances qu'on a eues et à se dire qu'on a forcément quelque chose qu'on a appris (…). Ça a été une prise de confiance. (…) Si 'y a un truc que cette prépa m'a donné, c'est de pas me sentir amoindri, de pas me rabaisser en disant : "c'est bon, je laisse tomber, je vais pas y arriver". »

Comme les auditions, cette composante de l'entreprise d'acculturation dans la salle de classe a ses variantes « douce » et « dure ». Dans le premier cas, les élèves sont incités implicitement à se défaire de certaines de leurs dispositions, comme le suggère cet extrait d'une observation tirée des rushes du documentaire :

> 5 septembre 2006. C'est le premier cours de Didier Lamy. Deux heures durant, les élèves prennent des notes en silence, pendant que l'enseignant, debout, toujours proche du tableau qu'il utilise très souvent, leur explique, sans base écrite, comment ils doivent apprendre à « critiquer le réel ». Il commence par les inviter à « s'interroger sur les choses qui [leur] semblent banales, matérielles et quotidiennes », car ce sont « nécessairement des réponses à un problème ». Il cite l'exemple de la chaise devant lui : « Cette chaise, il faut se demander pourquoi on l'a inventée. D'abord, parce qu'elle permet d'éviter la fatigue de la station droite, sauf pour le prof, qui doit rester debout… pour d'autres questions (*petit rire*). Chaque objet a une histoire, un sens et une fonction. Et les idées qu'on mobilise pour se poser ces questions, ce sont aussi des objets, des outils qui ont leur propre histoire, une certaine place dans des systèmes d'idées. Par exemple, nous verrons pourquoi l'ONU a été créée après la guerre, par des hommes qui voulaient assurer la paix dans le monde. »
>
> Ensuite, Didier Lamy dit aux élèves que, pour pouvoir se poser des « questions », il faut détenir les « outils permettant d'abstraire et s'extraire », en « faisant le lien entre les

ouvrages et les cours de toutes les disciplines », et savoir en parler publiquement. Il explicite le principe des exposés en binôme qui auront lieu au début de chaque séance : il faudra articuler un fait d'actualité et un thème philosophique (il leur distribue une liste comportant 10 sujets et une bibliographie).
L'apprentissage de cette distance à soi apparaît clairement dans une interaction à la fin du cours. En réponse aux craintes de certains élèves qui lui disent avoir « peur de tout oublier », Didier Lamy se réfère aux différents types de mémoire chez les philosophes grecs : la première, celle du « réservoir » ou du « classeur », est « la moins intéressante de toute » ; la deuxième, « utilisée pour l'action », a pour fonction de « savoir quoi faire dans une situation qui peut se reproduire » ; la troisième, celle des « savoirs conscients des principes de classification », est « la plus importante », car elle sert à « faire le tri entre les souvenirs et à chercher le bon ». À travers cette typologie savante, c'est tout un rapport à la culture, fait de réflexivité et contrôle de soi, que l'enseignant tente, implicitement, de transmettre aux élèves : tour à tour, il dévalorise une attitude trop « scolaire », justifie le changement de comportements selon le groupe social (la « situation », dans ses propos) et valorise une attitude réflexive qui, dans la mesure où elle implique la hiérarchisation des « souvenirs », exige aussi une transformation du style de vie pour refonder dès à présent la « mémoire ».

D'autres enseignants tentent d'inculquer aux élèves une aisance culturelle par la « manière forte ». Une anecdote racontée par Pascal illustre cette variante autoritaire de l'entreprise d'acculturation. En septembre 2005, le premier cours de littérature commence par un geste de Raymond Portuis qui surprend toute la classe : « Il a jeté un livre par terre, dans le U qui séparait nos tables de son bureau et il nous a dit : "Vous voyez, ça, c'est ce qui vous sépare de moi, c'est le savoir !". Il a marqué sa distance avec nous », conclut-il. Interloqué, Pascal discute longuement avec ses camarades, à la sortie du cours, de ce « prof fou ». Très vite, ils considéreront cet acte comme la manifestation d'un charisme qui constitue pour eux un « défi », plutôt qu'une provocation ou une humiliation. Ce genre d'événement n'est pas spécifique à la prépa sup-expé, mais la situation dans laquelle il a lieu lui confère une signification particulière : c'est pour mieux abolir la distance qui sépare ces bacheliers ZEP de leur univers d'accueil que Raymond Portuis la reconnaît explicitement.

Mais cette anecdote suggère aussi l'ambiguïté de ce rapport pédagogique, propice à des tensions ou à des malentendus entre les enseignants et les élèves. De fait, beaucoup d'enquêtés évoquent leurs difficultés à se sentir à l'aise avec les professeurs, notamment ceux qui sont parallèlement en poste en CPGE ou en Terminale au lycée Coty. Ainsi, Soraya revient sur la « relation complexe » qu'elle a eue avec ses « profs » :

> « J'avais une relation complexe avec les profs, parce que j'étais pleine d'admiration pour eux, j'étais fan, mais d'un autre côté c'était un peu conflictuel, parce que j'avais l'impression qu'eux non plus ils étaient pas... que j'avais rien à faire devant eux, que... je leur faisais perdre leur temps... enfin, c'est très compliqué à expliquer ! (...) Je savais que j'étais là et que c'était une chance, mais je savais aussi que c'était une version *light* d'un enseignement... élitiste ! Je me disais que j'étais dans une prépa et que c'était très, très bien, mais... mais que c'était pas pareil que les autres prépas, quand même. J'avais vraiment ce complexe d'infériorité-là... (...) on nous disait des choses comme : "Cette partie du programme on l'étudiera pas, elle est plutôt réservée aux autres." (...) C'était comme si c'était trop compliqué pour nous, alors on le faisait pas, parce que c'était un domaine qui nous échappait, qu'on n'était pas capable de comprendre... après, c'était peut-être vrai, moi j'étais larguée parfois, hein ! (...).
>
> — *Tu te disais que c'était une "prépa édulcorée" quand tu y étais, ou ça t'est venu ensuite ?*
>
> — (*En haussant la voix*) Ah si, je l'ai vu sur le moment ! Si, si ! Ah, ça m'énervait, hein ! Ça m'énervait ! (...). Ça me complexait, ça me frustrait, ça m'énervait ! (*Rire nerveux*). J'avais l'impression d'avoir fait une bonne Première et une bonne Terminale, avec un bac correct, mais

> ce niveau-là que j'avais en entrant, c'est comme s'il était aussi au rabais, en fait… (…) Les profs, ils nous parlaient des parcours des élèves de prépa… (…) des fois, 'y avait des profs qui enseignaient aussi en Terminale à Coty, ils nous disaient (*elle imite le ton élogieux d'un prof*) : "Oui, j'ai une élève de Terminale qui est déjà acceptée à Sciences Po"… (*en riant*) alors que nous, on était là à galérer après le bac et dans une prépa light pour préparer ce concours ! »

Fils d'un caissier de supermarché et d'une mère au foyer, Frédéric fait partie de la même promotion que Soraya. Bien qu'il considère la prépa sup-expé comme son « année préférée », il a l'impression, lui aussi, d'avoir parfois été traité en inférieur :

> « Monsieur Portuis, il nous a dit une fois : "(*admiratif*) ah, les élèves qui préparent HEC, comme ils sont bien !" (*Vexé*) Je lui ai dit : "Pourquoi Monsieur ? Qu'est-ce qu'ils ont de plus que nous ?" Il me dit : "Ils hésitent pas à aller vers les autres !" (*Avec amertume*) Voilà, tu vois… il savait notre valeur, mais comment dire, nous, on n'était pas le top, quoi ! Moi, je pensais qu'ils allaient mieux nous considérer. »

Certains anciens élèves se souviennent de remarques maladroites ou condescendantes. C'est le cas d'Aïda, admise en 2002, fille d'une veuve femme au foyer :

> « Une fois, la proviseure adjointe [Monique Dulong], elle devait présenter le lycée à un nouveau prof de Coty. Elle arrive dans notre salle et, sur une des tables, 'y avait une amie à moi, une Malgache, qui avait laissé son passeport. La proviseure adjointe, elle dit au nouveau prof (*sur le ton du mépris*) : "ça c'est la prépa ZEP, c'est des gamins qu'on a sortis de la rue, s'ils sont là, c'est grâce à nous, regardez, celle-là, par exemple, elle est même pas française, elle a un passeport malgache"… Elle fait au gars : "Vous savez c'est où Madagascar ?" Il lui dit : "Oui, je crois que c'est vers l'Inde…" (*elle hausse la voix*) un prof, hein ! (*silence*).

> Donc, c'était : “nous, on les sort de la rue, on essaie de faire quelque chose pour eux”, quoi (*silence*). Je me suis dit (*indignée*) : “mais elle a tout faux, elle !”. »

Le mélange de colère et d'amertume d'Aïda est à la mesure de la violence de cette remarque qui, tout à coup, réactive son stigmate. À travers sa camarade, elle et les autres élèves de la classe sont réduits à des curiosités exotiques et à des obligés (« on les a sortis de la rue » signifie aussi qu'on détient le pouvoir de les y renvoyer), comme s'ils n'étaient pour rien dans leur réussite. Dans cette discussion à laquelle elle assiste en simple spectatrice, où elle et ses camarades sont considérés comme de purs objets de conversation, Aïda ne peut que ressentir le mépris de classe qui se cache derrière cette générosité ostentatoire. La situation d'entretien et la relation d'enquête favorisent l'explicitation de ses émotions : nous nous connaissons depuis la Première, nous avons plusieurs amis en commun et nos mères vivent dans des quartiers voisins. Si cette proximité incline Aïda à faire de moi le mandataire d'une revanche symbolique différée, son récit n'est pas un règlement de comptes par personnes interposées : dans sa voix résonne l'écho des expériences successives d'un groupe marginalisé, mais soudé par une intense sociabilité en dépit des tensions qui le minent de l'intérieur.

Chapitre 3

Une classe à part ? Appropriations, tensions, résistances

Pour la majorité des élèves de la prépa sup-expé, l'admission au lycée Coty est une consécration : « Mon père, il m'appelle le président, maintenant ! » dit Réda quelques jours après la rentrée. L'entreprise d'acculturation s'effectue cependant sur une période trop courte et dans un espace qui n'est pas assez clôturé pour donner lieu, à court terme, à une conversion complète des rapports au temps, à l'école, à l'avenir et à la culture de ces jeunes. Elle tend plutôt à les brouiller, provoquant un *tremblé des dispositions* qui a des effets immédiats pendant l'année scolaire, dans la façon dont ils vivent leur changement de statut, comme dans leurs relations avec les autres préparationnaires et dans leur sociabilité de groupe. En mettant en évidence les changements et les inerties de leurs manières d'être, de se tenir, de s'habiller, de parler ou de plaisanter, nous comprendrons mieux ce qu'« apprendre sa place » veut dire : un processus à la fois individuel et collectif qui s'opère à travers des pratiques d'appropriation (des lieux, des normes et des savoirs) et de redéfinition de l'héritage – revendiqué ou « liquidé » – de la ZEP.

DES BACHELIERS ZEP ENTRE ÉMANCIPATION CULTURELLE ET MARGINALISATION

La « place » que ces bacheliers ZEP sont invités à prendre est doublement gratifiante : elle leur confère à la fois du prestige et la possibilité d'accéder à des savoirs synonymes d'émancipation culturelle.

Cependant, elle suppose de leur part un apprentissage qui ne se résume pas à une simple découverte intellectuelle. Dans la mesure où elle correspond objectivement à une position marginale dans leur univers d'accueil, elle est fondamentalement ambiguë. En apparence, elle est offerte aux élèves par les enseignants ; en réalité, elle leur est assignée par l'institution et reste travaillée par leur passé social.

Grandissement symbolique et découvertes culturelles

Bien que leur entourage connaisse souvent mal la filière des CPGE, le prestige du lycée et la réputation d'écoles dont les noms sont abondamment cités dans la presse rejaillissent sur les élèves. « Même si c'est qu'une prépa Sciences Po, (*en riant*) on retenait que Sciences Po ! On me disait : "on s'en fout du [mot] prépa, 'y a Sciences Po et ça restera, ça ! (*rire*) », explique ainsi Soraya. Impressionnés par l'architecture imposante du lycée et l'ambiance studieuse qui y règne, ils sont grandis symboliquement par ce bâtiment « historique » qu'ils désignent tous par des superlatifs (« extraordinaire », « énorme », « immense »), opposés à la vétusté et au désordre de leurs anciens établissements. Une semaine après la rentrée, Myriam évoque ce changement radical de décor :

> « *Le cadre du lycée Coty, ça te change d'avant…*
>
> — Ah, ouais c'est clair (*rire*)… énorme, c'est énorme !
>
> — *Qu'est-ce qui est énorme ?*
>
> — Déjà, rien que le fait de ne pas être dans un lycée complètement délabré, ça change… c'est énorme ! Bon, déjà on n'a pas peur quand on marche sous les trucs suspendus au plafond, (*en riant*) ça c'est cool ! Et là, on éprouve presque du respect pour le bâtiment, je veux dire, quand on sait qu'on est dans un truc historique, un bâtiment qui a du passé, vraiment des générations d'érudits, de grands écrivains. On se dit qu'on a la chance d'être… on est contents d'être là, quoi ! (…)
>
> — *Mais, à Voltaire, tu te sentais pas bien ?*
>
> — Si, mais c'était délabré, c'est ça qui me gênait, que j'aimais pas. (…) c'était comme si on était… je vais être

parano, mais… comme si on méritait pas d'avoir un lycée correct, avec des portes qui ferment, des plafonds qui tombent pas, une salle de classe propre avec des poubelles vidées régulièrement, tu vois ? »

Ces descriptions n'ont rien d'exagéré : il suffit de se promener dans les couloirs du lycée Voltaire pour constater le dénuement des locaux (rideaux bloqués, fuites des tuyaux dans les toilettes, plafonds dégradés, murs tagués, etc.). Les grèves et droits de retrait des enseignants depuis quinze ans n'ont guère eu d'effets sur la politique du rectorat. Certains d'entre eux ont envoyé à plusieurs rédactions de la presse nationale un film montrant l'état des salles de classe, de la cantine et des sanitaires, mais cela n'a pas suffi à alerter les pouvoirs publics. On comprend pourquoi Jessica assimile son changement d'établissement à une sortie de « prison » :

« L'environnement de Coty, ça change complètement… Voltaire, nous on disait que c'était une prison ! Là, c'est vraiment… 'y a des beaux bâtiments, tout en pierre (…).

— *Pourquoi c'était une prison, Voltaire ? Tu t'y sentais enfermée ?*

— Bon, déjà le cadre il est pas très beau, hein, à part le jardin derrière, mais sinon, c'était pas très… bon voilà, on se sentait un peu enfermés, c'était pas extra, quoi… Ici, c'est vraiment ancien, c'est beau, c'est tu vois c'est… ça fait plaisir de voir ça tous les matins ! »

Pour ces élèves, l'entrée au lycée Coty est d'abord l'expérience d'une mobilité géographique qui implique des trajets quotidiens souvent longs (entre 30 et 50 minutes) en transports en commun (aucun de ces enquêtés n'est motorisé), qui est aussi un déplacement symbolique : sur le chemin, ils voient évoluer lentement la structure sociale de la ville. C'est physiquement qu'ils éprouvent le franchissement des frontières sociales : la fatigue et le stress s'accumulent à force de se lever tôt, de penser aux horaires des bus et de jongler entre les correspondances. Malgré tout, beaucoup perçoivent ce changement comme un progrès, comme l'explique Myriam :

« *C'est un changement pour toi aussi de devoir aller en centre-ville pour aller à l'école…*

— Ouais, je me lève plus tôt, donc je suis fatiguée plus souvent… (…). La distance qu'il faut parcourir, ça, c'est pas grave. Avant j'allais à l'école à pied, là, je prends les transports en commun. C'est pas grave, mais c'est vrai que ça fait bizarre d'être au centre-ville dès le matin, d'y passer la journée…

— *C'est une nouvelle étape ?*

— Ouais, c'est un peu comme si j'étais un peu plus capable de me déplacer, d'aller voir plus loin. Je le vis un peu comme ça. »

Le changement de coordonnées dans l'espace social s'accompagne, pour les élèves d'origine populaire, d'un changement spatio-temporel qui, avec l'intense charge de travail et la pression exercée par les enseignants, provoque un « déphasage », comme le dit Réda quelques jours après la rentrée :

« Le matin, je suis obligé de me lever à 6 heures. Pour être à l'heure, je pars à 7 h 15 de chez moi. Donc le soir, je vais essayer de me réserver deux ou trois heures pour faire les devoirs et surtout les faire en avance, comme ça, j'aurai toujours un temps d'avance. Si j'y arrive, soit je travaillerai un peu pour encore m'avancer, soit je me reposerai parce que, pour l'instant, on est un peu déphasés, 'y a un déphasage qui… on est tous K.O. ! (…).

— *Le lycée Coty, il est loin de chez toi ?*

— Ah oui ! 45 minutes !

— *Et tu les vis comment, cette distance, ces trajets ?*

— Je le prends pas tellement mal, j'assume les conséquences de mon choix. (…) Je me dis que c'est une évolution… je me dis que je rentre dans un autre monde… c'est une évolution de ma future vie que j'espère…

— *Oui, c'est une avancée, mais c'est fatigant, j'imagine…*

— Ouais, énormément même ! Avant, je regardais des émissions en deuxième partie de soirée à la télé et des films, j'arrivais à m'en sortir comme ça au lycée, mais là... comme ils [les enseignants] nous on dit qu'il faut qu'on gère bien notre sommeil et notre hygiène alimentaire, je vais essayer de suivre ces conseils, mais pour l'instant, c'est pas trop ça ! »

Les premiers jours sont particulièrement difficiles. Au début du mois de septembre 2006, j'ai du mal à entrer en contact avec les enquêtés qui viennent d'être admis. Beaucoup reportent un rendez-vous, en justifiant leur décision par leur fatigue, ou arrivent avec une heure de retard après avoir prolongé une sieste sans s'en rendre compte. Certains, comme Réda, ont hésité à démissionner, effrayés par ce « chamboulement total » :

« Quand on entre ici, en écoutant les profs on comprend que 'y a énormément de savoirs à acquérir et, ce qui fait peur, peut-être, c'est la somme de travail. Et ils nous disent : "Il y aura une méthode à apprendre, au fur et à mesure votre temps va baisser et on en rajoutera pour compenser ce manque"... enfin, ce gain de temps, quoi ! Et c'est ça qui nous a fait peur au début... le soir, on a gambergé. Moi, j'ai pensé changer d'établissement... ça m'a marqué, moi. C'est un chamboulement total ! »

Finalement, aucun élève ne démissionne lors de cette rentrée-là. Non par crainte de ne pas trouver de solution de rechange (« j'aurais pu aller en droit, ça m'attirait autant que l'IEP, franchement ! » dit Réda), mais parce qu'ils sont retenus par leur mandat d'ascension et par le travail d'acculturation effectué dès la phase de recrutement. Emporté dans son élan, Réda ne parvient ainsi pas à faire machine arrière. Il justifie sa décision de continuer avec une certaine lucidité, usant de termes si justes que je les reprendrai pour en faire le fil rouge de mon enquête :

« L'an dernier, on préparait le bac, là on prépare une grande école ! C'est... (*enthousiaste*) 'y a une frontière qu'on a traversée, quoi. Alors je me suis dit : "est-ce que je suis capable de la traverser ?" Et, finalement, quand j'ai vu les premiers cours, j'ai su que c'était fait pour moi.

> — *C'est quoi qui t'a convaincu à ce moment-là ? Les profs ? Le cadre ?*
>
> — (*Admiratif*) C'est le cadre, il est… extraordinaire ! 'Y a rien à dire… c'est un ancien monastère ! On se croirait dans le château d'Harry Potter ! »

Ce ne sont pas seulement les lieux, mais aussi les enseignants qui exercent une fascination. Sortes de gardiens du temple du savoir, ils sont au cœur des récits dans lesquels les élèves relatent leurs découvertes culturelles avec enchantement. C'est le cas de Réda et Youssef, dans cet extrait d'un entretien réalisé en décembre 2006 dans un café du centre-ville de Carmont :

> « *En prépa, vous apprenez des nouvelles choses ?*
>
> Réda – Ah, ouais ! Le journal, par exemple ! *Le Monde*, au début, quand je l'achetais, j'étais dégoûté parce que, pour 1,30 euro, je lisais un ou deux articles. J'ai arrêté de l'acheter, puis je me suis abonné et, maintenant, je lis énormément d'articles. Pareil pour *Courrier international*, j'arrive à lire une quantité phénoménale de trucs, par rapport au début (…).
>
> Youssef – Moi, à chaque fois que j'entends le prof de philo parler, c'est… tu vois, une sorte de robinet, mais où 'y a pas d'eau qui coule ! Tu cherches la petite goutte qui va tomber, c'est incroyable ! Comme il a vu que j'aimais lire, il m'a dit : "Lis ce qui te plaît et après les colles, tu me présenteras ce que t'as lu, ton travail personnel." Là, je dois lire *L'avenir d'une illusion* de Freud, parce que j'aime tout ce qui est psychanalyse. Et le prof, il m'a dit qu'autour de ça on va avoir une discussion. Ça fait que 'y a une obligation, mais avec le plaisir avec… mais ce prof ! Chaque fois qu'il te présente une chose, il te la présente comme *la* chose la plus intéressante du monde. De voir des gens qui sont enthousiastes devant n'importe quoi, ça donne envie d'entretenir ta curiosité… eux, ils te disent : "Tout est intéressant, si tu veux rentrer à l'IEP, tu dois avoir compris que tout est intéressant." »

La découverte de concepts, d'œuvres et d'auteurs jusque-là inconnus ou méconnus est vécue par beaucoup d'entre eux comme un « progrès » ou une « libération ». Ils évoquent souvent des romans, des ouvrages de philosophie ou des essais qui les ont « enrichis ». Fille d'une femme de ménage invalide et d'un ouvrier à la retraite, tous deux originaires d'Afrique australe, Lydia parle de ses lectures avec une pointe d'humour, qui suggère ce qu'elles ont d'inédit à ses yeux :

> « En prépa, j'ai appris à vraiment travailler, comme il fallait. Et même au niveau des connaissances… jamais j'aurais ouvert, jamais j'aurais lu… *Le Léviathan* par exemple ! *Le Léviathan* pour moi c'est le cale-meubles ! (*rires*) Jamais je l'aurais lu ! Ou Aristote… (*subitement*) Et Renan ! Jamais j'aurais lu Renan dans ma vie ! (*En souriant*) Bah si, finalement je l'ai lu ! »

En élargissant le périmètre de leurs savoirs, ces élèves s'affranchissent – au moins provisoirement – de leur destin de classe. Mais ils éprouvent au quotidien la distance sociale qui les sépare du reste des préparationnaires, couramment appelés « les autres » : ce n'est pas en dépit de la proximité spatiale mais à cause d'elle que les frontières symboliques se renforcent.

Proximité spatiale et distance sociale dans un grand lycée

La distance sociale entre les élèves et les autres préparationnaires se cristallise dans les catégories utilisées par les premiers pour désigner les seconds : pour Youssef, ce sont « les Anglais » (*i.e.* hautains) ou « les gros cheveux » (*i.e.* babas-cool), pour Myriam, des « grosses têtes », ou encore, pour Julien, « des fous » qui « parlent mathématiques aux toilettes en pissant ». D'un entretien à l'autre, l'opposition entre « eux » et « nous » revient sans cesse[1]. Objectivement improbables, les rencontres avec « les autres » paraissent impossibles en pratique, comme le suggère Sofian :

> « Entre nous ça se passait bien, on venait tous de ZEP, donc 'y avait un bon délire. Mais dès qu'on parlait avec des gens des autres classes, c'était pas le même délire, c'était pas les mêmes gens.

— *Mais, vous, dans ta promo, vous étiez dans le couloir des hypokhâgnes, non ?*

— Ouais, mais on n'a pas trop créé de liens avec eux, 'y en avait quelques-uns avec qui on parlait de temps à autre, mais on les calculait pas trop. »

La frontière entre « eux » et « nous » se fonde sur la perception d'une multitude d'indices de la distance sociale entre les uns et les autres. Les élèves de la prépa sup-expé ayant peu de contacts avec le reste des préparationnaires, ils ne savent pas quelle attitude adopter ni comment interpréter ces regards qui se tournent vers eux quand ils sortent de leur salle de classe, comme le suggère cet échange avec Sofian :

« 'Y avait pas de liens entre eux et nous, donc on savait pas trop dans quel état d'esprit on devait être par rapport à eux (...). Des fois, 'y avait des regards par rapport à nous, tu savais pas trop comment les prendre. Tu te demandais pourquoi ils venaient pas vers nous, alors qu'on se croisait tous les jours dans les couloirs. Tu te posais des questions, mais sans... sans approfondir... parce qu'au final, ça te fait ni chaud ni froid !

— *Des anciens m'ont dit que vous ne passiez pas inaperçus à Coty...*

— (*En souriant*) Ah ouais ! Je sais pas si c'était comment on s'habille ou comment on marche, mais on nous voyait, quoi ! Dans la cour, on savait qui venait de la sup-expé. (...) Nous, on venait pas avec le même état d'esprit qu'eux. Moi, je débarquais le matin avec les écouteurs aux oreilles, et je les voyais, eux, dans la cour, avec leurs livres. On n'abordait pas le truc de la même façon... j'veux dire, on n'était pas... c'est pas qu'on n'était pas une prépa à part entière, mais 'y avait quand même un marquage entre notre classe et les autres prépas. (...) C'était bizarre, parce que nous, on venait de collèges ZEP, de lycées ZEP, donc c'était nouveau pour nous, on savait pas si c'était nous qu'on devait aller plus vers eux ou le contraire... on savait pas trop comment le prendre, si on était vus comme les mecs qui viennent des quartiers ou… c'est peut-être pour ça qu'on n'a pas cherché à faire plus de liens avec eux, parce qu'ils avaient peut-être des *a priori* sur nous et nous on en avait sur eux, parce qu'ils venaient pas du même monde, qu'ils étaient plus friqués que nous, j'sais pas. »

Même lorsqu'ils ont l'occasion d'entrer directement en contact avec des élèves des CPGE, ceux de la prépa sup-expé n'arrivent pas à tisser des liens. Élu délégué au Conseil d'administration, Réda a déjà discuté avec ces « gens intéressants » et aimerait « aller plus loin avec eux », mais il estime n'avoir « pas beaucoup d'affinités pour parler vraiment ». Et, s'ils peuvent avoir d'ex-camarades dans les autres formations, ce genre de relation ne les rapproche pas pour autant des « autres ». Une anecdote de Myriam sur le « pot d'intégration » des prépas littéraires suggère combien la communication est difficile. Au cours de la soirée, les élèves de khâgne entonnent une chanson spécialement concoctée pour les hypokhâgneux, avec des paroles humoristiques qui évoquent, sur le registre de la connivence, les épreuves à venir pour les nouvelles recrues. Elle explique s'être sentie « un peu seule au milieu d'eux », installée dans une position de spectatrice, étrangère à ce rituel qui ne lui « parle pas ». Dépitée, elle décide de s'en aller avant la fin, ne parvenant pas « entrer dans leurs délires ».

Enclins à faire de la moindre différence l'indice d'une frontière imperméable, ces élèves tendent à percevoir « les autres » comme s'ils formaient un ensemble homogène. La toile de fond qui structure leurs expériences par tout un ensemble d'écarts objectifs au sein d'un *continuum* leur échappe en grande partie. Les données tirées du questionnaire auprès des nouveaux entrants en CPGE au lycée Coty permettent de la restituer avec précision[2].

Ce qui s'exprime dans cette frontière entre « eux » et « nous », ce sont d'abord des différences d'origines géographiques et sociales. D'une part, les élèves de la prépa sup-expé sont sept fois plus nombreux à être nés à l'étranger et se distinguent par une forte surreprésentation des natifs de Carmont. D'autre part, seulement 1/5e d'entre eux (3 sur 14) ont un père cadre ou exerçant une profession intellectuelle supérieure, contre 63 % de l'ensemble des inscrits en première année de CPGE au lycée Coty, à la rentrée 2009. La proportion d'enfants de père ouvrier est dix fois plus élevée parmi les recrues du dispositif qu'au sein des autres préparationnaires (plus de la moitié contre 5 %). Dans un continuum presque identique à celui constaté à l'échelle nationale, ces bacheliers ZEP se situent à l'extrême opposé des élèves en CPGE économique et commerciale (EC), dont 79 % sont enfants de père cadres ou profession intellectuelle supérieure. Suivent les hypokhâgneux littéraires (A/L) et les élèves en Physique, Chimie et Sciences Industrielles (PCSI), où ce taux atteint respectivement 69 et 68 %, puis les hypokhâgneux en Lettres et sciences sociales (B/L) et les élèves en Mathématiques, Physique et Sciences de l'Ingénieur (63 %) et, enfin, les élèves en BCPST – Biologie, Chimie, Physique et Sciences de la Terre – (55 %)[3]. Ces disparités sont pour partie liées au capital scolaire des parents : alors que près de 60 % des parents des élèves des CPGE ont un diplôme supérieur au baccalauréat, ce n'est le cas, respectivement, que de 3 et d'1 admis à la prépa sup-expé.

À ces différences sociales et géographiques correspondent des inégalités de conditions matérielles d'existence. Sans surprise, on compte davantage de boursiers au sein de la prépa sup-expé : les trois quarts sont dans cette situation, contre un quart de l'ensemble des inscrits en CPGE. Au-delà de ces aides financières, il faut tenir compte des ressources familiales, saisies à travers le type de logement occupé et le fait de devoir ou non travailler parallèlement aux études. 13 des 14 bacheliers ZEP recrutés en 2009 habitent au domicile parental, contre 40 % des autres préparationnaires, qui vivent seuls en appartement pour 29 % d'entre eux, y compris quand leur père et/ou leur mère vivent dans la région. Plus fréquente chez les étudiants, en particulier quand ils sont en CPGE, que dans le reste de la jeunesse, la décohabitation est pour ces bénéficiaires de l'ouverture sociale de l'ordre de l'impensable[4]. Par ailleurs, si seulement 2 d'entre eux envisagent de trouver un « petit boulot » durant l'année scolaire, cette proportion est trois fois supérieure par rapport à celle concernant les CPGE scientifiques (3 %) et contraste nettement avec l'absence de répondant dans cette situation chez les EC et les B/L, qui sont les plus proches de la moyenne nationale[5]. Ces différences ont des effets sur le rapport pédagogique et les pratiques de sociabilité au lycée Coty : plus les contraintes économiques sont fortes, plus il est difficile de se consacrer pleinement aux apprentissages scolaires et de s'adonner à des loisirs cultivés, en particulier dans l'environnement immédiat de l'établissement, composé de plusieurs librairies, musées et théâtres.

Des écarts tout aussi accusés s'observent par ailleurs dans les performances scolaires des intéressés. Alors que la moitié des admis à la prépa sup-expé n'a pas obtenu de mention, c'est le cas de seulement 2 % des autres préparationnaires. Et si les mentions Bien ou Très Bien sont rarissimes chez les premiers, quelle que soit la promotion, elles ont été obtenues par 90 % des inscrits parmi les seconds. Dans la mesure où les épreuves du baccalauréat sont obligatoires pour l'obtention du diplôme, elles expriment la reconnaissance de l'« excellence » par l'institution moins univoquement que le Concours Général. À la fois officiel et non obligatoire, ce dernier procure du prestige à ceux qui, lauréats ou non, ont au moins le privilège d'être sélectionnés par leurs enseignants pour y participer : significativement, on ne compte aucun candidat parmi les élèves de la prépa sup-expé, alors que près du cinquième des élèves de CPGE s'y sont présentés, même si aucun répondant ne déclare avoir été lauréat[6].

Les différences de style de vie et de rapport à la culture savante constituent une autre dimension de la distance sociale entre les élèves de la prépa sup-expé et les « autres ». Les premiers se distinguent d'abord par leur très faible propension à jouer d'un instrument de musique : ce n'est le cas que de 2 d'entre eux, l'un et l'autre d'origine sociale supérieure, contre 39 % des admis en CPGE. Ils se singularisent, ensuite, par une moindre familiarité avec des pratiques culturelles légitimes très répandues chez les A/L et les B/L, leurs concurrents directs pour l'accès aux IEP[7]. Ainsi, au cours des douze derniers mois et en dehors des sorties scolaires, ils ne sont qu'un tiers à être allé au musée et environ un quart à avoir assisté à une pièce de théâtre. C'est le cas, respectivement, de 9/10e et de plus de la moitié des hypokhâgneux. De même, ils sont un peu plus d'un quart à déclarer lire tous les jours des journaux ou des ouvrages non prescrits par les enseignants, contre la majorité des A/L et la quasi-majorité des B/L.

Ce sont là des résultats « attendus » : d'une part, ces écarts retraduisent des différences de recrutement social et, d'autre part, il est établi que les élèves des CPGE littéraires se singularisent par rapport au reste des étudiants par une fréquence nettement plus élevée de pratiques culturelles légitimes[8]. Cependant, dans l'expérience quotidienne de ces bacheliers ZEP, ces disparités contribuent à renforcer la distance sociale entre eux et les « autres ». On comprend mieux ainsi l'incompatibilité des « délires » dont parlait Myriam : les élèves de la prépa sup-expé sont, en proportion, deux fois plus nombreux que les autres préparationnaires à ne jamais aller en discothèque, ce qui les rapproche relativement des A/L, MPSI et PCSI mais les éloigne fortement des B/L, BCPST et, surtout, des EC, les plus familiers des boîtes de nuit[9]. De même, deux tiers d'entre eux déclarent ne jamais sortir au bar entre amis, contre 17 % des autres nouveaux entrants en CPGE.

Il faut toutefois garder à l'esprit que ces écarts sont observés au début de l'année scolaire : ces différences et ces disparités peuvent se réduire ou s'accroître par la suite. Par ailleurs, les statistiques sur les pratiques culturelles doivent être lues avec précaution, d'autant plus que les conditions de la passation ont pu favoriser des sur-déclarations parmi les répondants les mieux armés scolairement. Afin de maximiser le taux de réponse, j'ai profité de la cérémonie de rentrée, seul moment de l'année où tous les préparationnaires sont réunis, pour distribuer le questionnaire, avec l'aide de Monique Dulong et Nicole Michel. Ce jour-là, la direction du lycée Coty m'accorde vingt-cinq minutes, à la fin des discours de bienvenue, pour laisser le temps aux élèves de remplir le document. Avant de passer dans les rangs, je me présente en mentionnant mon appartenance à l'ENS et à l'EHESS et en restant volontairement vague sur le sujet de ma thèse. Je précise ensuite le but et le contenu du questionnaire, afin de favoriser la bonne compréhension de mes questions. Ces précautions s'avèrent utiles, puisque j'obtiens un taux de réponse élevé, mais elles ont pour contrepartie de placer les élèves dans une situation contraignante (« personne ne sort du gymnase sans nous avoir remis le questionnaire », avertit Monique Dulong) qui, inconsciemment, peut favoriser des sur-déclarations ou susciter des résistances. Le simple fait de voir une enseignante et la proviseure-adjointe circuler dans les rangs, portant sur leurs avant-bras des paquets de feuilles semblables à des sujets d'examen, apparente cette passation à un exercice scolaire, qui incite les élèves à trouver la « bonne » réponse plutôt que la « vraie ». De là les chuchotements amusés et les coups d'œil par-dessus l'épaule du voisin pour voir sa réponse. De là, aussi, au moment de récupérer les questionnaires, des interrogations sur mon parcours (« vous avez fait quelles études après le bac ? », me demande un B/L) et des critiques sur le questionnaire : « vous parlez du concours général, mais vous avez oublié le concours Cicéro pour les latinistes ! », s'exclame une A/L, visiblement vexée de cette omission qui, probablement, la prive d'une occasion de faire valoir ses atouts les plus rares. Les élèves de la prépa sup-expé, eux, rendent leur questionnaire sans faire de remarques.

Perceptions de la ségrégation et expériences du mépris de classe

La proximité spatiale n'a pas seulement pour effet d'accroître la distance sociale. Elle contribue parfois aussi à produire des tensions entre ces bacheliers ZEP et les « autres », tout particulièrement quand le mépris de classe s'immisce dans les interactions, comme le montre cet extrait d'un entretien avec Myriam :

> « Une fois, j'ai discuté avec une fille de khâgne et je lui ai dit que j'étais en sup-expé, et… (*en riant*) il y a eu comme un blanc, je sais pas pourquoi… et elle me fait : "Ah ! Mais c'est bien aussi !" (*Vexée*) Bon, je vois pas en quoi c'était mal mais bon… j'ai pas relevé ! »

Ce genre d'anecdote revient souvent dans les récits des enquêtés, qui ne se laissent pas tous intimider comme Myriam. Dans un entretien réalisé à son domicile en mars 2009, Abdel évoque la question déplacée d'un élève d'hypokhâgne qu'il a rencontré, en 2005, lors d'un échange temporaire de salles :

> « Je me souviendrai toujours de ce jour où… nous, on avait une salle réservée, tu sais, on était toujours dans la même salle et, à côté, 'y avait les hypokhâgnes. Et, un jour, pour les concours blancs, on était dans leur salle. Eux, comme ils avaient pas cours, 'y avait quelques élèves qui travaillaient dans notre salle. Quand j'ai fini mon concours blanc, je reviens dans notre salle habituelle. 'Y avait des élèves de ma classe qui étaient en train de discuter avec eux et, à un moment, y'a un des hypokhâgnes qui me dit : "En cours, vous faites quoi ?" Moi je lui dis (*sur un ton très assuré*) : "En ce moment, en économie, on parle de la déflation par la dette." Il me regarde (*son visage imite la surprise de l'élève avec qui il parle*) et me dit : "Ah bon ? C'est quoi, ça ?" Il a

compris que… enfin, déjà, en me posant cette question, il devait penser qu'on devait faire du coloriage ou je sais pas quoi, tu vois! Il était choqué, le mec. J'avais envie de lui dire : "tu pensais qu'on faisait pas la même chose que toi en cours, ou quoi?". »

Dans les propos d'Abdel, la frontière entre « nous » et « eux » se fonde sur des critères inséparablement ethniques et sociaux, ainsi qu'il l'explique après quelques secondes d'hésitation qui en disent long sur son malaise, transformé en mépris à l'égard des « autres » :

« *'Y a un truc qui m'intrigue : si tu avais peu de contacts avec les autres, pourquoi tu ressentais autant la différence?*

— C'est… c'est des regards, c'est des… (*silence*) j'sais pas, c'est… nous, on… (*il réfléchit*) je sais pas, c'est des trucs qu'on ressentait (*il réfléchit à nouveau*). Quoi exactement, je peux pas te dire. On le vivait depuis déjà un petit moment, mais nous on voyait que… enfin… ils nous regardaient un peu bizarrement, un peu… un peu comme… comme des rats de laboratoire, tu vois? Nous, c'est comme ça qu'on le ressentait (…).

— *Tu les qualifierais comment, ces élèves?*

— Des petits Blancs, ceux qui étaient pas dans ma classe, pour moi, c'était des petits Blancs! (…) La prépa, pour moi, ça a été vraiment la première vraie expérience à l'école en dehors du quartier. Pour moi, le centre-ville… ouah! C'était déjà… tu vois ce que je veux te dire? (…). Là, il fallait que je prenne le bus pour aller à l'école! Donc moi, je les voyais vraiment comme des snobs, des p'tits gosses de riches, des capricieux qui se prennent pas pour des merdes, qui se croyaient supérieurs. »

En dépit des incitations répétées des enseignants pour que les élèves de la prépa sup-expé se mêlent à la vie des autres préparationnaires, aucun lien ne se tisse entre eux, en dehors des enfants de classes supérieures et de quelques Blancs des classes moyennes chez les premiers. Pour les enquêtés des premières promotions, la localisation de la salle (d'abord à l'écart du bâtiment principal, puis de l'autre côté de la cour centrale, avant d'être installée, à une date récente, dans le même couloir que les hypokhâgnes), est la preuve d'une discrimination à leur égard, comme l'expliquent Thierry et Lydia, tous deux admis en 2002 :

> « En arrivant, j'ai de suite senti une ségrégation. Regarde, je vais t'expliquer (*il dessine sur une feuille un schéma reproduisant le plan du lycée en mettant une croix sur la salle de la prépa sup-expé*). On était là, juste à l'entrée sur le côté, plus loin, tout le long t'avais les salles. Donc, quand on est arrivés là-bas, je me suis dit "ils nous ont parqués dans un coin !". C'était comme si on était les petits ZEP, les petits sauvages qui descendent de leurs tours » (Thierry).

> « On restait pas avec les gens qui... qui étaient dans les prépas dites... hypokhâgnes, khâgnes machin... on restait pas avec eux. On était vraiment montrés du doigt. On n'était pas dans une salle avec les autres. Notre salle c'était l'ancienne... c'était le garde-meubles ou un truc comme ça, quoi. Un truc tout frais, ça sentait la peinture fraîche. C'est "on les met là, à l'entrée"... notre salle elle était à côté de la porte d'entrée. C'est-à-dire que les trois premiers mois on n'allait pas visiter l'école ! On restait à la sortie, à l'entrée... J'avais l'impression qu'on nous mettait là pour qu'on reste là. Pour qu'on aille pas visiter autre chose » (Lydia).

« On nous mettait là pour qu'on reste là » : cette phrase exprime la difficulté pour ces élèves de s'approprier une « place » qui leur est implicitement assignée, alors qu'ils ont l'impression de n'être que de passage, de ne faire qu'*entrer et sortir*, comme s'ils devaient compter sans cesse avec leur marginalisation topographique et symbolique. La réorganisation ultérieure des locaux, décidée par la direction du lycée pour favoriser le mélange entre les classes, ne produit guère de changements, comme le suggère cet extrait d'un entretien avec Claire, admise après la révision du plan d'occupation des salles :

> « À Coty, c'était très, très séparé, on vivait pas du tout en communauté avec les autres prépas. Il y avait les prépas littéraires, les prépas scientifiques, les prépas HEC... et nous (*rires*). (...) Une fois on avait dû occuper la salle des

khâgnes et il y a des élèves de khâgne qui sont arrivés en disant : “Déjà qu’on les accueille ici, en plus ils prennent notre salle !”. »

Si le rapprochement spatial ne fait pas disparaître l’illégitimité de ces élèves, c’est qu’ils restent confrontés collectivement à une invisibilité symbolique, comme l’explique Aurore, fille d’un petit commerçant et d’une employée divorcés, admise en 2006 :

> « C’est bizarre, les gens à Coty, ils savent même pas qu’on… qu’on est en prépa… parce que plusieurs fois on nous a dit (*imitant la surprise de l’élève*) : “Ah ! mais je savais pas que y’avait cette classe”… ça fait bizarre… (*silence*) on est dans le même couloir et les gens ils se posent même pas la question ! Franchement, dire “je savais même pas que vous existiez”, c’est… (*long silence*). »

Comme le montre le cas d’Aurore, ce ne sont pas seulement les élèves d’origine populaire et/ou étrangère qui sont confrontés au mépris de classe au principe du racisme des dominants[10]. Les enquêtés issus des classes moyennes mentionnent des expériences analogues mais, s’ils perçoivent bien la distance qui les sépare des « autres », ils ajoutent un « moi » placé entre « eux » et « nous », à l’instar de Jeanne, fille d’un directeur de centre médico-social et d’une infirmière :

> « Le prestige du lycée, on l’a bien senti en arrivant en prépa ! On se sentait un peu snobés, un peu… pas trop à notre place, quoi ! Vis-à-vis des élèves des autres prépas, j’veux dire. ’Y avait des petites guéguerres, des trucs à la con, quoi… du genre, nous, on n’était pas en khâgne, en hypokhâgne (…). On avait l’impression d’arriver comme une bombe à Coty ! (*En riant*) C’était carnage ! On avait l’impression des fois qu’on foutait un peu trop le bordel pour le milieu dans lequel on atterrissait. Et, du coup, on avait l’impression un peu de déranger, d’être un peu snobés… (…) Mais du coup, pour nous ça donnait aussi un peu de fierté… c’était : “nous on vient de là, on est des racailles !” (…) Après, c’est vrai que, pour moi, c’était un peu différent. J’ai toujours été super épaulée par mon

père et j'ai senti la différence par rapport aux élèves qui étaient abandonnés au niveau familial. Des fois, j'avais un peu l'impression d'être à part parce que, pour beaucoup, cette prépa c'était pour changer de situation sociale, avoir un bon salaire, faire de l'argent avec une grande carrière. Alors que, moi, c'était pas mon objectif du tout. Moi, je voulais juste faire un truc qui me plaise, un truc captivant… pour eux, c'était carrément important de changer de statut social, quoi ! »

Étiquetée « ZEP » par l'institution, au même titre que ses camarades, Jeanne sent bien le décalage entre la classe et les autres préparationnaires. Mais sa trajectoire scolaire (elle a été inscrite dans un collège privé avant d'entrer au lycée Voltaire) et ses origines sociales l'inclinent simultanément à se sentir « à part » dans le groupe. C'est parce qu'elle occupait alors une position frontalière qu'elle est capable, aujourd'hui, de se mettre à la « place » que ses camarades de milieux populaires devaient, plus difficilement qu'elle, prendre et apprendre.

Les tiraillements des migrants de classe

Le ton apaisé de Jeanne contraste avec la tension qui ressort du récit de Soraya, sa camarade au lycée Voltaire puis en prépa sup-expé. Comme beaucoup d'enquêtés d'origine populaire, celle-ci se sentait constamment tiraillée :

> « Toute l'année que j'ai passée à Coty, j'arrivais pas à me projeter complètement, à cause de toutes les questions que je me posais… "est-ce que c'est ce que j'ai envie de faire, est-ce que c'est un milieu qui me convient ?" Parce que… c'est aussi l'idée de… de place, là ! Cette place… est-ce que j'ai ma place dans ce milieu-là, est-ce que c'est pour moi ? Au niveau de l'environnement de la prépa, je me suis adaptée, mais au niveau du milieu social, j'ai eu beaucoup de mal ! (…) Entre nous, ça allait puisqu'on venait tous de lycées ZEP, donc on savait de quoi on parle, mais… je sais pas… des trucs, des petits détails qui peuvent paraître

tout bêtes, mais que tu ne peux pas ne pas ressentir. Je sais pas… (*silence*). Tu sens tout simplement que t'es pas à ta place, tu le sens ! Par rapport aux mentalités, aux sujets de conversation, au niveau social, aux priorités, tu sens juste que c'est pas ta place. (…)

— *Et les élèves des autres prépas, tu penses qu'ils étaient à leur place ?*

— (*Sans hésiter*) Ah oui ! Ah oui, tout le monde avait quelque chose à faire là sauf moi… (*se reprenant*) enfin, sauf nous ! (…)

— *Vous en parliez, entre vous ?*

— Oui, on en parlait entre nous, mais plus ou moins… l'essentiel du travail, je l'ai fait seule, en me posant des questions. Je sais pas si pour les autres ça avait autant d'importance que ce que je te dis, mais c'est quand même revenu à deux ou trois reprises dans la classe, on se le disait. »

Soraya ressent des décalages difficiles à neutraliser et à verbaliser, qui sont d'autant plus éprouvants, dans son cas, qu'elle reste très ancrée dans son univers d'origine. Dès lors, elle en vient vite à douter de sa légitimité et à envier « les autres » :

« Je me demandais si les autres c'étaient des surdoués ou des gens normaux et, s'ils étaient normaux, alors je me disais : "mais qu'est-ce que je fais là ?" J'étais… j'étais… envieuse, j'étais envieuse de tout ça. C'était des personnes qui avaient un destin tout tracé, qui savaient où ils allaient, qui visaient des grandes écoles très reconnues, très réputées, élitistes, et qui ont les moyens financiers, culturels et intellectuels que moi j'ai pas forcément eus. Moi, jusque-là, je n'avais jamais eu ne serait-ce que la prétention d'accéder à Coty ! (…) Pour eux, c'était une logique très rationnelle et, moi, dans cette logique rationnelle, j'avais l'impression un peu d'être une fausse note. Je me disais : "pourquoi 'y a personne qui m'a dit…" (*silence*).

— *Mais, tu en rencontrais beaucoup d'élèves des autres prépas ?*

— Euh… j'en ai rencontré, quand même… mais quand je parlais avec eux, je voyais bien que… déjà rien qu'à leur

> façon de parler, à te dire, du tac-au-tac (*en prenant un ton assuré*) “moi je vais faire ci, je vais faire ça!”... et toi tu dis : “attends, c’est pas un peu dur, comment tu vas faire?” Mais non, il y est déjà, lui! Il est déjà parti! Tu sais que tu le revois dans cinq ans, c’est fini, il a fait son école, il a réussi de façon très brillante! (...) Ça m’a énormément gênée, parce que c’est des préjugés, mais malheureusement ce n’est pas une impression qui est démentie par les faits. Par exemple quand on les entend parler de tel ou tel fait de société, de tel ou tel bouquin, de leur famille, par exemple, je sais pas... (*ton assuré*) “mon oncle qui fait ça m’a raconté qu’aux Émirats Arabes Unis...” même quand c’est pas une conversation très intello, quel que soit le sujet, en fait, ça devient tout de suite très intello! »

Ce mélange de honte et de jalousie envers « les autres » fait penser à Annie Ernaux – que Soraya n’a jamais lue – mais, à la différence de la romancière, des khâgneux d’antan et de tous les migrants de classe admis en CPGE en dehors des dispositifs spécifiques, Soraya ne peut pas se raccrocher à la légitimité des titres de noblesse scolaire. Marquée par un sentiment d’infériorité dont elle ne s’est pas débarrassée, elle évoque son année au lycée Coty avec un mélange de fatalisme et d’amertume :

> « Si j’avais vraiment su ce que je voulais faire, si j’avais été déterminée, si je m’étais sentie à l’aise avec ce... ce milieu-là... La confiance en soi, le fait de dire : “moi j’ai la possibilité de le faire et y’en a aucun de vous qui pourra me dire le contraire”, ça fait vraiment la différence. Mais, moi, je savais que j’étais trop petite, j’étais trop petite pour jouer dans la cour des grands... et encore, c’était même pas la cour des grands! C’était la cour des moyens, la prépa, en fait, à côté des autres prépas! (...) Donc, je me suis sentie remise en cause, je l’ai senti très, très fort en arrivant, ça... (...) ça fait peut-être un peu cliché, mais on a beau dire, c’est quand même... t’habites dans les quartiers, t’as été dans des collège et lycée ZEP et, du jour, au lendemain tu... c’est... c’est une transition très difficile... je savais que, potentiellement, j’avais pas forcément les... les moyens d’intégrer

ce monde-là. Mais, d'un autre côté, j'en avais pas forcément envie, parce que c'était plus mes repères. (...) D'un côté, je me sentais pas capable d'intégrer ce monde-là, au niveau des compétences mais, d'un autre côté, je me disais (*elle affiche une mine sceptique*) : "mais, au fond, est-ce que j'en ai vraiment envie ?" Parce que je me disais (*ton fier*) : "oh, attends ! On passe quand même un diplôme national, faut arrêter le délire, c'est des étiquettes tout ça !" Mais, je me suis vraiment rendue compte que cette réalité, qui pour moi relevait plus du préjugé, c'était bien la réalité. (*En riant*) J'ai bien vu la différence, hein !

— *Les "autres", c'était surtout par les profs que vous en entendiez parler, en fait ?*

— Oui, oui, exactement ! C'était le spectre qu'on en avait par les profs. Forcément, quand ils t'en parlent, ça force l'admiration, tu te dis : "ouah, génial !" Mais je m'attendais aussi à ce que les gens diraient de la prépa, toutes les étiquettes qu'on peut y coller dessus, les étiquettes comme (*ton dépréciatif*) la discrimination positive et tout ça... (...). Je me demandais si, au fond, je n'étais pas là uniquement parce que je venais de ZEP. Parce que j'ai... j'ai vraiment besoin de (*en insistant*) de mériter ! De mériter ce que je fais, je... je veux rien devoir à personne ! Si j'échoue, je m'en prends qu'à moi, si je réussis, c'est grâce à moi ! »

Bien que ces bacheliers ZEP passent le même concours d'entrée aux IEP que les autres candidats en France, le fait d'avoir été recrutés au sein d'un vivier limité les rend incertains de leur valeur scolaire réelle. Ce mode de sélection propice à toutes les suspicions finit par miner la croyance de Soraya en la méritocratie. Faute de trouver les mots pour expliquer ce qu'elle vit à ses proches sans donner l'impression de « se plaindre », elle s'enferme dans une spirale de contradictions :

« J'avais l'impression que, dans mon entourage, on croyait plus en moi que moi ! Ça, c'est horrible ! Quand toi tu crois moins en toi que ton entourage, la maison, la famille, les amis, c'est... les gens, ils entendaient pas prépa, ils entendaient Sciences Po ! Alors, forcément, c'est hop, hop, hop ! (*rire*) On m'idéalisait complètement ! Et moi, j'étais là, avec toutes mes questions, alors qu'y avait des personnes qui attendaient de moi tellement plus que ce que je suis capable de fournir. C'est... le serpent qui se mord la queue !

— *Parce que toi, tu changeais, aussi...*

— Oui, forcément, mes sujets de conversation, ils changeaient, forcément ! Par exemple, un truc tout bête : avant, je regardais les infos à la télé, mais sans plus, et là, non seulement je lisais les journaux mais je devais en lire plusieurs, pour confronter les sources et les points de vue. Donc, ça devenait quelque chose d'important dans la vie de tous les jours, dès que j'avais quelque chose qui m'interloquait, j'en parlais... une fois, je me suis tapé un fou rire parce que j'ai trouvé une faute d'orthographe dans *Le Monde* ! Et quand je l'ai dit à mes amies, elles m'ont regardée comme ça (*elle prend une mine surprise*) et elles m'ont dit (*en riant*) : "oh, t'es en train de changer, faut pas l'écouter, elle est dans son délire"... des choses comme ça... ça les faisait rire, quoi ! J'ai senti cette évolution-là (...).

— *Tu essayais d'expliquer à ton entourage ce que tu vivais, quand même ?*

— Ah, ça, c'était dur à leur expliquer ! Si jamais je leur disais : "Je suis qu'en prépa, mais c'est pas dit que je vais continuer", c'était tout de suite : "Non, mais de toute façon, tu vas y arriver !" Alors ça, c'est encore pire ! Parce que t'essaies d'expliquer et on te dit : "Non, je veux pas t'entendre dire ça, tu vas y arriver !"... donc je préférais ne pas trop... je me contentais d'un sourire et puis (*rire gêné*) on passe à autre chose ! (...). Comme j'avais passé les étapes, on avait une certaine image de moi. (...) Du coup, d'un côté à l'école [au lycée Coty], j'étais dans un endroit où, de moi-même, je me sentais exclue, parce que... quelque part je m'excluais moi-même. Et, d'un autre côté, j'avais l'impression que mon entourage m'excluait parce qu'ils avaient tendance à me mettre au-dessus d'eux, ce qui n'était pas du tout le cas pour moi ! (*Petit rire*) Du coup, je me retrouvais avec deux milieux où j'avais plus ma place, c'est horrible ! (*Éclat de rire nerveux*) t'entends sans arrêt : 'demande à Soraya, forcément elle sait !'.

— *Tu faisais comment, alors ?*

— Bah, je m'adaptais plus ou moins, je faisais comme je pouvais ! J'avais tendance à leur dire (*ton humble*) : "Faut arrêter d'exagérer"... ça passait pour de la fausse modestie souvent, ce qui m'énervait encore plus parce que la fausse modestie, c'est de l'hypocrisie ! Donc, la plupart du temps, je me contentais de sourire ou je plaisantais en leur disant (*sur le mode de la dérision*) : "Oui, oui, j'suis trop une intello !" (*Petit rire*). »

Pour plusieurs élèves, l'écriture permet de remplacer ce dialogue impossible avec les personnes de leur milieu. Certains, comme Youssef, tiennent plus ou moins régulièrement un journal intime : « Dès que ça va pas, j'écris et ça va mieux après », explique-t-il. D'autres cherchent à communiquer leurs impressions à leur univers d'origine comme cette élève qui, en 2009, publie un article dans le journal de son ancien lycée significativement intitulé « Voyage sur la planète Coty ». Pour lui conserver toute sa force d'évocation, je le citerai intégralement :

« Je me souviens la larme à l'œil de nos éclats de rire, des cris, des 60 centimes durement acquis devant le foyer pour un pain au chocolat tant partagé qu'il en est déchiqueté. Des murs signés, d'une grande dédicace et d'injures joyeuses. Je me souviens de l'ambiance détendue, des siestes au foyer, du CDI pour se réchauffer. Je me souviens de ces soi-disant racailles en survêt' Lacoste, encapuchonnées, cachées sous leur casquette, enfumées. Je m'en souviens comme d'une gravure, d'une caricature. Et, certes, ça me manque. Ici, tout est si différent, étrange.

Un air du XVIIe [la sonnerie du lycée Coty] me tire de mes rêveries et je vois la masse de chevelus encravatés, encostumés, enrubannés, lever la tête de leurs livres pour se diriger vers de grandes salles sous les arcades. Les plafonds sont hauts, même le silence résonne. J'aperçois avec effroi l'absence : c'est ce frisson qui parcourt mon dos. Où sommes-nous ? Quel est cet étrange univers ?

Ici, chacun, attentif et solennel, prend note du flot de paroles débitées inlassablement par l'un ou l'autre des représentants de l'élite savante tentant d'inculquer des bribes de savoir aux spectres assis sagement. Ici, après la sonnerie, le flot continue. Les salles de travail sont ouvertes jusqu'à 21 h. Parfois, dès 12 h 15, les polos Ralph Lauren surplombés de mèches blondes se dirigent religieusement vers la cafétéria. Une salade et une pomme à la main, ils s'installent sur des bancs ou à même le sol. La conversation bat alors son plein. Tant de sujets variés : la colle de maths, la mécanique quantique ou la géopolitique caucasienne.
Étrangers à notre établissement, nous nous éclipsons au profit du snack [à côté du lycée]. Notre tournedos-frites terminé, on se traîne difficilement jusqu'à l'"entrée des prépas". Le calme à nouveau. Le sérieux. Les regards ombrageux. Les visages fermés. Concentrés. Je suis si loin de ce monde, avec mon iPod sans cesse allumé, du Bob Marley, mon téléphone greffé à l'oreille, toujours en conversation animée. Notre tribu détonne. Nous prenons place.
Bientôt un prof arrive et, à un rythme qui me paraît effréné, et qui lui semble pourtant désespérément lent et complaisant, il commence. Et nous le regardons, effarés, tant qu'il nous regarde, condescendant. Nous allons à n'en pas douter nous adapter... quand ?
Petit à petit, la grande moitié, exclusivement féminine, s'attaque à l'observation minutieuse des spécimens masculins. La voilà, l'intégration ! Les fous rires reprennent. On en oublie presque notre mélancolique nostalgie qui nous rattache à notre ancienne ZEP. »

Ce texte met en évidence toute l'ambivalence de l'expérience du passage des frontières sociales, parfaitement résumée dans le paragraphe final : oscillant entre les « fous rires » et la « mélancolique nostalgie », ces migrants de classe s'approprient tant bien que mal l'entreprise d'acculturation. Pris comme une « masse » lointaine et homogène, les autres préparationnaires incarnent cet « étrange univers », à travers le contraste des styles de vie : vêtements, coiffures, goûts alimentaires, lieux de sociabilité, sujets de conversation, attitudes en public et postures corporelles traduisent le sentiment d'être « si loin de ce monde » dont l'auteure est pourtant si proche. Le contraste entre un « nous » défini positivement par la décontraction, la simplicité et la bonne humeur, et un « eux » disqualifié par l'arrogance, le conformisme ou le raidissement, sert à réhabiliter des origines que tout porte à oublier ou à dévaloriser. Comme s'il fallait atténuer le porte-à-faux en réaffirmant une loyauté de classe, le passé est décrété indélébile (une « gravure »), propriété collective inaliénable que les membres de la « tribu » érigent en emblème. Pourtant, cette filiation à « la ZEP » ne va pas toujours de soi : c'est, dans la vie du groupe, un enjeu de luttes qui clive le « nous ».

LES CLIVAGES DU « NOUS »

Les tiraillements que les migrants de classe peuvent éprouver individuellement ont des effets sur les formes de la sociabilité des élèves, au sein du groupe et avec les autres préparationnaires. Certains s'ajustent aux normes de leur univers d'accueil en privilégiant un entre-soi social qui, avec le travail pédagogique, constitue l'une des médiations les plus fondamentales de la définition pratique de leur « place ». Les affects qui sous-tendent leurs relations (amitiés, inimitiés et amours) contribuent, parallèlement aux luttes symboliques avec les « autres », à structurer le « nous », à le souder à travers la solidarité, un humour et un langage communs, mais aussi à le diviser, à cause de rivalités dans lesquelles s'exprime, implicitement, un conflit d'héritages.

« On avait notre salle, on était chez nous ! »

Quelle que soit leur promotion et leurs origines sociales, tous les élèves insistent sur l'importance de ce qu'ils appellent « la salle », où beaucoup restent en dehors des cours. Ils aiment y passer du temps pour réviser avant une colle, faire un devoir, lire, déjeuner, bavarder ou se divertir. De prime abord, ce phénomène n'est qu'un cas particulier d'une tendance plus générale chez tous les préparationnaires. Mais, vu de plus près, il prend un sens plus spécifique : réaction à leur marginalisation, cet entre-soi constitue un moyen de se protéger d'une confrontation avec les « autres », en évitant les regards hostiles,

les remarques méprisantes ou les questions déplacées dont ils ont écho par les « anciens », comme l'explique Réda :

> « Pour l'instant, on n'a pas trop de contacts avec les autres prépas, mais les anciens élèves nous ont donné des pistes. L'année dernière, ils ont eu de mauvaises relations avec certains hypokhâgnes, parce que 'y en a qui pensaient… (*vexé*) mériter d'être là… ils disaient aux gens de l'ancienne promo (*avec mépris*) : "Vous êtes des privilégiés, vous avez en rien le droit d'être ici !" Donc, on va voir comment ça se passe pour nous. »

Transformée en refuge, « la salle » permet aux élèves de suspendre le stigmate attaché à « la ZEP », en réduisant les risques de les faire passer du statut de discréditables à celui de discrédités[11]. Les ouvrages mis à leur disposition dans l'armoire en fer dont la clé leur a été confiée constituent une sorte de bibliothèque de substitution, alternative au CDI, où travaillent bon nombre de préparationnaires. Pour certains, c'est aussi une cantine clandestine (il est interdit, en principe, de manger dans les salles de classe), où ils peuvent goûter ou déjeuner à l'abri des regards des « autres », quand ils ne vont pas dans les snacks ou les restaurants asiatiques environnants. Admise en 2004, Linda, fille d'un ouvrier et d'une employée algériens, souligne l'importance de ce lieu de sociabilité où « on peut rester entre nous » :

> « On était entre nous, à Coty. On n'a jamais été… on n'a jamais été mélangés aux autres… à part à la fin de l'année, où ils [les hypokhâgnes] venaient réviser avec nous, enfin, ceux qui voulaient préparer Sciences Po [les IEP]. (*Amusée*) À la fin de l'année, ils nous demandaient nos cours et on devenait… on devenait (*en riant*) potes…
>
> — *Vous deveniez utiles, pour eux ?*
>
> — Voilà, c'est ça ! Mais, sinon on n'a jamais été mélangés avec eux. J'ai passé un an dans ce lycée et j'ai jamais adressé la parole à qui que ce soit en dehors de ma prépa ! (…) Les gens avec qui j'étais, c'était plus facile, c'était simple… on venait du même milieu, on avait les mêmes références. »

Les affinités de dispositions et la cohésion produite par le temps passé ensemble, pendant les cours ou en dehors, rendent « plus faciles », pour Linda, les relations avec ses camarades : l'entre-soi leur procure la sensation agréable d'agir ensemble sur le mode de l'évidence. Contre l'esprit de compétition imputé aux CPGE, la solidarité entre « ZEP » permet d'atténuer les décalages et d'évacuer la pression :

> « Dans la salle, on ressentait pas du tout la compétition, on était plutôt solidaires, on révisait ensemble, on s'échangeait nos fiches. On est quelques-uns à avoir passé des concours ensemble dans certains IEP de province. Moi, je me disais : "je préfère que ce soit l'un d'entre nous qui passe, plutôt qu'une personne d'une autre prépa de Coty". »

Les élèves qualifient souvent la prépa sup-expé de « bulle » ou de « cocon ». En permettant de tracer et de défendre des frontières symboliques, cet entre soi tend à amortir les effets de l'entreprise d'acculturation. On ne doit toutefois pas réduire cette attitude à un repli sur soi : ce qui est en jeu dans « la salle », c'est la préservation d'un *quant-à-soi* qui donne aussi accès à des expériences enrichissantes. « On avait notre salle, on était chez nous ! » lâche Jeanne, qui évoque le plaisir des moments passés avec ses condisciples en l'absence des enseignants et à l'abri des « autres » :

> « Je restais souvent à Coty après les cours ou pendant les pauses, on restait souvent dans notre salle, on se l'était aménagée ! (*En riant*) On était privilégiés, on avait notre bouilloire pour le thé, des gobelets, des placards avec plein de trucs ! C'était chez nous ! »

Dans « la salle », de multiples indices de la réappropriation collective évoquée par Jeanne apparaissent, comme le montre cet extrait d'observation :

> Des affiches de joueurs de football, des posters de films (*Pirates des Caraïbes*, *Festen*) et le texte du discours de Martin Luther King (« I Have a dream ») sont accrochés aux murs, à côté de quelques ordinateurs et de la bibliothèque

> d'une hauteur d'environ deux mètres (cinq étagères au total). Derrière les tables en demi-rectangle, à l'opposé du tableau, un grand panneau est couvert de petites annonces, situées entre le planning des colles, l'emploi du temps de la classe et une fiche comportant les coordonnées téléphoniques et internet de chaque élève. Pour partie hérité des promotions antérieures, ce décor s'enrichit au fil de l'année. Ainsi, en mars 2007, l'élection présidentielle approchant, un dessin humoristique tiré d'un magazine est ajouté : il montre les visages de François Bayrou, Nicolas Sarkozy, Ségolène Royal et Jack Lang, sur des corps de jeunes de cités (casquettes, sweatshirts, chaînes autour du coup). Au-dessus, ce titre écrit au feutre par un élève : « les vraies racailles ». À gauche, une publicité pour les parfums Chanel avec Nicole Kidman. Plus diversifié que dans les locaux des CPGE, ce décor paraît incongru quand résonne la sonnerie du lycée, un extrait des *Quatre saisons* de Vivaldi (Journal de terrain, 6 avril 2007).

La fonction protectrice de cet entre-soi ressort clairement d'une séquence filmée pour le documentaire cité plus haut, mais coupée au montage, où l'un des réalisateurs, étonné de voir les élèves rester dans « la salle » pendant leur pause déjeuner, leur demande pourquoi ils ne sortent pas « s'aérer un peu la tête » :

> 20 octobre 2006, midi. Le cours de philosophie vient de s'achever. Une dizaine d'élèves restent assis à leur place. Nous sommes en période de ramadan : la moitié de ceux qui sont musulmans (sur 18 inscrits, 9 sont pratiquants selon Youssef) est présente dans « la salle », où ils travaillent, dorment ou bavardent. Certains fichent leurs cours, d'autres révisent ou parlent des sujets de colle que les professeurs pourraient leur donner. Lorsque l'un des documentaristes demande à Youssef pourquoi lui et ses camarades ne vont pas dans la cour ou hors du lycée, il ne parle pas de sa religion, mais de la possibilité de débattre de questions politiques ou philosophiques en étant plus libre que devant les enseignants. Puis, il explique que c'est « pour mieux se connaître entre nous ». « Ici, on peut discuter et rigoler

> ensemble», dit-il. «Si je sors, j'ai besoin d'être avec Réda [absent à ce moment-là], je sors pas sans quelqu'un que je connais. Donc je préfère rester ici, c'est plus convivial!» Un peu plus tard, Réda arrive et s'installe à côté de lui. Cependant, ils ne quitteront pas la pièce. Réagissant à une remarque du documentariste à propos des posters de footballeurs, Youssef s'exclame : «Vous allez voir, après on va tout décorer, on va se l'approprier, la salle! Il va y'avoir du foot partout!» Réda conclut, en plaisantant, par une image qui en dit long sur l'importance de cette réappropriation collective des lieux : «On va même mettre des carrés de pelouse sur nos tables!»

Tous les élèves n'adhèrent pas au même degré à cet entre-soi : leurs pratiques de sociabilité sont structurées par leur trajectoire sociale[12]. Ceux qui, comme Thierry, ont été immergés dans la bohème populaire de Carmont connaissent bien le quartier du lycée Coty et profitent de leur temps libre pour boire un verre ou déjeuner dans les lieux interlopes proches de l'établissement. D'autres sortent plus souvent de «la salle» pour discuter avec des amis en CPGE. Tous originaires des classes moyennes et supérieures, ces élèves s'inscrivent dans des réseaux de sociabilité plus diversifiés, ce qui les incline à prendre une posture d'observateur sur la signification de cet entre-soi concurrents. C'est le cas par exemple de Matthieu, admis en 2005, fils d'un gérant de brasserie (franco-espagnol) et d'une formatrice au chômage (française) divorcés. Il perçoit dans sa promotion le contraste des attitudes à l'égard des «autres» et la marginalisation de la plupart de ses camarades :

> «Moi, j'avais déjà pas mal d'amis dans le centre-ville, je pouvais rester le soir, mais les autres, tous ceux qui venaient des quartiers, ils pouvaient pas. (…) On rigolait tous ensemble dans la prépa, mais 'y en a que certains qui sont allés en dehors pour se faire des connexions.
>
> — *Qui, par exemple?*
>
> — Kévin, par exemple [fils d'un artiste et d'une psychologue français, résidant dans un pavillon et né à Paris]. Dans la prépa, pour certains, quand ils voyaient des gens

de la prépa venir à Coty en Nike, ça leur faisait bizarre. Ils avaient des idées toutes faites par rapport à ça... ça se voyait, dans le lycée... d'ailleurs, ce qui était fou, c'est qu'en dehors de notre prépa, 'y avait une seule fille noire dans tout le lycée ! 'Y avait que dans la sup-expé qu'il y avait autant de Noirs et de Maghrébins (...)

— *Tu as perçu un regard particulier sur ces élèves de la prépa ?*

— Oui, oui... je voyais dans la cour que... des fois, on les regardait... enfin, tu sentais qu'on n'était pas... (*gêné*) des fois c'était... c'était pas pareil, quoi... et moi je... (*long silence*). L'ambiance, tu sens que... à l'entrée, les CPE, tout ça, tu sens que c'est pas... 'y a un comportement différent... Quand tu viens du quartier, quand tu viens de la ZEP, t'as tendance à te laisser aller, les cadres disciplinaires sont plus lâches. Et t'as aussi plus tendance à t'énerver, tu t'écrases pas, t'es comme ça et c'est tout, tu vois ? Donc, si on te met un cadre, tu vas pas non plus tout défoncer, mais t'es pas non plus un mouton ! Si on te dit : "allez dépêchez-vous, on a cours ! ", tu vas dire : "oh, ça va !". »

La distance sociale ne sépare pas seulement le « groupe des ZEP » des « autres » : elle existe aussi en son sein. Contrairement aux enfants de classes moyennes et supérieures, plus enclins à jouer le jeu, les migrants de classe résistent davantage à l'entreprise d'acculturation, moins en contestant frontalement l'autorité des enseignants qu'en conservant des attributs qui les rattachent à leur univers d'origine. Lorsqu'ils sont contraints, pour des raisons financières, de sortir de « la salle » pour aller à la cantine, ils reproduisent l'entre-soi sous la forme d'un code moral, strictement appliqué mais empreint de dérision, comme le raconte Abdel, fils d'un ouvrier professionnel algérien promu agent de maîtrise à la fin de sa carrière et d'une médiatrice culturelle, française d'origine algérienne :

« On sortait jamais de la salle, quand on en sortait, c'était pour aller à la cantine et c'est tout ! À la cantine, on avait notre table à nous, on était huit et on était entre nous. (*En riant*) On avait même fait un règlement à nous ! On appelait ça la loi René, parce qu'on avait appris que Coty, ça venait du président René Coty. Donc, moi, j'avais écrit, un peu comme en droit (*sur le ton de la plaisanterie*) : "selon l'article 15, tome 12 de l'alinéa 1 du paragraphe 2"... bref! C'était : "celui qui va chercher la carafe, il est obligé de servir tout le monde, celui qui pose la main sur la carafe il doit servir les autres à table, celui qui se lève il doit forcément aller chercher ce qu'un de nous lui demande", tu vois, plein de trucs comme ça... on était entre nous et on cherchait pas plus loin, tu vois ce que je veux dire?

— *Et, dans cette "loi", il était interdit de manger avec les élèves des CPGE?*

— Non. Par contre, on avait écrit que celui qui avait mangé avec d'autres personnes, on le punissait après! Genre, il avait une semaine de corvée de carafe, des trucs comme ça (*rire*).

— *C'est arrivé souvent, ça?*

— Non... parce qu'on était entre nous... la plupart du temps, on restait entre nous. »

Arme des dominés par excellence[13], la dérision constitue pour Abdel et ses camarades une technique d'adaptation qui, sans transgresser l'ordre symbolique, leur permet d'aménager leur univers d'accueil en se donnant leurs propres règles : la « loi René » garantit l'existence du groupe en protégeant ses membres de leur mise en présence avec les « autres ». En accentuant la perception de la distance sociale, la proximité spatiale avec « les autres » tend ainsi à favoriser l'adoption d'un style de sociabilité qui offre à ces élèves un moyen de théâtraliser leur appartenance à « la ZEP »[14]. On voit ainsi que cet entre-soi n'a rien d'un refus de s'intégrer : c'est la dynamique des interactions, socialement structurée, qui engendre les frontières symboliques et non la rencontre entre des « identités » préexistantes ou entre des « cultures » hostiles par nature. L'étendue et la perméabilité de ces frontières sont le produit de pratiques et de relations qui, dans certaines situations, aboutissent à cristalliser les différences. Dès lors, quand la cohésion du « nous » est menacée par des comportements qui déstabilisent l'équilibre fondé sur l'opposition à « eux », des conflits éclatent au sein du « nous ».

Des fissures à la fracture

Au début du mois de septembre 2006, je suis frappé par la récurrence des discours de solidarité et d'amitié chez les nouveaux admis : « On est tous potes, on rigole bien ensemble », lâche par exemple Youssef quelques jours après la rentrée. Mais, après l'euphorie des débuts, le groupe commence à se craqueler. L'unité qui prévalait initialement est mise à mal par des tensions qui apparaissent lorsqu'il est question de savoir qui est « vraiment ZEP », pour reprendre l'expression de Youssef : « Parmi nous, 'y en a qui sont vraiment des ZEP, mais 'y en a, ils ont de ZEP que le nom ! Ceux de Gide, la plupart c'est des faux ZEP : ils habitent dans des coins tranquilles, 'y a une fille qui connaît même pas mon quartier ! » D'un entretien à l'autre, j'entends de plus en plus parler des « clashs » ou des « embrouilles » entre « vrais » et « faux ZEP »[15]. Opposant surtout les garçons, mais pas seulement, ces rivalités fissurent le groupe et, dans certaines circonstances, le scindent définitivement. Dans un entretien réalisé en 2008 dans une brasserie du centre-ville de Carmont, Abdel et Laure (fille d'un ouvrier spécialisé vietnamien en pré-retraite et d'une assistante de vie en activité née en France), en couple depuis la Première, évoquent la fracture irréversible entre ce qu'ils appellent « le tiers monde » et « le Nord », dans la promotion précédant celle de Youssef :

> « Abdel – En prépa, c'est clair qu'on était regardés bizarrement ! On était des animaux, des animaux lâchés dans le lycée Coty ! (*Silence.*)
>
> — *Vous l'avez mal vécu…*
>
> Abdel – (*Fier*) Non !
>
> Laure – On s'en foutait !
>
> Abdel – J'me prenais pas la tête, je faisais ce que j'avais à faire…
>
> Laure – Dans la classe, en fait, 'y avait deux groupes…
>
> Abdel – Oui, même à l'intérieur de la classe c'était encore séparé !
>
> — *Entre qui et qui ?*
>
> Abdel – Entre le tiers monde et le Nord ! (*Rires de Laure et d'Abdel*) On s'appelait comme ça, vraiment ! Le tiers

monde, c'était nous, c'était… tous les Africains, 'y avait des Noirs, des Arabes… on était quoi, à peu près huit, neuf… de l'autre côté, 'y avait… 'y avait les autres, en fait… (*silence*) c'était… les Noirs et les Arabes d'un côté et les Français [de l'autre].

— *De quels lycées ils venaient les "Français"?*

Laure et Abdel – Gide…

Abdel – En fait, s'ils venaient de ZEP et sont rentrés ici [à la prépa sup-expé], c'est parce qu'ils ont pris l'option cinéma, qui n'est qu'au lycée Gide… donc, c'est pour ça que, eux, ils sont rentrés… eux, c'était déjà des fils à papa, ils avaient pas de soucis, aucun problème! Donc, ils avaient leur mentalité et nous, la nôtre… on va dire la vraie mentalité de ZEP.

— *Et les autres, c'était quoi leur "mentalité"?*

Abdel – Ils venaient des quartiers… des quartiers riches, hein…

Laure – Non, c'est pas forcément ça… nous, en fait, on était solidaires entre nous : quand 'y en avait un qui allait pas, on prenait le temps, on discutait… alors que, entre eux, c'était vraiment… j'avais l'impression qu'entre eux 'y avait que l'esprit concours… enfin, tu vas me dire, c'est comme ça, à terme, c'est le meilleur qui réussit. Mais nous, quand on travaillait ou qu'on révisait, on se passait les fiches de lecture, 'y avait pas des trucs du genre : "moi, j'ai fait ma fiche de lecture, toi tu l'as pas faite!"… c'étaient des individualistes… nous, on était vraiment solidaires!»

Au lycée Coty, Abdel et Laure ressentent fortement leur marginalisation au point d'avoir l'impression d'être regardés comme des «animaux». Cette situation ravive les tensions au sein de la classe, en reproduisant dans le groupe des clivages ethniques (enfants d'immigrés *vs* enfants de Français), et sociaux (élèves de milieux populaires *vs* «fils à papa»). Si Abdel insiste sur la dimension socio-territoriale, évoquant les «quartiers riches» d'où proviendraient les membres du «Nord» (en fait, il s'agit des zones pavillonnaires situées à côté de cités HLM), Laure tempère ses propos et suggère que ces rivalités expriment des différences dans l'attitude à l'égard de l'entreprise d'acculturation et des autres préparationnaires : ces migrants de classe refusant d'adhérer à l'utilitarisme de leurs camarades dont les dispositions sont confirmées et non altérées par le travail pédagogique.

Plus qu'une différence d'appartenance sociale ou de caractéristiques ethniques, cette frontière entre le « Nord » et le « tiers monde » exprime une confrontation entre deux rapports antagonistes à l'univers d'origine et à l'institution scolaire. Ce qui se joue dans ces clivages, c'est avant tout l'attitude à l'égard de « la ZEP » : à ceux qui, comme Abdel, la placent au centre de leur image de soi s'opposent ceux qui y voient un repoussoir ou un accident de parcours. Aussi, lorsqu'Abdel donne des exemples d'élèves du « Nord », il inclut sans le savoir des enfants d'origine populaire. En effet, les migrants de classe sont loin d'être tous enclins à se montrer récalcitrants à l'égard des « autres » et de l'entreprise d'acculturation. Certains jugent négativement leurs homologues qui revendiquent leur appartenance à « la ZEP ». Par exemple, Frédéric critique le « manque de maturité » des « gars de la cité » dans sa promotion :

> « Moi, en prépa, je pensais que j'allais me retrouver qu'avec des élèves qui voulaient travailler. Mais 'y en avait je me demandais qu'est-ce qu'ils faisaient là ! Ils travaillaient pas, ils avaient été pris par pitié, je crois. (...). Je trouvais qu'il y avait un peu de manque de maturité de la part de certains. (...) En septembre, on faisait que de la méthode, c'était (*il imite la voix d'un adulte parlant à des enfants*) : "Allez, on va vous apprendre à travailler, comment il faut faire"... Moi, j'écoutais même pas, je lisais mon Sirinelli pendant que la prof d'histoire elle faisait son cours de méthode ! Je disais rien, mais bon (...). Je crois que les profs, dans leur tête, ils se disaient trop : "faut faire réussir les gars de la cité". »

Ce qui sous-tend le mépris de Frédéric pour les « gars de la cité », c'est sa profonde adhésion à la méritocratie, entretenue par sa brillante scolarité (il a toujours été un bon élève). Mais c'est aussi sa distance au monde des cités (il n'a jamais vécu en HLM) et, plus largement, aux strates prolétarisées des classes populaires dont ses parents ont constamment cherché à se distinguer, par toute une série de choix et d'aspirations orientées vers un autre avenir que celui de leur groupe social. Respectivement titulaires d'un brevet des collèges et d'un BTS de sténographie, son père et sa mère sont tous deux issus de familles de petits commerçants et d'artisans. Ils ont passé leur vie à économiser pour devenir propriétaires de leur logement et quitter ce que Frédéric qualifie de « quartiers pourris ». Faute de pouvoir améliorer leur position professionnelle, ils ont misé sur la réussite de leurs deux fils et, en particulier, sur celle de Frédéric, leur aîné. S'ils ont inscrit leurs enfants dans les établissements de secteur (ZEP), c'était avec l'espoir de les voir s'élever socialement par l'école. Admis en EC dans un grand lycée public de la ville, Frédéric aurait pu prétendre à un tout autre destin s'il n'avait pas, au dernier moment, opté pour la prépa sup-expé, qui lui semblait mieux correspondre à ses attentes. Aussi, dès les premiers cours, il n'est pas dans le même état d'esprit que nombre de ses camarades d'origine populaire qui s'interrogent plus sur le passé que sur l'avenir en jeu dans leur situation présente. Frédéric ne supporte pas d'être forcé, à cause d'eux, à ce ralentissement de l'entreprise d'acculturation qui, selon lui, ne peut que résulter du laxisme et de la « pitié » des professeurs. Son conformisme n'est pas si éloigné de l'attitude zélée de certains ouvriers à l'égard de leurs collègues : à l'image des « bons éléments » promus par la direction d'une usine, il désavoue ceux qui, faute de jouer le jeu, perturbent le processus de production – de nouvelles dispositions, pour ces élèves – en refusant de se plier complètement aux ordres et aux objectifs qui leur sont imposés.

Les « vrais ZEP » opposent aux « faux ZEP » un principe de légitimité fondé sur la fidélité à l'héritage qui entre en contradiction avec le travail de conversion que ces derniers acceptent en se montrant plus dociles. De ce point de vue, Frédéric est un « faux ZEP », même s'il est issu des classes populaires et bien qu'il ait toujours été scolarisé en ZEP. Car, à la différence des « vrais ZEP », il a autre chose à opposer à l'entreprise d'acculturation que son statut antérieur : son sérieux scolaire, sa foi méritocratique et son désir de parvenir. Cependant, c'est en rompant avec les discours que ces élèves tiennent les uns sur les autres que l'on saisit ce qui se cache derrière cette frontière symbolique nette et définitive : confrontés à une situation provisoire où leur horizon des possibles s'ouvre et leur image de soi se transforme, ils répondent à cette indétermination statutaire par des pratiques de contre-acculturation. Dans le cas d'Abdel et ses amis du « tiers monde », ce phénomène s'observe dans la conservation d'un style vestimentaire typique des jeunes de cités (baskets, sacoche avec la lanière posée sur le torse en diagonale, veste de sport), jusque sur la photographie de classe, où ils singent l'attitude sérieuse ou solennelle des autres élèves et des enseignants, en regardant vers le ciel, la main posée sur le cœur et les yeux moqueurs, en allusion au patriotisme zélé de certains sportifs lors de l'exécution de l'hymne national. Cette contre-acculturation sous-tend aussi la relation amoureuse entre Abdel et Laure, seul couple dans leur promotion. Ayant des trajectoires analogues, ils se rattachent ainsi implicitement à leur univers d'origine de façon plus directe que les autres migrants de classe. Les frontières sociales sont aussi sentimentales : quand ils ne sont pas célibataires, ceux-ci choisissent toujours une personne vivant dans leur quartier ou issue de leur ancien établissement et aucun d'eux n'évoque une liaison amoureuse avec une fille ou un garçon d'une CPGE.

Cette contre-acculturation s'exprime, en outre, dans la fierté d'appartenir à « la ZEP », critère administratif dont la charge négative est neutralisée par un retournement du stigmate qui est autre chose qu'un amour de la nécessité. Ainsi, quelques secondes après avoir évoqué les conflits entre le « tiers monde » et le « Nord », Abdel et Laure évoquent cette polarisation en la comparant aux rivalités entre les rappeurs américains de la West Coast[16], connus pour leur nonchalance et leur grossièreté, et ceux de l'East Coast, au style raffiné et conformiste, comme s'ils ne pouvaient se situer sans recourir aux catégorisations propres à cette musique très prisée des jeunes de cités :

> « Abdel – C'était vraiment la West Coast contre la East Coast ! C'était la guerre entre les deux groupes. Dès qu'y en avait un qui disait quelque chose de l'autre côté, nous on rétorquait immédiatement…
>
> — *'Y a eu des affrontements directs ?*
>
> Laure – Oui ! Surtout pendant la période des caricatures de Mahomet…
>
> Abdel – Les profs, ce qu'ils aimaient, c'est les débats sur des sujets… et là, c'était inéluctable qu'on allait à l'affrontement. »

L'attitude à l'égard des religions détermine pour partie les relations d'amitié et d'inimitié au sein de la prépa sup-expé. Les membres de la « West Coast » ne sont pas tous musulmans, comme Abdel, mais ils ont en commun d'avoir grandi dans des familles où, contrairement à leurs adversaires de l'« East Coast », l'athéisme n'a pas lieu d'être : par exemple, Laure vient d'une famille bouddhiste et Pascal, leur principal « allié » dans leur « guerre » contre l'« East Coast », est protestant pratiquant. S'ils ne croient pas au même Dieu, Abdel et ses amis sont enclins à s'unir devant leurs camarades Blancs hostiles, par principe, aux croyances religieuses. Issu des classes moyennes, Pascal, fils d'immigrés malgaches, se range aux côtés d'Abdel. Mais ces affinités ethnico-religieuses sont aussi structurées par des rapports de classe. Ainsi, Pascal, qui se considère comme un membre à part entière de la « West Coast », désigne Solène, devenue sa compagne après leur année au lycée Coty, par un surnom (« la Suisse ») qui fait allusion tant à sa posture de neutralité dans ces conflits internes qu'à ses origines bourgeoises (fille d'inspecteurs des Impôts). Au fil de la conversation, les ressorts implicites de cette hostilité à l'égard de l'« East Coast » apparaissent de plus en plus clairement :

> « *En fait, qui faisait partie de l'East Coast et de la West Coast ?*
>
> Pascal – Je t'explique : nous, quand on est entrés, on se disait : "comment on va faire ?", "va falloir vachement travailler !" On rechignait pas à la tâche, mais… une autre partie de la classe, *l'autre* partie de la classe, eux, ils s'y voyaient déjà !
>
> Solène – C'est pas qu'ils s'y voyaient déjà, mais ils avaient déjà prévu où habiter et ils avaient déjà tous les petits trucs de Sciences Po…
>
> Pascal – Ils avaient déjà les débats typiques de Sciences Po, avec une portée philosophique inatteignable, inaccessible…
>
> Solène – Enfin, inatteignable, moi je dirais ridicule ! [*Pascal lâche un petit rire.*]
>
> Pascal – Nous, on est restés vachement dans l'autodérision, on n'avait rien à prouver, on se prenait pas au sérieux (…) Quand il fallait être sérieux, on savait l'être. Mais, en dehors de ça, on travaillait tous ensemble. Alors que eux, je les ai souvent entendus se demander pourquoi tel ou tel élève avait été pris à la prépa ! »

En ZEP, Pascal et Solène ont intériorisé un *ethos* fondé sur des valeurs fondamentales chez les jeunes de classes populaires : solidarité, respect envers les élèves les plus faibles, humilité des meilleurs et mépris envers la docilité des « fayots ». C'est ce code moral que contredisent l'individualisme et la vanité qu'ils prêtent à leurs rivaux de l'« East Coast ». Le capital culturel de Solène l'autorise à juger « ridicule » l'attitude zélée des membres de l'« East Coast », tandis que Pascal, moins assuré scolairement, les trouve « inatteignables ». Mais ils ont en commun un refus d'entrer en concurrence, non seulement entre eux, mais avec « les autres » : ils n'ont « rien à prouver ». Révulsé par l'arrogance de ces camarades qui « s'y voyaient déjà », au moment où il doutait de ses capacités, Pascal, comme Abdel, emploie la dérision pour dédramatiser la situation (il a la peau très mate, ce qui ne passe pas inaperçu au lycée Coty) et, quand il essuie des remarques humiliantes, il se défend par un légitimisme empreint de virilité : « Dès le début, 'y en a un qui nous a dit : "Nous, de notre côté, on a tous eu des mentions, alors que vous, non !" Moi, je lui ai dit, en montrant mes potes (*fier*) : "Eh, mec : mes potes, là-bas, ils ont eu des mentions, désolé !" »

Aux yeux des « vrais ZEP », les « faux ZEP » introduisent du « eux » dans le « nous ». Ces derniers les obligent donc, implicitement, à multiplier les gages de loyauté à l'égard de leur univers d'origine. Les migrants de classe sont les premiers à entrer dans cette escalade verbale qui les conduit à surenchérir en symboles pour marquer leur spécificité : de ce point de vue, ils ont bien quelque chose à (se) prouver[17]. Comme les « gars » étudiés par Paul Willis[18], ils luttent contre leur marginalisation en s'affrontant aux « fayots » qui ne partagent pas leur vision du monde. Mais, contrairement à ces derniers, ils ne résistent pas en s'auto-excluant par une « culture anti-école » : ils s'y adaptent à travers une *culture anti-élites* qui reste compatible avec le goût lettré et ne met pas en cause leur déplacement social. C'est par des voies détournées, comme l'écriture collective d'un journal ou le recours systématique à l'autodérision, que s'opère l'ajustement de leurs dispositions à leur nouvelle position.

Rire et écrire

Ce serait se méprendre que d'imaginer Pascal, Abdel et leurs amis parasités en permanence par ces décalages et ces conflits : au contraire, l'entre-soi offre un cadre pour s'affronter à la marginalisation sur un autre mode que celui de la souffrance ou du ressentiment. L'humour et la dérision permettent de supporter *ensemble* la logique de l'urgence et le sentiment de porte-à-faux :

> «Abdel – La prépa, ça a été l'année où je me suis le plus éclaté à l'école. Pendant un an, on n'a pas arrêté de rigoler! On a fait bordel à Coty! C'était connerie sur connerie!
>
> Laure – On se moquait tout le temps des sujets qu'on nous donnait en colle, parce qu'y avait des sujets, c'était vraiment... du coup, on inventait nous-mêmes des sujets, du genre "La Guerre du Péloponnèse et ses impacts au XXIe siècle"... c'était pour ironiser, pour dédramatiser les choses...
>
> Abdel – Nous, on connaissait pas tout ça, à la base, donc ça nous faisait rire. On n'avait pas de culture générale, moi j'avais lu en tout... (*Il réfléchit*) sept livres avant la prépa... donc, forcément, quand t'as en colle de philo un sujet comme "L'animal" ou, en SES, "La crise de la patate en 1836", c'est tellement chaud que... (*rires de Laure*)... que tu finis par en rire!
>
> Laure – Ouais, nos délires, ça nous permettait de faire tomber la pression.»

Le fait d'imaginer des questions insolites et d'anticiper des situations imprévisibles constitue, en un certain sens, une manière d'apprendre à s'ajuster aux attentes des enseignants. De même, les plaisanteries représentent un moyen de «jouer le jeu» en se jouant de lui, malgré le sentiment d'indignité culturelle que les migrants de classe – en particulier s'ils sont relativement peu dotés scolairement – peuvent éprouver lorsqu'ils sont confrontés, seuls, à des situations où ils prennent clairement conscience de leur distance aux savoirs et savoir-être légitimes. Les «conneries» dont parle Abdel remplissent ainsi une fonction analogue à l'humour potache des taupins et khâgneux : transgressions ponctuelles et rituelles de l'ordre symbolique, elles donnent l'impression aux intéressés de résister à l'institution et, par là même, facilitent l'intériorisation de nouvelles dispositions.

Les élèves de la «West Coast» se familiarisent aussi avec leur univers d'accueil en attribuant à leurs enseignants des surnoms humoristiques, utilisés en leur absence, en allusion à des manies ou à des comportements qui leur paraissent incongrus. Ainsi, le professeur de lettres, Raymond Portuis, est baptisé « le Doc » en référence au personnage du savant-fou dans le film *Retour vers le futur*, à cause d'une ressemblance physique, mais aussi en raison de son érudition et de son élocution théâtrale. Cette comparaison en dit long sur le rôle qu'ils lui confèrent : comme le jeune héros de la trilogie, ils sont initiés par un homme âgé qui leur apprend à gérer les effets des décalages spatio-temporels. Le professeur de SES, Jean Dubois, est appelé « Tupac », parce qu'il s'exprime souvent en croisant le majeur et l'annulaire de sa main droite, comme le faisait Tupac Shakur, icône du *gangsta rap* pour symboliser le « w » de la West Coast. En poste en ZEP, il est rangé du côté de leur univers d'origine par ce rapprochement qui suggère que, pour lui aussi, sa présence au lycée Coty implique des traversées dans l'espace social.

Mais, pour les enseignants les plus sévères, les refus d'obtempérer et les marques de dérision peuvent s'apparenter à une désinvolture qui contredit leurs injonctions à accepter le travail sur soi nécessaire pour « réussir ». Ils recourent à diverses techniques de sanction (menaces d'un échec, accusations d'immaturité, allusions aux désillusions qui les attendent sur le marché du travail s'ils refusent de « s'adapter ») qui, si elles n'ont pas toujours les effets escomptés, évitent que ces écarts à la norme ne se transforment en déviances. Pascal raconte ainsi comment lui et ses amis ont dû se justifier face aux enseignants qui les rappelaient à l'ordre :

> « Pascal – Des fois, on rigolait tellement entre nous que les profs, ils ont pris peur ! Un jour, ils sont venus nous voir exprès pour nous dire qu'on rigolait trop. On leur a dit : "Mais si nous on rigole plus, on est morts !"
>
> — *"Morts", c'est-à-dire ?*
>
> Pascal – Fallait qu'on extériorise, quoi ! On se foutait les uns des autres quand on nous rendait nos devoirs, on se moquait quand l'un de nous faisait une réflexion en cours, on rigolait pour n'importe quoi ! Parce que, si on rigolait pas, on se serait pris au sérieux et on se serait bouffés, je crois ! »

Dans la mesure où l'absence de classements similaires à ceux en vigueur dans les CPGE ne suffit pas à neutraliser les rapports de concurrence, l'autodérision permet à ces élèves de prévenir des conflits entre eux et, simultanément, de conserver les valeurs intériorisées au cours de leur socialisation antérieure : pour eux, rire, c'est se défendre collectivement contre une transformation trop rapide de leurs dispositions, qui ferait disparaître l'entre-soi protecteur grâce auquel ils sont parvenus à définir *ensemble* leur « place ». Comme le dit Abdel, « on se réfugiait derrière nos conneries et notre humour ». Au lieu de subir leur marginalisation, ils s'attribuent aussi des sobriquets qui évoquent ironiquement leur couleur de peau (« Kuala Lumpur », pour Pascal), leurs origines socio-ethniques (Abdel est appelé « l'homme qui valait trois dinars », en allusion au célèbre western-spaghetti, sans doute aussi à cause de son allure fière) ou leurs caractéristiques genrées (Laure est nommée « maman » en référence à son altruisme et son sens des responsabilités[19]).

Les effets socialisateurs de cette autodérision collective s'observent dans les articles rédigés par les membres de la « West Coast » dans une « feuille de chou » dont ils sont les seuls lecteurs. Parus entre décembre 2005 et août 2006, ces textes offrent un aperçu de leurs expériences au lycée Coty au fil des mois. En recourant à l'écriture, Abdel, Laure, Pascal et leurs amis extériorisent les décalages qu'ils éprouvent et font exister symboliquement la prépa sup-expé. Surtout, ils tentent de préserver une marge de liberté qui limite l'emprise de l'institution, à la façon de ces « adaptations secondaires » dont parlait Erving Goffman[20]. Significativement, c'est quatre mois après la rentrée, pendant les vacances de Noël, que le journal est créé, comme si ses auteurs avaient ressenti le besoin de faire collectivement un bilan dans cette période où, pour la première fois, l'entreprise d'acculturation est temporairement suspendue. Les premiers articles sont des portraits humoristiques de leurs professeurs, auxquels sont attribués, pour chacun d'eux, deux notes sur 10 : un « indice IEP » évaluant l'importance que chaque enseignant accorde aux concours et un « indice OMS » censé mesurer « l'énergie » requise pour suivre tel ou tel cours. Ces « indices » sont exprimés avec deux décimales, référence ironique à la notation pointilleuse de certains professeurs. Ils sont accompagnés par de petits textes présentant les différents membres de l'équipe pédagogique. En voici quelques extraits :

> « Professeur de SES et des Réalités Sociales, Jean Dubois a littéralement retourné les croyances, préjugés et espérances

de ses ouailles (en particulier les anciens pensionnaires d'ES !). Jamais avare de commentaires et de critiques concernant nos raisonnements, il suscite en chacun de nous une part de peur et de mystère : "Sur quoi vais-je tomber en colle encore ?", "On l'a fait en cours ce qu'il me demande, là, en colle, ou pas ?". Car, à n'en pas douter, il décrocherait la Palme d'Or des sujets "COLLE" (au sens littéral et propre du terme). Disponible, étonnamment franc, il n'en demeure pas moins un phénomène de rupture pour nous : rupture dans la mesure où tout ce que nous avons appris est à présent approfondi et additionné des réalités sociales et économiques de notre monde ! »

« Professeur de Philosophie et de Culture Générale, informaticien à ses heures, casseur de craies professionnel (n° 1 mondial) mais aussi d'élèves (cf. dernier cours), Didier Lamy nous prouve à chaque fois que les références philosophiques ne doivent pas se limiter aux Platon, Sophocle, Kant, Strauss, de Jouvenel et autres grands philosophes, sociologues, ethnologues, physiciens, etc. En témoignent d'illustres citations de *Monstres & Cie* (!!!) ou même "c'est dans *Pirates des Caraïbes* où l'on peut voir que...". (...) Platon l'aurait aussi bien dit que nous : "On sait qu'il sait tout". »

« Particulièrement attachée à la bonne conduite de cette classe et à son intégration au sein de l'enceinte 'Cour des Prépas', Mme Michel n'en oublie pas pour autant sa fonction première : l'enseignement de l'Histoire ! (...) Parvenant à canaliser les interventions de ses élèves (nous), elle sait dispenser non seulement le savoir nécessaire, mais sait aussi les agrémenter de conseils divers et variés ! Livres en supplément, expos à voir, docus, films en liens directs, cinéma (*Joyeux Noël*), théâtre et même quelques anecdotes succulentes dignes des meilleures émissions de *Sagas* ! »

À mi-chemin entre la fascination et la distanciation, ces extraits mettent en évidence l'ambivalence du rapport que les auteurs du journal entretiennent avec leurs univers d'accueil. Ils oscillent entre deux postures pour partie contradictoires : d'une part, ils célèbrent leur émancipation culturelle, à travers l'énumération des savoirs et savoir-faire fraîchement conquis, d'autre part, ils réaffirment leur fidélité à leurs origines. La perception plus ou moins consciente de leurs changements travaille leur image de soi – et c'est pourquoi ils prennent leur plume[21]. Si, en écrivant ces textes, ils montrent qu'ils s'approprient la culture savante, il leur est impossible de s'en servir autrement qu'à travers l'ironie, comme le suggère cet autre article, intitulé « Vacances » :

> « Ah, les vacances de Noël ! Les derniers préparatifs avant les traditionnels échanges de cadeaux (plus communément appelés potlatch), le casse-tête de LA soirée adéquate pour la Saint-Sylvestre, le service après-vente Virgin/FNAC pour objets défectueux… Oui, comme vous l'avez tous remarqué, aujourd'hui, au-delà de sa valeur religieuse, c'est surtout la valeur commerciale et marchande de cette fête qui est prégnante. Alors avant de déguster ton Foie Gras, avant d'avoir ce faux regard de joie car tu as reçu l'Encyclopédie Complète de l'Histoire des Guerres Puniques, prends soin de regarder derrière toi : qui aurait imaginé autour de toi que tu puisses un jour franchir le seuil de ce Lycée qui a accueilli tant de personnages illustres ? Qui t'aurait imaginé en train de lire *Le Monde*, *Le Nouvel Obs*, *Le Canard enchaîné* ou *Libération* ? Ne versons pas de larmes comme ces instants de joie inutiles style Miss France, mais il n'empêche qu'en regardant de plus près cette année, chacun se rendra compte de sa richesse. (…) Pour que cette année 2006 soit encore plus riche (au niveau émotionnel, intellectuel et, pourquoi pas, sentimental), n'oublions pas d'où nous venons. N'oublions pas de préserver la spécificité de cette classe : sa SIMPLICITÉ ! »

La découverte d'œuvres et l'apprentissage de pratiques culturelles légitimes, dans un lieu dont le prestige est résumé dans la majuscule donnée au mot « lycée », et la référence aux « personnages illustres » qui ont fait l'histoire de cet établissement s'accompagnent d'un retour sur soi qui est aussi un retour à soi, c'est-à-dire au passé social incorporé (« prends soin de regarder derrière toi »). Substituant aux dispositions héritées un rapport au temps, à la culture, à l'avenir et à l'espace social qui, lentement mais sûrement, éloigne ces élèves de leur univers d'origine, l'entreprise d'acculturation brouille leur statut et trouble leurs émotions : la joie de l'émancipation se mêle aux craintes d'une trahison. Aussi, la valeur de la « richesse » accumulée dans l'univers d'accueil est proportionnelle au degré de loyauté, suggéré dans la maxime (« n'oublions pas d'où nous venons ») et dans l'injonction finale, dont les lettres capitales et le point d'exclamation soulignent l'importance.

Après le mois de janvier, une nouvelle préoccupation apparaît dans le journal : les « autres ». Les élèves de la « West Coast » publient un plaidoyer en faveur de la « diversité », illustré par la photographie d'un drapeau tricolore, intitulé « sup-expé : mode emploi ». Ils répondent au mépris de certains préparationnaires à leur égard :

> « C'est l'histoire de quatre Français, cinq Algériens, trois Malgaches et une Viet... cet article aurait pu commencer de la sorte, et pourtant non ! Ce bon vieux Lycée Coty, qui nous accueille fort sympathiquement, et ces élèves de prépa nous montrant pour la plupart que nous sommes les bienvenus, nous les remercions évidemment et chaleureusement pour leur accueil, pour ces moments qui font qu'on se sent bien dans ce nouvel établissement. Pourtant, vu que nous sommes là pour dénoncer les inégalités et la discrimination, il est bon de constater que certains (une minorité, mais bien présente) ne nous ont pas accueillis avec le dos de la cuillère dans ce que nos proches et autres amis désignaient comme "l'excellence" scolaire. Oui, surprise (ou demi[e] ?) pour la plupart d'entre nous que d'entendre des phrases telles que "on les a pistonnés", "ils ont eu un bac en bois" ou "c'est des squatteurs", que toutes les promotions ont dû entendre. D'autant plus que les émeutes chez nos voisins du 93 ont conforté les préjugés de ces gens nous concernant (en gros, l'équation LACOSTE + NIKE = DÉLINQUANT). Il est vrai qu'être confronté tout à coup à des noms aux résonances exotiques, maghrébines, asiatiques ou antillaises peut surprendre mais, de là à savoir qu'elles pourraient agacer et susciter de telles invectives, il y a un monde, qui fut somme toute franchi. Alors, plutôt que de chercher le pourquoi du comment, la genèse de ces phrases, nous, pensionnaires de cette classe dite "pour ZEP",

revendiquons une valeur qui nous paraît essentielle et fondatrice de NOTRE République : la Diversité ! (...). Le but de cet article n'est pas de fustiger ni de faire l'apologie de... simplement de rappeler le mode d'emploi et le leitmotiv de cette classe : faire de notre diversité une force et une chance ! On pourra nous reprocher tellement de choses (notre couleur, nos origines, notre comportement...), mais ce qui demeure le plus injuste à nos yeux, c'est de [nous empêcher de] réussir comme M. Toutlemonde, de manière légale et juste ! »

En reprenant à leur compte la rhétorique de la « diversité », à l'époque en plein essor, pour se défendre des soupçons sur les conditions de leur admission au lycée Coty, les auteurs de cet article font plus que se défendre : en invoquant le mode de justification de la « cité civique[22] », fondé sur le mérite, ils rétablissent l'équivalence entre les grandeurs symboliques mise en cause par le mépris de classe et le racisme qui les réduit au statut de *petits élèves*. Si la revendication d'être considérés comme des « M. Toutlemonde » ne peut atteindre les « autres », qui ne lisent pas cette « feuille de chou », l'écriture offre néanmoins à ces bacheliers ZEP la possibilité d'une catharsis collective propre à garantir la cohésion du « nous ».

Plus l'échéance des concours se rapproche, plus les articles publiés parlent d'expériences strictement scolaires. Mais, jusqu'au dernier moment, les auteurs continuent d'afficher leur fierté d'appartenir à « la ZEP ». Ainsi, quelques semaines après la fin des cours, les membres de l'« East Coast » et les autres préparationnaires sont la cible d'un ultime pied-de-nez. Une photographie, intitulée « Petite page de publicité », montre un pot de rillettes Bordeau Chesnel et, à côté, une phrase modifiant légèrement le slogan de la marque : « même après 9 mois dans ce lycée, on le sait, on a résolument pas les mêmes valeurs ! ».

* *
*

La transformation partielle des dispositions de ces migrants de classe en devenir brouille leur image de soi, au point de provoquer des tiraillements individuels, des tensions éprouvées collectivement et, dans certaines situations, des conflits mettant en jeu leur appartenance à « la ZEP », révolue pour les uns, toujours actuelle pour les autres. S'ils sont, pour la plupart d'entre eux, objectivement dominés et marginalisés en pratique, leur expérience ne se réduit pas à une vie faite de souffrances, de résignation et de repli sur soi. D'abord, en se familiarisant avec des œuvres et des pratiques culturelles qu'ils ignoraient ou méconnaissaient, ils s'affranchissent, au moins provisoirement, des limitations subies par la plupart des membres de leur univers d'origine. Ensuite, la constitution d'un entre soi leur permet de supporter la pression exercée par la concurrence, de maintenir leur filiation à « la ZEP » et d'éviter des rencontres qui menacent de réactiver leur stigmate. Enfin, certains acceptent sans heurt de se laisser transformer, d'autres tentent d'y résister à travers un « freinage » collectif qui, s'il contribue à les acculturer, à leur insu, leur permet de conserver une marge de manœuvre pour « jouer le jeu » en ajoutant leurs propres règles à celles de l'institution.

Chapitre 4

« Réussir autrement » ? Les « collés » à l'université et dans le monde du travail

La « place » que ces bacheliers ZEP ont tant bien que mal apprise est, surtout pour les migrants de classe, étroitement liée au verdict des concours. En cas de réussite, ils peuvent espérer poursuivre leur déplacement social au même rythme. Mais, s'ils échouent, celui-ci risque de se ralentir ou de s'interrompre. Au brouillage symbolique s'ajoute une peur de la « chute » qui réactive la crainte de repasser les frontières sociales en sens inverse, de redevenir ce qu'ils n'ont pas encore tout à fait cessé d'être. Dans la mesure où ils n'ont pas droit au redoublement, leur devenir à la sortie de l'année de préparation s'inscrit donc dans la logique du *quitte ou double*. Pour la majorité d'entre eux, ce sera quitte : entre 2002 et 2009, un tiers intègre une grande école (11 % un IEP, 22 % l'école de commerce locale) et 2 % sont admis en hypokhâgne (au lycée Coty ou ailleurs), alors que 47 % rejoignent l'université, 14 % un IUP ou un IUT[1].

Au lieu d'identifier des facteurs explicatifs du succès des « reçus » et de l'échec des « collés »[2], j'en suis venu progressivement à analyser les épreuves successives auxquelles sont confrontés les uns et les autres, qu'ils aient intégré une grande école ou non. Les sociologues ont l'habitude de chercher les causes de phénomènes qui échappent pour partie aux acteurs. Ce genre de démarche est nécessaire mais, dès qu'on s'intéresse à des déplacements sociaux en train de se faire, on ne peut plus se contenter de poser le problème avec des « pourquoi ». Pour examiner les multiples classements et reclassements qui précèdent l'occupation d'une position stable, il faut se demander *comment* ces « reçus » et ces « collés » aux concours deviennent ce qu'ils deviennent sur les diverses scènes où ils s'inscrivent. Cette approche enrichit la réflexion de deux façons. D'une part, elle intègre à l'analyse des phénomènes largement occultés dans les discours des promoteurs de l'ouverture sociale, tels que les abandons à mi-parcours, les bifurcations, les revirements ou les accidents biographiques, particulièrement fréquents dans les filières générales des premiers cycles universitaires[3]. D'autre part, on peut mieux observer les processus à travers lesquels les intéressés redéfinissent, reportent, suspendent ou délaissent leurs projets antérieurs. Difficilement saisissables par des enquêtes exclusivement quantitatives, ces redéfinitions successives des rapports à l'avenir sont au cœur du travail symbolique que comporte toute migration de classe.

Ce ne sont pas les mêmes frontières sociales que franchissent ces « collés » aux concours et ce n'est pas de la même façon qu'ils les passent. Cependant, ils ont en commun d'être contraints de se familiariser avec des rapports pédagogiques et des formes de sociabilité très différents de ceux qu'ils ont connus jusque-là. Désormais privés du « cocon » et de l'entre-soi protecteur dans lesquels ils vivaient l'année précédente, ils doivent s'approprier une nouvelle « place » qui, pour la majorité, implique un déplacement de petite ou de moyenne amplitude et, pour une minorité, une traversée spectaculaire de l'espace social. Parmi les « collés » qui s'inscrivent à l'université en première ou en deuxième année de licence[4], l'échec aux concours est souvent vécu comme un « nouveau départ[5] » vers un univers qu'ils n'ont jusqu'ici qu'entraperçu. Convaincus qu'ils pourront, tôt ou tard, en France ou ailleurs, en intégrant ou non une grande école, « réussir autrement », pour reprendre une formule de Youssef, comment tentent-ils, dans un premier temps, de s'adapter à la condition étudiante ? Dans quelle mesure leurs premiers pas dans le monde du travail leur permettent-ils de concrétiser leurs objectifs initiaux ? Dans quelles tactiques et stratégies s'exprime cet espoir de « réussir autrement » ?

J'ai effectué des entretiens à intervalles réguliers avec la moitié des enquêtés pendant cinq ans. Les conversations, informelles ou enregistrées, dans des lieux publics (petits cafés, grandes brasseries, parcs) ou, plus rarement, à leur domicile, m'ont permis de stabiliser la relation d'enquête et, ainsi, d'observer des changements et des continuités dans leur rapport à l'avenir, aux études et à leur univers d'origine. Dans la mesure où mes interlocuteurs étaient âgés de 19 à

26 ans pendant ma recherche, leurs récits sont empreints de l'indétermination statutaire typique de la jeunesse[6] qui, chez les migrants de classe « collés » aux concours, est redoublée par la tension entre leurs aspirations toujours aussi fortes à « réussir » et la réalité de leur échec. Dès lors, le devenir de l'enquête est conditionné par celui de chaque enquêté. Si les élèves qui estiment ou espèrent « réussir autrement » acceptent sans hésiter de me revoir pour un entretien, ceux qui enchaînent les échecs ont tendance à limiter au minimum ou à rompre tout contact avec moi. Les refus, annulations de dernière minute et reports *sine die* de rendez-vous sont presque toujours le fait de ceux qui, accumulant les déconvenues, s'enferment dans un mutisme pour sauver la face. Avec eux, le peu de relations que, malgré tout, je parviens à maintenir, me confère un rôle à mi-chemin entre celui de conseiller d'orientation, qui les aide à se repérer dans le dédale des filières post-bac, et celui d'assistant du « travail de deuil » de leurs ambitions ou, comme le dit Youssef, de « docteur » habilité par ses titres et son passé scolaire à prescrire des remèdes contre leurs crises, longues ou passagères. À l'inverse, avec ceux qui obtiennent des succès à la hauteur de leurs espérances, je fais office de tuteur, chargé de donner des conseils méthodologiques et des renseignements sur les écoles qu'ils aimeraient intégrer. Pour reprendre le terme de Myriam, je suis un « coach », à qui l'on demande de produire des raisons d'y croire.

Avec mes ex-camarades du lycée Voltaire, les relations sont plus fluides, mais aussi plus ambiguës. Étant à la fois ami et sociologue, ma « double casquette » m'autorise à leur poser des questions délicates et facilite l'échange de confidences. Cependant, le plaisir des discussions à bâtons rompus est parfois contrecarré par des soupçons au sujet de mes intentions (suis-je là en tant qu'ami ou sociologue ?), de mes préoccupations pour leur avenir (ma curiosité est-elle « gratuite » ou « intéressée » ?) ou de mon attachement à « la ZEP » (objet d'études ou univers d'appartenance ?). Dans la mesure où, contrairement à eux, je n'ai pas été élève de la prépa sup-expé et où je suis passé par un IEP, l'inscription de ma recherche dans la durée ne va pas forcément de soi pour eux, puisque j'appartiens, désormais, à un univers très éloigné du leur[7]. S'ils ont accepté de me revoir assez souvent, c'est aussi qu'ils m'investissaient d'un autre rôle que celui d'ami, de sociologue, de « coach » ou de « docteur » : celui d'intermédiaire relationnel. De même que les professeurs me demandent souvent « où en est » untel ou unetelle et de leur « passer le bonjour », les « anciens » m'interrogent sur la situation de certains ex-camarades qu'ils ont perdus de vue ou d'enseignants pour lesquels ils ont toujours beaucoup d'estime. Dans la plupart des cas, nos échanges s'achèvent par un « bilan » des devenirs des uns et des autres avec, presque toujours, un « message » qu'on me demande de transmettre aux intéressés (« dis-lui que je l'ai pas oublié », « salue-les de ma part », « dis-leur que je vais revenir les voir un de ces jours »). Mes interlocuteurs ont donc tout intérêt à ce que ma recherche se poursuive : ma présence cultive et réactive cette appartenance gratifiante à un collectif.

Mais tous les « collés » ne gardent pas un bon souvenir de leur année de préparation. Certains restent marqués par leur marginalisation au lycée Coty ou profitent de ma présence pour faire la liste de leurs griefs contre l'institution, jugée « trop élitiste » et « hypocrite ». D'autres estiment avoir été dupés par les enseignants qui leur promettaient, *a minima*, un parcours sans encombres à l'université, en échange de leurs efforts pour assimiler de nouvelles manières de penser. Avec eux, mon rôle d'intermédiaire prend un tout autre sens : ils me chargent de transmettre leurs plaintes « à qui de droit ». Après leur intense mobilisation, ils sont brutalement déstabilisés par leur échec. Ils ont de bonnes raisons de tenir des propos qui atténuent les décalages entre leurs aspirations initiales et ce qu'ils deviennent réellement, surtout face à un jeune sociologue incarnant, à leurs yeux, le contraire de ce « réussir autrement ».

LA « FAC », LES « GALÈRES » ET LES « PROJETS » : DEVENIR ÉTUDIANT

« Une fac, c'est ordinaire… moi, je veux pas quelque chose d'ordinaire pour moi », expliquait Youssef quelques mois après son admission au lycée Coty. Pourtant, à l'instar de la plupart des « collés », il est contraint de rejoindre cette filière « ordinaire ». Comme nombre de ses camarades, ce changement marque le début d'une période de « galères », pour reprendre un terme souvent entendu en entretien qui, selon les circonstances, désigne des malentendus avec les enseignants, des démêlés avec l'administration, des problèmes matériels ou des difficultés à nouer des relations avec les autres étudiants. Découvrant un univers beaucoup moins régulé que celui des CPGE, ils doivent s'adapter à de nouvelles normes qui sont rarement explicitées et envisager des « projets » qui leur permettent de vite se remobiliser après leur échec aux concours.

Après les concours

Les « collés » qui rejoignent l'université reviennent souvent sur leurs désillusions lorsque je les revois à la rentrée de septembre, deux mois après qu'ils ont quitté le lycée Coty. Estimant qu'ils auraient dû adopter une attitude plus conformiste et disciplinée ou, au contraire, se départir plus tôt d'un enchantement perçu, après-coup, comme un entêtement injustifié, ils tentent de se remobiliser en évoquant leur échec et leur avenir à travers trois postures : l'hypercorrection, qui consiste à faire de ce verdict le point de départ d'une radicalisation de l'entreprise d'acculturation, afin de correspondre au « profil » attendu par les écoles préparées ; l'ascétisme pragmatique, mélange d'abnégation scolaire et de prudence qui accorde une importance équivalente au projet de retenter les concours et à l'enjeu de faire partie des meilleurs dans le nouveau cursus suivi ; le fatalisme, qui s'exprime dans une résignation (sur le mode du « ce n'était pas fait pour moi ») ou dans un onirisme social (sur le mode du « ce n'était pas pour moi, car je mérite mieux »).

« J'ai été trop entier » : Julien

Julien incarne de façon exemplaire la posture de l'hypercorrection. Le 1er octobre 2007, je le revois pour un entretien dans une brasserie du centre-ville de Carmont. Vêtu d'une chemise à carreaux repassée et d'un jean taille basse à la mode, il porte une barbe de trois jours et une coupe de cheveux savamment négligée. Il arrive avec un sac en plastique frappé du logo d'une grande librairie, où il a acheté les livres de gestion et de droit au programme dans son nouveau cursus : la filière LEA, option commerce international. Bénéficiant d'une équivalence en L2 qui lui permet, comme il dit, de ne « pas perdre de temps », il est décidé à retenter, dès que possible, le concours de l'école de commerce de Carmont, son « objectif numéro un » depuis le début. Avant de se fixer de « bonnes résolutions » pour la suite, il parle de son regret d'avoir raté la principale audition d'admission, alors qu'il avait bien réussi aux écrits d'admissibilité, à cause de son attitude trop décontractée et du ton frondeur qu'il a employé avec le jury :

> « *T'étais plutôt confiant pour le concours, si je me souviens bien...*
>
> — Oui, forcément, parce qu'en fin d'année, quand je faisais les colles à Coty, les profs ils me disaient : "c'est bien, tu vas les déchirer à l'école de commerce!", plein de trucs comme ça. Pour moi, le plus dur, c'était les écrits. Comme je les ai réussis, quand je suis arrivé à l'oral d'admission, je me suis dit : "c'est bon, je vais y arriver facilement!". Le problème, c'est que je me suis un peu engueulé avec le jury... déjà, le jour du concours, j'étais le seul à arriver en costard-cravate, tous les autres candidats ils étaient habillés normal, tu vois. Les membres du jury, aussi. Normal, je veux dire : une chemise classique, un jean et des chaussures de ville. Quand ils m'ont vu arriver comme ça, ils m'ont regardé bizarrement. »

Julien, rappelons-le, est le fils aîné d'un couple de petits commerçants aisés. Il s'est très tôt familiarisé avec le monde de l'entreprise. Il a travaillé à plusieurs reprises dans les rayons et à la caisse pour gagner un peu d'argent de poche et faire plaisir à son père, qui voit en lui un successeur tout trouvé après son départ en retraite. En attendant, il souhaite faire ses propres expériences comme cadre dans de grandes firmes. L'école de commerce de Carmont constitue le lieu idéal pour acquérir les titres scolaires et le capital social nécessaires à la reproduction de son héritage. On comprend mieux le zèle avec lequel il a préparé son audition : son déplacement vers les positions dominantes du pôle économique de l'espace social nécessite, pour lui, de calquer son apparence sur l'image du cadre véhiculée par les médias, celle d'un homme bien habillé, décontracté et sûr de lui. Cependant, sa bonne volonté est mise à mal par le PDG et l'enseignante qui lui font passer l'audition. Vexé par leurs reproches et par leur ton soupçonneux, il se braque, n'apercevant pas le test qui se cache derrière les moqueries au sujet de sa manière de parler, typique des jeunes de classes moyennes enracinés dans leur terroir :

> « En face de moi, 'y avait un mec, qui était un patron et un ancien de l'école, et une femme, qui est prof d'économie

à l'école. Moi, je commence en disant : "Bonjour, je me présente..." J'allais faire comme on m'a appris en colle, mais ils me coupent : "Non, non, non ! Taisez-vous, on sait déjà tout de vous, on s'en fout, c'est nous qui posons les questions !" Déjà, ça commence comme ça ! (*Petit rire*) J'ai fait un petit sourire, mais je me suis dit : "c'est un oral d'école, d'accord, mais pour qui ils se prennent ?" (...) Après, le type me fait (*ton condescendant*) : "Quand même votre accent..." l'air de dire que j'avais un accent qui fait débile... il a pas dit débile, mais un truc comme ça... là, je lui ai répondu (*fier*) : "Entre nous, si j'étais débile, je serais pas à l'oral, j'aurais raté les écrits et je serais pas devant vous aujourd'hui !" (...) Après, la femme, elle me dit : "De toute façon, on est pas ici pour s'amuser, moi j'ai horreur des élèves qui viennent en cours pour brancher les filles." Je lui dis : "Vous me faites un reproche ?" Elle me fait : "Non, c'est un avertissement". Je lui dis : "Honnêtement, Madame, si j'étais venu pour ça, je serais bien bête, parce que j'aurais dû choisir un camp de vacances !"

— *C'était très tendu...*

— (*En riant*) Ouais, c'était tendu. Ils ont pas dû trop apprécier ! Après, si c'était à refaire je le referai pas : je me baisserais, je ferais le dos rond, tu vois ! Là, j'ai été trop entier. Et j'ai été trop confiant, je croyais qu'en utilisant mes atouts, ça passerait... (*Amer*) le truc, c'est que c'est pas passé. (...) J'ai été vraiment déçu de le rater, ce concours... c'est la première fois que je prépare autant une épreuve ! Mais ça m'a donné un bon mordant ! »

À la fois trop conformiste, au point d'être le seul candidat à porter un costume le jour de l'oral, et pas assez, comme le suggère sa réaction pleine de fierté, Julien avait sans doute peu de chances de faire partie des « reçus » à cette école. Sa désillusion est de courte durée : il se remobilise immédiatement, en se promettant de rectifier son attitude, son langage et son style vestimentaire lorsqu'il retentera le concours. En attendant, il a organisé son été en fonction de cette nouvelle échéance : n'ayant plus droit à la dispense des frais de scolarité offerte aux élèves de la prépa sup-expé en cas d'admission, il s'est fait embaucher pour les vacances comme éboueur dans son quartier pour débourser, le cas échéant, la somme réclamée aux candidats recrutés. Ses parents lui ont proposé de l'aider financièrement, à condition qu'il travaille de temps en temps dans l'entreprise familiale et qu'il s'implique sérieusement dans ses études en LEA.

« On s'est fait berner » : Myriam

Le cas de Myriam illustre bien la posture de l'ascétisme pragmatique. Comme on l'a vu, elle est la fille aînée d'une mère (veuve) au chômage originaire d'Afrique subsaharienne. Contrairement à Julien, elle n'a jamais songé à intégrer l'école de commerce. Son seul objectif est d'être admise à un IEP pour devenir diplomate ou journaliste. Elle espère y entrer par les concours bac + 2, de préférence à Lagnecourt, pour pouvoir rester à Carmont, chez sa mère et, ainsi, ne pas devoir s'endetter pour payer un loyer et des dépenses courantes bien au-dessus de ses moyens. Son échec a laissé des traces : « Je me suis pris un sacré coup sur la bouche », résume-t-elle lors d'un entretien réalisé en septembre 2007 dans une grande brasserie du centre-ville, peu de temps après ses débuts en Licence 1 (L1) de droit, à la faculté de Lagnecourt. Elle « repart à zéro » mais, comme Julien, elle s'est vite remobilisée, considérant son nouveau cursus comme une préparation indirecte aux IEP, compatible avec son projet de faire l'année prochaine, si elle obtient de bons résultats aux partiels, un double cursus droit/IEP.

Myriam n'explique pas son échec par un manque de souplesse, comme Julien, mais par une trop faible capacité de travail : « Je me suis trop relâchée, au milieu de l'année, j'aurais dû plus bosser ! » Pour réussir aux concours, il lui paraît inévitable de consentir davantage de sacrifices, en organisant méthodiquement son emploi du temps pour s'adapter, aussi vite que possible, à un cursus complètement nouveau. Un mélange de prudence, de pragmatisme et de persévérance caractérise son rapport à l'avenir qui, même s'il implique, comme chez Julien, une logique d'hypercorrection (proprement scolaire, ici), se distingue par l'importance des tâtonnements, visibles dans ses marques de réserve (« peut-être », « l'idéal », « je vais essayer », « je vais voir »), indices de l'impossibilité d'ignorer les échéances immédiates et l'hypothèse d'un nouvel échec :

« *Alors, le droit, ça te plaît ?*

— Ouais, assez en fait ! J'avais peur que ce soit complètement soporifique, mais pas du tout. Je me dis que, si je rentre dans un IEP, l'année prochaine, j'ai envie de continuer le droit et, peut-être, faire un double cursus.

— *Donc t'as pas lâché l'idée de repasser les concours des IEP ?*

— Non, non ! Toujours pas ! Je pense même tenter le concours d'entrée en deuxième année (...). Je vais voir comment organiser mon emploi du temps, parce que y'a les partiels qui arrivent et, derrière 'y a le concours... je vais essayer de m'organiser... En droit, j'ai pas l'impression qu'on puisse faire autre chose que d'apprendre par cœur, l'idéal ça serait de le faire aussi pour les IEP.

— *Les IEP, c'est ton objectif principal ?*

— Ouais, c'est ça ! Après, peut-être que si je rate encore cette fois-ci je vais me résigner... même si je suis coriace, ça fait quand même du mal à l'honneur, parce que... c'est la première fois que je rate quelque chose sur le plan scolaire... j'étais trop relâchée, donc ça m'a bien servi de leçon ! Donc, maintenant, je vais m'obliger à travailler plus régulièrement...

— *Qu'est-ce que tu as fait après avoir eu tes résultats au concours ?*

— Je me suis un peu coupée de tout, je me suis donné deux jours pour déprimer bien comme il faut (*rires*). Je suis rentrée chez moi en me disant que j'étais nulle puis, progressivement, je me suis aperçu que j'étais pas nulle, j'en ai parlé avec ma mère, elle m'a dit que c'était pas grave, que je réussirai la prochaine fois... j'espère qu'elle a raison ! Du coup, j'ai passé l'été à lire, à essayer d'apprendre l'espagnol.

— *T'as choisi d'aller en droit avec l'objectif d'avoir le concours ?*

— Ouais, je préférais prendre quelque chose qui soit susceptible de tomber au concours en deuxième année. Au concours de certains IEP, 'y a droit. 'Y a histoire aussi, mais ça a été ma meilleure note, au concours. »

Déstabilisée par son échec, Myriam tente, malgré tout, de rester focalisée sur son avenir : « Quand c'est fini, c'est fini. On peut pas revenir en arrière, faut se concentrer sur ce qui va venir après ! » Contrairement à Julien, elle anticipe déjà les changements induits par son arrivée à la « fac ». Cette « grande aventure », comme elle dit, à laquelle elle s'est préparée mentalement pendant l'été, implique à la fois une mobilité géographique (vers une ville plutôt huppée) et une découverte culturelle de l'univers estudiantin :

> « (...) Cette année, c'est la grande aventure !
>
> — *Pourquoi, la "grande aventure" ?*
>
> — Parce que je pars étudier à Lagnecourt, je sors de ma ville et puis ça en fait des changements ! La prépa, c'était le lycée en plus fort, tout est expliqué par les profs. La fac, c'est "si tu veux, tu viens". À part pour les TD, personne est derrière toi, si tu travailles pas, tant pis pour ta gueule ! Faut beaucoup plus se prendre en main, et c'est pas plus mal, hein... de ce point de vue là, c'est peut-être plus difficile la fac que la prépa, à la fac si tu restes passif, c'est mort pour toi ! »

Lucide et conquérante, Myriam envisage cette « grande aventure » en essayant de prévoir et d'organiser toute sa vie autour de ses études, comme elle l'avait fait l'été précédent. Cependant, elle reste marquée par une certaine amertume : le jour de la communication des résultats, au lycée Coty, elle et ses camarades étaient attendus par l'équipe de tournage du documentaire déjà évoqué. Le proviseur, Gérard Lopez, a retardé la publication des notes pour organiser cette mise en scène dans la grande cour de l'établissement, laissée déserte pour l'occasion. Ayant convenu, de longue date, de voir Myriam ce jour-là, j'assiste en spectateur à cette situation quelque peu stupéfiante, qui frise le voyeurisme :

> L'équipe de tournage du documentaire et le proviseur attendent les élèves de la prépa sup-expé dans la grande cour du lycée Coty. Les résultats aux concours sont affichés sur des panneaux qui se trouvent au milieu d'un espace vide. Le but des réalisateurs est de filmer en direct les réactions des

> élèves, en les prenant par surprise. Pour augmenter la tension dramatique, les portes sont gardées fermées jusqu'au dernier moment. Ayant pris rendez-vous avec Myriam, je me rends au lycée avec elle. Je n'ai pas l'intention de faire un entretien, simplement d'être à ses côtés pour cette étape cruciale de sa scolarité. En dehors d'elle et de l'une de ses camarades, aucun élève ne vient. Alertés de la présence des caméras, ils auraient préféré, selon elle, ne pas venir voir leurs résultats. Avant l'ouverture des portes, Myriam exprime son indignation : pour elle, la visite des réalisateurs est, *ce jour là*, une intrusion. Elle dénonce l'opération médiatique orchestrée, d'après elle, par le proviseur et l'équipe de tournage pour obtenir une scène spectaculaire. Après une heure d'attente, les portes s'ouvrent, mais elle hésite à entrer. Crispée, elle s'engouffre dans le long couloir vide qui mène à la cour. Je la suis, en restant en retrait pour ne pas interférer dans cette situation ambiguë. Arrivée devant le panneau d'affichage, elle salue rapidement l'équipe de tournage et le proviseur. Puis, d'un regard furtif, elle vérifie, comme elle me le disait quelques minutes plus tôt, qu'elle a « bien raté le concours ». Seule face à ses « juges », elle maintient un semblant de fierté, le visage fermé malgré ses sourires obligés, tirant légèrement le coin de la bouche pour manifester sa déception. La caméra reste fixée sur elle. Le proviseur s'approche, cherchant les mots pour « dédramatiser ». Il commente ses résultats et, sur le ton de la mise en garde, lui donne quelques conseils pour réussir son cursus à l'université. À quelques mètres d'eux, je vois la caméra tourner comme si de rien n'était (Journal de terrain, 25 juillet 2007).

Cette présence médiatique redouble la violence du verdict scolaire : officiellement recalée, Myriam est comme dépossédée symboliquement par cet enregistrement qui l'empêche de laisser son échec en dehors du domaine public. À sa déception d'avoir été « collée » s'ajoute son indignation d'être obligée de s'exposer aux caméras dans ce moment très chargé émotionnellement pour elle : « On s'est fait berner », lâche-t-elle. Accusant le proviseur d'avoir cherché un « coup de pub », elle conserve encore un fort ressentiment :

« *Tu as eu le détail de tes notes, après le jour des résultats ?*

— (*Avec mépris*) Non, pas depuis que le bouffon, là, le proviseur de Coty, me les as lues devant la caméra... il m'a dégoûtée, sérieux ! (...) Je viens de rater mon concours et la première chose qu'il me dit c'est : "Fais attention quand tu seras à la fac, te la raconte pas trop" ! J'ai trouvé ça... assez déplacé, quoi ! J'ai que ça à faire de m'la raconter ! (*Énervée*) Ça va pas ou quoi ! J'ai jamais mis les pieds à la fac, j'allais pas faire comme si j'étais une star, quoi ! Il m'a énervée à faire son Philippe Risoli [présentateur-vedette de l'émission de divertissement *Le Juste Prix*, sur TF1] devant les caméras ! »

La rancœur de Myriam lui donne un motif de revanche. Implicitement, ses accusations justifient son sort, en lui fournissant de bonnes raisons de préférer la « fac » au lycée Coty. Malgré ses désillusions, elle se remet vite au travail. Une semaine après notre entretien, je la retrouve à la gare routière de Carmont, juste avant qu'elle ne prenne l'autocar pour aller à la « fac ». Pour lui éviter d'acheter ou d'emprunter les ouvrages au programme, je lui donne des manuels de droit que j'ai utilisés durant ma scolarité. Elle me demande des conseils pour organiser son emploi du temps et mémoriser les textes juridiques. Je lui suggère d'apprendre par cœur les noms, les faits et les dates, en se servant de petites fiches. Puis, en lisant mon nom et la mention « 1re année IEP » écrits sur la page de garde de l'un des livres, elle s'exclame, sur le ton du défi : « J'aimerais bien pouvoir écrire mon nom à cet endroit, moi aussi ! » Le moteur du bus pour Lagnecourt interrompt notre conversation sur le quai. Elle se précipite vers la queue des passagers pour arriver à l'heure à son TD de droit civil.

Réda et Youssef face au « destin »

Contrairement à Julien et Myriam, Réda et Youssef étaient convaincus, plusieurs mois avant les concours, qu'ils y échoueraient. Amis d'enfance résidant dans des cités voisines, ils s'étaient promis, en entrant au lycée Coty, de réaliser ensemble leur rêve d'intégrer un IEP. Les résultats en demi-teinte de l'un et l'abandon à la fin du printemps 2007 de l'autre ont mis fin aux espoirs de ces deux enfants d'immigrés, arrivés en France avec leur famille au début des années 1990, pour fuir la vague d'attentats qui ensanglantait l'Algérie. Fils, comme je l'ai dit, d'un artisan taxi et d'une mère au foyer, Réda se résigne lentement à rejoindre l'université à la rentrée prochaine, en L2 d'histoire, en estimant toutefois qu'il s'agit d'un choix fidèle à sa « passion » révélée en Première. Quant à Youssef, dont on a vu qu'il est le fils d'un ouvrier au chômage et d'une femme de ménage, il est déstabilisé par des problèmes personnels (conflits familiaux, rupture amoureuse, tendance dépressive) et par ses démêlés avec la justice, à cause de sa participation à de petits trafics qui, ironie du sort, lui ont valu d'être arrêté par la police le matin du concours d'entrée aux IEP. Finalement, il décide de s'inscrire à la « fac » en L1 droit, plus pour bénéficier d'une bourse que par conviction : il préfère la philosophie, mais a « peur de devenir chômeur » en optant pour cette filière.

L'échec anticipé de Youssef n'a pas le même sens que l'anticipation de l'échec chez Réda. La proximité avec le quartier empêche le premier, très ancré dans la vie de sa cité, de se soumettre à l'entreprise d'acculturation au lycée Coty, alors que le second s'y conforme avec zèle (au point de se faire élire délégué de classe), en grande partie parce qu'il est coupé de la sociabilité juvénile en bas des tours. L'un éprouve beaucoup de difficultés à se projeter dans l'avenir (« je sais pas ce que je ferai plus tard mais je me vois pas travailler »), tandis que l'autre est mû par son désir de devenir journaliste ou salarié d'une ONG à l'étranger. Ces différences ont des effets sur la relation d'enquête : si je revois Réda à de nombreuses reprises, je dois attendre six mois pour rencontrer à nouveau Youssef, qui me « pose des lapins » à répétition et décroche rarement son téléphone. « Il a trop peur de te décevoir, faut lui laisser un peu de temps », me confie, à la rentrée de septembre, Réda, qui jouera quelques temps un rôle d'entremetteur. Dans un entretien réalisé en décembre 2007 en présence de Réda, Youssef m'avait fait part de ses « coups de blues » et des ses désillusions à l'égard de la prépa sup-expé. Quelques mois avant son abandon, il mettait en cause les enseignants qui, selon lui, dévalorisaient les universités en se focalisant sur les grandes écoles et les carrières de cadres en entreprises, à rebours de son envie de « réussir autrement » :

> « Là, ça va mieux, mais j'ai eu un p'tit coup de blues 'y a pas longtemps, parce que j'avais l'impression qu'on [les

enseignants] nous bourrait le crâne, avec leur… leur idée de la réussite, réussir pour dire qu'on a réussi, qu'on fait une grande école, que si on se retrouve à la fac, c'est qu'on n'a pas réussi… en classe, on parle que de commerce, que d'entreprises, moi ça m'a dégoûté ! Ça m'a dégoûté de ce milieu ! (…) En fait, ça m'a permis d'avoir du recul, cette démotivation… j'en avais marre de ce discours de réussite… “il faut réussir, il faut réussir !”, “si vous voulez réussir…” (*silence*) moi, je veux réussir, mais pas comme ils veulent eux, je veux réussir autrement, je veux réussir à ma manière… moi, je me verrais bien enfermé dans une prison, plus tard, avec des livres, et lire, lire… pour eux, réussir, ça veut dire forcément avoir un gros salaire et, ça, j'arrive pas à le concevoir. Quand je rentre à la maison, que ça manque d'argent et que je vois mon père crevé, je me dis : “putain, mais pourquoi on est si attaché à l'argent ?”. Pour moi, l'école, c'est pas pour me faire une situation ! Ça sert pas à former à un métier, c'est pour toi, c'est pour acquérir du savoir, que tu réfléchisses, que tu saches des choses, c'est la richesse personnelle… après, pour avoir un gros salaire, je peux aussi faire éboueur, tu vois ? »

Avant d'abandonner, Youssef s'est mis progressivement hors-jeu, ce qui explique à la fois la « démotivation » et le « recul » dont il parle, deux aspects solidaires d'une crise de croyance dans l'enjeu des concours qui le conduit à s'interroger sur la signification sociale de la « réussite ». Critiquant l'idée selon laquelle il faut « réussir pour dire qu'on a réussi », il oppose un capital culturel « libre », synonyme d'enrichissement intellectuel, au capital culturel inscrit dans des titres scolaires, rangé du côté de l'apprentissage intéressé, homologue de la partition entre, d'un côté, le pôle de la « réussite » réduite au profit pécuniaire et au travail comme dégradation de soi (incarnée par l'éboueur riche) et, de l'autre, celui du savoir « pur », de l'école comme lieu dégagé des nécessités (« l'école, c'est pas pour me faire une situation ! Ça sert pas à former à un métier »), dont la seule fonction consiste à satisfaire une quête spirituelle affranchie des échéances et des exigences fixées par l'institution scolaire.

Cette définition particulière de la « réussite » et du rôle de l'école procure à Youssef les bénéfices symboliques de la dénégation de l'univers matériel et, dans le même temps, lui permet de renverser la vérité objective de sa condition : l'image de la « prison » et des « livres » suggère qu'il « préfère » accepter son enfermement social plutôt que de le subir, comme son père, ouvrier usé par le travail à la chaîne. Mais ses propos ne se réduisent pas à une façon de faire de nécessité vertu. Dans la mesure où, jour après jour, il s'éloigne de l'institution scolaire, à travers ses multiples absences et retards (« l'école, c'est le cadet de mes soucis en ce moment », me dit-t-il au téléphone, en avril 2007), il est enclin à retourner contre ses enseignants la réflexivité qu'ils lui ont appris à maîtriser. Ce sera aussi le cas de Réda, un an plus tard :

> « Les IEP, c'est... une volonté que l'on m'a insufflée. Depuis la Première, on m'a tellement parlé de Sciences Po que j'ai intégré le schéma classique de... on voulait me faire tenter l'ascension sociale, j'étais dans ce schéma, études longues, belle carrière... (...) Quand je suis sorti de la prépa, j'ai vu le monde autrement. (...) Les profs de Coty, ils m'ont donné ce schéma qui consiste à dire : "Sors de la ZEP, viens dans la prépa, va dans un IEP et tu vas réussir ta vie !" Mais, en fait, 'y a d'autres chemins pour réussir. 'Y a pas que cette main qu'on nous tend... sortir de là, ça ouvre les yeux, aussi. (...) C'est vrai que c'était une chance qu'on n'a pas saisie, mais on nous présentait ça trop comme... la réussite sociale, quoi ! Même pas l'ascension, c'était la réussite sociale ! Moi, après le concours, j'ai commencé à le remettre en question, ce discours, en me disant : "est-ce que c'est *vraiment* la barre qui va nous retenir si on fait du trapèze, ou est-ce qu'on va quand même chuter après ça ?" (...). Je regrette pas ce choix, mais mon horizon a été fermé à cause de ça. Dès qu'on a entendu parler de grandes écoles, c'était ça ou rien ! »

Cependant, Réda était persuadé avant le concours qu'il ne ferait pas partie des « reçus », comme il l'écrit dans ce texte rédigé la veille des épreuves, qu'il me transmet par courriel suite à un entretien effectué en avril 2009 soit deux ans après les faits :

> « Dans quelques heures, je vais passer le concours de sciences politiques. Et je sais que je vais échouer. Après une année

de préparation, je vais quand même échouer. Malgré tout, je pense que cette année m'a été profitable. (...). Être au sein d'un groupe, apprécié et aimé, compter pour des personnes, je crois qu'une partie du vrai bonheur est là. (...) Sur le plan intellectuel, merci M. Portuis. C'est un homme comme il n'en existe aucun autre. Il nous a transmis la passion des choses, le goût du détail, l'amour du beau. Je lui en serai redevable pour l'éternité. Mme Michel, M. Lamy, je ne vous oublie pas. Votre culture fut pour moi révélatrice d'un idéal à atteindre. J'ai un projet désormais : réussir ma vie. Elle a pris un nouveau départ et je fais confiance à Dieu. J'espère que je serai capable d'assumer ce destin qui m'a déjà tant offert et qui me promet encore plus. »

La référence à Dieu et au « destin », comme l'évocation ambiguë de cet « idéal à atteindre », à la fois désiré et – finalement – hors de portée, traduisent bien l'espèce de défaitisme heureux avec lequel Réda se projette alors dans son futur immédiat. Ses remerciements aux enseignants qui l'ont accompagné dans sa quête du salut culturel constituent une façon de s'exclure, par avance et sur le mode de l'acte délibéré, d'un avenir qui, désormais, lui paraît inaccessible. La reconnaissance de sa dette symbolique, contractée « pour l'éternité », opère implicitement et virtuellement la désinvestiture d'un élu qui ne se sent plus capable d'honorer son mandat d'ascension. Mais il ne rompt pas totalement avec les attentes qui ont été placées en lui. À ses yeux, son inscription en L2 d'histoire est dans la continuité de ses années de lycéen et reste compatible avec son souhait de revenir, plus tard, dans les « filières d'élite », comme il l'explique dans un entretien réalisé en septembre 2007, juste avant sa rentrée à la « fac » :

« *Pourquoi t'as choisi la fac d'histoire ?*

— (*Enthousiaste*) Ah, l'histoire ! Depuis longtemps, j'aime l'histoire, c'est ce qui se rapproche le plus de ce qui touche aux nations, à la politique, c'est ça que j'aime bien. Les évolutions politiques on pourra les étudier, en histoire, et ça m'aiderait plus tard, parce que j'ai envie de m'engager, de comprendre ce qui s'est passé avant... les anciens régimes, les anciennes organisations, les anciennes civilisations...

quand j'étais au lycée, je voulais déjà faire fac d'histoire et j'ai vu qu'avec une licence d'histoire je pouvais entrer en quatrième année Sciences Po [les IEP] sur concours, donc ça tombe bien. Y'a aussi une école, à Paris, qui s'appelle l'IPRIS, qui est proche de ce que font les IEP... y'a beaucoup d'élèves qui rentrent dans cette école avec une licence d'histoire, ça aussi, ça joue dans mon choix. »

Réda croit fermement en ses chances d'intégrer, au niveau master, un IEP ou l'Institut Privé de Relations Internationales et Stratégiques (IPRIS), établissement implanté à Paris, dont les frais d'inscription s'élèvent à plus de 5 000 euros (« ça vaut le coup de m'endetter, parce que ça débouchera forcément sur un bon métier », explique-t-il). Si son déplacement social s'interrompt provisoirement, son désir de s'enrichir culturellement reste intact. Son espoir de concrétiser ultérieurement son projet limite les effets paralysants de son fatalisme. Youssef, lui, n'arrive pas à se remobiliser en se donnant un nouvel objectif. Il passe l'essentiel de son temps avec des jeunes de sa cité, jusqu'à rompre tout contact, pendant plusieurs mois, avec son ami d'enfance.

La découverte de la « fac »

En arrivant à la « fac », ces jeunes découvrent un univers qui, pour beaucoup, ne ressemble guère à ce à quoi ils s'attendaient. Ils évoquent souvent leur déception au sujet du fonctionnement interne de l'administration, des méthodes pédagogiques des enseignants et des relations avec les autres étudiants. Inscrits pour la plupart dans l'une des facultés de Lagnecourt, ville située à une trentaine de kilomètres de Carmont dont le centre est peuplé de ménages aisés, ils se déplacent chaque jour (tous restent vivre chez leurs parents) vers cet espace géographiquement proche, mais socialement très lointain. Cependant, une minorité d'entre eux se familiarise avec le relâchement apparent des contraintes scolaires. Accédant à des savoirs qui, jusque-là, leur étaient inconnus, ils ont l'impression de vivre une « révélation » qui les incite à poursuivre dans leur voie, quitte, pour certains, à abandonner plus ou moins définitivement leur projet d'intégrer une « filière d'élite ».

« Le problème à la fac, c'est qu'on est trop en mode électron libre »

Quand Julien évoque ses premières semaines en L2 de LEA, il fait immédiatement un rapprochement entre le « laxisme » qu'il a connu au lycée et le « bordel de la fac », formule qu'il utilise pour désigner à la fois les dysfonctionnements récurrents de l'administration (opacité des règlements, problèmes informatiques, bureaux fermés aux horaires d'ouverture, etc.) et le manque de sérieux des étudiants de sa promotion, en L2 LEA. S'il tempère son jugement en soulignant le « niveau équivalent » des cours par rapport à ceux de prépa, il se sent mal à l'aise dans un univers qui lui paraît morne et désorganisé :

> « *Comment s'est passée ta rentrée ?*
>
> — Elle s'est bien passée, mais… j'ai découvert le système de la fac et… c'est le bordel ! 'Y a pas d'autre mot !
>
> — *C'est-à-dire ?*
>
> — C'est le bordel pour tout… pour s'inscrire aux TD, même les gens chargés de te renseigner ils savent pas te renseigner ! Alors, tu te débrouilles tout seul… la prépa, c'était beaucoup plus encadré, tout était en place quand on est arrivé à Coty. Alors que là… le problème, à la fac, c'est qu'on est trop en mode électron libre. Et, niveau ambiance, LEA, c'est pas ce que je croyais ! Si tu cherches de l'ambiance, c'est pas là-bas qu'il faut aller !
>
> — *Pourquoi ?*
>
> — Les étudiants, ils sont tous sur leur nuage, c'est un peu comme les Arts Appliqués de Voltaire, tu vois ? [J'acquiesce de la tête] Ils sont perchés ! »

Myriam éprouve les mêmes difficultés pour s'adapter en L1 droit : « C'est galère, je galère plus qu'en prépa, parce que la prépa c'était quand même dans la continuité du lycée, en un peu plus exigeant », dit-elle au cours d'un entretien réalisé pendant les vacances de Noël, dans un café du centre-ville de Carmont. Surprise de côtoyer des étudiants qui lui paraissent nonchalants, elle est aussi déconcertée par l'absence de contacts avec les chargés de TD et par leur sévérité :

« Les chargés de TD, ils sont pas tendres avec nous. 'Y en a un, c'est une peau de vache, il arrive même avec sa robe de prof de droit, rouge avec des trucs blancs là, et il nous en met plein la gueule ! (*Rires*) En plus, 'y a pas de contact avec les profs, on peut pas leur poser de questions comme on le faisait à Coty. (...) Ils ont aucune considération pour nous, ils nous prennent pour des merdes... ils nous engueulent tout le temps et ils nous surchargent de travail ! (...).

— *Tu ne demandes pas à des gens de ta promo de t'aider ?*

— Non... eux, je suis choquée par leur relâchement ! En amphi, ça bavarde, 'y en a qui se barrent en plein cours ! 'Y en a, ils se permettent de répondre au prof en plein cours ! Rien que ça, ça change de la prépa ! »

Quelques heures après l'entretien avec Myriam, je retrouve Réda dans le même café. Après m'avoir annoncé que Youssef a abandonné ses études de droit au bout d'un mois, pour « faire une pause » en attendant de s'inscrire en philosophie à la rentrée prochaine, il revient sur ses débuts chaotiques en L2 d'histoire. Déçu par des cours qui lui semblent « lourds » et « linéaires », il a mal vécu la suspension des enseignements pendant cinq semaines, suite au vote de la grève avec blocage, contre la LRU (dite « loi Pécresse »), par une assemblée générale (AG) d'étudiants et de professeurs. N'ayant pas eu le temps de s'insérer dans les réseaux de sociabilité estudiantine, il n'a pas participé à ce mouvement, très suivi sur le campus :

« Ce mouvement, j'étais pas dedans... les autres années, 'y avait une sorte de groupe, on était en groupe, donc je participais aux manifestations. Mais, cette année, 'y en a pas eu, donc je me suis pas senti impliqué. J'étais dans un groupe où on n'était que trois : moi, une copine de la prépa et un mec qui vient de la campagne. On n'a pas réussi à rejoindre d'autres groupes. »

Le manque d'affinités avec des camarades assez proches de lui, socialement, pour nouer rapidement des liens, empêche Réda de s'engager dans ce mouvement, comme il l'avait fait en 2006 lors des manifestations lycéennes anti-Contrat Première Embauche. En dehors de ses trois amis qui, selon lui, ne sont pas politisés, il ne trouve pas d'alliés à la « fac » pour commencer à apprendre son « métier d'étudiant[8] ». S'il profite de la suspension des cours pour lire la presse (« j'allais pas aux AG, je préférais rester chez moi et surfer sur le net ») et des ouvrages de science-fiction (en particulier, *Fahrenheit 451*, dont je lui avais parlé lors d'une précédente rencontre), il se sent de moins en moins motivé pour poursuivre son cursus d'histoire[9]. Constatant, avec amertume, qu'il s'est trompé de voie, il craint de s'engager dans une impasse :

> « La fac, c'est pas le monde que j'imaginais ! C'était cent fois mieux quand on était à Coty, en prépa. Ce qui me manque cette année, c'est le groupe. J'ai des copains cette année, mais c'est pas la même chose… Et puis, l'histoire, je me demande si c'est le bon choix en fait. Avec une licence d'histoire, je sais pas ce que je pourrais faire à la sortie… parce que… que faire après ? (*En riant*) Rien ! Mais, c'est pas pour autant que je vais abandonner les études universitaires, ça, pas question !
>
> — *Pourquoi c'est pas le monde que tu t'imaginais ?*
>
> — Je sais pas, c'est… 'y a eu cinq semaines de flou, où on n'a pas eu cours, donc ma motivation, elle est un peu retombée… et puis, j'ai plus envie de faire de l'histoire. Je continue à aller en cours, mais c'est sans motivation. J'ai l'impression de ne pas être à ma place, je sais pas ce que je veux faire… je pense à faire de la littérature, mais je me dis qu'il faudrait que je voie quelques cours avant pour me faire une idée, parce que me lancer à l'aveuglette, je veux plus… j'ai pris histoire à cause de l'équivalence qu'on m'a offerte, je me suis dit que c'est un choix naturel, mais finalement…
>
> — *Les profs que tu as à la fac, comment ils sont ?*
>
> — Les profs, ils sont… on a une prof d'histoire ancienne, c'est un cours mortel. Mais… au sens propre du terme ! C'est lourd, c'est lourd ! C'est linéaire, 'y a pas vraiment de participation. »

Si Réda a « l'impression de ne pas être à [sa] place » à l'université, c'est que les dispositions qu'il a intériorisées jusque-là ne l'ont pas préparé à des formes de sociabilité très éloignées du style de vie des jeunes de classes populaires, à un rapport à la culture savante beaucoup moins « scolaire » et un fonctionnement organisationnel plus opaque que celui des CPGE. Ainsi, il résume son premier semestre par une anecdote qui en dit long sur ses difficultés à s'adapter :

> « En arrivant, j'avais une demi-équivalence en L2, qui représente 30 crédits [points attribués dans le cadre du système européen d'harmonisation des diplômes et des équivalences, dit « ECTS »]. Normalement, je devais rattraper 30 crédits de première année. Et j'ai assisté aux cours de première année alors que je devais pas. C'était pas les bons… c'est au deuxième semestre que je dois suivre les cours que je dois rattraper… donc ça m'a chamboulé mon emploi du temps pour rien ! J'ai eu les crédits du premier semestre mais ils me servent à rien… donc, à cause de ça, j'ai pas pu prendre des options intéressantes, comme l'anglais. »

« Chamboulé » par un malentendu qui aurait eu sans doute moins d'importance pour un étudiant mieux armé scolairement, Réda n'arrive pas à stabiliser son rapport au temps dans cette période perturbée, conjoncturellement, par les grèves et, structurellement, par la succession de « faux rythmes » et de brusques accélérations de l'effort de travail[10]. Faute d'un encadrement suffisant, il cultive hors-sol, si l'on peut dire, ses bonnes dispositions : il lit *Le Monde* sans objectif précis et entame « pour le plaisir » une traduction de *Harry Potter*, estimant que ce travail remplace l'option d'anglais, à laquelle il n'a pas pu s'inscrire. Certains jours, il fait les exercices des annales des concours qu'il envisage de passer d'ici deux ou trois ans, mais il n'arrive pas à s'organiser de façon méthodique, sans doute parce que cet horizon est trop éloigné, temporellement et symboliquement, pour qu'il s'y consacre pleinement. Finalement, il interrompt ses études au mois de janvier. Il ressent le besoin de « prendre une pause », comme Youssef, en attendant de savoir vers quel cursus il se réorientera à la rentrée suivante.

Le cas de Réda met en évidence l'une des réactions possibles à la découverte de la « fac », où les premières semaines sont décisives : il faut « suivre » en cours, prendre des notes et les réviser régulièrement, lire les ouvrages recommandés par les enseignants et en chercher par soi-même, être présent aux TD et faire les devoirs à l'avance, pour ne pas se laisser distancer dès le départ. Piégé par son attentisme, Réda ne réussit pas à opérer la transition entre le « cocon » du lycée Coty et le relâchement des cadres de socialisation à l'université. À l'inverse, Myriam se ménage des temps et un espace où elle peut travailler. Vivant chez sa mère, elle prend chaque matin de la semaine le bus pour Lagnecourt et profite des intercours pour rédiger ses dissertations et ses commentaires d'arrêt, apprendre par cœur des articles de loi et ficher ses manuels. Les soirs et le week-end, elle va à la bibliothèque de son quartier ou s'enferme dans sa chambre pour étudier. Cet ascétisme lui permet de résister au stress et à la fatigue qui, selon elle, contredisent les discours ambiants sur le manque d'exigence des universités :

> « Mine de rien, c'est la galère la fac de droit ! Pour ceux qui veulent bosser, c'est vraiment la galère ! Tous les gens qui disent que la fac, c'est tranquille, ils peuvent pas s'imaginer ! (...) On a trois cours le matin, trois cours l'après midi, si t'as pas cours t'as TD. Et pour préparer les TD, ça met bien quatre heures à chaque fois ! »

Les « collés » qui, comme Myriam, parviennent à s'adapter à la « fac » doivent en permanence redoubler d'efforts pour « jongler » entre des séquences de travail et des objectifs pour partie concurrents. Ainsi, pour préparer les épreuves de l'école de commerce, Julien suit, parallèlement à sa licence de LEA, des cours particuliers de français et d'anglais, financés pour moitié par l'argent qu'il a gagné l'été précédent, pour l'autre moitié par ses parents. Pour payer ses frais d'inscription en cas de succès, il a mis de côté une somme importante qu'il vient de recevoir en héritage, après le décès de l'un de ses grands-parents. Par ailleurs, il envisage de s'inscrire à un stage intensif dans un institut privé, pour augmenter ses chances de réussite. Myriam, elle, espère obtenir sa licence avec une mention Bien ou Très Bien, ce qui l'a conduite à revoir ses ambitions à la baisse : alors qu'elle souhaitait intégrer l'un des IEP les plus cotés, elle dit qu'elle se contentera de « n'importe lequel » et se demande si, en fin de compte, elle ne ferait pas mieux d'« assurer ses arrières », en visant plutôt un master de droit dans son université.

À ces redéfinitions « pragmatiques » du rapport à l'avenir s'oppose l'« espérance rêveuse[11] » de Réda, qui tente, en pensée, d'échapper à sa condition de classe, à défaut d'y parvenir dans la réalité. Ses neuf mois de « pause » ressemblent à une longue période d'attente, durant laquelle son futur est sans cesse remis en question, à travers une multitude de projets. Quelques jours avant la rentrée de septembre suivante, il explique ainsi vouloir créer sa propre entreprise, en organisant un circuit touristique à Paris « dans l'ambiance *Da Vinci Code* ». Quand je lui demande s'il a du capital pour se lancer, il semble gêné, évoquant immédiatement son intention de faire un doctorat de littérature pour devenir professeur d'université. Puis, songeant à la crise des débouchés dans l'enseignement supérieur, il est tenté de réaliser le « rêve » de son père, professeur de lettres en Algérie déclassé en arrivant en France : devenir instituteur. Il ajoute sur-le-champ : « ou reporter à l'étranger, pourquoi pas ! ». Enfin, il revient sur son envie d'intégrer l'IPRIS ou un IEP s'il n'accédait pas à un master de lettres modernes. Son oscillation entre ces « ailleurs » sociaux et temporels inquiète ses parents :

> « Mon père, il me dit : "t'aurais dû faire instit !" Au début c'est ce que je voulais faire, après j'ai voulu faire gendarme ou entrer à l'Armée... après je me suis dit politique, mais la politique ça sert pas à grand-chose, donc je me suis dit des actions sur le terrain. (...) Et ma mère elle me dit "bon courage", elle me soutient, mais elle a un peu peur pour mon avenir. »

Réda, lui, n'a pas peur : « Même si je sais pas où je vais, je sais que je vais quelque part et je pense que ça sera bien, après », explique-t-il. À la fin de son semestre sabbatique, il n'a concrétisé aucun de ses projets, mais il s'inscrit en L1 de lettres modernes, toujours à Lagnecourt. Peu de temps après, il estime avoir « enfin trouvé [sa] voie ». Ses parents sont soulagés de le voir renouer avec les études. Très motivé, il s'est fait de nouveaux amis dans le cadre d'un club de lecture à l'université : « C'est des gens passionnés et passionnants ! Je suis vraiment content de les avoir rencontrés ! » Ses efforts pour s'adapter s'observent dans son apparence physique : il s'est laissé pousser une barbichette et a les cheveux plus longs que d'habitude, comme beaucoup d'étudiants littéraires. Quant à ses deux camarades de la prépa sup-expé, ils n'accèderont pas aux « filières d'élite » : Julien passe en troisième année de Licence (L3) et Myriam en L2, mais tous deux échouent une seconde fois aux concours.

« Je mourais d'envie d'aller à la fac et j'ai pas été déçu ! »

Les « collés » ne s'orientent pas tous par défaut à l'université en attendant de retenter les concours. Certains envisagent avec enthousiasme leur arrivée à la « fac » et, même s'ils sont confrontés aux mêmes problèmes que Julien, Myriam et Réda, ils ont le sentiment de s'émanciper en devenant étudiants. Ils ont en commun des dispositions, héritées ou acquises au fil du temps, qui leur permettent de s'ajuster rapidement aux attentes des enseignants. Thierry constitue un cas-limite de cette transition réussie. Rappelons que son père est employé municipal, sa mère femme de ménage et qu'ils sont divorcés. Admis à l'IEP de Lagnecourt, leur fils démissionne au bout de deux semaines pour s'inscrire en L2 de philosophie à la faculté locale, ce qui fait de lui un « faux collé », si l'on peut dire. « Je mourais d'envie d'aller à la fac et j'ai pas été déçu », lâche-t-il lors d'un entretien réalisé dans un parc proche du studio où il vit, six ans après cette décision qui a beaucoup surpris son entourage :

> « Pendant la prépa, je sentais que je voulais faire philo. Chaque fois que j'allais aux cours de monsieur Lamy, c'était le pied ! Je me disais : “si je peux passer ma vie à réfléchir et en plus être payé à apprendre, ça serait super comme vie !”.
>
> — *Mais t'as quand même passé le concours de l'IEP...*
>
> — Ouais, mais en y allant les mains dans les poches... je n'ai pas sorti une seule fiche pour préparer ce concours ! Je me suis dit : “j'y vais pour mouiller le maillot, mais j'y vais sans y aller, à reculons.” Et, un beau matin, je me réveille, je suis en caleçon dans mon lit et madame Michel me téléphone. Elle me félicite, et... (*il mime sa surprise sur son visage*) “Ah bon, je suis pris ?”... (*en riant, sur le mode du détachement*) “C'est merveilleux !” Je me dis que je vais quand même faire ma philo, mais ma tante, les profs de la prépa, tout le monde me dit : “Mais t'es fou ou quoi ?

T'es pris, tu fermes ta gueule, la philo tu la remises, tu la liras le soir ! Va à Sciences Po !" Et donc, finalement, j'y vais, parce qu'on me fait comprendre que cette opportunité se représentera pas et que mes petits camarades aimeraient bien être à ma place. Ma tante, la pauvre, ça a été le drame de sa vie ! (*Il imite l'accent d'une mère sautant de joie*) "Mon fils, il est à l'IEP, mon fils, il est à l'IEP !"... puis (*sur un ton désespéré*) "Ah ! Mon fils, il part en philo, ah, mon Dieu !" (*En riant*) C'était le drame national ! »

Thierry pense un temps faire un double cursus, mais ses premiers jours à l'IEP le dissuadent de rester dans cet établissement où il se sent « mal à l'aise » :

« Quand je suis arrivé à l'IEP, au bout d'une semaine, je me suis aperçu que les deux préjugés que j'avais quand j'étais en prépa étaient confirmés. *Primo*, c'était que du vent ! (*Ton méprisant*) Ce sont des sophistes ! Des sophistes, au sens de Platon. Je me souviens par exemple d'une conférence d'accueil du directeur des études qui nous dit qu'on va nous apprendre tout sur rien et rien sur tout, et réciproquement. Pour moi, c'est pas possible ça, je suis pas là pour blablater ! Et, *deuzio*, je vois autour de moi des gens très épris d'eux. Moi, j'aime pas me prendre la tête et j'ai l'impression qu'on se prend très au sérieux dans cette maison, on se prend pas pour n'importe qui, tu vois ? Je me suis senti mal à l'aise... 'y a une atmosphère, 'y a une ambiance... (*silence*)... je peux pas... je peux pas mettre des mots dessus mais 'y a une ambiance que je palpe et je m'y sens pas bien. C'est... trop... trop coincé, guindé... oui, coincé, c'est le mot ! (...) Je me dis : "quatre ans dans cette maison, mais tu vas te faire chier profondément !". »

Ce qui achève alors de convaincre Thierry de démissionner, c'est le discours élitiste tenu par les responsables de l'IEP :

« Dès le début, j'ai bien senti que ça allait pas le faire ! Le directeur de l'IEP, il commence son discours de bienvenue en disant : "Vous êtes les élites de demain." D'emblée, j'ai tiqué. Moi, j'ai rien d'une élite! Je m'en fous d'être une élite, j'ai envie d'apprendre des trucs et pas de parler pour ne rien dire. En plus, le côté prestige, apparat, ça me saoule! C'était pas mon monde, donc je leur ai dit "ciao!". »

En optant pour la philosophie à la « fac », Thierry dit avoir suivi son « instinct », en allant si possible jusqu'en doctorat et, comme il dit, se « gaver de lectures ». Il éprouve du plaisir à écouter « des professeurs fascinants, avec une culture énorme ». Il décrit ses deux premières années à l'université comme s'il s'agissait d'une « renaissance ». Significativement, il était présent à tous les TD et cours magistraux, alors qu'il multipliait les absences au lycée Coty (sauf en philosophie). Heureux de découvrir de nouveaux auteurs et de lire « Marx pour de bon », il se prend de passion pour la philosophie antique. Pendant les intercours, il discute longuement avec des étudiants qui, comme lui, aiment débattre et discuter de leurs dernières trouvailles intellectuelles. Bénéficiaire d'une bourse et d'une chambre en cité-u, il se familiarise vite avec sa condition d'étudiant. Malgré sa bifurcation vers la « fac », il est sorti de la prépa sup-expé avec des « armes » qui lui permettent d'obtenir facilement ses deuxième et troisième années de licence. L'entreprise d'acculturation a renforcé ses bonnes dispositions : il continue de lire *Courrier International* chaque semaine, achète régulièrement *Le Canard enchaîné* et prend beaucoup de plaisir à « traîner dans les librairies et les bibliothèques ». Ce style de vie intellectuel l'a conduit à quitter son groupe de hip-hop et à assister fréquemment aux débats organisés à l'université par des partis de gauche ou des associations altermondialistes, sans adhérer à une organisation.

Le cas de Thierry est sans doute trop exceptionnel pour être généralisable à l'ensemble des « collés » d'origine populaire. Pour cerner ce qui fait sa spécificité, je prendrai l'exemple de Soraya qui, comme on l'a vu, est la fille d'une aide à domicile et d'un agent de sécurité (divorcés). Contrairement à Thierry, elle a grandi dans une famille immigrée très éloignée de l'institution scolaire, alors que lui a bénéficié du soutien de sa tante maternelle, employée dans un rectorat. Soraya éprouve toutefois, comme lui, un sentiment d'émancipation en entrant, en 2004, à l'université de Lagnecourt, en L2 d'histoire, comme elle l'explique dans un entretien effectué cinq ans après à son domicile, où elle vit avec sa mère, ses trois frères et deux de ses sœurs. Les enseignements lui paraissent « excellents », ce qui l'incite à approfondir cette discipline qu'elle a à peine abordée en Terminale (elle était en série S), devenue sa « passion » depuis son passage au lycée Coty. Son enthousiasme lui a fait vite oublier son échec aux concours. Elle ne souhaite plus intégrer un IEP et se sent bien à la « fac » : « J'ai tout de suite adoré être en amphi, aller aux cours magistraux, écouter les profs et prendre un maximum de notes ! » raconte-t-elle.

Soraya a conservé de ses années au lycée et en prépa sup-expé un sérieux scolaire qui s'observe dans l'aménagement de sa chambre qu'elle occupe depuis le départ de sa sœur aînée, après avoir dormi plusieurs années dans la même pièce que la benjamine et ses frères cadets. Comme le montre cet extrait de journal de terrain, le savoir qu'elle a peu à peu conquis imprègne les lieux :

> Des planisphères, des cartes géographiques de l'Afrique et du Proche Orient et des petites fiches cartonnées synthétisant des grands évènements ou la biographie des personnages historiques (avec des titres lisibles de loin et le reste en petite taille, pour l'entraîner à mémoriser ses cours) sont accrochés aux murs, à côté d'objets rappelant sa vie d'adolescente (un petit tableau de Minnie et Mickey Mouse) et son goût pour le théâtre (une grande affiche publicitaire, récente, pour un spectacle à Carmont) ou pour la peinture (plusieurs cartes postales représentant des œuvres anciennes ou modernes de grands maîtres). Dans l'espace situé entre son bureau et son canapé-lit impeccablement rangés, se trouve une bibliothèque avec, sur chacune des cinq étagères, une quinzaine de livres qui sont comme les sédiments culturels de sa trajectoire scolaire : de haut en bas, on passe du bac à la prépa, puis à la fac. Ses ouvrages sont ordonnés selon une classification très stricte, indice d'un *ethos* rationaliste appliqué aux mots comme aux choses : les deux rangées supérieures comprennent exclusivement des *Annabac* de mathématiques, les deux de dessous des livres de philosophie, des manuels d'histoire et des romans (essentiellement ceux au programme de la prépa sup-expé) et, sur la dernière, des ouvrages en lien avec son cursus universitaire portant, entre autres, sur l'histoire de la Grèce antique et de l'empire Ottoman (Journal de terrain, 10 juillet 2009).

Les objets qui se trouvent dans la chambre de Soraya ne sont pas de la matière morte : ils fixent un cadre à sa socialisation et, en réactivant quotidiennement la mémoire conservée dans les choses, contribuent à cristalliser, de façon diffuse et imperceptible, ses bonnes dispositions. Cependant, le désir de Soraya d'assouvir sa « passion » pour l'histoire s'efface lentement devant ses difficultés à s'investir à plein-temps dans sa vie d'étudiante. Travaillant à côté de ses études pendant toute l'année, elle rentre à la maison aussitôt les cours terminés, pour aider sa mère à s'occuper de ses jeunes frères et sœurs : « J'ai pas de vie d'étudiante, tout ce que j'ai, c'est une carte d'étudiante ! » lâche-t-elle. Elle ne s'insère pas dans les réseaux de sociabilité de l'université : « J'ai beaucoup d'amis, mais ils sont pas à la fac et, quand j'y suis le midi, je mange seule, ça me permet de revoir mes notes et d'avancer ! » ajoute-t-elle.

Ce n'est pas un hasard si Soraya qualifie ses débuts à la « fac » de « confrontation » : elle se sent « un peu perdue dans la nature » et, comme Réda, les grèves à répétition contribuent à déstabiliser son rapport au temps (elle est favorable aux mouvements, mais ne participe ni aux AG, ni aux manifestations). Sa condition de classe et de genre font obstacle à l'acquisition de l'autonomie nécessaire pour s'émanciper culturellement : contrairement à Thierry, elle n'est en mesure de s'approprier son univers social d'accueil ni matériellement (avec une chambre en cité-u), ni symboliquement (en rencontrant des camarades partageant sa « passion »). « Je vais à la fac, je prends mes cours et je rentre *illico presto* ! » résume-t-elle. Sa présence en pointillés lui coûte cher : malgré son sérieux, elle est recalée. La rentrée suivante, elle se réinscrit en L2.

Pour prendre toute la mesure des contraintes qui pèsent sur les épaules de Soraya, on peut comparer sa trajectoire avec celle de Jeanne, sa camarade en Première et Terminale S au lycée Voltaire, puis en prépa sup-expé. Fille, comme je l'ai dit, d'un directeur de centre médico-social et d'une infirmière salariée, divorcés et tous deux nés en France, elle a deux frères aînés et une sœur cadette. Sa famille est venue s'installer à Carmont plusieurs années après sa naissance, dans un pavillon situé au cœur d'un quartier populaire. Ses parents sont catholiques pratiquants, surtout son père, ancien séminariste engagé dans le catholicisme social, qui lui a très tôt transmis son goût pour la lecture et la politique. Comme Soraya, elle a eu son baccalauréat avec « juste ce qu'il faut » (ce sont ses mots), obtenant une moyenne de 11 sur 20 après avoir fait partie de la tête de classe à chaque trimestre. Elle se décrit comme « travailleuse, mais pas vraiment bonne », ce qui explique, selon elle, son échec aux concours des IEP, auquel elle s'attendait : « Si je l'ai pas eu, c'est que je pouvais pas l'avoir. »

Comme Soraya, Jeanne s'inscrit à la faculté de lettres de Lagnecourt, en L2 d'histoire, grâce à l'équivalence décernée par les enseignants de la prépa sup-expé. Elle commence au même moment une L1 de géographie, discipline qui l'attire pour « son côté terre-à-terre ». Contrairement aux migrants de classe, déroutés par le faible encadrement et les dysfonctionnements organisationnels de la « fac », elle s'est « régalée d'entrée de jeu » parce qu'elle « aime le bordel » : « personne t'explique, tu comprends pas comment t'es évalué et qui fait quoi, mais c'est ça qui est bien, c'est pas rigide comme ailleurs ! » Derrière cet éloge de la flexibilité se cachent des prédispositions grâce auxquelles elle résiste au manque d'encadrement, qu'elle a intériorisées au cours de sa socialisation scolaire (elle a été élève dans un collège privé catholique, ce que sous-entend son « comme ailleurs ») et familiale (elle a appris à travailler en autonomie, avec le soutien constant de ses parents). L'entreprise d'acculturation a consolidé ses atouts culturels, ce qui lui a permis d'anticiper, comme elle dit, le « piège de la fac » :

> « J'ai vite compris, en arrivant à la fac, qu'il fallait en faire plus que ce qu'on nous demandait. Avec 13 heures de cours par semaine, ça peut vite devenir la fête et la belle vie, donc vaut mieux garder un bon rythme de travail ! La prépa, ça m'a permis de vite m'adapter, en faisant tout le temps des fiches de lecture et de cours, en révisant bien à l'avance et plein de choses comme ça, tu vois ? »

Si Jeanne a rapidement perdu certaines habitudes qu'elle avait prises au lycée Coty, comme la lecture régulière du *Monde* (« rien que d'aller au kiosque, ça me donnait la nausée ! »), elle a conservé un sérieux scolaire qui a facilité sa familiarisation avec l'univers de la « fac ». De plus, son insertion dans la sociabilité estudiantine est favorisée par sa mise en ménage. Cependant, ne parvenant pas à supporter la charge de travail impliquée par son double cursus, elle abandonne l'histoire au bout de quelques mois et décide de se concentrer sur la géographie. L'approfondissement de cette discipline qu'elle n'avait guère abordée auparavant constitue, à ses yeux, une « révélation ».

Contrairement à Soraya, Jeanne participe activement à la sociabilité sur le campus. Dès sa première année à l'université, elle fonde une association destinée à favoriser les échanges entre les étudiants en géographie de l'université, dont elle est élue trésorière. Présente à de nombreux colloques, elle commence à se projeter dans son avenir professionnel. Elle envisage alors de devenir enseignante-chercheure en géographie. Elle rêve de voyager à l'étranger, surtout depuis son récent séjour en Afrique, dans le cadre d'un programme humanitaire géré par une association présidée par son père. Admise en L2 avec d'excellents résultats, elle a le sentiment d'avoir « trouvé sa vocation ». Ses parents l'encouragent à poursuivre dans cette direction, fiers de voir leur fille s'engager dans de longues études, dans le sillage de son frère aîné, scolarisé dans une école polytechnique universitaire après un Diplôme Universitaire de Technologie (DUT) en informatique.

À travers cette comparaison entre les trajectoires de Jeanne et Soraya, on perçoit mieux le poids de l'héritage immatériel et des contraintes matérielles dans la découverte heureuse de l'une comme dans les mésaventures de l'autre. Ce qui sous-tend ces différences, c'est moins des disparités de niveau ou de motivation scolaire, que l'effet durable des inégalités de capital économique et culturel transmis par les parents. Pour les « collés » issus des classes moyennes et supérieures, la transition entre leur « cocon » au lycée Coty et l'univers moins intégré de la « fac » s'effectue plus facilement. Pour les autres, l'ouverture sociale ne suffit pas à compenser la faiblesse des ressources qu'ils détenaient en sortant de la Terminale. Quels que soient les bénéfices qu'ils tirent de l'entreprise d'acculturation, ils éprouvent encore des difficultés à s'adapter au rapport pédagogique en licence et à se vivre comme des étudiants à part entière. Mais ce qui fait défaut à Soraya, ce n'est pas seulement une pré-adéquation minimale de ses dispositions, c'est aussi l'aisance matérielle nécessaire à l'exercice à plein-temps du « métier d'étudiant » : un logement à soi, du temps pour se faire de nouveaux amis sur le campus, de l'argent pour payer des sorties ou des soirées, de la tranquillité d'esprit, etc. Il lui faudra une année supplémentaire pour surmonter ces obstacles et assouvir, en L3, sa « passion » pour l'histoire.

La conquête des diplômes

Si Thierry et Jeanne sont devenus des membres à part entière de l'univers de la « fac », que Réda et Youssef ont à peine entraperçu, Soraya s'y est adaptée à moitié, tandis que Myriam et Julien espèrent toujours le quitter, en intégrant une grande école à plus ou moins brève échéance. En attendant, les uns et les autres doivent franchir le seuil de la licence, atteint par seulement un tiers des jeunes de leur génération sortis du système scolaire[12]. Pour les « collés » les moins armés, ces objectifs sont loin d'aller de soi, compte tenu de l'élimination massive des étudiants d'origine populaire dans les premiers cycles universitaires[13]. Il leur faut livrer une succession de « batailles » pour conquérir leur « droit de préemption sur le futur »[14]. Revenus à l'université après l'avoir abandonné, poursuivant dans la même filière ou bifurquant vers d'autres voies, ils redéfinissent plus ou moins complètement leurs aspirations initiales. Leur réorientation na va pas toujours de soi, ni pour eux, ni pour leur entourage. Même s'ils n'ont pas la partie facile, les « collés » issus des classes moyennes et supérieures ont pour leur part davantage les moyens de concrétiser leurs projets sans trop en rabattre sur leurs ambitions.

Impasses et chemins de traverse

Après plusieurs tentatives infructueuses pour reprendre contact avec Youssef, j'arrive enfin à le joindre par téléphone, en février 2008, six mois après qu'il a abandonné ses études de droit. Il s'excuse de son long silence et me fait part de son « envie de parler ». Quelques jours plus tard, je le retrouve dans le café où nous nous étions vus la fois précédente. Vêtu d'un jogging et d'un sweatshirt à capuche, il affiche une mine défaite, malgré ses efforts pour rester décontracté. Pendant deux heures, il se livre au sujet de ce qu'il appelle sa « crise », dans un échange au cours duquel je n'interviens qu'à la fin, pour l'encourager et lui donner des conseils d'orientation. En revanche, il n'évoque pas les problèmes qu'il a eus avec la police ni ses bagarres avec d'autres jeunes de cités, dont j'ai eu écho par d'autres enquêtés. Il commence par me parler de son abandon de la « fac », après avoir « tout de suite vu que c'était pas fait pour [lui] » :

« Je voulais faire philo, mais j'ai préféré le droit, pour être plus cadré. Mais, franchement, la fac, c'était une excuse, c'était pour me dire que je voulais faire quelque chose. Mais j'ai vite compris que... la fac, j'ai tout de suite vu que c'était pas fait pour moi. Et, après... je me suis fait virer, parce que j'allais pas aux cours...

— *Pourquoi tu penses que c'était pas fait pour toi ?*

— Parce que je supporte pas... passer, comme ça, de l'ambiance école et lycée à l'ambiance de la fac, avec des profs qui servent à rien, tout ça... et puis, je veux faire mieux que la fac ! »

La condamnation sans appel des « profs qui servent à rien » ne peut suffire à Youssef à « sauver la face » devant moi, qui incarne une culture savante pour laquelle il a toujours beaucoup d'attirance et de respect. Aussi, il en vient à justifier son abandon par un autre motif : s'il a abandonné l'université, c'est qu'il méritait mieux. Pour s'en convaincre (et me le prouver ?), il raconte une anecdote qui en dit long sur ses difficultés à faire le deuil de la « place » qu'il occupait dans son entourage avant de quitter la prépa sup-expé : il a croisé par hasard, dans le centre-ville de Carmont, sa professeure de français au lycée, qui l'a incité à « s'accrocher pour aller à l'IEP ». « Elle m'a trop encouragé, ça m'a marqué ce qu'elle m'a dit ! » explique-t-il. Cet objectif est cependant très abstrait depuis qu'il a interrompu ses études. Quand je le relance pour savoir où, quand et comment il préparerait les concours, il esquive mes questions et évoque son désir de faire carrière dans la politique. Contacté par des responsables locaux du MODEM (Mouvement Démocrate) pour être sur les listes de candidats aux prochaines élections municipales, il a pensé un moment accepter cette offre, pour « défendre les gens des quartiers », avant de se rétracter, en raison de divergences idéologiques (il se situe « à gauche du PS »). Car si cette proposition représentait pour lui la possibilité d'une promotion sociale, elle menaçait aussi de l'ancrer davantage dans son quartier, alors qu'il cherche à en sortir :

« J'en ai marre du quartier... je suis entouré de gens que j'aime bien, que je connais depuis longtemps, mais 'y en a trop qui sont devenus des bandits [il cite des cas d'amis en évoquant leurs démêlés avec la police et la justice]. Depuis que je suis revenu au quartier, après la prépa, le regard des gens [sur lui], il a changé. Pour eux, je suis en mode quartier… et, dans le quartier, 'y a de la vie, c'est dur de se mettre à l'écart de cette vie. 'Y a plein de mixité aussi, faut pas croire, hein ! J'ai un pote charbonneur [dealer], il est blond aux yeux bleus ! Mais le problème, pour moi, c'est que j'ai compris que j'ai trop perdu de temps. Dans les blocs [immeubles], t'essaies de tuer le temps, c'est comme un combat contre le temps et, moi, ça, je peux plus. Tout le monde reste en bas des blocs et, pourtant, ils sont tous là à te dire : "Fais pas comme moi !" Du coup, moi, je sais plus trop où j'en suis. »

Youssef est dans une impasse. D'un côté, il ne se sent plus en phase avec la sociabilité juvénile en bas des tours, à la fois très risquée, physiquement et judiciairement, et contradictoire avec son désir, toujours vif, d'intégrer l'univers intellectuel. D'un autre, il est protégé des verdicts scolaires par son appartenance, subie autant que voulue, au monde des bandes. Libéré des obligations de la vie d'étudiant, il est prisonnier de ses fréquentations, l'entreprise d'acculturation n'ayant pas réussi à vaincre la « force de rappel du quartier[15] ». Ses brèves incursions loin de sa cité lui ont fait prendre conscience des difficultés à être accepté par ceux qui vivent hors de son territoire, en particulier par des filles qui ne sont pas d'origine immigrée :

« Dès que je donne mon nom à des gens qui n'habitent pas dans les quartiers, pour trouver un boulot ou juste pour discuter avec certaines personnes, je vois bien que mon nom, il joue contre moi. Parce que c'est plus simple de parler avec une Samia qu'avec une Virginie ou une Élodie ! »

Pendant près d'une heure, je tente de convaincre Youssef qu'il a beaucoup de « potentiel » et qu'il a encore du temps devant lui pour l'exprimer. Je lui recommande de reprendre contact avec ses anciens enseignants et de s'inscrire à l'université en philosophie, comme il le souhaitait avant son admission au lycée Coty. Lorsque nous nous quittons, il paraît soulagé d'avoir pu discuter avec un jeune très différent de ceux qu'il a l'habitude de fréquenter et qui, à ses yeux, s'apparente à une sorte de médecin : « merci docteur ! », lâche-t-il en plaisantant, avant de prendre le bus. À la rentrée suivante, il s'inscrit en L1 de philosophie, à la faculté de Lagnecourt. Réda l'a poussé à revenir, avec lui, à l'université. Celui-ci s'est réorienté en L1 de lettres modernes, après avoir abandonné sa L2 d'histoire. Il envisage désormais de faire un doctorat en littérature. S'il n'a pas abandonné son projet d'intégrer l'IPRIS, il a tiré un trait sur les IEP. Ses mésaventures à la « fac » l'ont convaincu de prendre du recul pour « tout remettre à zéro », comme il l'explique dans un entretien réalisé quelques semaines avant la rentrée, dans un parc public de Carmont :

> « La prépa, c'était… j'étais pris par le mouvement, il fallait que j'aille jusqu'au bout, j'étais emprisonné… pas emprisonné, parce qu'au lycée quand j'ai fait mon choix, la prépa c'était un rêve ! J'étais heureux, comme un enfant devant une barbe-à-papa. Après, c'est pas une désillusion, c'est qu'on se recadre… c'est pas se restreindre non plus puisque je pense faire un doctorat… ce qui m'a déstabilisé après la prépa aussi, c'est de plus me retrouver avec mon groupe… de plus avoir un objectif commun, se soutenir les uns les autres, de travailler tous ensemble… en histoire, pendant un semestre, même si j'avais une copine de la prépa, j'arrivais pas à supporter ce manque ! J'étais perdu, j'avais fait le mauvais choix. Je t'ai dit : c'était pas ma place. (…) J'avais la sensation, à Coty, de mon futur échec au concours et, ensuite, on nous proposait une bouée, avec l'équivalence. (…) Et je me suis pas rendu compte que… parce que mon niveau en histoire était faible en prépa, je me suis pas donné à fond… et j'ai pas réfléchi… c'est parce qu'on me l'a posé sur la table que je l'ai pris, comme une option salvatrice par rapport à mon projet personnel, pour que tout ne tombe pas en ruines… que je réussisse au moins quelque chose qui sorte de cette prépa. En me disant que je voulais faire histoire, j'avais une excuse si jamais je ratais les IEP. (…) Ensuite, à la fac, entre les grèves et les cours qui me plaisaient pas, ça a tout foutu en l'air dans ma tête, donc j'ai dû tout remettre à zéro (*silence*).

— *Et tes parents, ils en pensaient quoi, de ton abandon ?*

— Mes parents, ils me disaient : “T’es inscrit ou quoi ?”… ils ont eu un peu peur… quand ils avaient mes grands-parents au téléphone, ils leur disaient : “Oui, c’est bon, il est inscrit !” Pour eux, c’est comme si j’avais perdu deux ans mais, pour moi, tout ce que j’ai appris en prépa, je le perds pas, c’est pas perdu ! (…) Les concours, ils l’ont digéré facilement, mais, l’abandon de l’histoire, ça, c’est un peu dur à gérer. »

« Déstabilisé » par des échecs successifs qui contredisaient radicalement ses aspirations et les attentes de ses parents suscitées par son admission au lycée Coty, Réda commence tout juste à clarifier son rapport à l’avenir. La part de dénégation induite par tout travail de deuil (« c’est pas une désillusion, c’est qu’on se recadre ») s’accompagne d’une certaine lucidité : son abandon l’a conduit à réévaluer non seulement ses ambitions, mais aussi la signification de ses choix antérieurs. Regrettant d’avoir été fasciné par les « filières d’élite », il se rend compte des conséquences de son aveuglement sur son orientation précipitée en L2 d’histoire. Cette « excuse » lui donnait l’illusion qu’il continuerait d’appartenir à un groupe soudé, résolument tourné vers un futur prometteur. Rattrapé par la réalité lorsqu’il constate tout ce qui lui fait défaut pour s’approprier la condition étudiante (« c’était pas ma place », « j’étais perdu »), il n’est parvenu à dépasser son malaise qu’au prix d’une longue transition, au cours de laquelle ses aspirations se sont lentement réajustées. À la façon d’un voyageur subissant un *jet-lag* après un séjour dans un pays lointain, il a eu besoin de ce temps d’adaptation pour renouer avec les études avec le même enthousiasme qu’à la rentrée précédente :

« J’ai hâte de commencer ! (…) J’étais un littéraire [il était en série L], donc c’est un retour aux sources pour moi ! (…) J’appréhende un peu, mais je sais que ça va être bien… des gens posés, qui réfléchissent et tout, c’est super ! (…) En fac d’histoire, je savais que je n’étais pas à ma place, j’ai fait un semestre en sachant que c’était pas ce que je voulais faire (…) Là, je sais le travail qu’ils vont nous demander, je ferai toujours plus. Je vais pas m’en tenir aux devoirs qu’ils vont nous donner ! »

L'engouement de Réda traduit la bonne volonté culturelle qu'il doit à la fois à sa socialisation familiale et à l'entreprise d'acculturation au lycée Coty, qui a renforcé son intérêt pour la littérature et pour la politique. Ainsi, il continue de lire régulièrement *Le Monde* et *Courrier International* et, à la veille de la rentrée, il attend avec impatience de découvrir des auteurs, des œuvres et des concepts littéraires. Deux mois plus tard, il est galvanisé : « Je vais à la fac une heure à l'avance, tellement j'aime ! Je découvre la vie d'étudiant et c'est passionnant ! » s'exclame-t-il au téléphone. En revanche, il est déçu de ne pas pouvoir vivre cette expérience avec Youssef, qui a de nouveau abandonné l'université, au profit d'un BTS, auquel il sera finalement refusé, faute d'un dossier suffisant, avant de retrouver la vie de quartier.

Alors que, pour Youssef, commence une longue période d'errance faite de « petits boulots » et de nombreuses phases de chômage, Réda découvre avec bonheur la vie de campus. Il participe à un atelier de lecture et discute avec des étudiants anglo-saxons pour améliorer son niveau en langues et se faire des amis. Il revoie souvent des camarades de la prépa sup-expé, à l'occasion de sorties culturelles ou de soirées festives. Mais sa métamorphose est de courte durée : après son échec aux partiels du premier semestre, il abandonne à nouveau la « fac ». Lorsque je le revois, au début du mois de février 2008, il ne s'attarde pas sur sa décision, qu'il présente comme une suspension momentanée pour « profiter de la vie ». Il passe ainsi de nombreuses heures dans sa chambre à surfer sur internet et à lire des ouvrages de science-fiction : « J'ai jamais autant lu qu'en ce moment ! », dit-il avec joie. Comme s'il voulait taire son impuissance, il ne parle jamais de sa situation actuelle, préférant insister sur ses multiples projets qui, significativement, impliquent tous des voyages à l'étranger (il souhaite travailler dans une ONG ou dans la diplomatie, partir en mission humanitaire en Palestine, devenir reporter indépendant dans un pays européen, etc.). Sa passion pour la littérature n'a pas disparu mais, faute de s'inscrire dans une logique scolaire, elle se matérialise dans son « rêve » d'avoir une « grande bibliothèque » :

> « Moi, je me vois bien, plus tard, avec une grande bibliothèque, mais une vraie bibliothèque, pas avec des livres bien rangés, comme les ministres, mais avec des livres un peu partout. C'est mon rêve : avoir une grande bibliothèque et un chien. »

À défaut d'appartenir, dans la réalité, à l'univers intellectuel, Réda imagine ce futur où il serait à la fois détenteur d'un savoir imposant et authentique, et installé dans le confort d'une vie sans problèmes et sans artifices, comme le suggère sa référence au chien. La découverte, quelques mois plus tard, d'une annonce parue dans un quotidien gratuit, concrétisera en partie ses espoirs : un atelier d'initiation au journalisme est lancé par deux professionnels, membres des rédactions de grands organes de presse nationaux, sous la forme d'un cours du soir hebdomadaire dans des locaux municipaux proches de sa cité. Réda y participe assidûment et, très vite, abandonne la plupart de ses projets (l'IPRIS, les IEP, le doctorat) au profit de ce dispositif éducatif extérieur au système universitaire et gratuit. Réda adhère rapidement à son rôle d'apprenti-journaliste, plus commode à endosser pour lui que celui d'étudiant. Il se balade en permanence avec un magnétophone et un carnet, assiste à de nombreuses conférences où sont invités des élus, des artistes ou des militants associatifs avec qui il discute ou qu'il essaie d'interviewer, écrit des articles sur un blog personnel, puis sur le site créé par les responsables de l'atelier. Ces expériences substituent aux diplômes qu'il n'est pas en mesure d'obtenir du capital social et des expériences valorisables sur son CV. Même si ces cours du soir ne débouchent sur aucun titre scolaire, c'est bien d'un chemin de traverse qu'il s'agit : non seulement cette bifurcation hors du système universitaire réamorce, sous une forme hétérodoxe, son déplacement social, mais elle l'incite à revenir à la « fac », d'abord en continuant de participer, après son abandon, à l'atelier de lecture animé par des étudiants en lettres à Lagnecourt, ensuite, en s'inscrivant, la rentrée suivante, en L1 de LEA.

De retour à la « fac », Réda inverse ses priorités : ses études appartiennent au domaine du loisir (« j'étudie pour le plaisir, pas forcément pour avoir des diplômes, même si j'aimerais bien avoir une licence »), tandis que son apprentissage du métier de journaliste occupe l'essentiel de son temps, non seulement avec les cours du soir, mais aussi à travers une succession de stages en France, dans des rédactions de la presse militante ou dans des radios alternatives, et plusieurs séjours à l'étranger, au cours desquels il se forme aux techniques audiovisuelles et à l'organisation d'événements culturels. Ce parcours d'autodidacte est, pour lui, un moyen de « réussir autrement », même si, objectivement, il connaît un déclassement par rapport à sa trajectoire scolaire antérieure. Ses tentatives pour s'affranchir de sa condition de classe contrastent avec les difficultés de Youssef à sortir de l'impasse. Ne parvenant ni à devenir étudiant ni à quitter le monde des bandes, celui-ci tombe en dépression pendant une longue période et abandonne définitivement l'idée de se réinscrire à l'université ou d'intégrer une grande école. Il arrive néanmoins à quitter son quartier, en 2011, lorsqu'il s'installe avec sa compagne dans une commune rurale, située loin de Carmont, où il se fait embaucher comme employé dans un garage. Son travail et son couple lui offrent la stabilité qu'il recherchait depuis longtemps, concrétisée par la naissance, en 2012, de son premier enfant[16].

Fuir la « fac » ou y rester ?

À l'inverse de Réda et Youssef, ce n'est pas un retour à la « fac » qui est en jeu pour Julien et Myriam, mais une incertitude concernant leurs études après la licence. Tous deux envisagent de se réorienter, dès que possible, vers un cursus plus sélectif et/ou une « filière d'élite ». En L3 de LEA, Julien espère toujours, malgré ses deux échecs au concours, intégrer l'école de commerce de Carmont ou, à défaut, un IUT de gestion dans la même ville. Il continue de se préparer en suivant trois cours particuliers par semaine (un en français, deux en anglais). Rebuté par ce qu'il appelle « la jungle de la fac », il cherche à fuir un univers où il se sent étranger, socialement et politiquement. À droite de l'échiquier politique, il s'oppose à la fois à l'intellectualisme des étudiants les plus littéraires, issus des classes moyennes à fort capital culturel, et au prosaïsme de ceux originaires des classes populaires. Lors d'un entretien informel réalisé, en février 2008, dans un Quick proche de la boutique de ses parents, il explique qu'il n'a « rien à faire à la fac » où, selon lui, il n'y a « que des gauchistes et des branleurs ». Il raconte en être venu aux mains avec des grévistes qui bloquaient le campus pendant le mouvement anti-LRU. Ce qui s'exprime dans ce mépris de (fraction de) classe, c'est toute la frustration accumulée par Julien après ses échecs successifs aux concours. Aussi, lorsque j'évoque le cas de Mounia, son ancienne camarade en prépa sup-expé, qui a démissionné de l'école de commerce pour s'inscrire en LEA (elle ne se sentait pas à l'aise dans cet établissement huppé, où les enfants d'immigrés sont très minoritaires), il se lance dans un réquisitoire contre elle : « Elle a fait n'importe quoi, elle se rend pas compte de la connerie qu'elle a faite, franchement ! Venir en LEA alors que t'es pris dans une école de commerce, faut vraiment être con ! Quand t'as cette chance, tu la saisis ! » Dans la mesure où le parcours de Mounia est l'exact inverse de celui qu'il tente, vainement, de suivre, il ne peut voir dans ce choix qu'une décision irrationnelle.

Mais si Julien souhaite fuir la « fac », c'est aussi que son année au lycée Coty et sa socialisation familiale consolident ses aspirations initiales. D'une part, il conserve un style vestimentaire et une *hexis* très différents de ceux, marqués par le relâchement ou la sobriété, de la plupart des étudiants de la faculté de lettres. Lors de nos entretiens successifs, tous ses habits sont de marque, repassés et d'apparence neuve (chemises ou pulls proches du corps, jeans ou pantalons dernier cri), ses cheveux coupés courts et coiffés avec du gel, son buste et sa nuque toujours très droits. D'autre part, son sens du placement lui permet d'éviter les impasses et les chemins de traverse : après avoir décroché sa licence, il échoue une troisième fois au concours de l'école de commerce, mais il est admis à l'IUT de gestion. Désormais, il entend intégrer, au niveau bac + 2, l'une des ESC de province les plus reconnues ou, à défaut, un master dans un Institut d'Administration des Entreprises (IAE) ou une petite école de management de la région. Par ailleurs, après le DUT, il prévoit de passer une année dans une *business school* anglaise, « pour devenir bilingue et revenir plus fort à la rentrée ».

L'aisance matérielle de Julien (« les 7 000 euros, je les ai tranquille », lâche-t-il quand je lui demande comment il paierait les frais annuels requis pour s'inscrire à une ESC) et sa maîtrise des hiérarchies scolaires (ses priorités entre ces établissements s'ordonnent en fonction de leur sélectivité) lui donnent assez de prise sur l'avenir pour reconvertir l'héritage familial et ajuster son profil aux exigences des écoles de commerce et de management, où les langues et la culture anglo-saxonnes occupent une place centrale[17]. Mais la clarté avec laquelle il esquisse les contours de son futur est aussi, pour partie, l'effet de son adaptation rapide à l'IUT. Investi dans un projet humanitaire (un séjour en Afrique pour construire des écoles et des habitations), dans le cadre de son cursus, il a été élu président d'une association étudiante à vocation internationale, petite conquête grâce à laquelle il parvient à trouver une position plus conforme à ses aspirations. Il éprouve un certain plaisir à gérer le budget, à négocier les subventions et à rencontrer les membres du Conseil d'administration, éléments décisifs dans l'intériorisation d'un *ethos* compatible avec les savoir-faire qu'il a acquis en travaillant dans l'entreprise de son père[18].

À cette fuite de l'université par le haut, s'oppose la sortie par défaut de Soraya. Son admission en L3 d'histoire, après son redoublement en L2, ne lui a pas permis de renouer avec sa « passion » : échouant aux partiels, elle préfère ne pas poursuivre en master et envisage de postuler à une école d'infirmières, dès qu'elle aura décroché son diplôme. Contrainte de se stabiliser professionnellement aussi vite que possible, elle commence à faire le deuil de son « rêve » de devenir institutrice ou professeur dans le secondaire. Dans un récit plein d'amertume, elle oscille entre, d'un côté, son « dégoût pour le système de la fac », qui l'incite à bifurquer à contrecœur et, d'un autre, son envie de « continuer » :

> « J'aimerais bien continuer mes études, j'adore étudier et Dieu sait si j'aime l'histoire ! J'aimerais vraiment apprendre aux autres, en étant institutrice ou prof au lycée… mais je suis trop dégoûtée par le système de la fac ! J'ai des bouquins d'histoire, je les lis parce que ça me plaît énormément, mais je veux plus perdre mon temps à la fac ! (…) J'ai l'impression que 'y a pas d'issue, qu'on va me filer un diplôme au rabais… faut que je sorte du cycle universitaire ! Après, je peux entrer dans une école, on sait jamais ! J'ai besoin de quelque chose qui soit plus strict que la fac, c'est le système fac qui me convient plus. Alors que, vraiment, étudier, j'adore ça ! J'adore vraiment ça ! (*En souriant*) Si je pouvais étudier jusqu'à je sais pas quel âge, j'étudierais ! Je suis dans une bonne fac, avec d'excellents profs et l'enseignement, il est excellent. Mais, c'est de ce système que j'en ai marre ! (…). Donc, je vais m'instruire de mon côté, à mon niveau, à ma vitesse, mais il faut que je pense à assurer mes arrières, faut que j'aie quelque chose de concret assez rapidement ! »

Soraya voit dans sa réorientation vers une école d'infirmières une alternative pour honorer son mandat d'ascension, sans subir le manque d'encadrement des premiers cycles universitaires. Prise par l'urgence de trouver ce « quelque chose » à la fois « concret » et « plus strict », elle révise ses ambitions à la baisse. Son désir de stabilité et son attirance pour des métiers couramment assimilés à des « vocations » la conduisent à projeter d'intégrer la fonction publique hospitalière, plutôt que de travailler dans une clinique ou à son compte, comme si elle cherchait à limiter les coûts symboliques de sa désillusion. C'est la même logique qui est à l'œuvre dans son envie de « s'instruire » en histoire à son « niveau » et à sa « vitesse » : en prenant cette discipline scolaire comme un loisir désintéressé, elle resterait virtuellement étudiante, chez elle ou plus tard, faute de l'être à la « fac » et maintenant.

La redéfinition du rapport à l'avenir des « collés » prend parfois plus de temps et peut s'opérer à travers de multiples tâtonnements qui ne procèdent ni d'une stratégie claire, comme chez Julien, ni d'un repli tactique, comme chez Soraya, mais de l'existence simultanée, pendant une période plus ou moins longue, d'objectifs en partie contradictoires. Ainsi, Myriam hésite en permanence entre quitter l'université pour un IEP et continuer son cursus de droit jusqu'en master 2. Admise en L2, après avoir échoué une seconde fois aux concours, elle oscille entre son désir d'intégrer une grande école et son envie d'approfondir une discipline qui l'attire de plus en plus et où elle obtient de bons résultats. La fréquentation prolongée de camarades de la prépa sup-expé décidés, comme elle, à rejoindre une « filière d'élite », contribue à entretenir ses aspirations.

Le rapport à l'avenir de Myriam est d'autant plus « travaillé » par son passé scolaire qu'elle a gardé contact avec ses ex-enseignants et plusieurs de ses camarades de la prépa sup-expé. Ses visites régulières au lycée Coty jouent un rôle capital dans le maintien de ses aspirations. Une anecdote permet de comprendre les ressorts de ce processus, qui ne se réduit pas à une pure et simple inertie de ses dispositions. Le 30 juin 2009, un déjeuner est, comme les précédentes années, organisé par Nicole Michel avec ses collègues et certains élèves de la promotion 2006 (une demi-douzaine, au total), dans un restaurant situé à une dizaine de mètres de leur ancien établissement. Outre Myriam, Julien et Aurore sont notamment présents. Youssef et Réda ont décliné l'invitation, en revanche. Pendant deux heures, les uns et les autres discutent à bâtons rompus, dans la joie et la bonne humeur, de leurs situations respectives, de leurs projets personnels et de leurs souvenirs communs. Ce qui se joue dans ce repas, au-delà des remémorations et des informations échangées, c'est l'autocélébration collective d'une appartenance qui procure implicitement aux intéressés des gratifications réciproques : les enseignants se sentent reconnus (« chacun a ses groupies ! », plaisante Nicole Michel au début du repas), tandis que les élèves s'enorgueillissent de leur statut d'« anciens ». Pour ceux qui, à l'instar de Myriam et Julien, souhaitent revenir dans une « filière d'élite », cette rencontre suspend quelques heures la vérité de leur présent en réactivant un futur antérieur plein de promesses, qui les aide à conserver un état d'esprit conquérant. Ce n'est donc pas un hasard si Youssef et Réda sont absents : les « collés » qui ont fait le déplacement ont la particularité de nourrir encore l'espoir de concrétiser leurs objectifs initiaux. Grâce à ce type de rencontres, les enseignants trouvent par ailleurs un moyen de faciliter le recrutement des nouveaux élèves par le « bouche à oreille », en s'appuyant sur des alliés prêts à endosser le rôle de témoins lors de réunions de présentation ou pour l'évaluation du dispositif : « on compte sur vous ! » lance Nicole Michel à la sortie du restaurant.

Lorsque je revois Myriam, quelques jours avant sa rentrée en L2, elle est toujours très motivée pour continuer ses études de droit. Bien qu'elle ait encore des difficultés à s'adapter aux exigences de certains enseignants et avec le comportement de certains étudiants, qu'elle appelle avec mépris les « têtes à claques », elle a appris à « se gérer toute seule ». Elle espère avoir une mention l'année prochaine. Au cours de l'entretien, cet objectif occupe presque autant de place que celui d'intégrer un IEP. Déçue par son récent échec à quatre examens d'entrée en deuxième année, elle en a « marre des concours ». Elle préfère se concentrer sur ses études de droit, qui la passionnent de plus en plus, avant de tenter éventuellement l'ENM :

> « *Tu vas essayer de rentrer en master dans un IEP ?*
>
> — Oui, ça c'est toujours l'idée que j'ai, j'aimerais bien… mais, sinon, un master de droit ça serait très bien. Ensuite, je pourrais tenter peut-être l'ENM. (*En riant*) Je vais pas y rentrer, mais je vais quand même essayer pour le fun…
>
> — *Mais cette année, tu vas repasser les concours ?*
>
> — (*Rire de lassitude*) Non, cette année j'en ai un peu marre des concours… à chaque fois les tenter et être déçue parce

que je les ai pas… (…) Donc, pour l'instant, je reste en droit, j'aime bien le droit, j'ai envie de continuer, même si au départ je me suis un peu jetée dans un truc que je connaissais pas trop, à part ce que j'avais lu sur les forums… finalement ça m'a plu… d'analyser les différents problèmes qui se posent à nous, des fois, c'est entre le droit et la réalité, et ça j'aime bien… des fois, c'est vraiment trop abstrait, mais faut toujours trouver une application. En cours magistraux, c'est abstrait, mais après, en TD, on fait l'aspect pratique, les cas pratiques, les études de cas. C'est passionnant, ça ! »

Le goût de Myriam pour l'« application » de principes abstraits illustre un mode d'appropriation du savoir juridique typique des étudiants d'origine populaire, enclins à valoriser, avant tout, ce qui est utile et concret dans la culture universitaire. Mais il exprime aussi la prégnance de sa bonne volonté scolaire, qui l'incite à poursuivre par d'autres moyens l'entreprise d'acculturation effectuée au lycée Coty :

« *Ça te sert encore ce que t'as appris en prépa ?*

— Oui, bien sûr ! Ne serait-ce que pour les analyses… j'ai amélioré mon style d'écriture, ce qui est assez appréciable parce qu'y a des chargés de TD qui rigolent pas du tout avec ça, la méthode, mais aussi le style d'écriture… les cours de monsieur Portuis, ça m'a vraiment améliorée. Avant, j'avais tendance à m'étaler, là, je vais vraiment à l'essentiel, avec ce qu'il faut, sans faire de bla-bla (…). Le problème, c'est que j'ai tendance à passer beaucoup de temps sur mes devoirs, parce qu'il faut que tout soit parfait quand je travaille un TD (…).

— *Et tu suis toujours l'actualité politique ?*

— Ouais, je suis toujours abonnée au *Monde.fr*, ça me permet d'être au courant et de m'en resservir dans certaines de mes copies de droit… Par contre, lire *Le Monde* en entier pendant deux heures tous les soirs, ça, non ! C'est fini ! Mais je lis *Courrier International* de temps en temps, le week-end, quand j'ai les sous pour l'acheter ! »

L'investissement de Myriam dans ses études de droit contribue à entretenir une anxiété qui renforce son sérieux scolaire : « J'ai fait un cauchemar 'y a pas longtemps, j'ai trop peur de rater ma deuxième année ! Je me voyais, j'étais là, et je voyais écrit "recalée" à côté de mon nom ! Mais ça me fait travailler, d'un autre côté, d'avoir peur », raconte-t-elle. Ce cauchemar n'est pas un mauvais présage : admise en L3, avec des résultats qu'elle juge satisfaisants, elle obtient ensuite sa licence. Même si elle ne décroche pas de mention, elle se sent plus à l'aise à la « fac », bien insérée dans son petit groupe composé de trois camarades de la prépa sup-expé et deux ex-hypokhâgneuses du lycée Coty avec lesquelles elle révise, déjeune et organise des balades ou des sorties au cinéma. Souhaitant devenir magistrate ou, à défaut, faire carrière dans le journalisme, elle postule avec succès à un Master 1 (M1) de droit des affaires, dans la même université. Elle n'a plus l'intention d'intégrer un IEP, mais elle pense toujours tenter l'ENM. Bénéficiant désormais d'une chambre en cité-u, à Lagnecourt, elle peut enfin limiter le temps de trajet entre son domicile et le campus.

Les projets de Myriam vont toutefois être mis en cause dès la fin de son M1. Elle échoue aux partiels de master 1, puis redouble une seconde fois. L'attitude très « scolaire » qui, jusque-là, lui avait permis de franchir les étapes les unes après les autres, ne suffit plus à ce niveau du cursus où le travail autonome prend une place de plus en plus exclusive et où les exigences augmentent subitement. Déroutée, elle abandonne la « fac ». Après avoir songé à entrer dans un IAE, elle s'inscrit à une préparation en ligne aux écoles de journalisme. La même année, elle s'installe avec son compagnon, informaticien, dans une commune rurale proche de Carmont.

Les hésitations récurrentes de Myriam à rester à la « fac » et la détermination de Julien et Soraya à la fuir contrastent avec le récit, à la fois enthousiaste et serein, de Jeanne au sujet de sa vie à l'université. Dans un entretien réalisé à la fin de son M1 de géographie, dans une brasserie du centre-ville de Carmont, elle résume succinctement ses trois années en licence en les présentant, sur le ton de l'évidence, comme une progression linéaire vers un objectif (accéder en doctorat) fixé une fois pour toutes : « Donc, j'ai fait géographie, L1, L2, L3… ça s'est super bien passé, parce que je sortais de prépa et qu'on m'a donné les armes pour arriver à l'université et m'en sortir bien et, du coup, voilà, je suis arrivée en master 1 ». Rationalisation rétrospective, ces propos traduisent aussi l'expérience « heureuse » d'une étudiante prédisposée à s'adapter aux normes universitaires, sans revirements ni tâtonnements.

Jeanne est comme un poisson dans l'eau à la « fac ». Toujours trésorière de l'association des étudiants en géographie, elle a aussi été, en L2 et en L3, tutrice dans son université, vacataire pour un chercheur au CNRS et candidate (sans étiquette) aux élections du conseil d'UFR, sans succès. Son intégration rapide tient aussi à sa participation aux mouvements sociaux avec plusieurs de ses camarades. Sa politisation, favorisée par la culture militante transmise par son père, catholique de gauche, lui permet de s'investir dans les grèves, sans toutefois adhérer à une organisation syndicale ou politique (« je préfère ne pas m'encarter, je veux rester libre »). Contrairement aux « collés » d'origine populaire, dont on a vu combien ils sont perturbés par la suspension des cours, elle profite de ces occasions pour se faire des amis, s'intéresser à d'autres causes (la Palestine, les sans-papiers, etc.) et acquérir de nouveaux savoirs, notamment à travers la lecture assidue du *Monde Diplomatique*, qui a remplacé les journaux recommandés en prépa sup-expé (*Le Monde*, *Courrier International*, *Libération*). Son acculturation à l'univers intellectuel s'observe dans de multiples indices : elle aime « dévorer des polars », n'est « pas sportive du tout », « espère que ça pètera un jour pour que le gouvernement nous entende » et, alors qu'elle n'est qu'en M1, parle déjà d'un projet financé par l'ANR (Agence nationale de la recherche) auquel elle pourrait participer dans deux ans. Obtenant d'excellents résultats (mention Bien en L3, Très bien en M1), elle est admise en Master 2 (M2). Dans la foulée, elle décroche une allocation de recherche et s'inscrit en thèse de géographie.

Mais les étudiants les mieux dotés culturellement ne connaissent pas tous le même sort que Jeanne. Même lorsqu'ils ont rejoint avec enthousiasme l'université, le manque de ressources financières peut peser négativement sur leur scolarité, notamment à travers l'obligation de travailler parallèlement aux études qui empêche de se consacrer pleinement aux cours, à la révision des partiels et à la participation aux cercles de sociabilité sur le campus. Ainsi, après avoir obtenu un M2 de philosophie, Thierry abandonne définitivement son idée de faire une thèse et d'enseigner dans le supérieur. Pour subvenir à ses besoins, il entre à l'IUFM (Institut universitaire de formation des maîtres) afin de préparer l'agrégation et le CAPES (Certificat d'aptitude au professorat de l'Enseignement de second degré), alternative honorable, certes, mais qui n'en demeure pas moins en deçà de ses aspirations initiales. On voit ainsi que, pour comprendre ce que deviennent les bénéficiaires de l'ouverture sociale, il faut intégrer à l'analyse les effets de leur situation matérielle et de leurs premières expériences professionnelles sur leur rapport à l'avenir.

LE RESSERREMENT DES POSSIBLES : PREMIERS EMPLOIS ET DÉBUTS DE CARRIÈRE

Lorsque les « collés » sont entrés à la « fac », la plupart d'entre eux avaient une idée assez claire du ou des métiers qu'ils pourraient exercer (juge, avocat, journaliste, enseignant ou cadre supérieur). Leurs premières expériences scolaires et professionnelles les contraignent toutefois souvent à réduire l'éventail des possibles qui s'était subitement ouvert après leur admission au lycée Coty. « La prépa, ça m'a donné un horizon très ouvert, auquel je n'avais jamais pensé », explique Myriam, alors en L2, avant d'ajouter : « après, on peut aussi tous finir comme Youssef ! ». Aussi cruelle que suggestive, cette phrase exprime toute l'ambivalence d'un rapport à l'avenir hanté par la peur de la chute, qu'incarne le sur-place social de Youssef. Les chances pour ces migrants de classe de « réussir autrement » s'amenuisent peu à peu. Contraints de trouver des « petits boulots », d'accélérer leur insertion professionnelle ou d'acquérir des compétences valorisables auprès des employeurs, ils s'efforcent d'accomplir leur mandat d'ascension, en retardant leur reclassement et en étoffant leur CV à travers de multiples stages et voyages ou, à l'inverse, en anticipant leur entrée de plain-pied dans la vie active, par le biais des concours de la fonction publique synonymes de stabilité et de respectabilité.

« Bouger » : emplois temporaires, mobilité géographique et émancipation culturelle

Ces étudiants sont, pour la plupart, confrontés à de multiples obstacles pour subvenir à leurs besoins et s'insérer sur le marché du travail, à l'instar de nombreux jeunes sortis du système scolaire sans diplôme ou avec des titres des seconds cycles généraux qui, après les non-bacheliers, subissent la dégradation durable de la conjoncture économique[19]. Cependant, leur recherche de « petits boulots » et de stages ne sert pas seulement à compenser la faiblesse de leurs héritages. Enclins, par leurs déplacements sociaux antérieurs, à rester éloignés de leur univers d'origine, ils n'envisagent pas ces emplois temporaires comme de simples « gagne-pain », mais comme des expériences qui satisfont leur « envie de bouger », pour reprendre un terme souvent entendu en entretien. Ils se représentent leurs « jobs » d'appoint et séjours à l'étranger (voyages Erasmus, postes dans le cadre du Service Volontaire Européen – SVE) comme un prolongement de leur émancipation culturelle. Ainsi, contrairement à bien des enfants d'ouvriers ou d'employés qui ne connaissent pas de migration de classe[20], ils tentent, autant que possible, de reporter les échéances de la vie adulte (stabilisation conjugale, insertion professionnelle, indépendance vis-à-vis des parents) et d'éviter ce que Myriam appelle le « travail de larbin ».

« Travail de larbin » et résistances au déclassement

Le quotidien de Myriam est scandé par le manque d'argent. Boursière depuis toujours au dernier échelon du CROUS, elle évoque à demi-mot les difficultés matérielles de sa mère qui l'empêchent de quitter le domicile familial, où elle vit avec ses cinq jeunes frères et sœurs (lorsqu'elle est en L3, les plus âgés sont en BTS, au lycée en « bac pro » et en Quatrième), avant d'obtenir une chambre en cité-u, au moment d'entrer en M1 : « Financièrement, ça suit pas forcément... on s'en sort, plus ou moins, mais on s'en sort », résume-t-elle. Bénéficiant d'une pension d'invalidité suite à un accident de voiture, sa mère complète ses revenus en travaillant au noir, comme coiffeuse à domicile. Sans diplôme, elle a poussé sa fille aînée à faire des études longues (« quand je lui ai dit que je voulais être secrétaire, en Troisième, elle m'a dit : "quoi ? Si tu fais ça, je t'arrache la tête !" »). Même si « elle ne connaît rien à la fac », elle voit d'un bon œil son inscription en droit après son échec au concours des IEP : « Quand je lui ai dit que j'allais devenir avocate ou magistrate, elle était très enthousiaste, ma mère ! »

Consciente de l'importance de se consacrer à plein-temps à ses études, Myriam préfère ne pas chercher de « petits boulots » durant sa première année à la « fac ». C'est après son passage en L2 qu'elle ressent la nécessité de travailler pour payer ses sorties entre copines. Par ailleurs, elle souhaite « mettre des thunes de côté » pour financer son séjour Erasmus en L3 qui, finalement, n'aura pas lieu, faute d'argent. Elle explique avoir alors « diminué drastiquement les dépenses » et « déposé des CV un peu partout à Carmont » :

> « Pour l'instant, j'ai pas de pistes. J'ai déposé des CV un peu partout à Carmont… même à Mac Do… j'aime pas ça, je vais sentir la frite, mais j'ai pas le choix ! (*Rire*) Le truc idéal, ça serait une librairie ! C'est le boulot idéal, tu restes derrière ton comptoir à lire les bouquins sans les payer ! Mais tout le monde veut faire ça, donc ça va être difficile ! »

Cette opposition entre ces deux « petits boulots », inégalement valorisés socialement, est l'indice d'une tension dans le rapport à l'avenir de Myriam. Contrainte de postuler « même à Mac Do », parce qu'elle n'a « pas le choix », elle est prête à travailler dans un lieu pour lequel elle éprouve un profond dégoût, mais cet emploi contredit ses aspirations, comme le suggère son allusion à l'odeur de frite : cette souillure olfactive exprime son refus d'être dégradée symboliquement. À l'inverse, être employée dans une librairie lui paraît plus compatible avec son image de soi, dans la mesure où ce « truc idéal » la maintiendrait à l'écart de son univers d'origine. Cependant, aucune de ses candidatures n'aboutit. À vrai dire, elle n'entreprend guère de démarches pour y parvenir. Trop focalisée sur sa scolarité pour s'investir complètement dans cette prospection, elle se contente d'un « job d'été » de quinze jours, comme animatrice dans un tournoi de volley organisé par le père d'une amie, ex-hypokhâgneuse du lycée Coty. Myriam ne reste pas toutefois en dehors du marché du travail. Stagiaire dans un cabinet d'avocats durant son année de L2, elle pénètre dans un monde qui l'attire beaucoup. Mais l'absence de rémunération et le faible intérêt des tâches qui lui sont confiées la décident à abandonner l'idée d'exercer ce métier :

> « Depuis que j'ai fait mon stage chez un avocat, je me suis rendu compte que c'est pas un métier pour moi, c'est… (*elle souffle*) c'est chiant à mourir ! On croit que c'est comme dans les séries américaines, avec la plaidoirie devant le

tribunal et tout, mais c'est pas ça ! Pour faire ça, faut avoir des larbins derrière, pour faire toute la paperasse ! Faut monter les dossiers avec les preuves, les contre-preuves, les références exactes aux articles juridiques. Ça m'a appris des choses, mais ça m'a surtout appris que… (*en riant*) c'est pas ce que je veux faire ! Je veux pas devenir avocate, c'est sûr ! »

Le portrait négatif du métier d'avocat dressé par Myriam prend tout son sens lorsqu'on s'arrête sur sa référence aux « larbins ». Effectuant des tâches répétitives et peu qualifiées, elle est réduite à une position d'exécutante qui, implicitement, la ramène à cette carrière de secrétaire à laquelle elle avait songé lorsqu'elle était collégienne. Son déplacement social a rendu impensable cette perspective. Comme les jeunes de familles ouvrières qui s'efforcent de tenir à distance tout ce qui les rapprocherait d'un « boulot d'esclave » en usine[21], elle refuse le « travail de larbin » dans les bureaux :

« Pendant mon stage, je devais observer le boulot d'un avocat spécialisé dans le droit de la famille et fallait l'assister dans certaines de ses tâches. Mais, en fait, je faisais le larbin ! J'allais faire tamponner les pièces au tribunal, je triais les dossiers, les preuves, les bordereaux, les pièces judiciaires et patati et patata… ça me plaît pas, moi, ce travail de larbin ! J'aurais préféré, à la limite, être un larbin, mais chez un grand avocat. »

Le regret de Myriam de ne pas pouvoir travailler dans le cabinet d'un grand avocat, seule condition acceptable, à ses yeux, pour occuper un poste de « larbin », offre une illustration supplémentaire de la permanence de sa volonté de s'affranchir de son univers d'origine. La profession d'employée ne lui semble enviable que si elle lui procure le prestige associé aux figures les plus reconnues du Barreau, car tout en elle la pousse à viser des positions situées en haut de l'espace social, ce que suggère bien son « à la limite ». On comprend mieux pourquoi, les années suivantes, après ses échecs répétés aux concours des IEP, elle veut toujours tenter l'ENM, dès qu'elle aura obtenu un master à l'université. Cependant, sa peur de la chute vient périodiquement brouiller son rapport à l'avenir. Entre la L3 et le M1, elle envisage tour à tour d'être magistrate, juriste en entreprise, experte en droit dans des institutions internationales ou journaliste dans des organes de presse réputés. Plus les possibles se resserrent, plus elle imagine de nouvelles alternatives qui prolongeraient ses études et impliqueraient des voyages à l'étranger :

> « *Tu penses que ça va être compliqué pour te faire embaucher après ton master ?*
>
> — (*Souffle de dépit*) C'est la crise ! (*Rire crispé*) Je sais pas, je sais pas vraiment, je sais pas... moi, mon rêve, ça serait de travailler à l'étranger, dans des institutions internationales, comme l'UE ou l'ONU. Mais c'est un peu la merde partout, donc je sais pas ! Je vais essayer de bouger, au moins dans un premier temps, j'ai envie de voir autre chose que Carmont ! »

Rattrapée par sa situation matérielle, Myriam ne parviendra pas à « bouger ». Après son premier redoublement en M1, elle est contrainte de trouver rapidement un emploi pour pouvoir s'installer avec son compagnon. Embauchée comme caissière dans un supermarché pendant toute l'année, vingt heures par semaine, elle entre dans un engrenage qui la conduit à rater une seconde fois ses partiels, puis à abandonner la « fac ». Obligée, faute de capital économique et social, d'accepter ce qu'elle aurait considéré, auparavant, comme un « travail de larbin », elle finit par tirer définitivement un trait sur ses projets de carrière dans la magistrature ou dans les métiers juridiques. Après s'être inscrite à la préparation en ligne aux écoles de journalisme, elle continue à croire en ses chances de repasser les frontières sociales, en se dirigeant vers un avenir dégagé des nécessités immédiates. En même temps, elle transmet à l'un de ses frères le mandat d'ascension qu'elle n'a, pour l'instant, pas réussi à honorer : elle voit en lui « [son] successeur » et aimerait qu'il s'oriente vers une CPGE, dès qu'il sera, comme elle, titulaire d'un baccalauréat ES.

Pour Myriam, l'obtention d'un emploi étudiant s'est révélée néfaste : ce travail a concurrencé, puis remplacé, son investissement dans les études, ce qui l'a enfermée dans un « présent sans avenir[22] ». Les « collés » issus des classes supérieures sont mieux armés pour « jongler » entre la « fac » et les « jobs » d'appoint. Ainsi, Jeanne, boursière au deuxième échelon du CROUS, réussit haut la main à passer en master, puis en doctorat, tout en se faisant embaucher, chaque été depuis son inscription à l'université, comme animatrice, cuisinière et femme de ménage dans deux centres éducatifs (l'un, dirigé par son père, pour enfants handicapés, l'autre pour jeunes délinquants). Son héritage culturel et économique lui permet de limiter ces « à-côtés » à une fonction purement « alimentaire », sans conséquence sur son devenir scolaire et ses projets professionnels.

La comparaison entre ces deux cas extrêmes empêche toutefois de saisir la variété des usages de l'emploi étudiant, comme le montre l'itinéraire de Réda. Si, comme Myriam, il est contraint d'interrompre à nouveau ses études après son admission en L2 de LEA, il parvient, contrairement à elle, à intégrer tous ses « petits boulots » dans sa stratégie d'insertion dans le monde du journalisme indépendant. Secrétaire d'une association ayant pour mission de favoriser l'entraide entre étudiants et de stimuler leurs activités culturelles, il continue, même après avoir abandonné son cursus, de se rendre sur le campus de Lagnecourt pour participer au journal et à la radio de la « fac ». Chargé des relations avec les médias, il se sert de cette responsabilité pour accumuler un capital social utile pour s'insérer dans les réseaux professionnels dont il espère devenir membre à part entière : « à chaque fois que je rencontre un journaliste, je lui dis : "excusez-moi, je pourrai avoir votre carte ?". Du coup (*enthousiaste*), je me suis fait un petit stock de cartes de visite dans mon portefeuille ! Ça me servira sûrement pour plus tard ! », dit-il. Reconnaissant, deux ans après, avoir « frôlé la dépression » après son échec en L2 d'histoire, il a l'impression d'avoir « trouvé sa voie » et éprouve beaucoup de plaisir à « rencontrer plein de gens intéressants ». Il suit toujours ses cours du soir de journalisme. Il y apprend des méthodes de travail, mais aussi des manières d'être et de penser qui lui donnent le sentiment d'être, comme il dit, « déjà journaliste dans [sa] tête ». Ses discussions régulières avec des pigistes très expérimentés qui interviennent dans cet atelier et des reporters de grands organes de presse invités, les samedis après-midi, à des conférences auxquelles il assiste assidûment, ont donné plus de consistance à son avenir. Ses nombreux contacts dans l'univers associatif local lui ont permis de trouver des formations et des stages grâce auxquels il acquiert des compétences valorisables sur son CV. Après son abandon en L2, il participe ainsi à une initiation gratuite d'une semaine au métier de reporter d'image, dans le cadre d'un programme géré par une association militante. Ensuite, il se fait embaucher un mois comme stagiaire dans un grand magazine, à Paris. Sa rémunération, assez faible (350 euros), lui semble « déjà pas mal pour un début » et, surtout, dérisoire en comparaison de sa satisfaction d'avoir découvert l'ambiance d'une rédaction où, très vite, il a noué des liens avec « des personnes pleines de bons conseils ». Certaines de ses expériences l'ont conduit à s'interroger sur les pratiques des journalistes qui, selon lui, sont davantage attirés par les « scoops » et par les « étiquettes » que par la vie des petites gens. Son regard critique lui fournit des arguments pour justifier son « parcours » en transformant le report de son reclassement en refus électif :

> « Je me précipite pas, je suis super content d'avoir mon parcours à moi. Même si mes copains ils me disent "moi, je suis en master 1", je m'en fais pas, je suis content d'avoir fait ce que j'ai fait.
>
> — *Mais tu pourrais aussi reprendre tes études et intégrer une école de journalisme…*
>
> — J'y pense un peu, mais… la majorité des journalistes ne sont pas passés par des écoles, même si 'y en a qui sont prestigieuses… ceux qui en sortent, ils ont juste droit à la carte de presse, c'est tout ce qu'ils ont. Moi, ce que je veux, c'est acquérir du savoir par moi-même. Par exemple, sur la géopolitique du monde arabe, je préfère aller dans des pays dont je parle plutôt que d'être en France et de me faire formater. J'ai envie d'arriver dans le monde du journalisme avec ma spécificité. (…) La qualité de mon travail, c'est pas dans une école que je vais la trouver, c'est en apprenant par moi-même, en développant mes propres savoirs. »

Le volontarisme de Réda cache une forme d'impuissance, qui le conduit à s'exclure lui-même de ce dont il est objectivement exclu. Significativement, lorsqu'il parle de son avenir, plus loin dans l'entretien, il s'en remet au « hasard » (« c'est un hasard si j'ai trouvé dans *20 Minutes* l'annonce qui m'a permis de trouver le cours du soir ») et au « destin » (« tous les journalistes que j'ai rencontrés, c'est le destin qui l'a voulu »), indice de la fragilité d'un rapport à l'avenir qui repose presque entièrement sur un optimisme de principe.

Ses projets restent, en effet, hypothéqués par le manque de capital scolaire et économique. D'une part, ses parents s'inquiètent de le voir abandonner ses études pour ces perspectives assez incertaines (« mon père, il comprend pas trop, il voudrait que j'aie quelque chose de concret » explique-t-il). D'autre part, il dispose de peu de ressources pour rembourser ses dettes (par exemple, sa sœur lui paye sa carte de transport) et subvenir à ses besoins : ne bénéficiant plus d'une bourse, il doit trouver au plus vite un emploi rémunéré. Or il ne veut pas d'un « petit boulot » qui le ramènerait vers son univers d'origine, exactement comme Myriam au début de son cursus. Aussi, bien qu'il ne soit plus étudiant, c'est à la « fac » qu'il obtient son premier « petit boulot » régulier. Recruté, pendant un an, comme animateur par un réseau associatif national, il est chargé de la coordination des activités culturelles sur le campus. Il se sert de cet emploi pour développer ses compétences en communication et engranger du capital social, notamment en invitant des journalistes aux débats qu'il organise. Ces relations lui permettent d'être repéré par les responsables d'une grande radio indépendante de Carmont, qui lui proposent de réaliser des émissions sur l'Asie. Dans son récit, l'université ne se définit pas par les diplômes qu'elle décerne, mais par les savoirs immédiatement utilisables que les enseignants mettent à sa disposition : il considère ses cours d'anglais et d'arabe comme des « outils » pour se préparer à de futurs séjours à l'étranger (il a envie d'aller en Égypte, en Palestine, en Syrie et en Angleterre), au cours desquels il souhaite mener des investigations susceptibles d'être vendues, sous forme de chroniques, à des magazines avec lesquels il est entré en contact dans le cadre de son atelier de formation.

À 22 ans, Réda est dépourvu de diplômes, excepté son baccalauréat. Il n'a pas d'autre moyen, pour « réussir autrement », que de rechercher du capital social, en conservant soigneusement des cartes de visite des journalistes qu'il rencontre, et du capital symbolique, en mettant en avant son statut d'ancien du lycée Coty. Ainsi, sur les pages personnelles des réseaux professionnels auxquels il s'est inscrit sur internet, il mentionne systématiquement ce titre de noblesse, mais efface toute référence à la prépa sup-expé et à sa scolarité en ZEP. Parallèlement à son « petit boulot » et ses activités associatives, il prospecte des stages à l'étranger qui lui permettraient de « bouger ».

Travailler à l'étranger pour être heureux ?

Le prolongement de la période d'apprentissages sur le tas de Réda est inséparable de ses efforts pour s'évader non plus symboliquement, mais physiquement de son univers d'origine. Un mois après son stage à Paris, il prépare un voyage de quinze jours en Grèce, organisé par une association locale spécialisée dans le film documentaire. Avec six autres jeunes, il se forme aux techniques de tournage et interviewe plusieurs acteurs de la révolte de décembre 2008. Toutes ses économies y passent (le séjour coûte 600 euros), mais il revient galvanisé par cette expérience. Symbole de son enthousiasme, il a gardé chez lui la caméra du groupe pour « dérusher » et traduire les séquences en anglais. Attiré par le photojournalisme, il prévoit d'acheter, dès qu'il aura assez d'argent, un appareil Réflex numérique, pour remplacer son vieux Compact d'amateur. Ces deux semaines ont ravivé son espoir de faire carrière à l'étranger. Ne jurant plus que par « l'international », il mentionne un entretien qu'il a effectué avec un fonctionnaire de l'ONU, qu'il compte vendre à une revue, « preuve » supplémentaire que son avenir est « ailleurs ».

De fait, jusqu'à la fin de l'enquête, l'itinéraire de Réda est marqué par une forte mobilité géographique. Il part travailler deux mois dans une association de jeunesse implantée en Espagne. Peu de temps après, il obtient un « SVE de rêve », comme il dit, qui lui permet d'aller sept mois en Suède pour collaborer à un programme d'apprentissage des technologies multimédias. Dans la foulée, il suit une formation d'une semaine en Allemagne, sur le thème de la « créativité des jeunes ». À son retour en France, il effectue un stage dans un mensuel de critique sociale, à Carmont, où il retrouve des reporters qu'il a rencontrés dans le cadre de ses cours du soir. Lorsque je lui demande, lors d'une conversation téléphonique fin 2012 (il a alors 24 ans), s'il pense se réinscrire à l'université, il esquive ma question : « Pour le moment, j'en ressens pas le besoin, j'aime bien apprendre par moi-même avec les gens… on verra plus tard ». En attendant, il souhaite s'installer dans la ville dont il revient, pour créer, avec trois amis étrangers qui vivent là-bas, une entreprise de communication spécialisée dans l'événementiel[23].

Réda est loin d'être un cas isolé. Son attirance pour l'étranger, son refus des « petits boulots » sans intérêt et le report de son entrée dans la vie adulte suggèrent en creux l'impasse dans laquelle se trouve une partie des jeunes des générations succédant à celles des « enfants de la démocratisation scolaire[24] ». Son attitude constitue une réaction, certes risquée, mais compréhensible, à cette situation collective : il prend acte des injonctions à la professionnalisation des universités, sans attendre beaucoup de la « fac » dont tout indique que les titres qu'elle délivre ne suffiront pas à le protéger du chômage et de la précarité. La limite de cette sorte d'« attente active » est qu'elle ne peut guère durer : tôt ou tard, Réda devra bien se reclasser et, même s'il dispose d'un « bon CV », il est probable qu'il paiera le prix de son manque de diplômes[25]. C'est du moins ce que laisse présager la trajectoire d'Aïda, élève de la première promotion, fille d'une veuve au chômage originaire du Sénégal. Dans un entretien réalisé dans un café du centre-ville de Carmont, au milieu de son année Erasmus (elle est alors en M1 de LEA et a 23 ans), elle estime, elle aussi, qu'elle ne « réussira » qu'en voyageant :

> « *T'as une idée de ce que tu veux faire comme métier après tes études ?*
>
> — Travailler dans l'humanitaire ! Ça me plaît, mais je compte pas faire du bénévolat toute ma vie ! (*Rires*) Je me suis rendu compte que des grandes organisations comme la Croix-Rouge ou ce genre de conneries, bon… j'ai fait des stages en Afrique, pendant trois mois au ministère des Affaires étrangères et j'ai fait un tour au bureau des ONG et des organisations internationales, j'ai trouvé ça intéressant. Puis j'ai trouvé un stage à Paris… mais je préfère aller à l'étranger !
>
> — *Pour faire quoi ?*
>
> — J'aimerais faire un stage à New York. (…) Pour l'instant, je compte faire des stages un peu partout dans le monde ! Mon projet professionnel, c'est… je sais pas, la diplomatie, l'humanitaire, de toute façon, c'est lié. Mais j'ai le temps… j'irai pas sur le marché du travail avant… quatre ans ! (*Rires*) Je vais bien faire tirer l'école ! Mais je n'accepterai pas de travailler pour rien, j'en ai marre ! J'aimerais partir en Amérique latine, travailler dans les ONG en étant rémunérée (…).

— *T'as toujours été boursière?*

— (*Rires*) C'est clair!

— *Pourquoi?*

— Parce que 'y a pas de moyens chez moi (*sourire*)... mais bon... (*ironique*) heureusement, 'y a l'État! Surtout qu'après on va tous aller à l'étranger tu vois, donc on aura profité du système français, mais on va travailler ailleurs... (*rire, puis sur un ton plus grave*) En France, 'y a pas d'avenir de toute façon. Trouver du travail en France, c'est trop galère. Et puis ne nions pas la discrimination qui existe! La discrimination contre les Noirs! Pas que contre les Noirs, mais moi je suis noire, donc je peux te dire que... ici je peux pas faire le travail que je mérite, donc je préfère partir à l'étranger... j'irais bien en Irlande, tu vois! 'Y a pas de discrimination là-bas... j'ai travaillé comme vendeuse dans un grand magasin là-bas, c'est simple pour trouver du travail en Irlande... et 'y a pas de chômage en Irlande! Donc au bout de quelques entretiens, t'as un travail. »

Le refus d'Aïda d'entrer rapidement sur le marché du travail traduit autant ses velléités d'ascension que sa peur de la chute. Son réquisitoire contre le racisme anti-Noirs en France prend tout son sens quand on relie ses propos à sa lassitude d'être traitée non seulement en inférieure, en raison de sa couleur de peau, mais aussi en « bénévole », c'est-à-dire en main-d'œuvre bon marché dont les qualifications ne sont pas reconnues par les employeurs. Si, pour elle, l'Irlande et le continent américain représentent des destinations idéales pour avoir « le travail qu'[elle] mérite », c'est que ses voyages constituent à la fois un moyen de résister à la discrimination raciale[26] et de contrecarrer les effets négatifs de son origine sociale et de son capital scolaire dévalué. Ce n'est donc pas un hasard si elle évoque deux secteurs qui ont la particularité d'impliquer une mobilité géographique et d'être auréolés de prestige. Cependant, son attirance pour l'étranger et son regard désabusé sur son pays et sa ville sont inséparables de sa volonté de s'éloigner, aussi longtemps que possible, de son univers d'origine, qu'elle ne définit plus que comme un monde en déliquescence :

« *T'as encore des activités associatives dans le quartier ?*

— Je le faisais à un moment. Je travaillais au centre social, je faisais de l'aide aux devoirs pour les enfants. Ensuite, quand j'ai eu le BAFA, j'ai travaillé dans les colonies de vacances, et puis quand 'y avait des manifestations sportives pendant les vacances pour les gamins, pour pas qu'ils s'ennuient trop, je le faisais... mais ça m'a saoulée, donc j'ai arrêté, il y a trois ans... avant, j'étais trop sympa et tout, mais maintenant je veux plus... ça tourne trop mal... je vois ma famille, mes amis, mais c'est tout...

— *C'est quoi qui tourne mal ?*

— (*Ton désabusé*) Fusillade 'y a trois semaines, tous les bandits qui sont en taule, deux gosses qui ont volé une voiture et ont écrasé une mère, ceux-là mêmes qui traînaient avec mon petit frère, hein ! Ceux avec qui je faisais du soutien scolaire, ils volent des voitures, 'y en a même un d'entre eux qui a incendié un bus ! Ça me dégoûte, quand je vois qu'ils ne font aucun effort... 'y a de la discrimination, je suis d'accord, 'y a pas d'égalité des chances, mais en arriver là... franchement, je viens de revenir à Carmont, mais j'ai déjà envie de repartir (...). J'aime bien me dire "je pars". J'ai aucune obligation, je suis jeune, j'ai le temps... après tu deviens vieille et t'as un CDI, des enfants, tu peux plus rien faire ! Moi, je veux pas me stabiliser avant 30-35 ans. »

Derrière les références d'Aïda à des « là-bas » pleins de promesses, c'est la mise à distance de son « ici-bas » qui se joue. Partagée entre la honte et l'exaspération à l'égard des jeunes délinquants de son quartier, elle ne peut envisager son existence qu'au prisme de ces « ailleurs ». Bien qu'indécise, elle n'esquisse son avenir qu'à travers des stages et ses études à l'étranger, ses projets professionnels (dans l'humanitaire) et son intention de quitter Carmont. Sa *posture de partance* (« j'aime bien me dire "je pars" ») fait coïncider mobilité spatiale et mobilité sociale, deux phénomènes qui, au sein des classes populaires, relèvent de l'exception[27]. Comme Réda, elle conçoit sa précarité comme un long *transit* avant d'arriver, vers « 30-35 ans », à bon port. Cet horizon ouvert du départ lui permet, au moins provisoirement, de repousser la fin de sa jeunesse, sur le mode du refus électif (elle ne « veut » pas se stabiliser) et, implicitement, de résister à la peur de la chute[28]. Elle est d'autant plus portée à valoriser la mobilité géographique qu'elle appartient à une fratrie (6 enfants, dont elle) dont les membres de sexe féminin sont tous en cours de migration de classe. Au moment de l'entretien, sa sœur aînée est en M2 de diplomatie internationale dans une grande université parisienne, les plus jeunes sont, pour l'une, en Terminale générale au lycée Voltaire pour l'autre, élève d'un IEP de province, après être passée par la prépa sup-expé, puis par une hypokhâgne à Lagnecourt. Son frère aîné est en BTS et le benjamin est, selon elle, promis à une carrière de basketteur de haut niveau, en dépit de mauvais résultats au collège : « Il aime pas l'école mais, lui, on va l'envoyer aux États-Unis » lâche-t-elle fièrement. Ainsi, c'est toute une famille qui entretient son désir de s'affranchir de sa condition sociale en voyageant.

Après l'obtention de son M2 et quelques « petits boulots », Aïda concrétise ses espoirs. En 2009, elle décroche son premier contrat (à durée déterminée) en Espagne, puis elle part deux ans en Amérique latine pour voyager et travailler. Cependant, des problèmes de santé récurrents l'obligent à revenir en France, fin 2011. Elle s'installe à nouveau chez sa mère, qui habite toujours dans le HLM où elle a grandi. À 27 ans, elle redécouvre la vie de famille et retourne dans ce quartier qu'elle s'était tant efforcée de fuir. Au cours d'un entretien informel, réalisé en août 2012 dans le café où nous nous étions vus six ans auparavant, elle paraît désabusée. Occupant depuis neuf mois un poste temporaire de chargée de mission à la faculté de sciences de Carmont, elle craint de ne pas retrouver d'emploi et de devoir s'inscrire au chômage : « On fait tout pour nous dégoûter de faire des études, sérieux ! Je me suis tuée à réussir à la fac et, maintenant, tout ce que je trouve, c'est des trucs bidon ! » constate-t-elle amèrement.

La désillusion d'Aïda s'explique par ses difficultés à nouer des liens avec ses collègues de travail (« c'est tous des vieux, ils sont trop enfermés dans leur monde ! ») et à retrouver sa « place » dans son univers d'origine. Puisque sa mission lui a permis de rencontrer des responsables de grandes institutions culturelles et des élus locaux, elle désire créer des ateliers de sensibilisation aux sciences destinés aux jeunes de son quartier. Or son idée n'intéresse ni les décideurs, qui rejettent sa demande de subvention (5 000 euros) et lui « proposent des clopinettes » (500 euros, « alors que j'ai réussi à négocier plus de 60 000 euros pour un musée ! » s'exclame-t-elle), ni les éducateurs de sa cité, convaincus que son projet ne fera pas recette : « Tous les gens que j'ai vus, je les connais depuis que je suis toute petite, ils m'ont vue grandir et tout ce qu'ils trouvent à me dire, c'est : "Désolé, ici, c'est ou le sport, ou le hip-hop !" ». Elle n'en démord pas, mais se voit reprocher son obstination : « Ils m'ont dit : "Arrête de faire ton intello, tu vis plus ici, tu sais pas ce que c'est, nous, on sait de quoi on parle." » Ne pouvant plus, en raison d'une maladie chronique, repartir à l'étranger, elle est confrontée, en même temps, à des réactions qui lui font payer son déplacement social par un bannissement symbolique impossible à admettre : « Je suis née ici, je peux plus voyager aux quatre coins du monde comme avant, donc mon avenir, il est ici ! » Sa présence fait de l'ombre à ces piliers de la sociabilité locale qui, contrairement à elle, bénéficient de la lente accumulation d'un « capital d'autochtonie[29] » bien plus valorisé, dans son milieu d'interconnaissance, que ses titres scolaires[30]. Coincée entre ses difficultés à s'insérer sur le marché du travail et l'absence d'une « place » acceptable dans son univers d'origine, elle oscille entre révolte et résignation : « Ça changera jamais dans les quartiers, parce qu'y a trop de gens qui préfèrent rester comme ils sont, même s'ils n'ont quasiment rien (...). Faudrait tout raser et repartir à zéro ! »

« Se poser » : sécurité de l'emploi, sédentarité spatiale et déplacement social

On peut mettre en regard l'instabilité, à la fois subie et consentie, de ces rapports à l'avenir tâtonnants, avec les reclassements accélérés des migrants de classe qui, à l'image de Soraya, consentent à réévaluer à la baisse leurs aspirations en échange de la sécurité de l'emploi leur permettant de « se poser ». Après ses deux redoublements, elle a fini, on l'a vu, par abandonner son projet initial de devenir institutrice ou professeure d'histoire dans le secondaire, pour se tourner vers une carrière d'infirmière fonctionnaire. Sa décision se fonde, pour partie, sur une estimation consciente de ses chances de réussite. Après s'être renseignée sur le *ratio* entre le nombre de candidats et celui de postes ouverts au recrutement dans l'Éducation nationale, elle ne se sent plus capable d'entrer dans une compétition aussi sélective, qu'elle estime perdue d'avance : « J'adore étudier et expliquer aux autres, mais je suis réaliste : avec la pénurie de postes, c'est même pas la peine d'essayer ! » Mais Soraya ne ferme pas la porte à une intégration « par le bas » dans l'Éducation nationale. Elle aimerait devenir documentaliste (ou employée de mairie), mais le métier d'infirmière lui semble plus accessible : « On aura toujours besoin d'infirmières » estime-t-elle. Comme sa sœur aînée, employée dans une entreprise après avoir redoublé à deux reprises en première année de médecine, elle souhaite entrer au plus vite dans le monde du travail (« j'ai plus le temps, je peux pas traîner ! »). Elle se sent frustrée par le manque d'argent de sa mère, aide à domicile divorcée d'un agent de sécurité, et par la faiblesse de son réseau relationnel en dehors de son quartier. Cependant, elle préfèrerait exercer dans le secteur public pour se stabiliser et « voir venir » en restant à Carmont avant d'avoir, plus tard, des enfants auxquels elle pourrait offrir de meilleures conditions de vie. Ainsi, en dépit du resserrement des possibles, elle conserve, à l'image de bien des étudiants d'origine populaire, son rêve de devenir fonctionnaire[31]. En attendant, elle s'est fait embaucher comme télé-opératrice dans un centre d'appel[32]. Le cas de Soraya suggère à la fois la permanence de l'attractivité de la fonction publique chez les enfants d'ouvriers ou d'employés, tout particulièrement parmi les filles[33], mais aussi un reflux, par rapport à la génération antérieure des bacheliers d'origine populaire, engendré par les politiques d'austérité budgétaire. À travers les plans de suppression de postes d'enseignants, elles ont contribué à renforcer le poids des destins de classe et à éloigner un certain nombre de « dominés aux études longues[34] » de cette voie traditionnelle de promotion sociale que constitue l'enseignement. Ce n'est pas un hasard si, entre 1994 et 2006, la part des étudiants qui envisagent de devenir fonctionnaire est passée de 37,7 % à 31,3 %[35]. L'Éducation nationale reste toutefois un *point de passage* des frontières sociales privilégié pour les étudiants d'origine populaire qui sont à la fois bien armés scolairement et pressés d'en finir avec la précarité.

Prenons l'exemple de Thierry. Après avoir abandonné l'IEP, il a suivi un parcours sans accrocs à la faculté de lettres de Lagnecourt, qui s'est soldé par l'obtention d'un M2 de philosophie. Disposant de ressources financières très restreintes (il n'a que sa bourse et vit en cité-u pendant quatre ans), il n'a plus aucun lien avec ses parents depuis le lycée. Très vite, il délaisse son projet de faire une thèse sur les penseurs antiques, au profit d'une carrière d'enseignant dans le secondaire. Sa tante le soutient à bout de bras et l'encourage sans cesse à tenter le CAPES et l'agrégation, comme si elle voyait en lui un

« fils symbolique » chargé d'accomplir un mandat d'ascension familial transmis par procuration. Cependant, il échoue aux concours et, pour subvenir à ses besoins, cherche des « petits boulots ». Il trouve d'abord un Service Civique Volontaire (SCV) de trois mois aux Petits Frères des Pauvres, occupant un poste d'animateur dont la rémunération équivaut à la moitié de celle au même indice de la fonction publique, puis travaille comme téléprospecteur dans une ville située à 400 kilomètres de Carmont, où il part s'installer avec sa compagne.

Peu de temps après, ils se séparent. Thierry décide alors de revenir à Carmont. Sa tante l'accueille à nouveau, mais il ne veut pas « peser éternellement sur elle », craignant, comme il dit, « d'être un Tanguy jusqu'à 30 ans ». Il prépare à nouveau les concours et, pour augmenter ses chances de réussite, tente aussi le CAFEP, équivalent du CAPES pour l'enseignement privé. Pendant ce temps, il gagne sa vie en cumulant sa bourse d'étudiant à l'IUFM et une vacation dans un lycée hors contrat, non confessionnel. Il éprouve beaucoup de plaisir à travailler auprès d'élèves en grande difficulté (placés en foyers d'urgence, 30 % de réussite au baccalauréat), dont les problèmes de discipline lui donnent le sentiment d'« être utile en tant que prof ». Après un deuxième échec aux concours, il s'inscrit au Revenu Minimum d'Insertion (RMI). Hanté de plus en plus par la peur de la chute (« je le voyais gros comme une maison que je risquais de finir rmiste »), il révise ses ambitions à la baisse, envisageant, « pour des raisons bassement pragmatiques », de devenir CPE. C'est par l'estimation rationnelle de ses chances qu'il s'est réorienté vers ce métier : « J'ai pris ma calculette, et là, je me suis dit : "'y a pas photo, d'un côté, t'as 25 postes de profs pour énormément de candidats, de l'autre t'as 200 postes pour à peine 600 candidats. »

Si Thierry est, comme Soraya, contraint de faire le deuil d'une carrière d'enseignant qui, auparavant, lui paraissait évidente, il dispose d'un capital scolaire qui lui permet de réajuster ses aspirations moins radicalement qu'elle. Cependant, c'est la même volonté de mettre fin à l'incertitude de l'avenir qui le conduit à accélérer son reclassement (« j'ai pas le choix, faut m'insérer, je dois m'insérer professionnellement au plus vite »). Cette urgence est d'autant plus pressante qu'il a dû multiplier les vacations pendant deux ans, donnant des cours de français et de philosophie dans trois, puis quatre lycées privés. « J'en ai marre de jongler d'un bahut à l'autre, j'ai besoin de me poser, maintenant », dit-il. Pourtant, ce qui compte, à ses yeux, ce n'est pas seulement de se stabiliser et de trouver un poste correspondant à ses qualifications : c'est aussi travailler dans un « cadre » où ses dispositions ne sont plus mises en défaut, comme ce fut le cas pour lui jusqu'ici. Ses expériences de vacataire dans des établissements catholiques très huppés ont été éprouvantes, au point de justifier sa décision de se réorienter vers le métier de CPE par son malaise face à des jeunes pour lesquels il a eu l'impression de « ne servir à rien » :

> « Dans ces lycées de bourges, je n'ai pris aucun plaisir, mais aucun ! Alors que dans l'autre, j'ai pris mon pied !
>
> — *Pourquoi ?*
>
> — C'est peut-être ce côté social que je recherche… (*il s'interrompt pour réfléchir, puis reprend la parole*) si on remonte chronologiquement, ce côté social peut nous renvoyer à mes origines, bon… je viens d'un milieu qui est pas hyper favorisé, et là, je me retrouvais face à des élèves qui venaient de quartiers aux antipodes des miens. En tant que prof j'ai pas trouvé ça du tout épanouissant, parce que j'avais envie d'un autre contact avec les gamins, auxquels j'apporte un savoir théorique mais aussi où je puisse me sentir à ma place dans mon rôle d'éducateur, en apprenant aux élèves à devenir des citoyens.
>
> — *Mais c'est quoi qui t'allait pas dans ces bahuts ?*
>
> — (*Soupir*) C'est… le cadre… c'est très dur à dire, tu vois… s'il faut poser des mots, c'est dur… c'est très dur de poser des mots, c'est… le cadre, l'ambiance, l'atmosphère, ces jeunes… et pourtant, ces jeunes c'est le rêve de tout prof, hein ! Trente élèves qui se mettent debout quand tu entres en classe, qui attendent que tu leur dises de s'asseoir et qui te disent "bonjour Monsieur", je pense que ça peut faire rêver plus d'un prof ! Mais, pour moi, c'est un cadre trop rigide, je m'y plaisais pas, je m'y sentais pas à ma place. J'avais presque l'impression de faire tache dans ce milieu, ça m'a donné un véritable mal-être et ça m'a un peu fait m'interroger sur ma volonté de faire prof ou pas. »

La distance sociale est si grande avec ces élèves de bonne famille qu'il a l'impression de « faire tache ». Mû par son envie d'« être utile » et de se sentir à sa « place », il est décidé à « bosser dans un bon gros bahut à problèmes ». C'est la même logique d'homophilie sociale qui s'observe dans sa vie conjugale : il tombe amoureux d'une fille d'origine brésilienne, étudiante dans un IUT d'une région limitrophe préparant aux concours d'assistante sociale, avec laquelle il se pacse au bout de quelques mois. Lorsque je le revois, six mois plus tard, dans un parc public de Carmont, il vient de réussir le concours de CPE. Reçu quatrième au classement national, avec 19,5 sur 20 à l'entretien d'admission, il est satisfait d'avoir accompli la « mission » dont sa tante l'avait investi : « Tu l'aurais vue, elle arrêtait pas de pleurer quand je lui ai annoncé la nouvelle ! Elle y croyait plus que moi, à ce concours ! » plaisante-t-il. Ses résultats lui permettent de choisir, pour son année de stage, un établissement proche de la ville où sa compagne étudie. Il emménage avec elle immédiatement après avoir réussi le concours de CPE. Nommé dans un lycée professionnel au recrutement très populaire, il paraît soulagé par cette heureuse issue, grâce à laquelle il peut enfin « se poser » : « Ça y'est, c'est fait, j'y suis, finie la galère, finie la misère ! », lâche-t-il. À la joie d'avoir atteint son objectif s'ajoute le plaisir d'occuper un poste en phase avec ses attentes, auquel il « colle » parfaitement : assis sur la pelouse, à quelques centimètres de son modeste cartable en cuir, très à l'aise dans son costume de fortune, sa chemise et ses mocassins, il multiplie, tout au long de la conversation, les références aux textes juridiques, aux sigles en usage et aux auteurs les plus cités à l'IUFM.

En s'affranchissant de son destin de classe, Thierry a obtenu la respectabilité symbolique et la stabilité professionnelle qu'il recherchait. Mais il a aussi acquis une aisance matérielle qui lui permet d'envisager sereinement son avenir et celui de son couple : « Comparé aux revenus que j'avais auparavant, c'est Byzance ! J'ai pas à me plaindre, vu d'où je reviens ! » dit-il, avant de détailler son projet de prêt à taux zéro à la Caisse d'Aide Sociale de l'Éducation Nationale (CASDEN) grâce auquel il veut épargner pour acheter un appartement dans la décennie à venir. Son changement de coordonnées dans l'espace social et géographique (« je me sens tout neuf », répète-t-il plusieurs fois) va de pair avec l'abandon d'une partie de ses habitudes : il cesse de militer (« je dois apprendre la vie quotidienne à deux, ça passe par là ») et n'écoute plus de rap depuis qu'il s'est découvert une passion pour le jazz. Par ailleurs, il envisage, « par pragmatisme », de se syndiquer à l'UNSA, alors qu'il était jusque-là très proche de l'extrême gauche. Ce choix n'est pas anodin : minoritaire chez les CPE, cette organisation est majoritaire chez les personnels de direction[36], catégorie qu'il souhaite rejoindre d'ici cinq ans, par le biais des concours internes, dès qu'il atteindra l'âge légal (30 ans) et les années de service requises pour quitter son poste. Loin de se réduire à un renoncement « arriviste », cette adhésion exprime d'abord une stratégie d'adaptation à son groupe de référence :

> « Le fait d'avoir eu le concours, ça ouvre aussi des perspectives, parce que je commence à gamberger aux années qui viennent...
>
> — *Qu'est ce qui t'intéresserait pour la suite ?*
>
> — Devenir chef d'étab' !
>
> — *Pourquoi ?*
>
> — Parce que t'as plus de responsabilités qu'en étant CPE, t'as plus de possibilités dans les projets, dans les expérimentations éducatives. Et, l'avantage, c'est que le concours de chef d'étab', je peux le repasser tant que je veux à partir du moment où j'aurai atteint la limite d'âge minimale et, pendant ce temps, je mange et je vis comme je veux ! Dans cinq ans, j'aurai 31 ans, donc c'est jouable. Et je suis confiant, parce qu'à ce concours, les CPE ont un excellent taux de réussite, vu qu'ils ont une grosse expérience de la vie d'établissement. T'as 600 ou 700 places pour 2000 candidats, donc le taux d'admis, il est énorme et, souvent, les jeunes candidats, ils cartonnent... donc, ça semble jouable !
>
> — (Surpris) *Mais tu penses déjà à changer ? Tu viens à peine d'être affecté... tu pensais pas à ça avant, non ?*
>
> — Non, disons que ça m'effleurait l'esprit sans plus, fallait d'abord avoir le concours et, après, je verrais si, à très long terme, j'avais la possibilité de monter. (...) Je sais pas si, à 45 ou 50 ans, j'aurais encore la niaque pour tenter ce genre de choses, donc autant en profiter et faire ça assez vite. »

Poussé par la « niaque » qu'il a, contre vents et marées, accumulée au fil de ses élections scolaires, Thierry a abandonné ses anciens projets (thèse, agrégation, CAPES), mais son envie de « monter » reste intacte. Alors que son poste de CPE était, il y a six mois, une alternative honorable à une carrière d'enseignant, il le considère désormais comme une étape transitoire, entièrement définie en fonction d'un objectif plus élevé : « J'ai toujours besoin d'un défi, je suis comme ça, si j'ai pas de cap, je me sens pas bien », dit-il. En attendant, il est affecté, comme la plupart des nouveaux entrants, dans un établissement ZEP. Nommé, en 2011, dans un collège de la banlieue parisienne, il retrouve une atmosphère similaire à celle dans laquelle il avait baigné lorsqu'il était élève au lycée Voltaire. En dépit des problèmes, souvent très graves, auxquels ils est confronté (menaces personnelles, bagarres à répétition, agression d'une professeure, affaire de viol collectif), il se sent « heureux d'être dans ce bahut », « amusé » de retrouver en certains jeunes l'adolescent qu'il était : « Je gueule, je punis, je sanctionne durement quand ça déconne vraiment, mais, sinon, j'essaie de pas trop être sévère parce que, moi aussi, j'ai zoné à leur âge et j'en ai fumé des pétards ! »

Faute d'avoir obtenu un logement de fonction, Thierry s'installe avec sa compagne dans un appartement loué à un particulier, en banlieue parisienne. Sa compagne est recrutée à un poste d'assistante sociale dans un collège proche du sien. Le couple se marie peu de temps après. Par respect pour ses convictions religieuses (elle est catholique), il a accepté d'oublier son athéisme, en célébrant leur union dans une église. Symbole de sa fidélité à son univers d'origine, il a sollicité un prêtre-ouvrier pour la cérémonie. Car, en dehors de la scène professionnelle, il reste marqué par son enfance dans un quartier communiste et son adolescence dans la bohème populaire. Ainsi, il renoue lentement avec le militantisme, en participant à des manifestations nationales, en fréquentant des chrétiens de gauche très ancrés localement et, sans adhérer à un parti, en soutenant le Front de Gauche. Par ailleurs, il revoit de temps en temps des membres de son ex-groupe de hip-hop, venus eux aussi habiter en Île-de-France. Même s'il n'écoute plus de rap, il éprouve toujours autant de plaisir à « prendre l'apéro avec [ses] vieux potos » et à les affronter aux jeux vidéo.

* *
*

Au-delà des différences d'héritage culturel, de dispositions et de rapports à l'avenir, le devenir scolaire et professionnel de ces bénéficiaires de l'ouverture sociale dépend, pour partie, de leurs affinités objectives avec la condition estudiantine et de leurs stratégies de reclassement. Cependant, leurs chances de réussite à la « fac » et sur le marché du travail sont inséparables d'évolutions structurelles : appartenant à des générations qui subissent plus fortement que les précédentes la précarité, le chômage, la ségrégation urbaine et la dévaluation des diplômes, ils sont confrontés à de nombreux obstacles pour s'affranchir complètement de leur destin de classe. Et, s'ils y parviennent, c'est presque toujours au prix de multiples redéfinitions de leurs projets initiaux qui, souvent, tendent à réduire l'amplitude de leur déplacement social. Cette université que ces bacheliers ZEP découvrent est le produit de décisions politiques que les mesures d'ouverture sociale n'ont guère affectées[37]. Les injonctions des gouvernements successifs à la réforme des grandes écoles sont toujours séparées des mesures concernant les « facs » : le dualisme du système d'enseignement français imprègne non seulement l'existence des jeunes, de leurs familles et de leurs enseignants, mais aussi la pensée d'État. Si Réda, Youssef et bien d'autres cherchent à « réussir autrement », n'est-ce pas aussi parce qu'il leur est impossible de le faire « normalement » ? Faute de remédier à l'élimination silencieuse des étudiants les moins dotés, y compris lorsqu'ils ont bénéficié d'un dispositif compensatoire, les mobilisations au nom du « mérite » ont peu de chances de mettre en cause la *prime à l'héritage* attribuée, très tôt et pour longtemps, aux enfants des milieux aisés.

L'analyse des articulations entre les devenirs scolaires et professionnels de ces étudiants montre, par ailleurs, ce que les discours en vogue sur leur manque de préparation aux attentes des employeurs ont de fallacieux. Si certains d'entre eux refusent les « petits boulots » ou retardent leur insertion sur le marché du travail, c'est que les conditions d'embauche entrent en contradiction avec leur volonté de prolonger leur déplacement social. Dès lors, au lieu d'en appeler à une professionnalisation des universités, ne faudrait-il pas plutôt s'interroger sur l'affaiblissement des garanties légales de reconnaissance, dans le secteur privé, des qualifications des nouveaux salariés ? Le souhait de beaucoup d'enfants de milieux populaires d'intégrer la fonction publique en dit long sur l'importance, pour eux, d'une codification plus stricte de la relation entre les titres et les postes.

Chapitre 5

« Éviter la fac » : les « collés » dans l'enseignement supérieur professionnel long

Si la majorité des « collés » aux concours rejoint l'université, une part significative d'entre eux bifurque vers l'enseignement supérieur professionnel long, voie beaucoup moins contradictoire avec leurs aspirations. Pour ces bénéficiaires-là de l'ouverture sociale, le principal débouché à leur sortie du lycée Coty est un IUP de management public[1]. Titulaires d'une équivalence en L2, ils sont recrutés sur dossier dans cette filière à la fois sélective (30 à 60 étudiants par promotion, une centaine en L3) et professionnalisante (un stage par an, équipe pédagogique composée en grande partie d'intervenants extérieurs) qui, depuis la réforme LMD (Licence-Master-Doctorat), va de la L1 au M2[2]. Situé à mi-chemin entre les premiers cycles ordinaires et les grandes écoles, cet établissement est administrativement intégré à l'université. Il est ouvert, à partir de la L2, aux candidats ayant effectué une ou deux années en STS, en IUT, en CPGE ou en Licence. Les non-boursiers (60 à 70 % des effectifs) doivent acquitter jusqu'à 1 000 euros de frais d'inscription, selon la formation choisie[3]. Implanté à Carmont et à Lagnecourt, il dispose de bâtiments dans les beaux quartiers des deux villes, dont un hôtel particulier datant du XVIIe siècle, à l'architecture imposante, situé à quelques mètres de l'IEP, très loin du campus, délabré et isolé du centre, où va la plupart des étudiants des facultés.

Ces « collés » sont tous de bons élèves qui étaient « trop justes » pour réussir aux concours. La plupart d'entre eux souhaitent s'insérer rapidement dans le marché du travail, en obtenant un poste de cadre, de préférence dans le secteur privé ou associatif, à l'instar des deux tiers des diplômés de cet établissement[4]. Mais ce qui les singularise surtout, c'est un rejet, fort et précoce, de l'université : « La fac, c'était vraiment la roue de secours », dit Pierre. « L'IUP, c'était *le* truc pour pas aller à la fac parce que, dès que je me suis posé la question, je savais que si j'y allais, j'y resterais même pas quelques mois », lâche Abdel. Ainsi, pour reprendre deux expressions souvent entendues en entretien, l'IUP permet d'« éviter la fac » en offrant un « cadre », c'est-à-dire une configuration pédagogique proche de celle qui existait au lycée Coty : une obligation d'assiduité, un emploi du temps chargé, des horaires stricts, des classes à effectifs réduits et un suivi des enseignants plus régulier et personnalisé que dans les premiers cycles universitaires. Mais si ce débouché constitue une « bonne porte de sortie », comme le dit Lydia, il n'en demeure pas moins très en deçà de leurs aspirations initiales : contrairement aux « reçus », ils ont peu de chances, *a priori*, de connaître un déplacement social de grande amplitude. Les statistiques nationales montrent, en effet, tout ce qui sépare ce type d'établissement des « filières d'élite » hors université. En 2010, 45 % des sortants des IUP ou de cursus assimilés[5] occupent un poste de cadre trois ans après la fin de leurs études, contre 57 % des élèves des écoles de commerce (bac + 4 ou 5) et 85 % de ceux des écoles d'ingénieurs. Dans ces trois catégories, les salaires nets médians s'élèvent, respectivement, à 1620, 2050 et 2270 euros nets par mois.

Si cette filière reste malgré tout très attractive pour ces bénéficiaires de l'ouverture sociale, c'est d'abord parce qu'elle leur est présentée, par leurs enseignants, comme une orientation légitime et réaliste pour avoir quelque chance de connaître un (petit) déplacement social. C'est aussi que cette formation est, de toutes celles de niveau bac + 4 et + 5, la plus populaire : en 2004, ceux qui en sortent sont pour 31 % enfants de père cadre, contre 33 % (M1) à 36 % (M2 professionnels) à l'université et 50 à 55 % dans les grandes écoles, en moyenne[6]. Par ailleurs, l'avenir professionnel offert, en principe, à ces jeunes, a de quoi les attirer : 86 % des diplômés d'IUP occupent au moins un poste de profession intermédiaire trois ans après la fin de leurs études, contre 52 % des membres de leur génération[7]. Et le risque d'être au chômage n'est pas plus élevé pour eux que pour les diplômés des écoles de commerce (environ 10 %). Rien d'étonnant, dès lors, si ces élèves disent leur satisfaction d'y avoir été admis, sur le mode du refus électif (« je suis bien content d'avoir raté l'IEP ! » s'exclame Pierre) ou du miracle (« ils m'ont prise, à ma grande surprise », raconte Lydia, qui faisait pourtant partie des meilleurs de sa promotion).

En prenant au sérieux les spécificités de cette filière[8], on se donne les moyens d'approfondir l'analyse des effets à long terme de l'entreprise d'acculturation organisée au lycée Coty. En entrant à l'IUP, ces « collés » découvrent un univers où la culture savante est beaucoup moins valorisée : « À Coty, c'était le foisonnement permanent, ici, c'est quatre ans de vacances, on apprend la même chose chaque année ! » s'exclame Pierre. Composées essentiellement de jeunes chercheurs, de doctorants en fin de thèse et d'intervenants salariés occupant des postes de cadres, les équipes pédagogiques sont loin de recueillir les éloges dont sont couverts les professeurs de la prépa sup-expé, vantés pour leur charisme et leur érudition. Cependant, la proximité des enseignants, en particulier les intervenants extérieurs, avec le monde du travail est souvent appréciée des élèves : ceux-ci y voient un gage d'une bonne insertion professionnelle dans les années à venir.

Parce que ces « collés » ne sont pas destinés, en principe, à des carrières dans les mondes culturel et académique, ils doivent donc se familiariser avec une nouvelle « matrice disciplinaire[9] » beaucoup moins fondée sur des savoirs savants et abstraits que celle qui était à l'œuvre durant leur année de préparation aux concours. De ce fait, leur attitude à l'égard de l'avenir tend de plus en plus à se centrer sur la réussite économique et la stabilité professionnelle : à la « quête du salut culturel » qui, selon Hoggart, définit les boursiers et les autodidactes[10], se substitue peu à peu une *quête du salut matériel* inscrite dans leur devenir de « managers ». Ce type de déplacement social de faible ou de moyenne amplitude, habituellement ignoré par les sociologues français[11], invite à reconsidérer le privilège tacitement accordé par ces derniers aux intellectuels de première génération et aux traversées de l'espace social les plus spectaculaires[12]. Pour ne pas défaire l'imbrication de leurs devenirs scolaires et professionnels qui se trouve au fondement de leur cursus, je ne séparerai pas ces deux dimensions de leurs trajectoires. Dans la lignée des chapitres précédents, je mettrai en évidence les trames relationnelles (familiales, amicales, conjugales) du passage des frontières sociales, à travers des portraits croisés de quatre migrants de classe : d'une part, Pierre et Lydia, condisciples du lycée jusqu'au M2, d'autre part, Abdel et

Laure, en couple depuis la Première. J'examinerai successivement deux façons de se déplacer ensemble : en étant solidaires mais sans projet commun ; en se mobilisant de concert, autour d'objectifs partagés, pour réussir à deux.

LA CONCORDANCE DES DESTINS : LES PETITS DÉPLACEMENTS DE DEUX CONDISCIPLES

Pierre et Lydia sont tous deux nés à Carmont, en 1984. Ils se sont connus en 2001, dans la Première ES du lycée Voltaire[13]. Ils ont été condisciples jusqu'en 2007, date à laquelle ils quittent l'IUP, diplômés d'un M2 professionnel. Tout au long de cette période, ils sont restés proches, même s'ils n'ont jamais été des amis intimes. Leur sympathie réciproque est liée, pour partie, à leur appartenance à une même cohorte : issus de la première promotion de la prépa sup-expé, ils ont franchi les frontières sociales en pionniers, découvrant ensemble l'univers des CPGE, sans bénéficier des conseils de prédécesseurs. Leurs destins ont concordé pendant sept années. Bons élèves, ils ont eu des résultats similaires du Baccalauréat au Master. Ensuite, ils ont été confrontés à des difficultés pour s'insérer sur le marché du travail. Ce ne sont toutefois pas les mêmes enjeux qui sous-tendent le devenir de l'un, homme et Blanc, fils unique de « petits-moyens » d'origine française, et celui de l'autre, femme et Noire, troisième d'une fratrie de quatre enfants, fille d'un ouvrier retraité et d'une employée invalide, tous deux immigrés.

« Vivre bien » : la famille, l'école et l'argent

La socialisation des jeunes migrants de classe est marquée par une tension entre, d'un côté, le désir de conquérir des savoirs inaccessibles à la plupart des membres de leur univers d'origine et, de l'autre, celui de s'affranchir des limitations qui pèsent sur leurs conditions matérielles d'existence. L'une de ces deux dimensions peut prendre le pas sur l'autre, selon le type de socialisation auquel ils ont été exposés, sur les scènes scolaire, familiale, amicale et résidentielle. Dans le cas de Pierre et Lydia, la seconde est plus prégnante que la première. Ils perçoivent moins leurs études comme un moyen de s'émanciper intellectuellement que comme une étape nécessaire à l'occupation d'une position synonyme d'aisance économique et de stabilité professionnelle. Ainsi, au moment d'entrer en M1, en 2006, l'un explique avoir « vraiment envie de gagner de l'argent pour vivre bien, avec 2 000-2 500 euros par mois », en travaillant dans une entreprise multinationale de consulting financier, tandis que l'autre ne jure que par l'obtention d'un poste rémunérateur dans la communication ou dans le secteur médico-social.

Insécurité sociale et sécurité matérielle : Lydia

Que signifie « vivre bien » et d'où vient cette « envie de gagner de l'argent » ? Pour répondre à cette question, il faut rompre avec ce qu'on pourrait appeler le *point d'honneur spiritualiste*, mode de pensée ethnocentrique pour lequel ce genre d'aspirations relève de l'incongru. La quête du salut matériel viole, en effet, le désintéressement affiché à l'égard des enjeux proprement économiques qui prévaut, en France, dans les métiers de l'art, de la culture, de l'enseignement et de la recherche[14]. L'analyse des trajectoires de Pierre et Lydia requiert donc effort de décentrement pour les personnes les mieux dotées en capital culturel.

Lydia a toujours vécu dans une cité HLM, dans laquelle résident en grande majorité des familles pauvres et immigrées. Scolarisée en ZEP de l'école primaire au lycée, elle a été boursière sans interruption jusqu'en Terminale, puis entre la L3 et le M2, au premier échelon. Les grilles de revenus du CROUS sont un mauvais indice de la situation économique de ses parents. Son père, ancien ouvrier spécialisé âgé de 65 ans, touche une petite pension de retraite. Sa mère, femme de ménage accidentée du travail, a 50 ans. Elle perçoit des indemnités trop réduites pour permettre à sa fille de louer un logement indépendant. Tous deux enfants de petits commerçants, ses parents ont pour seul bagage scolaire un « niveau brevet ». Nés à Madagascar, leur arrivée en France s'est payée d'un déclassement qui n'est pas sans lien avec les encouragements prodigués à leurs trois filles et à leur benjamin à faire de « bonnes études ». S'ils ne pouvaient participer que de loin aux apprentissages de leurs enfants, ils – en particulier la mère – leur ont néanmoins inculqué des valeurs propices à la réussite scolaire :

« *Dans ta famille, l'école, c'est important ?*

— Ah oui, depuis toute petite ! J'ai deux grandes sœurs, qui ont fait des études, des bonnes études... et toi t'arrives après, donc... le bac, pour ma mère, c'est une évidence ! Pour elle, le bac, c'est rien ! T'as pas le droit de pas l'avoir, quoi ! Même pas pensable ! Alors t'es là, tu te dis : "ok, d'accord".

— *Elles étaient bonnes élèves, tes sœurs ?*

— Ah oui ! Ma grande sœur, elle a fait des études de chimie, elle est en master de sécurité alimentaire, maintenant. La suivante, elle a fait des grosses études d'anglais, elle est devenue attachée commerciale. Du coup, moi je me suis dit : "faut que je fasse mieux qu'elles". 'Y a toujours eu une concurrence avec mes sœurs... 'Y a que mon frère qui... lui, il est en bac pro électrotechnique (...).

— *Pourquoi t'as fait la prépa, toi ?*

— En Première, j'hésitais entre LEA ou BTS commerce international. La prépa, c'est le prof d'éco qui m'en a parlé... j'ai déposé le dossier sans trop y croire. Je me suis dit : "arrête de rêver, tu crois qu'ils vont te prendre, toi ?" Mais ils m'ont prise, à ma grande surprise ! (*Rires*) Je me suis dit : "oh putain, ils m'ont prise !". »

Bachelière mention Assez Bien, Lydia a toujours fait partie des meilleurs élèves, de l'école primaire au collège. Au lycée, elle était, comme Pierre, dans la tête de classe. Le sentiment d'incompétence perceptible dans son « arrête de rêver », est le fruit de sa condition dominée : à la fois femme, enfant d'une famille populaire et fille d'immigrés, elle peine alors à croire en ses chances d'intégrer des filières prestigieuses et, avant d'être encouragée par son professeur de SES, elle pensait s'engager dans des études courtes ou un cursus ordinaire. Sa « surprise » n'est toutefois pas un miracle. Sa candidature est le fruit des injonctions à la « réussite » de sa mère, de la « concurrence » avec ses sœurs aînées, des prescriptions de ses enseignants, mais aussi de la fréquentation, au sein de sa famille élargie, de personnes passées par des grandes écoles :

« *Les concours des IEP, tu les as tentés directement après le bac ?*

— Non...

— *Pourquoi ?*

— Parce que… j'avais pas… je m'en sentais pas capable… parce que… ça, c'est le rêve suprême depuis petite, Sciences Po. Ah là, là ! C'est beau !

— (Surpris) *Tu connaissais déjà les IEP quand tu étais petite ?*

— Ah oui ! Oui, oui… j'ai des cousines qui… j'en ai deux qui ont fait l'École de la Magistrature, donc ma mère voulait vraiment qu'on soit comme elles… c'était : "Tes cousines, elles font ça et ça." Et toi t'es là (*visage admiratif*)… après, tu te renseignes, tu vois que Sciences Po c'est bien… puis, tu te dis que 'y a HEC aussi, qui est sympa. Mais, au niveau financier, c'est pas possible, parce qu'assumer une école comme HEC, avec tous les frais, ou comme Sciences Po, avec des bouquins qui sont pas à 10 euros… c'est… on fait comme on peut, quoi ! »

Lydia songeait initialement à préparer le concours d'HEC pour « être tranquille, avec un bon poste et un bon salaire ». Compte tenu de ses mauvais résultats en mathématiques et des frais exorbitants en cas d'admission, elle abandonne cette idée et envisage, avec les mêmes attentes, d'intégrer un IEP après son année au lycée Coty :

« *Quand tu voulais tenter les concours, ça représentait quoi, pour toi, les IEP ?*

— C'était la réussite ! À la fin, le boulot, il est à toi… c'est pas toi qui vas vers lui, c'est lui qui vient à toi ! T'es tellement bien qu'ils vont te prendre ! Ne serait-ce que sur le CV… tu viens de la cité ? Non : t'as fait Sciences Po, c'est bon ! Ça représente une sécurité… tu dois pas te casser la tête pour l'avenir. (…) Et puis, au départ, c'était pour dire : "je suis capable de le faire." Une Noire, une fille en plus… c'est : "je peux le faire." »

Cet extrait d'entretien suggère bien la définition de la « réussite » en jeu dans la quête du salut matériel : la recherche du prestige scolaire donnant, presque automatiquement, accès à l'aisance financière et à la stabilité professionnelle, indépendamment de toute considération intellectuelle. Cette « sécurité » dont parle Lydia, c'est la possibilité à la fois d'accomplir le mandat d'ascension transmis par sa mère, de compenser son faible capital social et symbolique et de se prémunir des discriminations à l'embauche liées à sa couleur de peau et à son sexe. On comprend, dès lors, pourquoi elle est « tombée de haut », après son échec aux concours :

> « *Quand t'as su que t'étais pas reçue, t'as réagi comment ?*
>
> — Ah ! Grosse dépression ! (*Rires*) Sérieusement, j'ai déprimé ! C'est l'échec de ma vie ! Jusqu'à aujourd'hui, je m'en remets pas... (...) avec le travail que j'ai fourni... c'est pas que je pensais l'avoir, mais je me disais que j'allais pas travailler pour rien... J'ai bossé, fallait que ça paye ! (*Amère*) Là, ça payait pas... je suis tombée de haut, quoi ! Même si j'étais assurée d'avoir une école à côté [l'IUP], le fait d'avoir raté les IEP [de Paris et de province], c'était... oh là là ! (...) Je me suis dit c'est bon, je suis bonne à rien, c'est plus la peine d'ouvrir un cahier... je sais pas écrire, je sais pas parler, c'est fini ! À l'époque, c'était le concours de ma vie ! Mes parents, ils étaient derrière moi : "allez, vas-y, t'es capable !" Et mes amis, aussi : "Vas-y tu peux le faire, vas-y ! Allez Lydia !" Et là, tu l'as pas... (*long silence*). Dans ma famille, on était tous en train de pleurer, quoi ! (*Rires*) Ma mère, elle m'a dit que j'avais pas assez travaillé... ça, ça m'a fait mal, parce que j'avais tout donné ! Après, j'avais prévu de le repasser, mais avec tout le travail à faire à l'IUP, je m'en sentais pas capable. Et, moi, je suis un peu bornée : j'aime pas les chemins de traverse, style je fais un parcours scolaire puis tous les ans je change. Non, non, non ! Une fois que je commence quelque chose, il faut que ça aille tout droit ! C'est pour ça que j'étais contente d'avoir une bonne porte de sortie avec l'IUP. »

La « dépression » de Lydia comme les pleurs de ses proches en disent long sur la mission qui lui était dévolue par ses parents : dans son propre déplacement social, c'est la continuité du mandat d'ascension qui est en jeu. Le poids des filles dans la fratrie est tel que la condamnation maternelle décuple sa déception. En se voyant reprocher son manque de travail, elle subit sur la scène familiale un désaveu qui, en redoublant la sanction scolaire, invalide ce rôle, à la fois gratifiant et contraignant, qu'elle n'a pas pu honorer. Dès lors, l'IUP ne peut que lui sembler être une « bonne porte de sortie ». Significativement, elle qualifie d'« école » cette filière universitaire grâce à laquelle elle peut « aller tout droit », c'est-à-dire ne pas (trop) dévier de la pente initiale de sa trajectoire. Au vu de ses résultats, elle aurait pu postuler à une CPGE littéraire, comme ses enseignants le lui avaient suggéré. Mais cette possibilité lui paraissait trop risquée, non seulement scolairement, mais aussi socialement :

> « Après la sup-expé, on pouvait faire une prépa, on nous avait proposé de continuer en hypokhâgne, mais j'ai préféré aller à l'IUP. (...) Je voulais pas me retrouver avec des gens que j'allais pas aimer... des gens avec d'autres... avec des pères avocats, des pères... tu sais... je sais pas quoi, là ! (...) Au lycée Coty, on nous regardait tellement bizarrement... surtout au début... rien que comment t'es habillée, on te regarde bizarrement... les autres, ils se disaient : "Qu'est-ce qu'elle fait là, elle ?" Tu sais que ça va durer qu'un an, donc ça va. Mais y rester, c'est pas la peine ! »

Le refus de Lydia de s'inscrire dans une hypokhâgne après son échec aux concours des IEP exprime la permanence, chez elle, de ce sentiment d'incompétence qui l'habitait lorsqu'elle était lycéenne, mais aussi la nécessité de revenir à une position où elle ne serait plus « regardée bizarrement ». L'homophilie sociale qui se lit dans ses propos cache toutefois une autre priorité : elle souhaite suivre des études qui la conduiront, aussi vite que possible, à un poste de cadre supérieur. Ainsi, l'IUP est pour elle une « porte de sortie », au double sens de solution de rechange et d'issue pour quitter son univers d'origine, en suivant l'exemple de ses sœurs.

« Faire de l'argent » grâce aux études : Pierre

Comme Lydia, Pierre a grandi dans un quartier populaire, mais son enfance a été beaucoup moins marquée par la pauvreté. En 2006, il vit toujours dans l'appartement de ses parents, dans une résidence en copropriété située à quelques mètres de cités HLM. Scolarisé dans une école primaire publique, fréquentée majoritairement par des enfants de classes moyennes, il a ensuite été en ZEP de la Sixième à la Terminale. Boursier depuis la Licence, à l'échelon zéro, il s'« estime heureux d'avoir eu les meilleurs parents du monde », qui l'ont suivi et encouragé tout au long de ses études. Âgé de 56 ans, son père est fils d'un gendarme et d'une femme au foyer. Détenteur du baccalauréat, il a connu plusieurs revers de fortune, après avoir été longtemps employé dans une entreprise, multipliant les périodes de chômage et les contrats précaires depuis une dizaine d'années. Titulaire d'un BTS, âgée de 53 ans, sa mère est fille d'un ouvrier-mécanicien et d'une secrétaire-dactylo. Elle a effectué toute sa carrière à un poste de technicienne de laboratoire dans une clinique privée. Tous deux ont inculqué à leur fils unique un sens de la discipline. Au lycée, il était toujours assis au premier rang, écoutant sagement les enseignants et brillant à chaque devoir. Pierre attribue ce « sérieux » à l'éducation qu'il a reçue de sa mère :

> « *T'as toujours été un bon élève ?*
>
> — Ouais, disons que j'étais très sérieux au collège et au lycée, ça m'a servi, parce que de bosser comme ça, faire passer les études avant tout le reste, ça m'a permis d'arriver aussi là où je suis…
>
> — *C'est lié aussi à ton éducation…*
>
> — Ah ouais ! À ma mère ! C'est elle qui m'a appris à être sérieux. Depuis que je suis tout petit, c'est elle qui me pousse, c'est elle qui me dit : "Vas-y, travaille, faut avoir de bonnes notes." Alors que mon père, il était moins dans cet esprit-là, il a jamais été quelqu'un qui a poussé les études très loin, il a eu le bac et après il a bossé. Quand je ramenais une sale note, il me disait (*ton indulgent*) : "C'est pas grave." Alors que ma mère, elle était tout le temps à me pousser, c'était elle qui vraiment me surveillait. »

À la fin de la Troisième, sa mère souhaite l'inscrire en Seconde générale au lycée Coty ou dans un établissement hors-secteur très prisé des parents de classes moyennes. Fortement attaché aux amis qu'il a rencontrés au collège, d'origine populaire pour la plupart, il préfère toutefois rester en ZEP. Après avoir obtenu le baccalauréat avec une mention Bien, il postule à la CPGE EC d'un grand lycée public de Carmont. Il envisage alors, comme Lydia, de passer le concours d'HEC, afin de mettre les chances de son côté pour trouver, plus tard, un poste très rémunérateur. Cependant, il change d'avis en Terminale, après avoir entendu la conseillère d'orientation et ses enseignants parler de l'ouverture, à la rentrée suivante, de la prépa sup-expé. Cette option lui semble plus réaliste. Surtout, elle a l'avantage de lui permettre de continuer ses études avec des camarades dont il a toujours été proche. Attiré par le « prestige de Sciences Po », il est, par ailleurs, satisfait de pouvoir échapper à la « fac » :

« *Pourquoi t'as choisi de faire cette prépa ? T'aurais pu aller à la fac, aussi…*

— Ouais, mais la fac, c'était… j'avais posé des dossiers pour un DEUG AES… c'était le truc normal, après un bac ES… mais je me voyais pas faire… pour moi, la prépa, c'était évident, c'était le truc qui était le plus intéressant… à partir du moment où j'ai décidé de faire un IEP, je me suis dit que c'était pas en faisant la fac que je pourrais y aller… donc, à côté de la prépa, la fac, c'était vraiment la roue de secours ! C'était la glandouille, les partiels …

— *Pourquoi tu voulais "faire un IEP" à ce moment-là ?*

— C'était surtout pour le prestige…

— *Mais HEC aussi, c'est prestigieux…*

— Oui, mais faire HEC et des trucs comme ça, ça m'aurait mis dans un univers vraiment différent du mien et ça m'aurait… ça m'aurait fait tomber dans la schizophrénie… parce que j'avais en tête le stéréotype du commercial qui frappe aux portes et qui essaie de vendre son truc comme un crevard ! Et ça, ça me plaisait pas ! Même si HEC, c'est pas du porte-à-porte, tu vas plus vendre à des grosses entreprises, c'était un univers qui me plaisait pas. »

Habitué à fréquenter des jeunes proches de son univers social d'origine, Pierre craignait, en entrant dans une CPGE ordinaire puis, le cas échéant, à HEC, de franchir trop vite, si l'on peut dire, les frontières sociales. Sa peur de devenir « schizophrène » exprime d'abord la nécessité, pour lui, de ne pas trahir le siens, comme le suggère son image du commercial « crevard ». Cependant, son passé de bon élève et les injonctions de ses parents l'inclinent, simultanément, à rechercher du « prestige » en optant pour une grande école de second rang, géographiquement proche, et pour une préparation qui lui assure de rester avec d'autres bacheliers ZEP. Ce compromis est acceptable, car il est compatible avec sa quête du salut matériel : les IEP forment aussi des « managers ». Et s'il postule ensuite à l'IUP, c'est qu'il souhaite toujours « gagner de la thune » :

> « Moi, mon objectif, depuis longtemps, ça serait de rentrer dans une boîte de consultants et de faire mon trou là-dedans, parce que c'est ce qui paye le plus. Si je suis pris dans de grosses boîtes comme KPMG, tu commences à 2 000-2 500 euros par mois… c'est pour ça que je préfère aller dans le privé. Comme je suis jeune, j'ai vraiment envie de gagner de l'argent pour vivre bien. Après, je sais que, dans le public, ils embauchent des types qui ont travaillé avant dans le privé en tant que consultant, donc c'est pas impossible qu'un jour, je revienne vers le public, on verra. Mais, si je fais un stage dans les boîtes que je vise, ils embauchent, après. Donc, mon but, c'est de me faire embaucher, gagner de la thune et pouvoir m'installer, avoir mon appart à Carmont et vivre ma vie tranquillement. »

En première analyse, on peut interpréter l'envie de Pierre de « vivre [sa] vie tranquillement » comme l'aspiration, commune à beaucoup de jeunes, d'accéder à l'indépendance. Cependant, vue de plus près, elle suggère la nécessité, pour lui, d'accéder à une position susceptible à la fois de le protéger des difficultés matérielles rencontrées par son père depuis quelques années et d'accomplir le mandat d'ascension dont il a été investi par sa mère. Ainsi, son refus d'être payé au SMIC et son désir de devenir propriétaire de son logement, s'il est embauché comme consultant, sont des signes de sa « reconnaissance » envers ses parents :

> « Dans pas longtemps, j'aurai envie de m'installer, avec un minimum de niveau de vie qui me permette de pouvoir profiter sans avoir à galérer, sans avoir à regarder la fin du mois à me dire : “je suis en panique”… j'espère que le diplôme de l'IUP, il va m'apporter des trucs… mais, je

verrai bien si je me retrouve avec un salaire de merde et dans un boulot qui me plaît pas…

— *Tu en vois, autour de toi, des gens qui galèrent à la fin du mois ?*

— Ah ouais ! J'en vois tout le temps… des gens qui galèrent pour avoir un SMIC ou un peu plus et qui sont un peu… moi, ça m'intéresse pas trop d'avoir le SMIC ! Le SMIC, c'est bien si tu vis chez tes parents, que t'as zéro frais. Quand tu commences à vouloir t'installer, à vouloir une maison, ça suffit pas ! Surtout si tu veux acheter… parce que je me sens pas de passer par la location… (…) Et puis, ça serait une reconnaissance par rapport à mes parents de partir, avec tout ce qu'ils ont investi en efforts, en temps et en argent pour moi, j'ai pas envie de me retrouver avec un truc à la con… il arrive un moment où 'y a un juste retour des choses. Ils se sont sacrifiés pour moi… t'es obligé de montrer à tes darons [parents] que t'as fait quelque chose de ta vie. »

Contrairement à Lydia, Pierre n'exprime aucun regret concernant son échec au concours. On peut interpréter cette attitude comme un effet du temps écoulé (depuis quatre ans, il a fait son « deuil ») et de la relation d'enquête : face à un ami, ancien d'un IEP et qui incarne le monde de la « théorie », il n'a peut-être pas d'autre choix que de minimiser sa déception. Mais ses propos suggèrent aussi tout ce que sa satisfaction doit à sa croyance dans la légitimité de cet établissement. Ainsi, il mentionne la présence, parmi ses enseignants, de diplômés d'un IEP, comme s'il bénéficiait, à travers eux, du « prestige » de leur titre scolaire et, comme sa condisciple, il qualifie d'« école » l'IUP :

« C'est l'IEP qui m'intéressait le plus, quand j'étais au lycée. Après, je me suis aperçu que c'était pas trop mon truc, donc j'étais content de rater le concours et je me suis réorienté… si j'avais été pris, j'aurais été emmerdé, parce que l'IUP m'intéressait vraiment, mais je pense que je l'aurais fait, Sciences Po, parce que c'est vraiment… le prestige, quoi, le prestige… même si la plupart de mes profs à l'IUP étaient diplômés d'un IEP. Je pense que j'y serais allé juste pour le diplôme, pas pour ce qu'on y apprend. (…) Et puis, moi, j'aime bien étudier ce qui touche au concret. L'IUP, c'était parfait pour moi ! Quand tu passes par cette école, t'as plein de pistes dans le privé et t'as toujours la possibilité de passer les concours de la fonction publique. »

Les particularités de l'IUP et les aspirations de Pierre expliquent pourquoi cet établissement, à ses yeux, a tout d'une « école ». Le cachet des locaux, la séparation à la fois spatiale et symbolique par rapport au campus universitaire, sa proximité géographique avec l'IEP de Lagnecourt, les promotions à effectifs réduits, l'éventail des débouchés et la professionnalisation du cursus entrent en ligne de compte dans son jugement. Mais sa satisfaction exprime aussi sa familiarisation avec une configuration pédagogique et des modes de sociabilité qui lui permettent, comme à Lydia, de profiter des libertés offertes aux étudiants de cette filière.

Un hédonisme tempéré

Contrairement aux autres « collés », ceux qui entrent dans cet IUP n'évoquent jamais de difficultés à s'approprier leur statut d'étudiant. Cette différence tient, pour partie, à des prédispositions qui facilitent leur adaptation : « À côté de ce que j'avais pu faire en prépa, ça a été de la rigolade », dit Pierre. Cette filière leur offre des conditions de travail, des opportunités d'embauche et des modes de sociabilité qui ne les contraignent pas à redoubler d'efforts pour continuer, par eux-mêmes, l'entreprise d'acculturation après leur année au lycée Coty. Le renforcement de leur *ethos* de bon élève leur permet de réduire leur investissement dans leurs études. Sous l'effet du relâchement – relatif – des contraintes scolaires et de l'apprentissage d'un « sérieux managérial », pour partie analogues à ce qui s'observe dans les écoles de commerce[15], les deux condisciples intériorisent progressivement une sorte d'hédonisme tempéré.

« Quatre ans de vacances »

Au cours des entretiens, Pierre et Lydia parlent très peu des enseignements à l'IUP. Ils insistent, en revanche, sur l'intérêt de leurs stages, de leurs rencontres, de leurs voyages et de leurs sorties. Pour l'un, cette période ressemble à « quatre ans de vacances » durant lesquelles il a « plus appris en discutant avec plein de gens venus de toute la France qu'en allant écouter les profs ». Pour l'autre, ces années ont été « tranquilles ». Leurs propos ne vont pourtant pas de soi. En L2 et L3, chaque semestre est composé de quatorze semaines de cours (sauf le dernier, réduit à huit) et les élèves doivent chaque année rédiger un rapport ou un mémoire qui pèse beaucoup dans leur moyenne finale. Notés en contrôle continu et par le biais des partiels, ils sont aussi évalués sur leur assiduité et leur participation à l'oral. Par ailleurs, le large éventail des disciplines au programme (marketing, droit, économie, comptabilité, gestion, langues vivantes, ressources humaines, culture générale, politiques publiques et communication) implique de jongler entre des logiques intellectuelles très variées. En outre, ils effectuent tous les ans un stage obligatoire, d'une durée minimale de six semaines en L2 et huit en L3, de deux mois en M1 et quatre en M2. À cela s'ajoute un séjour d'un semestre, facultatif mais fortement recommandé, dans une faculté ou une administration étrangère. Bref, ces « vacances » sont loin d'être de tout repos.

La formule de Pierre exprime l'effet d'une lente déscolarisation, opérée à travers une pédagogie qui incite explicitement les étudiants à penser leur vie au prisme de leur future condition de salariés et à agir sans attendre en tant que tels, comme s'ils étaient déjà membres à part entière du monde des cadres d'entreprise. Ils acquièrent ainsi des compétences pratiques qu'on leur apprend à valoriser en utilisant des terminologies spécialisées, issues pour l'essentiel des théories du Nouveau Management Public, au détriment de savoirs plus généraux, laissés au domaine de leur curiosité personnelle. Par ailleurs, ils sont encouragés à s'impliquer dans la gestion ou la création d'une association, pour apprendre à faire un budget, à communiquer et à négocier des financements. Ainsi, pendant quelques temps, Pierre s'improvise manager du groupe de musique de ses amis d'enfance. Il est chargé de rédiger les statuts de l'association, de prospecter des subventions et de trouver des dates de concert. Même si ce genre d'activités n'entre pas dans la notation, il compte beaucoup pour étoffer un CV susceptible d'augmenter la valeur du diplôme délivré par l'IUP. Le style pédagogique des intervenants à l'IUP et les stages tendent à « déscolariser » les étudiants qui, comme Pierre et Lydia, sont arrivés bien armés, culturellement. Leur capacité à travailler dans l'urgence et leur maîtrise du langage, écrit et oral, leur permettent ainsi de réussir, sans trop d'efforts, aux niveaux successifs de ce cursus, en décrochant tous deux, chaque année, des mentions Assez Bien. Ils n'ont eu « aucun souci », comme le dit Pierre :

> « Je n'ai eu aucun souci de niveau ou dans l'organisation du travail, à l'IUP. Ce que la prépa m'a apporté, c'est une manière de travailler, de gérer la masse de travail... c'est pour ça que je te dis que ça a été quatre ans de vacances ! Pas de stress ! J'ai tout le temps eu des résultats corrects, plus ou moins bons en fonction du travail que je fournissais, mais corrects. La première année, j'ai glandé et je m'en suis bien sorti, la deuxième année j'ai un peu plus bossé, et je m'en suis sorti aussi. Tous ceux qui ont fait la prépa te le diront : on a tellement été habitués qu'on peut s'en sortir sans trop forcer, ensuite. À Coty, j'ai fait un bond extraordinaire ! Je m'en suis rendu compte à l'IUP, quand ceux qui débarquaient de la fac étaient en panique pour enchaîner les dissertes. »

Entre l'élève studieux que Pierre était il y a sept ans et l'étudiant peu « scolaire » qu'il est devenu depuis, la différence est patente. Après l'intense phase d'ascétisme qu'il a connue au lycée Coty, son rapport aux études a connu une profonde redéfinition, qu'il présente comme une « réflexion » sur l'importance de « profiter de la vie » :

> « *Tu vises une mention pour ton M2 ?*
>
> — Non, je vais essayer d'avoir mon diplôme, ça suffira largement !
>
> — *C'est pas l'esprit que t'avais en arrivant à l'IUP, non ?*
>
> — Non, ça fait partie de ma réflexion sur la place de ma vie personnelle dans tout ce que je fais. (...).'Y a un moment où je me suis dit : "est-ce que quand je vais être tout vieux, je vais pas me dire que j'ai raté un petit truc ?" (...) Quand je suis entré à l'IUP, vu que le niveau était plus faible par rapport à la prépa, j'ai eu plus de temps libre et j'ai commencé vraiment à m'éclater, à profiter de la vie,

passer la soirée chez des amis, picoler un coup, sortir, des conneries, quoi. (...) Si je fais un bilan maintenant sur mes quatre années à l'IUP, où j'ai profité de la vie, je pense que je regretterai pas. J'ai presque plus appris en sortant et en rencontrant des gens que ce que je pouvais apprendre d'un point de vue humain... mais, là où il faut arriver à gérer, c'est... trouver le juste milieu... entre profiter trop et faire n'importe quoi avec les études.

— *Même si t'as changé, ça reste important les études, pour toi...*

— (*Catégorique*) Ah oui, ça reste important ! C'est pour ça que je continue, mais j'essaie de trouver l'équilibre entre m'éclater et trouver la base qui me permettra d'avoir un boulot stable après. »

On voit bien ici en quoi consiste l'hédonisme tempéré : une attitude permettant aux étudiants à l'aise scolairement de réduire au minimum le temps consacré à leurs études, au profit des loisirs et de la sociabilité amicale, en restant toujours en deçà d'un seuil susceptible d'être sanctionné négativement (redoublement, avertissements, notes médiocres, mauvaise réputation). Cette variante du style de vie estudiantin – dans sa forme « séculière[16] » – ne donne pas lieu toutefois à des formes de déviances ritualisées (soirées dansantes à répétition, jeux sexuels et beuveries géantes), comme c'est le cas chez les élèves des écoles de commerce[17]. Car, ici, le relâchement de l'investissement scolaire ne fait pas disparaître le sérieux qui prévalait auparavant et reste limité par la permanence d'une homophilie de classe et de genre qui empêche un dérèglement complet des principes de conduite intériorisés au cours de la socialisation primaire :

« L'avantage de l'IUP, c'est que ça attire des gens de tous les coins de la France. Des gens que je connaissais pas avant, de plein de régions où je suis jamais allé... donc je me suis retrouvé avec tout un univers nouveau... parce qu'avant, c'était très, très carmontois, le lycée ou la prépa... je connaissais que des Carmontois...

— *Et ces gens, de quels milieux ils viennent ?*

— (*Sur le ton de l'évidence*) C'est des fils d'ouvriers, c'est des fils d'employés, donc ça donne un bon feeling. Au bout de cinq minutes, t'es à l'aise avec eux, tu bois un coup, tu manges chez eux… J'ai gardé pas mal de contacts avec les gens avec qui j'ai été à l'IUP les années précédentes. Depuis que j'ai la voiture, je me déplace pour les voir sur Lagnecourt boire un coup, eux, ils se déplacent pour me voir sur Carmont. Ce partage, je l'ai pas beaucoup rencontré avant, sauf avec les gens que je connais depuis longtemps… à l'IUP, j'ai aimé ce bon délire, tu retranscriras ça comme tu veux….

— *Tu veux dire quoi, par "bon délire"?*

— C'est… ils sont simples, 'y a pas à se prendre la tête ou quoi… par exemple, si tu t'habilles comme un clando [clochard], on s'en bat les couilles, quoi ! »

Cette homophilie sociale est encore plus forte chez Lydia. Bien qu'elle ait, comme Pierre, noué des liens avec certains de ses nouveaux camarades, elle profite surtout de son temps libre, après son arrivée à l'IUP, pour revoir des amies d'enfance ou du lycée qu'elle avait perdues de vue quand elle était au lycée Coty. Elle aime faire avec elles des « sessions shopping en ville » et « discuter de tout et de rien ». L'importance d'entretenir ces relations est d'autant plus grande, pour elle, que son année de préparation l'avait mise dans une position difficile face à ses copines :

« En prépa, 'y avait une vie de classe, mais en dehors de ça, je voyais plus mes copines. Mes copines, elles pensaient que je les prenais de haut… style, quand elles avaient un devoir à faire, elles faisaient (*ton de la jalousie*) : "Ah, demande à Lydia, elle est à Sciences Po (*sic*), elle va t'aider !"

— *Et tu les aidais ?*

— (*Gênée*) Bah… oui… mais bon, voilà… j'étais… une étiquette, quoi. (…) Quand avec tes amies, t'es à part, c'est… sur le coup, ça m'a fait mal… quand tes amies comprennent pas que tu peux pas sortir pour aller bosser… mais, quand j'ai raté le concours, je suis un peu revenue à leur niveau ! Du coup, en étant à l'IUP, j'ai pu beaucoup plus les revoir. »

Les occasions pour Lydia de se faire des amis à l'IUP ne manquent pas. Outre ses condisciples, elle noue des liens avec ses collègues de travail pendant son stage d'un semestre dans un Consulat au Canada, en L3. Durant cette période, le poids des contraintes scolaires et familiales s'atténue provisoirement. D'une part, les « horaires de bureau » laissent davantage de place pour la détente et les loisirs. D'autre part, elle est déchargée des tâches domestiques qu'elle doit régulièrement effectuer chez ses parents pour aider sa mère. Elle peut donc profiter pleinement des plaisirs procurés par la participation à une sociabilité juvénile cosmopolite. Cependant, quand elle rentre en France, elle reprend l'habitude de fréquenter ses copines du quartier et du lycée, dont beaucoup sont entrées précocement sur le marché du travail, à des postes d'exécution. À leurs côtés, elle continue de se défaire de son sérieux scolaire. Ainsi, lorsqu'elle commence, à la fin de l'année universitaire, à rédiger son mémoire (exercice scolaire par excellence) elle se sent déroutée :

> « Mon semestre au Canada, c'était parfait… j'ai rencontré plein de gens, excellent ! Par contre, j'ai dû faire un mémoire, quand je suis rentrée… ça c'était la surprise du chef ! (*Rires*) Je le savais, mais je pensais pas que c'était aussi… qu'il fallait rendre un gros truc, travailler, taper, tout ça… donc ça a été nuit blanche sur nuit blanche, pour trouver une problématique, faire les parties, l'intro, la conclu (*rires*)… je me disais : “ils sont fous les profs de me demander ça, à moi !” (*Rires*). »

La distance de Pierre et Lydia aux exercices les plus scolaires s'explique non seulement par leur socialisation antérieure et le type de sociabilité qu'ils privilégient, mais aussi par les transformations de leurs dispositions au cours de leurs stages. Leurs premières expériences professionnelles sont autant d'occasions d'intérioriser l'*ethos* des cadres dont ils sont les assistants. Leurs stages et leurs cours sont les lieux d'un seul et même processus : qu'ils soient stagiaires ou étudiants, ils demeurent des apprentis « managers » et ils ont d'autant plus intérêt à endosser ce rôle que la poursuite de leur déplacement social en dépend. Chargé de mission pendant six mois, en M1, dans une association reconnue d'utilité publique,

Pierre se voit confier des responsabilités (communication, suivi logistique, conception et gestion d'un budget de 10 000 euros) qui lui font mesurer l'importance de se conduire en meneur, autonome et consciencieux, pour échapper à « un boulot d'employé à la con » :

> « Moi, ce qui me plaît pas, c'est de faire un boulot répétitif, un boulot d'employé à la con où j'aurais chaque jour un truc à remplir. Quand j'étais en L2, je me suis retrouvé dans une banque, avec tous les jours un dossier à rentrer dans l'ordinateur et, le soir, quand je rentrais, j'avais rien d'autre à foutre. (…) Ce qui m'intéresse vraiment, c'est d'avoir un projet qui s'étale sur plusieurs mois et de le mener jusqu'au bout, comme en M1, quand je bossais pour une grosse asso. Là, j'avais vraiment un projet, j'avais mon budget et j'avais mené mon projet de A à Z, à tous les niveaux.
>
> — *T'avais personne à qui rendre des comptes ?*
>
> — Non… j'avais, entre guillemets, mon tuteur de stage, qui m'indiquait les voies, qui me réorientait quand je partais un petit peu trop en vrille, mais c'était : t'as un projet, un budget, tu te démerdes, t'as tes dates et c'est à toi de gérer le truc, même si t'as des problèmes, c'est à toi de gérer ! Du moment que tu fais les choses sérieusement, tout se passe bien. »

Chargé d'un « projet de A à Z, à tous les niveaux », Pierre prend goût au travail autonome. Cette expérience entre en résonance avec ses enseignements à l'IUP, qui lui ont appris à valoriser l'esprit d'initiative, la responsabilité individuelle et l'organisation rigoureuse des objectifs et des échéances. L'efficacité des processus de socialisation sur les scènes scolaire et professionnelle tient à cette complémentarité fonctionnelle qui, peu à peu, tend à diminuer son intérêt pour les savoirs les plus « théoriques ». Ainsi, il n'évoque que très brièvement la rédaction de son mémoire de M1, exercice diamétralement opposé à sa recherche du « concret » et, lorsque je lui demande en quoi a consisté son « bond extraordinaire » au lycée Coty, il écarte d'un revers de main les dimensions les plus scolaires de cette expérience :

> « *La prépa, elle t'a apporté quoi, d'un point de vue scolaire et personnel ?*
> — Euh… scolairement… on va éliminer le scolaire, parce que ça n'a pas été le plus important, à mon avis… ça m'a beaucoup appris sur la méthode de travail, c'est sûr, mais là où ça m'a surtout appris c'est au point de vue personnel, avec les discussions avec les profs, des gens très intéressants dans cette prépa. »

La déscolarisation de Pierre transparaît clairement dans la façon dont il parle de l'enseignant qui l'a le plus marqué au lycée Coty, son professeur de philosophie, Didier Lamy. Après avoir fait l'éloge de celui qui, parmi les membres de l'équipe pédagogique, incarne le plus la figure de l'intellectuel ascétique et cultivé, il le définit comme un contre-modèle :

> « En prépa, 'y avait vraiment des profs avec un esprit et avec des connaissances qu'ils arrivaient à transmettre… surtout le prof de philo, monsieur Lamy, lui je veux le citer, je veux qu'il apparaisse dans ton travail ! (*Il pose son doigt tout près du magnétophone*) Lui, c'est vraiment un type… j'ai rarement vu quelqu'un qui en connaissait autant sur autant de domaines différents ! (…) Mais, c'est lui aussi qui m'a fait comprendre que… sa vie, elle m'intéressait pas trop, c'était trop rangé, ça suivait trop un chemin tout tracé, quoi… une fois, on a eu une discussion où il nous disait qu'il avait changé de voiture… je sais pas pourquoi, mais j'étais persuadé qu'il avait un break. (*Rires*) Tu vois, le père de famille bien rangé, qui bouge pas… (*rires*) quand il m'a dit qu'il a acheté une 307, je lui ai dit : "Monsieur, c'est un break ?" Il m'a dit : "Ouais, c'est un break !" (*Rires*) Là, j'ai vu que ce type était trop carré, il était trop dans un rail, ça me plaît pas, ça… peut-être que je finirais comme lui, mais je veux pas passer ma jeunesse à… j'ai envie de profiter des dix années qui arrivent… c'est pour ça que j'espère trouver un boulot qui me permette de vivre bien et de pouvoir bouger un minimum. »

Sans doute Pierre ne pouvait-il qu'admirer cet homme d'âge mûr, exemple de réussite professionnelle, dont la vie accomplie contraste avec celle, bloquée par le chômage et menacée par la précarité, de son père. Fils unique, il ne disposait pas d'autres repères masculins pour se projeter dans l'avenir. Cependant, sa quête du salut matériel a contribué à le détourner d'un rapport ascétique au temps et au savoir. Bien plus qu'une critique du conformisme des « vieux », ses propos expriment d'abord une appropriation de l'image du cadre moderne, à la fois nomade, original et éternellement jeune. Son refus de s'enfermer dans un « rail » n'implique pas une apologie systématique du voyage, comme chez Réda ou Aïda, mais la recherche prudente d'un équilibre entre la satisfaction immédiate de ses aspirations et la concrétisation, à plus long terme, de ses objectifs de carrière : s'il a des perspectives de mobilité sociale et géographique pour les dix années à venir, il ne souhaite « bouger » qu'« un minimum ».

Cette posture se distingue d'une ignorance pure et simple des exigences scolaires. Pierre ne perd jamais de vue l'enjeu d'arriver sur le marché du travail avec des titres scolaires et des stages valorisables auprès de ses employeurs. Ainsi, lors de son année de M1, il effectue un séjour d'un semestre dans l'université publique la plus réputée du Canada, au sein du département de management. Cette expérience lui permet à la fois de « profiter » (il fait des escapades à Boston, New York et Toronto) et d'être titulaire d'un double diplôme. Après son M2, il reste dans l'enseignement supérieur professionnel, en s'inscrivant, en 2007, en Mastère[18] dans une école privée d'ingénieurs à Lagnecourt, reconnue nationalement. Malgré l'aide de ses parents, toutes ses économies y passent (les frais de scolarité s'élèvent à plus de 10 000 euros), mais c'est le seul moyen, pour lui, d'augmenter ses chances d'accéder à un poste de cadre, dans un contexte marqué par la recrudescence du chômage des jeunes.

Forte de ses expériences de stages dans une association nationale, un Consulat étranger puis un bureau d'attachés de presse, Lydia songe, elle aussi, à continuer ses études après avoir obtenu son M2 à l'IUP. Elle envisage d'entrer au CELSA, école publique de journalisme et de communication très prestigieuse, dont les frais de scolarité sont, en formation initiale, aussi élevés que les droits d'inscription à l'université (jusqu'à 300 euros en master, pour les non boursiers). Cependant, elle abandonne ce projet après son embauche en CDD à un poste de profession intermédiaire à l'antenne régionale de la Fondation de France[19]. L'obtention de cet emploi la rend confiante : ce travail dans un lieu reconnu constitue, pour elle, une étape décisive dans la conquête d'une respectabilité sociale, en attendant d'accéder à la stabilité matérielle. En effectuant ce petit déplacement social, elle accomplit, après ses cousines et ses sœurs aînées, le mandat d'ascension qui circule dans la fratrie.

Des rapports ambivalents à « la ZEP »

En s'éloignant symboliquement, puis physiquement, de son univers d'origine, Lydia entretient un rapport de plus en plus ambivalent avec son passé scolaire et social. Lorsqu'elle évoque son ancien lycée, elle oscille entre, d'un côté, un récit nostalgique de l'ambiance chaleureuse de la ZEP et, de l'autre, un regard distancié sur ce lieu qui, à ses yeux, s'apparente désormais à un monde en déliquescence :

> « *Tu gardes quel souvenir du lycée ?*
>
> — (*En souriant*) Ah là là ! Ah, le lycée ! Moi, dans ma tête j'ai toujours 18 ans, hein ! (*Rire*) Le lycée, c'était parfait… les gens, la vie… par rapport au collège, 'y a pas photo ! Voltaire, c'est pas le bagne… comparé à ce que c'est devenu maintenant…
>
> — *Comment c'est, maintenant ?*
>
> — Aujourd'hui, c'est Chicago ! (*Rires*) Maintenant, les filles, elles se battent là-bas, elles se mettent des pains sur la figure ! (*Rires*) Non, à l'époque c'était bien… l'ambiance, les profs et la classe… bonne ambiance, tous des bosseurs, 'y avait pas un glandeur et, entre nous, on s'aidait… 'y avait même des gens qui bossaient pas ou peu et qui ont remonté leur niveau. Et puis les profs… le prof d'éco, monsieur Noiret… ah, lui il croyait en nous, hein ! (*Rires*) On était ses bébés, ses chéris, ses enfants prodiges ! La prof de maths aussi, et le prof d'anglais… ils croyaient tous en nous ! »

Les propos de Lydia sont en grande partie fondés : le lycée Voltaire défraie régulièrement la chronique – celle des faits divers – à cause d'incidents ou d'agressions, de plus en plus fréquents ces dernières années, qui alimentent aussi les conversations entre les habitants des quartiers alentour. Cependant, le portrait idyllique qu'elle brosse de ses années au lycée évacue des phénomènes qui, déjà à l'époque, scandaient le quotidien de cet établissement (bagarres, trafic de drogue, etc.). Sa nostalgie de « la ZEP » en dit peut-être moins sur ce qu'elle a vécu, à l'époque, que sur ce qu'elle est devenue ensuite. Cet héritage, même si elle ne le réprouve pas, a perdu son sens et sa consistance originels. Son imaginaire, résolument tourné vers l'avenir, a filtré et figé ses souvenirs. C'est au travers de ce prisme déformant que se construit son image de soi, face à un ancien camarade dont la présence augmente sans doute la tentation de magnifier le passé.

Lydia s'implique très peu dans les réunions de présentation de la prépa sup-expé organisées dans son ancien lycée. C'est aussi le cas de Pierre, mais pour d'autres raisons. Après avoir accepté, un an après son admission à l'IUP, l'invitation de la professeure d'histoire, Nicole Michel, à parler du dispositif aux nouvelles générations de candidats, il préfère ne pas rééditer cette expérience qui a provoqué en lui un certain malaise. Convaincu que son « profil » de bon élève, enfant de « petits-moyens » Blancs, nés en France et ne vivant pas en HLM, limite la portée de son discours, il décide alors de ne plus répondre aux sollicitations de l'enseignante.

> « *Tu as participé aux réunions de présentation de la prépa ?*
>
> — L'année où je suis entré à l'IUP, j'y étais allé volontiers… tu te mets dans un rôle où tu essayes d'aider les gens… (…)
>
> — *Tu prenais ton exemple…*
>
> — Non, parce que mon cas il est bâtard ! Je ne suis pas le type qui s'est retrouvé à vivre en HLM, à se retrouver en galère et qui a réussi. Moi, j'avais mes parents derrière moi, donc je peux pas te dire que j'ai eu un tas de problèmes. Donc, si je peux les pousser, c'est très bien, mais je peux pas me citer en exemple (…).
>
> — *Tu retournes à Voltaire ou à Coty, de temps à autre ?*
>
> — Non… c'est un peu derrière moi, ça, maintenant. »

Comme Lydia, Pierre a un rapport ambivalent à « la ZEP ». D'un côté, il veut se rendre utile, en « poussant » les élèves de son ancien lycée à postuler à la prépa sup-expé. Mais, d'un autre, il a l'impression d'être un cas trop « bâtard » comme il dit, pour se citer en exemple : la seule fois où il participe aux réunions de présentation, il « se met dans un rôle », comme si ce n'était pas vraiment lui qui s'adressait aux candidats. Son déplacement social a accusé la petite distance qui existait déjà entre ses camarades et lui. Il considère toutefois sa scolarité en ZEP, depuis la Sixième jusqu'à la Terminale, comme une période enrichissante, au cours de laquelle il a beaucoup appris :

> « Au collège, je me suis retrouvé dans une situation rigolote : dans ma classe, j'étais presque le seul Blanc, pas le plus pauvre, et je me suis même fait insulter de "sale Français" ! Mais, après, quand tu commences à réfléchir et que tu sais que tu dois pas réagir à ça, comme un gros facho de base, tu commences à t'apercevoir qu'il y a des gens plus intéressants que d'autres…
>
> — *Tu penses que tu faisais partie du même univers que ces élèves ?*
>
> — Ouais ! J'en reste persuadé… avant le collège, j'étais dans un univers très classes moyennes, mais, ensuite, j'ai été avec des gens qui habitent pas au même endroit que moi et qui pensent différemment de moi, et ça, ça m'a beaucoup marqué, jusqu'à aujourd'hui. (…) Grâce à eux, j'ai commencé à réfléchir et j'ai pu me dire que le seul racisme que j'allais utiliser dans ma vie, c'est envers les cons ! Pour moi, 'y a que ça, comme races : les cons et les pas cons. »

Avant d'entrer au lycée Coty, Pierre avait déjà passé les frontières sociales, en appartenant à des groupes de pairs composés, successivement, d'enfants de classes moyennes et de classes populaires. S'il n'a éprouvé aucun ressentiment envers ceux qui le traitaient de « sale Français », c'est que, en nouant des liens avec d'autres élèves issus de familles immigrées, victimes du racisme sans pour autant se venger contre les Blancs scolarisés en ZEP, il a compris la signification implicite de cette violence symbolique inversée. Sa lucidité tient pour partie à sa participation à des espaces de sociabilité où la classe sociale compte davantage que la couleur de peau, comme les parties de football et les sorties nocturnes avec ses amis, notamment Laurent, agent de sécurité issu d'une famille populaire originaire de Martinique, qu'il côtoie depuis le collège.

Derrière les similitudes des rapports à « la ZEP » de Lydia et de Pierre se cache une différence fondamentale. Leur déplacement social n'induit pas une ambivalence de même nature à l'égard de leur héritage : à l'appartenance ambiguë de l'une, qui se traduit dans son oscillation entre nostalgie et distanciation, s'oppose le sentiment d'apesanteur de l'autre, enclin par sa position frontalière à nier tout ancrage : « Si, aujourd'hui, j'avais à me définir au niveau social, j'ai envie de te dire que je suis un peu de partout et de nulle part en même temps » explique-t-il. L'intensité de ces deux formes de brouillage statutaire – dédoublement et effacement des filiations symboliques – est maximale jusqu'au moment où la condition salariale succède, définitivement et complètement, à celle d'étudiant. Or cette transition est loin d'aller de soi, car la détérioration de la conjoncture économique fragilise leurs aspirations.

L'attente et l'amertume

Après leurs études à l'IUP, Pierre et Lydia peinent à trouver un emploi stable correspondant à leurs aspirations et à leurs qualifications. L'un enchaîne pendant cinq ans les périodes de chômage et les CDD. L'autre multiplie les « petits boulots », tirant parti de sa situation précaire pour voyager à l'étranger et en France. Si les deux condisciples ne se fréquentent plus guère, leurs destins continuent pourtant de coïncider. Car les crises financières et économiques qui se succèdent, entre 2007 et 2012, n'ont pas seulement pour effet de déstabiliser les classes populaires et les fractions inférieures des classes moyennes : elles contribuent aussi à ralentir le déplacement social de leurs enfants et, par-là même, à réduire son amplitude. Comme le montre le cas de Pierre, cette mise en suspens du reclassement est parfois source d'amertume et incite à puiser des ressources compensatoires dans les relations amicales, familiales et conjugales.

« Avec la crise, c'est chaud de trouver un taf ! »

Lorsque je revois Pierre, en 2009, trois ans après notre précédent entretien, dans un café du centre-ville de Carmont, il paraît vieilli. Son corps, autrefois très svelte, s'est un peu épaissi, son visage a les traits tirés, sa voix est plus grave. Il met cette évolution au compte du « temps qui passe », de ses virées nocturnes et de sa consommation, de plus en plus fréquente, d'alcool, de cigarettes et de cannabis. En écoutant son récit désabusé de ses tentatives avortées pour trouver un poste de cadre stable, je comprends que sa physionomie n'est pas sans lien avec sa situation professionnelle. En un sens, ma proposition de refaire une conversation enregistrée avec lui arrive au bon moment : au chômage depuis six mois, c'est l'occasion, pour lui, d'effectuer une sorte de « bilan », en prenant du recul sur cette période incertaine. « Je suis dans une période où je sais pas trop où je vais… avec la crise, c'est chaud de trouver un taf ! » lâche-t-il, avant de parler longuement de son « ras-le-bol des boulots de merde » qu'il a dû accepter, faute de mieux, malgré son M2 à l'IUP et son Mastère en école d'ingénieurs.

Depuis qu'il a achevé ses études, Pierre a eu un parcours assez chaotique. Après un premier CDD, en 2007, dans une entreprise d'énergies renouvelables, il a travaillé à plusieurs reprises comme chauffeur de nuit dans un hôtel de luxe. « J'ai conduit de superbes voitures, mais bon, c'est pas très épanouissant ! » dit-il. Il a aussi été embauché au noir comme agent de sécurité, par l'intermédiaire de son ami Laurent, ce qui lui a permis d'arrondir ses fins de mois, en complément des indemnités versées par Pôle Emploi. Ses difficultés l'ont contraint à abandonner son projet initial et à revoir à la baisse ses ambitions salariales : alors qu'il visait, en 2006, une rémunération comprise entre 2 000 et 2 500 euros, il explique désormais qu'il se satisferait d'un « job à 1500 euros », pourvu qu'il occupe un poste fixe avec des tâches intéressantes. Cette inflexion est, selon lui, le fruit d'un choix délibéré. Il raconte avoir été « dégoûté par les crevards qui ne pensent qu'au fric », faisant allusion à ses ex-collègues qui, sous couvert d'un discours écologiste, vendaient aux clients des crédits exorbitants pour financer des installations énergétiques beaucoup moins rentables que ce qui leur était annoncé. Son point de vue évacue ainsi les raisons objectives de sa vulnérabilité dans ce contexte de crise : son capital scolaire et son capital social ne pouvaient guère peser face à ceux des jeunes diplômés des écoles de commerce et d'ingénieurs. Car plus l'offre de postes de cadres se restreint, plus les employeurs accordent une prime aux titres scolaires les plus rares et valorisés. Ainsi, ce n'est pas par hasard s'il décide, sur les conseils d'un ami de son père, spécialiste des ressources humaines, d'enlever de son CV la référence à la prépa sup-expé : « Comme ça, le mec me demandera pas pourquoi j'ai fait l'IUP alors que je voulais entrer à Sciences Po ou en école de commerce », dit-il. Dans une période marquée, par ailleurs, par la réduction massive des effectifs de fonctionnaires, le secteur public peut difficilement tenir lieu d'alternative : « J'ai pensé à tenter les concours de catégorie A, mais ça devient de plus en plus impossible d'y arriver », explique-t-il. Reste une ultime solution pour poursuivre son déplacement social : « monter [sa] boîte ».

Pierre songe, à partir de sa première inscription au chômage, à créer une petite entreprise spécialisée dans les énergies renouvelables. Cette perspective lui semble plus acceptable que celle de jongler entre de multiples emplois précaires, car elle laisse son avenir ouvert : « Je suis encore jeune, je peux encore me retourner si je me plante, donc je peux prendre des risques que je pourrai peut-être pas prendre quand je serai installé. » Cette position lui apparaît d'autant plus désirable qu'elle ne remet pas en cause sa quête du salut matériel : « Quitte à bosser dix heures par jour, autant que ce soit pour ma gueule ! Tant qu'à faire, je préfère être mon propre patron », ajoute-t-il. Au moment de l'entretien, il est en train de réaliser une première étude de marché et de préparer les statuts de la « boîte » qu'il veut « monter » avec trois associés : deux camarades franco-tunisiens de l'école d'ingénieurs où il a été élève, qui ont investi, comme lui, chacun 1 000 euros, et un jeune enseignant de l'université canadienne où il a passé son semestre à l'étranger, sollicité pour les conseiller et les faire bénéficier de son « carnet d'adresses ».

Les trois associés ont élaboré une stratégie commerciale très précise, pour contrebalancer le faible capital financier de leur entreprise : négocier des contrats de sous-traitance avec l'État ou des sociétés privées qui leur permettraient de prélever une plus-value lors de chaque opération. Très motivé, Pierre se démène pour que ce projet aboutisse. Il demande des conseils et des contacts à son père qui, lui aussi, a essayé – en vain – de devenir son propre patron, pour sortir du chômage. Parallèlement, il négocie pour obtenir des formations techniques et une aide financière de Pôle Emploi, qui propose, sous certaines conditions, de payer le salaire d'un comptable les deux premières années après la création d'une entreprise. Il demeure prudent, toutefois, ne contractant aucun prêt bancaire, de peur de s'enfoncer dans des difficultés insurmontables s'il ne parvenait pas à rembourser ses dettes. Au fil de son récit, une figure s'esquisse : celle d'un petit patron vertueux, à la tête d'une affaire prospère, embauchant quelques salariés payés à un salaire décent et contribuant, à son échelle, à l'avènement d'une « révolution écologique ». Cette image de soi gratifiante lui permet de tracer les contours d'une position virtuelle correspondant à ses aspirations, opposée à la fois aux « vendeurs d'armes » et aux « fabricants de litières pour chats », lâche-t-il sur le ton de la plaisanterie.

Ces caricatures suggèrent l'enjeu, pour Pierre, de compenser la fragilité de sa situation professionnelle par la mobilisation de principes éthiques qui rehausse le rang auquel il espère accéder. Mais ses espoirs sont de courte durée. Confrontés à de multiples obstacles, les associés se séparent. Pierre se réinscrit alors au chômage. Peu de temps après, il obtient un CDD de six mois de cadre commercial, dans une franchise appartenant à une grande chaîne de magasins de produits culturels dont les locaux se trouvent dans une ville située à 400 kilomètres de Carmont. Il emménage dans un appartement individuel. Il ne profite pas longtemps de cette première expérience, tardive (il a alors 27 ans) de décohabitation car, à l'issue de son CDD, il refuse les conditions imposées par ses supérieurs pour être titularisé. L'obtention d'un CDI à un poste similaire ayant pour contrepartie une mutation dans une ville encore plus lointaine, il préfère revenir vivre chez ses parents et se réinscrire à Pôle Emploi. Il justifie cette décision par son désir de rester proche de ses amis d'enfance et de sa famille. C'est en grande partie grâce à eux, et à sa compagne, rencontrée quelques temps après, qu'il parvient à supporter ses déconvenues.

Une sociabilité protectrice : Pierre et ses proches

L'image, souvent utilisée par les économistes, du « filet de sécurité » protégeant certains jeunes du chômage et de la précarité, n'a de sens que si l'on interroge la nature et les fonctions des mailles relationnelles qui le constituent. Dans le cas de Pierre, c'est la sociabilité locale qui joue ce rôle. Son ancrage territorial et son repli sur son entourage contrastent avec l'apologie du voyage individuel faite par Aïda et Réda. Au fil des années, les « liens forts » des jeunes sont à la fois moins nombreux et plus recentrés sur les proches, en particulier quand leur insertion professionnelle est durablement retardée[20].

Sa famille, ses amis et son couple contribuent ainsi, de différentes façons, à éviter que son déplacement, au lieu de se ralentir, ne s'interrompe définitivement.

Pour subvenir à ses besoins et prendre son indépendance, Pierre doit trouver rapidement un travail. C'est par l'entremise de sa tante maternelle qu'il y parvient. Début 2012, celle-ci lui obtient un entretien d'embauche pour un poste de cadre commercial dans une grande société d'assurances où elle est employée depuis longtemps. Cette tante est un peu la «personne ressource» de la famille : c'était elle, déjà, qui avait appuyé sa candidature pour son premier stage. Après deux rendez-vous fructueux, il est invité à un troisième qui tourne court : le DRH lui explique que son «profil est surdimensionné». «Il m'a dit : "Vous allez vous emmerder, dans ce boulot, avec votre bac+5." J'étais vert! Je me suis cassé le cul à faire mes études et lui il me dit que je suis surdimensionné!» lâche-t-il, remonté. Il est sauvé une seconde fois par sa tante, qui convainc le DRH de lui donner une deuxième chance. Finalement, il sera recruté en CDD pour six mois, en remplacement d'un cadre en congé-maladie, avec la possibilité, à terme, d'être titularisé dans un autre emploi dès qu'il aura «montré ce qu'il vaut».

Le quotidien de Pierre ne se résume pas à la recherche, si importante soit-elle, d'une assise matérielle. Ce qui frappe dans la façon dont il vit cette période d'incertitude, c'est sa fréquentation de plus en plus régulière de ses amis d'enfance ou d'adolescence : Laurent, David (cousin de ce dernier) et Bruno, son camarade au lycée. Le temps qu'il passe avec eux s'accroît considérablement, à travers sa participation fréquente à des loisirs d'extérieur (football au quartier, cinéma et bowling dans un centre commercial en périphérie, soirées chez des connaissances communes), mais aussi de – longs – moments qui n'ont pas d'autre but que de «rester ensemble», en discutant à bâtons rompus de sujets typiques de la sociabilité juvénile masculine : le sport, les jeux-vidéos, «les femmes» et la musique. Employé dans un grand magasin, Bruno, simple bachelier fils d'un gardien de parking et d'une mère au foyer, est le premier de la bande à avoir son propre logement. Son domicile se transforme très vite en point de rencontre, remplacé les deux années suivantes par un autre appartement, où Laurent et lui vivent en colocation. Cet entre-soi masculin se prolonge dans les voyages que les quatre amis font ensemble. Ainsi, en 2010, ils partent quelques mois vivre en Martinique, dans la famille de Laurent et son cousin. Ils reviennent galvanisés par cette expérience qui soude le groupe, au point que chacun d'eux a tatoué sur son corps, à l'encre indélébile, les initiales du nom donné à la bande, au terme d'un rituel qui demeurera dans leurs mémoires longtemps après leur retour dans la métropole : tous ont fait le serment de ne jamais se trahir. On perçoit les gratifications que Pierre tire de son appartenance à un collectif protecteur dans lequel sa position n'est pas contestée. Il est d'autant plus indispensable aux autres qu'il est le seul, parmi eux, à disposer en permanence d'un véhicule.

Les « liens forts » de Pierre vont toutefois s'affaiblir, progressivement, après sa mise en couple avec une fille assez proche de lui, objectivement (employée en CDI, titulaire d'un master professionnel, après un BTS et un DUT). Il diminue, au profit de sa compagne, le temps qu'il passe avec sa bande. Puis, après son emménagement avec elle, dans un quartier aisé de Carmont, sa participation à la vie du groupe devient de plus en plus secondaire. Il ne vient plus qu'exceptionnellement aux activités collectives organisées par ses trois amis. Mais cette présence en filigrane ne cause pas de problème car, après la fin de la colocation de Laurent et Bruno (l'un n'a plus les moyens de payer le loyer, l'autre a envie d'habiter seul) la bande se désagrège.

La distance croissante entre Pierre et ses amis ne s'explique pas seulement par sa mise en ménage. Derrière son éloignement géographique et sa vie de couple, c'est son déplacement social qui le conduit à se séparer partiellement d'eux. D'une part, il accède, symboliquement, à la propriété de son logement, loué à la famille de sa compagne à un prix dérisoire, concrétisation indirecte de l'espoir qu'il nourrissait six ans plus tôt. Cette mobilité spatiale radicale compense la fragilité de son statut sur la scène professionnelle par la respectabilité acquise sur la scène résidentielle. D'autre part, il retrouve, sur la scène conjugale, une existence plus conforme à ses aspirations, en vivant avec une fille, titulaire d'un emploi stable qui, comme lui et contrairement au reste de sa bande, a fait des études supérieures.

RÉUSSIR À DEUX : UN COUPLE DE MIGRANTS DE CLASSE

Les relations entre condisciples sont, en règle générale, assez éphémères. Elles n'en demeurent pas moins structurées par des forces sociales qui, dans le cas de Pierre et Lydia, font coïncider des trajectoires sur une longue durée. Cette simultanéité biographique se distingue de celle, fondée sur une réciprocité constante chargée d'affects, qui est en jeu dans une relation amoureuse. Comme nous allons le voir à travers l'histoire du couple de Laure et Abdel, la scène conjugale peut constituer un cadre dans lequel le déplacement social est imaginé, vécu et pensé ensemble, les conjoints étant, l'un pour l'autre, des *partenaires d'ascension*. Soudés par des affinités à la fois subjectives et objectives que leur communauté d'expériences a peu à peu renforcées, ils tentent de « réussir à deux », en endossant chacun des rôles spécifiques et complémentaires, pour partie structurés par leurs dispositions de genre.

Le jeu de l'amour et du probable

La « découverte du conjoint » est rarement le fruit du hasard[21]. Produit d'un ensemble de mécanismes sociaux, inconscients et invisibles, elle s'opère au travers de catégories de perception, éthiques et esthétiques, que les intéressés ont intériorisées au cours de leur socialisation de genre et de classe, en fréquentant des lieux et milieux objectivement proches[22]. Laure et Abdel ne font pas exception à la règle : ce qu'ils se représentent comme un « coup de foudre », survenu en 2003, lorsqu'ils étaient en Première ES au lycée Voltaire, est un cas ordinaire d'appariement, non pas fatal, mais probable, de trajectoires familiales et scolaires en grande partie analogues. Mais leur relation dépend aussi des circonstances particulières dans lesquelles ils se sont rencontrés : confrontés tous deux à des situations difficiles, leur couple est marqué par un esprit de solidarité qui a des effets décisifs sur leurs expériences du déplacement social.

La trame sociale d'un coup de foudre

Nés tous deux en 1987, à Carmont, Laure et Abdel ont grandi dans des cités HLM distantes de cinq kilomètres. Scolarisés en ZEP du CP à la Terminale, dans des écoles primaires et des collèges différents, l'un et l'autre ont été d'excellents élèves jusqu'en Première. Elle, fille d'un ouvrier spécialisé vietnamien en préretraite (malade de l'amiante, après une carrière dans la métallurgie) et d'une assistante de vie française d'origine italo-tunisienne, se souvient des encouragements de ses enseignants et de ses parents, fiers de la voir obtenir, à plusieurs reprises, la meilleure moyenne de son collège. Indice de son sérieux scolaire, elle a conservé soigneusement tous ses cours depuis la Première. Lui, fils d'un ouvrier professionnel algérien, promu sur le tard agent de maîtrise, et d'une médiatrice culturelle française d'origine algérienne, garde en mémoire ses brillants résultats jusqu'en Troisième, en section sports-études et son regret de n'avoir pas pu rester avec des amis d'enfance qui, pour beaucoup, n'ont pas réussi à passer en Seconde générale. Son admiration pour ses anciens professeurs est telle que, dix années après, il cherche encore à les revoir pour « les remercier de ce qu'ils [lui] ont apporté ».

Abdel et Laure ont peu de liens directs avec les pays dont leurs parents sont originaires, en dehors de la pratique de la religion (l'islam, pour l'un, le bouddhisme, pour l'autre). Titulaire d'un diplôme de comptable, le père du premier était gendarme avant d'entrer clandestinement en France, en 1973, à l'âge de 25 ans. Fils d'un maçon et d'une mère au foyer, ce dernier n'est jamais retourné ensuite en Algérie, même si, après l'indépendance, il a préféré la nationalité algérienne à la française. Au début des années 1980, il s'installe à Carmont, où il rencontre sa future épouse, née en France. Fille d'un maçon et d'une femme au foyer algériens, aînée d'une fratrie de neuf enfants, cette dernière a dû interrompre ses études en Cinquième pour gagner sa vie. Après de nombreux « petits boulots », elle devient bibliothécaire dans l'école primaire du quartier, où elle inscrit Abdel, situation propice à la transmission de bonnes dispositions scolaires.

La mère de Laure, elle aussi, est née en France. Fille d'un chef de chantier et d'une femme au foyer, tous deux immigrés, elle est dépourvue de diplôme, comme son mari, qui est arrivé à Carmont juste avant la fin de la guerre du Vietnam, en 1975. Il a quitté son pays sans sa famille, vivant plusieurs années dans une cité d'urgence construite pour les réfugiés. Il « se débrouille comme il peut » pour trouver un emploi, « sans savoir un seul mot de français », avant de rencontrer sa future épouse. Le couple obtient ensuite un logement HLM. Si, contrairement aux parents d'Abdel, ils ont suivi « de loin » la scolarité de leur fille, leurs encouragements répétés ont contribué à entretenir celle-ci dans une dynamique de réussite qui explique, en grande partie, pourquoi elle éprouve un sentiment de dette à leur égard :

« Mon père, il a eu une vie très difficile, entre habiter dans un centre de réfugiés et pas avoir ses frères et sœurs avec lui… quand je regarde mon père et ma mère, c'est vraiment… je veux leur montrer que… ils m'ont donné ce qui est pour moi la meilleure éducation possible, et ça m'a donné vraiment envie de réussir…

— *Tes parents, ils t'ont beaucoup suivie à l'école ?*

— Non, pas particulièrement, enfin… depuis le CP, je m'en sors toute seule… ma mère, elle regardait pas si je faisais mes devoirs, parce que je les avais déjà faits… dès le départ, ils savaient plus ou moins que j'allais faire des études… (*en minimisant*) bon, ça a été important pour eux, mais c'était pas… si j'avais pas fait des études, ils m'auraient rien dit. Mais c'était quand même important pour eux, l'école. »

Abdel et Laure reçoivent très tôt de leurs parents un mandat d'ascension qu'ils sont les seuls à être en mesure d'honorer. Deuxième d'une fratrie de trois enfants, dont il est le seul garçon, celui-ci doit « faire mieux » que son aînée (ils ont trois ans d'écart), titulaire d'un baccalauréat professionnel après trois redoublements, recrutée ensuite comme employée dans l'entreprise de son père, et que la benjamine (née un an après lui), qui obtient « de justesse » son baccalauréat technologique après une scolarité en dents de scie. Laure a une position similaire et symétrique dans sa famille : deuxième, elle aussi, d'une fratrie de trois enfants, dont elle est la seule fille, son frère aîné, en baccalauréat professionnel dans la même classe que la sœur aînée d'Abdel, a également redoublé trois fois. Le benjamin, en Troisième au moment de l'entretien, est inscrit dans le même collège qu'elle. Soucieuse de lui montrer l'exemple, elle l'a toujours aidé à faire ses devoirs. Dès qu'elle observe chez lui des signes de relâchement, elle le « recadre gentiment » : il souhaite devenir médecin mais, selon elle, il ne « travaille pas assez ».

Laure s'efforce de suivre le « modèle de sa cousine ». Brillante élève, quatre ans avant elle, en série ES au lycée Voltaire, celle-ci a obtenu le baccalauréat avec une mention Bien, avant de s'engager avec succès dans de longues études à la faculté de sciences économiques de Lagnecourt. Cette filiation sert à Laure de référence positive, par rapport au reste de sa famille, mais aussi par opposition à deux

« contre-modèles », incarnés par des filles de son quartier qu'elle a côtoyées en primaire et au collège : d'une part, celles qui « ont préféré être tout de suite mères au foyer, au lieu d'étudier », d'autre part, celles qui « ont mal tourné, avec plein d'histoires de drogue et de prison ». Souhaitant, « depuis toute petite », être avocate, elle considère les unes et les autres comme des figures-repoussoirs aux antipodes de son aspiration à emprunter le chemin d'émancipation frayé par sa mère qui, dit-elle fièrement, « a travaillé dès qu'elle a pu, alors qu'elle a été formatée pour rester à la maison ».

Au moment de se rencontrer, Laure et Abdel connaissent tous deux des difficultés qui font chuter, subitement, leurs résultats scolaires. Elle vient de tomber en dépression, ce dont elle ne se remettra que trois ans plus tard, tandis qu'il peine à s'adapter à des rythmes d'apprentissage et à des exigences de plus en plus élevés, face auxquels sa mère ne peut plus l'aider :

> « Jusqu'en Seconde, ma mère, elle reprenait toutes mes fautes d'orthographe et de grammaire, quand je pouvais pas me débrouiller tout seul et elle contrôlait toutes mes sorties. J'étais toujours enfermé dans ma chambre à travailler. Dès que je voulais sortir, elle me disait : "Tu vas où ? T'es pas bien, à la maison ?" Mon père, il a fait ce qu'il a pu pour m'aider en maths, avec ce qu'il avait appris pour être comptable. Mais, comme il était toujours sur les chantiers à bosser, c'est surtout ma mère qui était derrière moi, à me surveiller et à m'encourager. Après, au lycée, elle avait moins les moyens de m'aider, je travaillais plus souvent tout seul. C'est ça, aussi, qui a fait que j'ai un peu galéré à partir de la Première. »

Lorsque Laure et Abdel se mettent en couple, la pente de leurs trajectoires commence à décliner. D'habitude excellente en français, Laure obtient de médiocres résultats dans cette discipline aux épreuves anticipées du baccalauréat. Sa remobilisation en Terminale lui permet néanmoins de décrocher une mention Assez Bien. Abdel n'est pas étranger à cette remontée, mais il connaît encore plus de difficultés pour redresser la barre. Finalement, il est reçu au rattrapage. Bien qu'ils continuent de vivre chez leurs parents après leur mise en couple, Laure et Abdel se fréquentent de plus en plus régulièrement. Leur relation amoureuse leur offre un support moral et matériel pour résister à leurs difficultés respectives. Elle endosse un rôle de « deuxième mère » auprès de lui, en l'aidant scolairement et en lui suggérant de postuler, comme elle, à la prépa sup-expé. On comprend mieux, ainsi, pourquoi ses amis de la « West Coast » l'ont surnommée « maman », comme on l'a vu plus haut. Quant à lui, il procure à sa compagne un soutien affectif au moment où elle se trouve dans une grande détresse. C'est dans ces circonstances délicates que se forme, à travers le couple, une *entreprise conjugale de déplacement social* :

> « *Comment vous vous êtes décidés à candidater à la prépa ?*
>
> Abdel – C'était entre la fin de la Première et le début de la Terminale… Monsieur Noiret, il en a parlé à Laure, puis elle m'a vite convaincu d'aller à Coty… du coup, on a fait nos lettres de motivation, et voilà…
>
> — *Ensemble ?*
>
> Abdel – Ouais…
>
> Laure – (*Fière*) On a tout fait ensemble ! Depuis le début !
>
> Abdel – C'est vrai, on s'est connu en Première et, depuis, on s'est plus quitté ! (*Rires*). »

Cette division sexuée des rôles transparaît dans la négociation et le déroulement de l'entretien. Laure se charge de l'organisation du rendez-vous et, tout au long de la conversation, c'est elle qui parle au nom du couple (elle utilise fréquemment le « nous »), en usant d'un registre de langage soutenu et nuancé, avec des phrases souvent accompagnées de sourires, énoncées en me regardant droit dans les yeux. À l'inverse, Abdel, enfoncé dans sa chaise, la mine fermée, tient des propos plus tranchés, son vocabulaire et son élocution sont typiques du style linguistique des jeunes de cités. Il ne s'exprime qu'à la première personne du singulier et ne me regarde que rarement, un peu mal à l'aise dans le café du centre-ville de Carmont où nous sommes installés, à ma demande. Au-delà de ces différences, tous deux s'emploient à afficher l'unité de leur couple, manifestant peu leurs désaccords, l'un complétant ou précisant le discours de l'autre, l'autre reformulant un jugement ou illustrant une idée de l'un.

Vie de couple, déplacement social et clôture symbolique

De plus en plus accaparés par leur vie de couple, Laure et Abdel se coupent peu à peu de leurs camarades au lycée, dont ils s'étaient déjà éloignés, objectivement, par leur réussite scolaire. Elle évoque ainsi la « jalousie » dont elle a souffert, tandis que lui met en cause l'influence de ses (mauvaises) « fréquentations » :

> « *Vous étiez perçus comment dans votre classe, au lycée ?*
>
> Laure – C'était particulier, la mentalité, au lycée… moi, personnellement, j'en ai beaucoup souffert… c'était des personnes qui, tout de suite, veulent aller en BTS, qui s'impliquent pas forcément… (*Un peu gênée*) après, on pourrait rentrer un peu dans les détails, le style vestimentaire était totalement différent, la mentalité aussi…
>
> — *C'est-à-dire ?*
>
> Laure – Moi, j'ai un style beaucoup plus… classique, en fait… je mettais des tailleurs, tout ça… (*sur le ton de la justification*) mais, ça a toujours été mon style, c'est pas par prétention ! Attention, c'est pas pour me vanter, mais j'ai… j'ai toujours eu des facilités à l'école, donc ça a créé de la jalousie (…). Moi, j'ai pris ES, parce que ça me plaisait vraiment, alors que y'en avait beaucoup qui faisaient ça, parce que c'était l'intermédiaire entre S et L… S, c'est trop difficile, L, c'est pas assez valorisé, donc la plupart ont pris ES, pour ne pas se retrouver en STT (…).
>
> — *Et toi, Abdel ?*
>
> Abdel – Moi, j'avais pas autant de facilités qu'elle, mais c'est sûr que cette mentalité, elle m'a… en fait, j'ai toujours été le premier de la classe, mais, à partir de la Première, ça a été différent pour moi. La mentalité à Voltaire, c'est pas trop la volonté de travailler, c'est plutôt s'amuser avec les potes…
>
> — *C'était pas ton truc ?*
>
> Abdel – C'est pas ça… moi, j'ai toujours été le premier à faire des conneries, à m'amuser, mais tout en étant sérieux, hein… là, c'est devenu compliqué de faire les deux à la fois

(…). Pour que le cours commence, fallait une quinzaine de minutes, le temps que les élèves se calment, faire l'appel… après, quand le cours commence, faut en rappeler certains à l'ordre. Le problème, en ZEP, c'est pas les profs, c'est les fréquentations ! »

La mise en couple de Laure et Abdel n'a pas seulement pour effet de leur offrir un cadre protecteur grâce auquel ils remontent la pente de leurs trajectoires. Cette entraide construit peu à peu une clôture symbolique autour d'eux. Laure est la première à faire les frais des remarques de ses camarades à propos de son style vestimentaire, sans « prétention » dit-elle, mais interprété comme tel par des élèves qui sanctionnent à la fois une déviance sociale (elle ne doit pas s'habiller comme une « riche ») et un sérieux scolaire (si elle est « forte », elle ne doit pas se montrer « fière »). Abdel, lui, a mis plus de temps à rompre avec ses « fréquentations ». D'où sa gêne et ses justifications en évoquant cette période où il a dû choisir entre travailler et « s'amuser ».

La mise en couple de Laure et Abdel a, par ailleurs, pour effet de réduire leur participation, déjà limitée, à la sociabilité juvénile au sein de leurs quartiers respectifs. L'éloignement social qui, pour les élèves célibataires, s'opère de façon plus progressive, commence plus tôt pour eux. La scène conjugale prend une place prépondérante, au détriment des scènes résidentielles et amicales :

« *Vous sortez un peu dans vos quartiers ?*

Abdel – Alors, elle, c'est un peu particulier, parce qu'elle est isolée dans son quartier…

Laure – Oui, je vois pratiquement personne, sauf quand je revois des gens qui étaient avec moi au collège, mais la majorité des filles que je connaissais elles se sont retrouvées enceintes. Moi, c'est pas dans mes projets, donc on n'a pas grand-chose à se dire… (…) Puis, dans mon quartier, 'y a pas beaucoup de jeunes et, ceux qui étaient dans mon lycée, j'ai perdu le contact avec eux, parce que, bon… (*Gênée*) on a pris des voies différentes…

Abdel – Moi, c'est plus particulier… la plupart des potes qui étaient avec moi au primaire, ils sont peut-être en prison aujourd'hui…

— *Ils sont tous en prison ?*

Abdel – Pas tous, mais ils y sont tous allés au moins une fois…

— *Et, à part la prison, qu'est-ce qu'ils font ?*

Abdel – Ils vendent du shit… sinon, 'y en a une dizaine, sur une trentaine que je connais, qui sont rentrés à l'Armée. (…)

— *'Y en a aucun, à la fac ?*

Abdel – (*Catégorique*) Non… 'y a personne qui était avec moi à l'école qui a continué. Donc… (*en riant*) les seuls moments où je suis au quartier, c'est pour sortir ou pour rentrer ! (*Rire*). »

Laure et Abdel occupent des positions analogues sur les scènes résidentielle et amicale. L'une, « isolée » dans son quartier, se tient à distance des filles « tombées enceintes » au sortir de leur adolescence[23]. Son constat fataliste entre en résonance avec le récit résigné d'Abdel, contraint de se replier sur sa vie de couple pour poursuivre son déplacement social et se protéger des activités illégales de ses « potes ». Son allusion à ses anciens camarades emprisonnés « au moins une fois » ne grossit pas la réalité : dans sa cité, les descentes de police, les règlements de comptes et les dégradations matérielles scandent le quotidien des habitants, à un rythme effréné par rapport au reste de la ville. Cependant, son regard suggère aussi la place, de plus en plus réduite, qu'il accorde à ses relations avec ses anciens pairs. Lorsqu'il est en bas des tours, c'est seulement « pour sortir ou pour rentrer », comme il dit.

L'accroissement de la distance entre Laure et Abdel et les jeunes de leurs quartiers ne s'explique pas exclusivement par leur mise en couple. C'est parce que leur rencontre a lieu à un moment décisif de leur cursus scolaire que la clôture symbolique autour d'eux s'accuse subitement. Ils se projettent dans un avenir qui va bien au-delà du baccalauréat, alors que la plupart de leurs amis d'enfance et de leurs camarades n'ont pour horizon que la Terminale ou, pour les plus armés, un BTS. En Seconde, ils envisagent tous deux de s'inscrire à l'université : elle souhaite s'engager dans des études de droit ou de sciences économiques, lui ne sait pas quelle filière choisir, mais vise « minimum la fac ». Lorsqu'ils apprennent l'existence de la prépa sup-expé, ces hypothèses s'effacent immédiatement devant la perspective, bien plus alléchante, d'entrer dans le meilleur lycée de la ville pour préparer des concours prestigieux :

> « *Vous vous sentiez un peu à l'écart dans votre classe ?*
>
> Abdel – Oui, c'est ça ! Parce que, comme on a dit, la mentalité à Voltaire elle était différente, c'est plus le style à se réorienter... après le bac, s'ils ont le bac, les élèves ils veulent tous aller en BTS. Moi, c'était plutôt minimum la fac... mais bon, la fac, je savais ce que ça donnait, donc je voulais vraiment pas y aller... je connaissais quelques personnes qui y étaient, on voyait que ça marchait pas trop bien pour elles... lâché à la fac, t'es seul face à toi-même, face aux profs, à des centaines d'étudiants... à la fac, tu sais pas quoi faire, t'es perdu...
>
> — *La prépa, c'était un moyen de pas aller à la "fac", en fait ?*
>
> Abdel – Oui ! Pour moi, c'était ça...
>
> Laure – C'était le seul moyen de réfléchir, aussi, pour nous...
>
> Abdel – C'est vrai. J'voulais pas faire de BTS et j'voulais éviter la fac, donc, la prépa, c'était c'qu'y avait d'mieux... après, quand ils ont commencé à nous mettre en tête l'idée de passer les concours des grandes écoles... (*en haussant la voix*) pour nous, c'était impensable, ça ! J'savais même pas que Sciences Po [les IEP], ça existait ! Du coup, j'ai pas hésité ! »

Le halo qui entoure la « fac », dans l'idée qu'Abdel s'en fait lorsqu'il est en Première, en prenant pour exemples les expériences malheureuses de ses camarades perdus dans les premiers cycles universitaires, contraste avec l'image, claire et positive, de grandes écoles dont il n'avait jamais entendu parler auparavant. Happé par l'élan de Laure, la première d'entre eux à être encouragée par ses enseignants à postuler à la prépa sup-expé, il n'a guère de raison d'hésiter à s'engager dans cette voie qui est au centre de sa vie sur les scènes scolaire et conjugale, mais aussi sur la scène familiale : incité par ses parents à entrer dans un lycée dont le prestige rejaillit sur l'honneur de toute la lignée, il n'est confronté à aucune dissonance. Les fortes attentes des parents de Laure et Abdel s'expriment dans le récit que tous deux font de l'émotion de leurs pères le jour où le jury d'admission communique sa réponse :

> « *Quand vous avez su que vous étiez pris en prépa, vos parents ils ont…*
>
> Laure – [*Elle m'interrompt*] Ah oui ! (*Sourire*) Ça a été…
>
> Abdel – Moi, chez moi, c'était… pas la fête, mais mon père il a…
>
> Laure – On a su qu'on était pris avant le bac, alors quand on a eu nos notes au bac, ça a été [*Elle se tourne vers Abdel, silencieux, à la fois gêné et ému*] Bah, ton père il pleurait ! Mon père, il était heureux, dans ma famille, c'était la fête ! »

À travers la réaction de leurs parents, on perçoit tout ce qui pousse Laure et Abdel à « éviter la fac » en choisissant cette solution qui esquisse un futur plein de promesses. Or, lorsqu'ils entrent au lycée Coty, ils ressentent, face aux « autres » et aux élèves de l'« East Coast », le poids de leur passé scolaire. Subitement, leur position s'inverse. Dominés, ils deviennent exactement ce qu'ils avaient cherché à ne plus être : des « vrais ZEP ». Leur couple constitue, comme l'entre-soi de « la salle », un cadre rassurant grâce auquel ils peuvent transformer le stigmate en emblème. La fierté de leurs origines sociales et ethniques les protège ainsi de leur marginalisation collective au sein de cet univers étranger, au point qu'ils regrettent, trois ans après, que la prépa sup-expé n'ait pas été ouverte dans leur ancien lycée : « Si la prépa elle avait été à Voltaire, ça aurait été le top ! » s'exclame Abdel.

Laure et Abdel face à leur avenir

Laure et Abdel font partie de la première promotion de la prépa sup-expé qui a bénéficié de la convention de partenariat avec l'école de commerce de Carmont. Très vite, ils font de ce débouché leur priorité, au détriment des IEP. Ils sont séduits par l'opportunité de trouver rapidement, après leurs études, un poste de cadre stable et bien rémunéré qui leur permettrait de prendre leur indépendance et d'épargner pour être en mesure, le moment venu, d'emménager ensemble. Simultanément, ils postulent à l'IUP au cas où ils échoueraient aux concours. Quand les verdicts tombent, ils se replient sur cet établissement qui, à leurs yeux, présente l'avantage d'accélérer leur insertion professionnelle sans remettre en cause, *a priori*, leurs ambitions initiales. Après leur admission, ils n'ont jamais songé à retenter les concours. Satisfaits de leur situation, ils vont parfois jusqu'à exprimer leur soulagement de n'avoir pas intégré une grande école, évoquant les échos négatifs qu'ils en ont eu par des « reçus » :

> « *Vous préfériez l'école de commerce aux IEP ?*
>
> Abdel – Oui, mais on a quand même passé les deux concours… moi, j'avais quand même plus envie de rentrer à l'école de commerce que dans un IEP. Bon, finalement je suis rentré à aucun des deux ! (*Rires*) Mais ça m'arrange, maintenant, parce que je vois ce que c'est…
>
> — *C'est-à-dire ?*
>
> Laure – En termes d'ambiance… on revoit de temps en temps nos copains de la prépa, et bon… dès leur première année, 'y a eu tout ce qui est week-ends d'intégration, fêtes… ils avaient pas forcément les moyens de le payer, donc ils n'y ont pas participé, ils ont tout de suite été… comme ils me l'ont dit, ils ont tout de suite été exclus de…
>
> Abdel – Ils ont été mis de côté… ils nous racontent ce qu'ils vivent et… ils nous disent que Sciences Po [l'IEP], c'est l'East Coast puissance 100 ! (*Rires*) C'est pire, pire qu'à Coty ! Et à l'école de commerce, c'est pareil ! »

Laure et Abdel rationalisent leur échec à travers la même logique que celle qui prévalait lorsqu'ils étaient au lycée Coty : la fierté des origines est l'ultime recours pour « sauver la face ». À cette neutralisation des tensions induites par le désajustement entre leurs aspirations et leur devenir effectif s'ajoutent les profits immatériels tirés du petit capital symbolique produit par leur notoriété médiatique lorsqu'ils étaient en prépa sup-expé et par la reconnaissance dont ils jouissent au sein de leur famille :

> « Abdel – Nos parents, par rapport aux vies qu'ils ont eues, comme ils ont bien galéré pendant un certain nombre d'années, c'est sûr que, pour eux, leur fierté, c'est qu'leurs enfants réussissent, tu vois ?

— *Oui… même si vous avez raté les concours ?*

Laure et Abdel – Ah oui !

Laure – Ils étaient contents, quand on était en prépa, parce que, lui [Abdel], il a eu un reportage, les journalistes sont allés chez lui, donc son père il était vraiment fier… moi j'ai eu un article sur moi dans le journal, c'était… (*rire de fierté*) le journal photocopié en cinq fois, limite affiché !

Abdel – Exactement ! Moi, j'ai une copie du reportage à la maison. »

Preuves matérielles de leur « réussite », cet article et ce reportage sont aussi, implicitement, pour Laure et Abdel, des signes annonciateurs de leurs succès à venir. La confiance en soi qu'ils manifestent, tout au long de l'entretien, suggère leur obstination à continuer leur déplacement social, coûte que coûte, en devenant, pour l'une, directrice d'un établissement hospitalier, pour l'autre, cadre dans les ressources humaines, de préférence dans le secteur privé et à Carmont. Je ne relève, dans leurs propos, aucune trace d'une envie de voyager. Laure préfère ne pas s'éloigner de ses parents (notamment son père, gravement malade), tandis qu'Abdel se sent bien dans le quartier où il a grandi :

« *Vous avez déjà réfléchi à vos projets professionnels ?*

Abdel – Moi, j'aimerais bien travailler comme cadre dans les ressources humaines.

Laure – Moi, si j'ai la possibilité, je valide ma L3 et je fais un master de gestion dans le secteur sanitaire et social, en alternance à l'IUP, pour devenir directrice d'établissement, dans le privé de préférence… pour moi, c'est déjà tout tracé. Pour lui…

Abdel – Moi, j'aimerais bien être dans le privé… mais après faut que je voie bien les opportunités, ce que ça donne, ce que ça peut donner…

— *Vous pensez rester en France ?*

Laure et Abdel – Oui…

Abdel – Moi, si j'ai la possibilité de rester sur Carmont, je reste !

> — *T'as pas envie de bouger?*
>
> Abdel – Je suis bien ici, ça fait 21 ans que je vis au même endroit, dans le même quartier, donc j'ai fait toute ma scolarité dans ce quartier, au maximum je mettais dix minutes à pied pour aller à l'école. Donc à l'école primaire je mettais cinq minutes, au collège je mettais dix minutes et à Voltaire cinq minutes à pied, tu vois... donc c'est vraiment... c'est chez moi, quoi! Si j'ai la possibilité de pas quitter Carmont, je pars pas.»

La nécessité économique et l'attachement symbolique au territoire local s'entremêlent dans le désir de Laure et Abdel de faire ensemble leur vie à Carmont. N'ayant connu, l'un et l'autre, que de petits déplacements géographiques, ils sont enclins à se satisfaire d'un petit déplacement social, pour autant qu'ils accèdent à de meilleures conditions matérielles que celles dans lesquelles ils ont grandi. La convergence de leurs objectifs et, à travers eux, de leurs trajectoires, tend à renforcer la clôture symbolique autour d'eux, à l'IUP :

> « *Vous aimez bien l'ambiance, à l'IUP?*
>
> Abdel – On n'a pas de problème... ça n'a rien à voir avec Coty!
>
> Laure – En fait, nous (*en riant*), on a notre petit groupe à deux, depuis la Première, donc on est pas là pour se faire des amis, on a nos projets, nos objectifs, on sait ce qu'on veut faire. En TD, quand faut faire des groupes pour les exposés, on force les profs pour qu'on se mette qu'à deux!»

Séparés désormais de leurs camarades de la «West Coast», Abdel et Laure ont substitué à l'entre-soi amical ce «petit groupe à deux» qui remplit, sous une autre forme, la même fonction protectrice. Cette symbiose cache toutefois des divergences, à première vue anecdotiques, mais pourtant lourdes de sens : quand je leur demande où ils aimeraient s'installer, plus tard, le premier émet le désir de rester dans sa cité ou, à défaut, dans un immeuble situé à proximité de celui de ses parents, idée immédiatement rejetée par sa compagne, qui souhaite emménager dans un «coin calme» ou, si possible, dans une commune périurbaine à 10 kilomètres de Carmont, très prisée des Blancs des classes moyennes. Dimensions cruciales dans la formation de l'image de soi, le lieu et le type de résidence divisent le couple :

> « *Où vous voulez vous installer, plus tard ?*
>
> Laure – (*Catégorique*) À Carmont ! Dans un coin calme...
>
> Abdel – Moi, si je pouvais habiter dans mon bloc, là où je suis en ce moment, ce serait le bonheur ! (*Rire*) Dans ma famille, tout le monde a toujours habité très proche les uns des autres... pendant longtemps, j'avais une grand-mère qui habitait au bâtiment Y, une autre juste à côté, au bâtiment Z, une tante qui habitait pas loin, aussi...
>
> Laure – (*À Abdel, sur un ton mêlant sérieux et plaisanterie*) Alors là, il est hors de question qu'on habite aux Jacinthes [la cité d'Abdel], je te le dis ! (*Rires.*)
>
> Abdel – (*Sourire*) Si je pouvais au moins rester dans les parages, à Carmont, ça serait bien... enfin, on verra !
>
> Laure – À Sorgny [la commune périurbaine en question], ça serait bien ! (*Abdel reste silencieux et regarde au loin, comme s'il n'avait rien entendu*). »

Dans cet échange, transparaissent des postures genrées, visibles dans l'opposition entre le « bientôt, bientôt » enthousiaste de l'une et le « pas encore » prudent de l'autre, qui correspondent à deux rapports à l'avenir bien différents : chez Laure, un désir d'intégration aux classes moyennes, consacrant le déplacement social sur les scènes scolaires et professionnelles par une promotion résidentielle ; chez Abdel, un compromis entre l'accès à une vie confortable et le maintien des liens avec l'univers d'origine, l'acquisition d'un statut respectable et la conservation d'habitudes qui continuent d'avoir du sens, en dépit des changements de position de ces partenaires d'ascension. Pour comprendre la signification de cette divergence, il faut revenir en détail sur les situations individuelles de chacun d'eux[24].

Les classes moyennes à l'horizon : Laure

Au début du printemps 2009, je revois Laure pour un entretien individuel, un an après celui réalisé avec Abdel et elle. Elle m'a donné rendez-vous dans un café situé dans les beaux quartiers de Carmont, près des bureaux de l'association médico-sociale où elle effectue son stage de M1, à un poste d'assistante administrative. Finissant tout juste sa journée de travail, elle porte une tenue très « habillée » (veste blanche, pantalon, chaussures à talons), des bijoux sobres et un maquillage discret, ce qui la vieillit quelque peu : elle paraît trentenaire, alors qu'elle n'a que 22 ans. Sa manière de parler, à la fois calme et assurée, ses réponses instantanées à mes questions, toujours accompagnées de petits gestes de la main sans emphase, suggèrent son appropriation des normes de conduite qu'elle a apprises à l'IUP et au fil de ses expériences professionnelles, d'abord dans une mutuelle étudiante, en L2, puis, en L3, dans un grand hôpital public.

Laure a obtenu, comme elle le souhaitait, une place dans le master le plus coté de l'IUP (20 étudiants par promotion), qui prépare, en alternance, au métier de directrice d'établissement sanitaire et social. Payée, pendant trois mois, à hauteur du tiers du salaire correspondant à son poste au sein du service des ressources humaines, elle complète ainsi les revenus mensuels qu'elle tire de sa bourse de mérite, attribuée par le CROUS, compte tenu de ses bons résultats en Licence (mention Bien). Au total, elle vit avec 1 000 euros par mois, ce qui la dispense de chercher un emploi étudiant pour subvenir à ses besoins. Travaillant dans une très grosse association, qui sous-traite une trentaine de lieux de soins et d'accueil, elle s'estime « heureuse de sa situation », même si elle n'éprouve guère d'intérêt pour les tâches qui lui sont attribuées (rédaction de contrats, suivi de dossiers, élaboration de budgets). « C'est pas le stage dont je rêvais, mais 'y a pire ! » résume-t-elle. Malgré sa déception, elle prend son travail très au sérieux, ne comptant ni ses heures ni ses efforts pour satisfaire ses supérieurs. Entre son stage et ses études, elle mène une vie assez austère qui laisse peu de place aux loisirs : elle sort peu (« sauf quelques soirées au centre-ville avec Abdel ») et « profite des week-ends pour dormir », pour évacuer la fatigue accumulée au cours de ses « semaines bien remplies », comme elle dit.

Son épuisement est dû, pour partie, aux recherches qu'elle effectue pour son mémoire de M1, sur le thème du vieillissement des salariés. Sans doute parce que cet exercice compense la monotonie de ses tâches et parce que ce sujet entre en résonance avec l'expérience de son père, elle s'investit beaucoup dans la petite enquête (auprès d'une dizaine d'éducateurs spécialisés) qui lui a été demandée par son tuteur à l'IUP. Inscrite à un module d'initiation à l'entretien sociologique et connaissant, comme enquêtée et comme enquêtrice, les principes de cette technique, elle n'a aucune difficulté à s'exprimer devant le magnétophone, sans que j'aie besoin de la relancer. Elle voit dans notre conversation à la fois un prolongement de sa formation (elle me demande, à la fin de la discussion, des conseils pour élaborer sa « grille de questions ») et un moment, utile et gratifiant, à travers lequel elle échange un « service » contre la possibilité de libérer sa parole : « Ça me fait plaisir de te rendre service, et moi aussi, ça me fait du bien de faire le point, de te parler… on a plus ou moins le même parcours, donc c'est intéressant, et c'est pas tous les jours qu'on parle avec une personne qui s'intéresse à nous », dit-elle lorsque nous sommes sur le point de nous quitter.

Son mémoire, Laure ne l'envisage toutefois pas comme un exercice purement scolaire ou comme une réflexion autobiographique, mais bien comme un travail professionnel, qui débouche sur un diagnostic et sur des recommandations immédiatement applicables. Ainsi, elle traduit sa problématique dans le langage des ressources humaines (« pour résumer, je bosse sur la gestion de la diversité des âges ») et pense déjà, plusieurs mois avant l'échéance fixée par l'IUP, à la version du texte qu'elle devra remettre à la direction de l'association à l'issue de son stage. Cette attitude consciencieuse n'est pas seulement le fruit de son passé de bonne élève. Elle est aussi l'indice de sa confiance en l'avenir, entretenue par ses excellentes relations avec ses collègues de travail et par la reconnaissance de ses supérieurs : « Je sens que ça va payer, je suis optimiste, déterminée, j'y crois ! Je m'entends très bien avec tout le monde, mes chefs, ils sont contents de moi, donc je suis confiante » lâche-t-elle.

Laure aimerait faire un stage dans un établissement médico-social géré par cette association, car elle se sent « trop loin des réalités » en étant au siège. Si elle désire toujours être directrice, son stage de L3 dans un hôpital public l'a définitivement dissuadée de devenir fonctionnaire : « Le public, c'est trop rigide, c'est monotone, j'ai touché du doigt le manque de réactivité des services hospitaliers aux politiques de santé. » Cependant, elle ne souhaite pas davantage travailler dans le secteur privé lucratif : « Les cliniques, c'est une logique que j'aime pas, c'est l'argent à tout prix, ils s'en foutent des gens. » L'univers associatif lui paraît être « un bon compromis ». Elle espère débuter sa carrière avec « minimum 2 000 euros », salaire à mi-chemin entre les seuils inférieur et supérieur des classes moyennes (1 750 et 2 600 euros nets mensuels), telles qu'on peut les définir, de façon restrictive, à partir des données de l'INSEE[25].

Si, tout au long de l'entretien, Laure aborde presque exclusivement ses projets de carrière, c'est aussi qu'elle est très déçue par les enseignements dispensés à l'IUP : « On revoit les mêmes choses chaque année, les cours sont vraiment pas terribles, c'est très technique... et nos profs, 'y en a que deux qui sont des vrais profs et c'est deux doctorants ! » Son insatisfaction est toutefois compensée par l'intérêt, à ses yeux, de fréquenter à l'IUP des salariés en formation continue, qui représentent plus de la moitié des effectifs de sa promotion, ces « vieux », comme elle les appelle, grâce auxquels elle « apprend plein de choses ». Originaires d'autres régions, ces camarades atypiques sont éducateurs spécialisés, infirmières ou directeurs de petits établissements sanitaires et sociaux.

Contrairement à Pierre et Lydia, Laure ne rencontre aucun obstacle dans son insertion professionnelle. Elle ne manifeste aucune amertume et l'hypothèse d'un départ à l'étranger ne constitue, pour elle, qu'un ultime recours :

> « *Ça t'est déjà arrivé de regretter d'avoir choisi l'IUP ?*
>
> — Non, franchement, l'IUP, c'est un bon compromis. Par rapport à ce que j'aurais pu être si j'avais pas fait la prépa, c'est déjà pas mal... je suis bien contente, j'aurais pu me retrouver en LEA ou en BTS et pas faire ce genre de stages, donc je me plains pas ! Si j'avais pas été à Coty, j'aurais jamais appris à travailler comme il faut et je serais pas où j'en suis aujourd'hui (...).
>
> — *Si on te demandait de quitter Carmont pour ton boulot, tu accepterais ?*
>
> — Non, je me sentirais pas...
>
> — *Pourquoi ?*
>
> — Parce que j'ai toute ma famille ici, et puis je me sens bien à Carmont ! Après, c'est vrai que si je trouve pas de travail après mes études, j'ai toujours la possibilité de m'exiler, mais tant que je peux rester à Carmont, je vais pas voir plus loin. »

Si Laure ne trouve aucune raison de se « plaindre » et de quitter Carmont, c'est que son avenir n'est pas hanté par la peur de la chute qui revient sans cesse dans le discours des « collés » à la « fac ». Voyant s'approcher l'horizon d'une vie paisible au sein des classes moyennes, elle ne regarde pas plus « haut », mais derrière elle, les yeux tournés vers son passé qui aurait pu la conduire à des études et un métier moins reconnus, et autour d'elle, consciente d'échapper à la condition de ses parents et de réussir là où son frère aîné, « bac pro » qui enchaîne les « petits boulots » après avoir vainement tenté d'obtenir une licence d'histoire à l'université, a échoué – le benjamin, quant à lui, est en Seconde au lycée Voltaire. Plus largement, elle s'affranchit du destin modal des enfants de classes populaires et, en particulier, de celui des filles de son quartier, auxquelles, comme elle le disait dans le précédent entretien, elle n'a « pas grand-chose à dire ».

Après avoir obtenu, en M2, le stage qu'elle espérait, Laure est recrutée par l'association où elle a travaillé deux années successives à un poste de cadre, chargée de l'accueil des handicapés. Abdel occupe toujours une place centrale dans son avenir. Le couple décide de se fiancer, mais elle attend l'accord solennel de son père (qui n'a jamais rencontré son compagnon, alors qu'elle connaît plusieurs membres de sa belle-famille). Si elle n'est pas surprise par son attitude (« il a son caractère, ça a toujours été comme ça ! »), elle commence à s'impatienter : « J'ai la robe, j'ai la salle, j'ai le fiancé, il me manque plus que le père ! » plaisante-t-elle. Finalement, elle recevra l'aval paternel quelques mois plus tard et l'union sera célébrée peu de temps après. Les fiancés continuent de réfléchir au lieu où ils pourraient s'installer, une fois leurs études terminées. Laure refuse toujours l'idée de vivre dans la cité d'Abdel. En revanche, elle ne songe plus à la commune périurbaine de classes moyennes dont elle avait parlé lors du précédent entretien, rebutée par les loyers très élevés et par le snobisme des habitants des zones résidentielles. « Déjà que j'aime pas trop Lagnecourt, alors là-bas, c'est pas la peine ! » explique-t-elle, avant d'ajouter : « On va chercher quelque chose pas trop loin de nos quartiers, mais un truc calme… pas en HLM en tout cas ! »

Le quartier en héritage : Abdel

À la différence de Laure, Abdel n'a jamais cherché à rompre complètement avec la vie en HLM. Même si ses succès scolaires l'ont éloigné de ses amis d'enfance, il a conservé des liens et des manières d'être qui le rattachent encore fortement à son quartier. Son quotidien d'« étudiant de cité » est indissociable de son passé dans les classes populaires – plus précisément, dans leurs fractions les plus stables – et de son avenir dans les classes moyennes salariées. Situé aux frontières de son univers d'origine, il occupe une position ambiguë qui a développé en lui une grande capacité réflexive, renforcée ses cours de sociologie dans le cadre de son M1 en ressources humaines[26]. Pour son mémoire, il a réalisé des entretiens avec des chefs de service et des infirmiers d'un hôpital public. Ce n'est donc pas un hasard s'il s'est empressé de répondre à ma proposition de le revoir, début mars 2010, en m'invitant chez lui pour « me montrer où [il vit] ».

Comment rendre compte de cette attitude sans céder à la fascination pour ces sortes d'intellectuels malgré eux au centre des discours, savants, artistiques ou littéraires, qui décrètent sans examen l'autonomie de tous les membres des classes populaires[27] ? À la fois dans et hors de son univers d'origine, Abdel est disposé à « vendre la mèche », non pas dans l'absolu – n'importe où, avec n'importe qui – mais à un enquêteur qui, sous plusieurs rapports, est enclin à l'écouter et à l'entendre, sans chercher à tout prix à camper le rôle du sociologue neutre : sa parole ne se libère pas tout d'un coup, mais en réaction à de brèves analyses à chaud que je fais de phénomènes qu'il vit, en pratique, comme des dilemmes, des aspects problématiques de son existence d'« étudiant de cité ». On comprend, dès lors, sa générosité (précédée d'une visite guidée de son quartier, la conversation dure près de quatre heures) et ses efforts intellectuels (il détaille chaque information, sort des documents tout en parlant, n'évite aucun sujet) tout au long de son récit, si dense et structuré qu'il semble avoir mûri en lui depuis longtemps : « Tu peux creuser, avec moi », lance-t-il à la cantonade quand je sors mon magnétophone de mon sac-à-dos.

Ces affinités objectives seraient inopérantes si elles ne s'accompagnaient pas, par ailleurs, d'une distance propice à l'explicitation des non-dits de l'expérience du déplacement social : je suis suffisamment loin de lui – ancien élève d'un IEP, étudiant à Paris, Blanc, etc. – pour qu'il ait le sentiment d'avoir quelque chose à m'apprendre et notre proximité (issus du même lycée, tous deux de la série ES, nous avons grandi dans des quartiers situés à moins de cinq kilomètres l'un de l'autre) l'autorise à s'exprimer sans craindre de passer pour un « malin » ou un « traître ». Il y a dans son attitude une envie, plus ou moins consciente, de démontrer sa fidélité envers les siens en me faisant découvrir « son » monde, dans lequel nous entrons ensemble, en marchant vers chez lui depuis le lycée Voltaire, où il m'a donné rendez-vous. Ce point de départ est notre plus petit dénominateur commun.

Le jour du rendez-vous, Abdel porte un survêtement sobre et des baskets neuves, ses cheveux sont coupés très court. Son corps, musclé sec, témoigne de sa pratique assidue de plusieurs sports depuis son enfance (badminton en club depuis ses 11 ans, football dans le quartier et jogging trois fois par semaines depuis un an). En arrivant, il enlève ses écouteurs et me serre la main, en faisant le salut en vigueur chez les jeunes de cité (musulmans ou non), qui consiste à poser la main sur le cœur à la fin du geste. Sur le trajet, chaque fois que nous croisons un lieu qui a compté dans sa vie, il ralentit le pas pour m'expliquer de quoi il s'agit : son école primaire, non loin de son ancien collège, le gymnase où il s'entraîne et, enfin, le petit terrain en synthétique, au pied de son immeuble, où se sont déroulées de nombreuses parties de football avec ses amis d'enfance. Ce chemin, il l'a emprunté presque chaque jour jusqu'à ses 18 ans, lorsqu'il est entré au lycée Coty. Mais il est retenu par une fierté pudique qui l'empêche de manifester ses sentiments à l'évocation de souvenirs ou de noms d'enseignants qui l'ont marqué. Je l'écoute décrire ce décor social dont il connaît par cœur les acteurs et les coulisses. Aucun spectacle, ici, cependant, si ce n'est celui, ordinaire, de la ségrégation et de la pauvreté.

Lorsque nous arrivons dans sa cité, des adolescents zigzaguent à vélo entre les voitures garées sur le parking ; d'autres regardent, admiratifs, un adulte en bleu de chauffe réparant un scooter. Nous entrons dans l'immeuble d'Abdel. Je ne fais pas allusion à la peinture écaillée dans les couloirs, à l'odeur de détritus et aux grincements de l'ascenseur, lot commun de beaucoup d'habitants en HLM auquel il s'est habitué, à la longue. Cette ambiance contraste avec l'ordre, le calme et la propreté qui se dégagent de l'appartement de sa famille. L'ameublement, conçu pour recevoir des invités, est sobre mais accueillant, comme si le foyer était un espace à part, un intérieur protecteur construit contre la vie à l'extérieur, dont la sérénité rappelle la respectabilité de ses occupants. Dans le salon, une grande table à manger et un long canapé ; en face, la cuisine, où sa sœur cadette fait ses devoirs. Il me présente à elle, puis m'emmène dans sa chambre.

Dans cette pièce d'une dizaine de mètres carrés, j'observe de multiples indices d'une vie très réglée, dans laquelle les études, le sport et la religion occupent une place centrale. Sur les étagères de sa petite bibliothèque sont rangés de gros classeurs de cours au-dessus d'une vingtaine de livres et de manuels, pour l'essentiel achetés lors de son année en prépa sup-expé, et d'une collection de 400 mangas. Sur son bureau, devant l'écran d'ordinateur, un ouvrage de gestion est posé en évidence, à côté d'un carré de post-it sur lequel est consignée une liste de tâches en attente. En face, son lit, sur lequel des draps et des couvertures soigneusement pliés côtoient une sacoche de raquettes de badminton. Je lui pose quelques questions techniques sur cet équipement, puis l'écoute commenter fièrement les tournois qu'il a remportés en me montrant ses coupes et ses médailles, exposées au sommet de son armoire. Sur l'un des murs est accrochée une affiche de Médine, chanteur de rap connu pour ses textes qui traitent de la situation des cités, des classes populaires et des musulmans, non loin d'une grande calligraphie arabe sur un poster et de son emploi du temps au lycée Coty, trace d'une étape décisive dans sa migration de classe, au point d'être, cinq ans après, toujours sur la tapisserie de sa chambre.

Avant de commencer l'entretien, nous restons un bref instant sur le balcon en béton armé qui relie la chambre au salon. Nous regardons ensemble la demi-douzaine de barres et de tours aux couleurs pâles qui font face, de l'autre côté d'une voie rapide très bruyante située à proximité d'une bretelle d'autoroute et d'un grand centre commercial. Je l'écoute énumérer, un à un, les noms bucoliques donnés à chaque arbre dans cette forêt de ciment, le doigt tendu vers ces directions qui ont toujours été dans son champ de vision. Ce paysage n'est pas un simple « arrière-plan » : cet horizon est un élément central dans la constitution d'une image de soi et d'un rapport aux autres qui résulte, pour partie, de l'habitude de regarder ce panorama, ne serait-ce qu'en ouvrant ou en refermant les volets, chaque jour depuis 23 ans. On comprend mieux pourquoi, en entrant au lycée Coty, Abdel a eu l'impression, comme il dit, de « venir d'une autre planète ».

La place ambiguë d'Abdel dans son quartier

Le mot « quartier » revient en permanence dans les propos d'Abdel. Il utilise ce terme pour désigner à la fois la zone géographique, architecturalement et socialement cohérente, qui inclut, outre son « bloc », une demi-douzaine de cités HLM dans un rayon d'un kilomètre, la sociabilité juvénile en bas des tours et, plus généralement, ce qu'il appelle la « mentalité cité », faisant allusion au style de vie des bandes de garçons qui occupent les parties les plus visibles des espaces collectifs : halls d'immeuble, cages d'escalier, parkings, murets ou terrains de football. La flexibilité sémantique et la récurrence de ce vocable traduisent bien l'ambiguïté de sa place dans le quartier : d'un côté, il y est affectivement attaché, d'un autre, il en est symboliquement éloigné. Tantôt le mot renvoie à un « nous » qui l'inclut, tantôt il devient synonyme des autres jeunes de la cité, dont il s'exclut explicitement. Pendant près d'une heure, au début de l'entretien, il parle de ses relations, de plus en plus rares et complexes, avec ses amis d'enfance :

> « Dans le quartier, ici et dans les cités à côté, je sortais beaucoup, surtout au collège, parce qu'en primaire, ma mère, elle me laissait pas beaucoup sortir. Mes fréquentations d'avant, que je connais depuis que je suis tout petit, aujourd'hui, la plupart c'est des mecs qui... ils sont tous en prison [Il évoque le cas de l'un des adolescents que nous avons vus sur le parking, qui fut son camarade au collège, sorti de prison il y a peu et dont le frère a été récemment incarcéré]. C'est devenu des mecs fatigués ! Des mecs fatigués, pour moi, c'est des mecs qui font des conneries, qui n'ont rien compris...
>
> — *À l'époque où vous sortiez ensemble, tu voyais des signes de ce qu'ils allaient devenir ?*
>
> — Non, rien du tout ! À l'époque, c'était des mecs normaux, comme moi, on passait des bons moments ensemble. On a déliré des heures et des heures ensemble ! 'Y a rien qui les prédestinait à... à tomber dans le milieu. »

Le vocabulaire qu'Abdel utilise au sujet de ses amis d'enfance qui vivent dans le « quartier » en dit autant sur eux que sur lui : l'opposition entre leur « fatigue » et sa forme physique de sportif (il ne fume pas et ne boit pas d'alcool) est homologue à celle entre l'anormal et le normal (« comme moi »), la déchéance sociale (« tomber ») et sa réussite scolaire. S'il ne manifeste aucune complaisance, c'est qu'il a intériorisé des dispositions qui le conduisent non seulement à condamner ces déviances contradictoires avec la respectabilité de sa famille, mais aussi à délégitimer des formes d'enrichissement économique incompatibles avec celles, légitimes, de sa quête du salut matériel. Or, dans la mesure où il les a fréquentés avant qu'ils n'entrent dans les trafics, il ne se borne pas à un rôle de redresseur de torts. Il oscille entre un regard sans concession et une posture compréhensive :

> « *Quand tu dis que les autres sont fatigués, tu portes sur eux un jugement…*
>
> — Non, je porte pas de jugement sur ce qu'ils ont fait ! Moi, j'estime que là où on vit, c'est assez dur, dans le quartier c'est assez dur, 'y a pas de… 'y a pas… comment dire ? [Il réfléchit une dizaine de secondes, puis je lui souffle le mot "issue"] voilà, 'y a pas trop d'issues ! Et chacun essaie de s'en sortir comme il peut… après, 'y en a qui choisiront la voie du sport, 'y en a qui choisiront la voie des études, comme moi… 'y en a très, très peu… et, pour la majorité, ils choisissent la voie du business et des trafics… parce qu'il faut de l'argent et les trafics c'est le seul moyen d'en faire, quoi ! Le seul moyen d'en faire en abondance…
>
> — *Pour en faire en abondance, faut faire quoi ?*
>
> — Quand j'étais petit, c'était surtout le shit…
>
> — *Et les scooters volés…*
>
> — Oui, mais ça, maintenant, c'est dépassé ! Maintenant, ce qui marche c'est les drogues dures. Quand j'étais gosse, c'était le shit et les scooters qui rapportaient, pour ceux qui avaient les réseaux… maintenant, c'est la coke et tout type de drogues (…). Les chiffres, ils font facilement tourner la tête ! C'est les chiffres qui font que certains pètent les plombs. Les embrouilles, dans le quartier, c'est devenu dangereux. Quand j'étais petit, les embrouilles ça se réglait [à] coups de poings [et] coups de pieds. Aujourd'hui, tous les mecs, mais tous, tous, ils sont calibrés, ou ils ont au moins un couteau avec eux. Et, à la moindre embrouille, ça tire ou ça plante ! »

En traversant l'espace social, Abdel a pris conscience de la diversité – très relative – des « voies » accessibles aux jeunes de son univers d'origine (sport, école, trafics) pour s'enrichir économiquement et, en même temps, de leurs probabilités respectives. Il est lui-même passé, plus ou moins brièvement, par chacune d'elles. En section sports-études au collège (25 heures hebdomadaires d'EPS[28], avec une dominante badminton), il projetait une carrière d'athlète de haut niveau, galvanisé par les victoires remportées avec son club dans des compétitions nationales. Sous la houlette d'un entraîneur qui l'a profondément marqué (« c'était pas vraiment un entraîneur, il était moins bon que nous ! C'était plus un éducateur qui était là pour nous apprendre la vie »), il prend goût, alors, à ces tournois qui lui permettent de découvrir sa région et des grandes villes de province : « Le badminton, c'était vraiment un moyen de délirer avec les potes et de voir autre chose que le quartier, ça nous évitait de rester là à jouer au foot ou à traîner devant un bloc à rien faire. » Mais, au lycée, il se rend compte de l'incertitude qui pèse sur les prétendants à une carrière de joueur professionnel et, devant ses difficultés à s'adapter aux rythmes de travail, en Seconde générale, il abandonne cette « voie ». Déstabilisé par la baisse brutale de ses notes (de 16/20 en Troisième, sa moyenne chute à entre 10 et 11 en Seconde), Abdel réduit alors très vite le temps consacré au badminton. Dans un premier temps, il continue de fréquenter ses « potes » du collège et de la cité. Au lycée, il les croise souvent, même s'ils sont en baccalauréat professionnel ou technologique. Certains vendent de la drogue dans l'enceinte du lycée. Alors que, auparavant, la surveillance de sa mère et ses activités sportives le tenaient à l'écart des trafics, il n'est plus désormais l'abri du *business*. Il raconte ainsi sa stupeur lorsque, en Seconde, il découvre par hasard un sachet de cocaïne dans la poche d'un blouson prêté par un ami : « Ça m'a fait bizarre quand j'ai su que j'en avais pour 400 euros de marchandise dans la main. » S'il n'est pas membre des réseaux de délinquants, sa proximité avec des dealers lui permet de voir de près cette autre « voie », lucrative mais risquée, pour « s'en sortir », comme il dit. Dès lors, on comprend pourquoi il a le sentiment d'avoir, grâce à l'école et à son éducation familiale, échappé aux « embrouilles » : « Quand je vois aujourd'hui les gens avec qui je traînais avant, je vois pourquoi ma mère elle nous surveillait autant ! »

Miraculé, scolairement et socialement, par rapport à sa cohorte d'origine, Abdel l'est aussi physiquement, comme le suggère son allusion à ses amis tués au cours d'une « embrouille » :

« *Quand tu dis que "ça tire et ça plante", tu penses à des événements en particulier ?*

— (*Un peu ému*) Aujourd'hui, 'y a de plus en plus de potes à moi qui meurent pour des trucs comme ça... le premier pote à moi à s'être fait tuer, j'étais encore au lycée, il est mort pour... enfin, selon la légende, parce qu'on n'a jamais su vraiment pourquoi il s'est fait tuer, mais la légende raconte que c'était pour 2 000 euros. Il devait 2 000 euros à un mec, il s'est fait tuer, une balle derrière la tête et deux dans la poitrine... c'est un coureur qui l'a retrouvé dans les buissons du parc à côté. C'est le premier à m'avoir... à m'avoir touché de... de...

— *De près...*

— Oui, de près... aujourd'hui, ça me choque même plus d'entendre qu'untel s'est fait planter, untel s'est fait tuer ! En septembre dernier, t'as dû entendre cette histoire de... 'y en a un qu'on a retrouvé le corps calciné et le crâne fracassé, dans le coffre d'une voiture, pas loin de Carmont. Ce mec, il est de la cité d'à côté, il était avec moi à l'école, je le connaissais bien, ça faisait bien dix ou douze ans que je le connaissais... il devait entre 24 000 et 30 000 euros à un mec, il s'est fait tuer pour ça... maintenant, t'as de plus en plus d'histoires de mecs qui se font planter pour des conneries. Le quartier, c'est devenu ça ! (...) Les mecs qui vont en prison, c'est tellement des trous du cul qu'ils se rendent même pas compte de la chance qu'ils ont d'aller en prison... à la base, la prison ça te sert de leçon, quand t'en sors, t'as compris ! Mais eux, non ! Ils savent que s'ils y entrent, ils vont se retrouver avec les mecs du quartier, donc ils changent pas...

— *Toi, avec les études, tu t'es un peu éloigné de tout ça...*

— Ah ça, ça m'a pas mal éloigné ! Beaucoup, même, parce qu'aujourd'hui quand je marche en bas dans le quartier, 'y a pas mal de petits que je connais pas, des gars de 16 ou

17 ans qui sont dans le business et que j'ai connus quand ils étaient encore petits, que je ne connais que de vue (...) Moi, dans ma génération, la plupart ils sont en prison, ou c'est les grands d'aujourd'hui, ceux qu'on appelle les grands. Eux, ils travaillent, ils ont pas mal galéré, pas mal de trafics, de conneries comme ça et ils se sont rangés... (*se corrigeant*) enfin, ils se sont rangés plus ou moins...

— *Et ceux qui font leur trou en restant dans le business ?*

— Ah, ça, 'y en a pas beaucoup ! Des mecs qui restent dans les trafics sans aller en prison, 'y en a très peu. Et des grands chefs, non plus, 'y en a pas beaucoup. Et encore, s'ils sont pas morts entre-temps et s'ils sont pas encore en prison aujourd'hui ! (*Long silence*) De plus en plus, je me rends compte de la chance que j'ai eue, quand je vois ou que j'entends les histoires, d'avoir fait des études... (*rire désabusé*) le quartier, ça devient encore plus difficile que quand j'étais gosse ! Les petits, ils se lancent de plus en plus tôt dans le business, c'est impressionnant ! »

En dressant ce sombre constat, Abdel s'aperçoit de sa « chance d'avoir fait des études », contrairement aux « grands », qui se sont « rangés » après des « conneries » qu'ils ont souvent payées au prix fort, et aux « trous du cul » qui continuent les petits trafics après leur passage en prison. Situé aux marges de la scène résidentielle, il a peu à peu quitté son statut d'acteur pour celui de spectateur, témoin de l'évolution de ces trois groupes, puis d'observateur lointain de cette topographie sociale. Significativement, c'est le troisième de ces groupes qui est au centre de ses critiques : ayant appris à valoriser une attitude fondée sur le sérieux, le respect des règles et l'autocorrection, il est porté à stigmatiser ceux qui, à la différence de lui, « ne changent pas ». Dans un récit où il analyse, à sa manière, la genèse sociale de la divergence de sa trajectoire par rapport celles de ses amis d'enfance, il oppose à ces figures négatives, définies par l'inertie des dispositions, l'exemple d'un copain qui a su se « calmer » en intégrant l'Armée :

« (...) En grandissant, ils ont choisi leur voie, moi j'ai choisi la mienne, et voilà, on s'est séparés.

— *Tu te souviens du moment où vous avez commencé à vous "séparer"?*

— C'était surtout au lycée, parce que c'était pas donné à tout le monde de rentrer en section générale au lycée. (*Sur un ton empathique*) La plupart, ils faisaient des BEP, mais même le BEP, ça marchait pas, ou ils s'en foutaient… alors voilà, ils restaient au quartier à vendre du shit, à fumer, à tomber un peu dans les trafics, et ça part de là. Jusqu'à aujourd'hui, 'y en a qui font des trucs, c'est… 'y en a qui sont pleins de sous. Mais bon, ils sont pleins de prison, aussi! (…).

— *Avec le temps que tu as passé avec Laure, tu les as moins vus, aussi, non?*

— Ah, ça, c'est sûr que j'ai plus les mêmes fréquentations! Des mecs avec qui je traînais quand j'étais petit, il en reste un! Je fais du sport avec lui, il est à l'Armée maintenant. On va dire que, lui, il a gardé la tête sur les épaules… (*se reprenant*) quoiqu'à un moment, il a failli mal tourner…

— *Il a fait quel cursus, lui?*

— Il était avec moi au collège. Après, il a été avec moi au lycée, mais on s'est séparés en Seconde… il a fait STI, moi ES, mais ça a moins bien marché pour lui que pour moi (…). Après, il a fait un BTS, il a un peu commencé à faire le con et il s'est arrêté au milieu de l'année.

— *Et ensuite, il est allé à l'Armée?*

— Oui, après il s'est repris en main, il s'est réveillé, il a été à l'Armée et il a souffert! Il a fait un stage commando dans la Marine, comme ce qu'on te montre à la télé dans les reportages. Il a galéré! Donc ça l'a calmé… et maintenant il bosse dans une base navale. Mais sinon, à part lui, 90 ou 95 pour cent des gamins avec qui j'traînais quand j'étais petit sont en prison. »

Entre l'école et la prison, l'Armée constitue, pour Abdel, une « voie » intermédiaire pour rester à l'abri des « embrouilles ». Ce qui s'exprime implicitement dans sa comparaison des devenirs de ses amis d'enfance, c'est la valorisation d'une sorte de juste distance au quartier, opposée à l'ancrage durable dans le monde des bandes des « mecs fatigués ». C'est ainsi que, lorsque j'aborde le cas de Youssef, scolarisé dans les mêmes collège et lycée que lui, il s'emporte soudainement contre celui qui, pour lui, incarne au plus haut point l'incapacité à s'amender en prenant du recul avec le quartier. Après avoir raconté comment celui-ci a été arrêté par la police le matin du jour du concours des IEP, il conclut par cette phrase lapidaire : « à mon avis, tu peux abandonner cette piste ! » Ces propos suggèrent l'importance, pour lui comme pour tous ceux qui poursuivent leur déplacement social (souvenons-nous du « on peut tous finir comme Youssef » de Myriam), de tracer une frontière nette entre eux et ceux qui portent atteinte à l'honneur de la chaîne migratoire :

> « *Dans ce que tu me dis, je retrouve des choses proches de ce que me disait Youssef…*
>
> — (*Il m'interrompt, puis parle avec un ton dépréciatif*) Youssef ? Lui aussi, c'est devenu un mec fatigué ! (*Rire de mépris*).
>
> — *J'ai un peu perdu le contact avec lui…*
>
> — (*Il pousse un soupir, puis s'exclame en riant*) Non, mais… à mon avis tu peux abandonner cette piste ! (*Rires.*)
>
> — *Non, je compte le revoir… au début, il était bien parti, je trouve…*
>
> — Oui, il était bien parti, mais après il s'est… entre ce qui s'est passé le jour du concours et tout… [Il raconte l'arrestation de Youssef, qui vit dans une cité proche de la sienne.] Lui aussi, il avait commencé à vendre du shit et tout ça. (…) Dans son entourage, 'y en a des fatigués ! Encore, Youssef, lui, il était sérieux au collège, il continuait bien au lycée, plus ou moins, quoi… il sortait un peu du lot. Mais les autres !
>
> — *Youssef, il aime l'école… il a beaucoup de finesse, aussi, je trouve…*
>
> — Oui, c'est ça qui m'a choqué ! (*Avec compassion*) J'étais dégoûté pour lui ! Parce que, au collège, il était pas con ! J'ai jamais été dans sa classe, mais je le connaissais, on discutait plus ou moins et je savais que c'était un bon élève. Au lycée, on a eu des cours d'italien en commun et on s'appréciait

beaucoup ! Quand je suis passé en prépa, lui il était encore à Voltaire, il m'a dit qu'il voulait vraiment faire la prépa, je lui ai dit que c'était une bonne idée de se lancer dans ça... il était vraiment pas con, hein ! Après, il a fait la prépa et c'est vraiment là qu'il a commencé à déconner. C'est bizarre... enfin, bref! [Il change subitement de sujet.] »

Le mélange de virulence et de compassion d'Abdel à l'égard de Youssef reproduit, sous une autre forme, son oscillation entre sa condamnation des « mecs fatigués » et sa compréhension des « conneries » qu'ils ont faites. Pourtant, il s'arrête moins ici sur les raisons de cette dérive, plus scandaleuse, à ses yeux, sans doute parce que le faux-pas d'un « ancien » rejaillit négativement sur l'honneur de tous les élèves de la prépa sup-expé. Focalisé sur un événement qui suffit, par sa gravité, à disqualifier un membre de la chaîne migratoire sanctionné par l'école, par la justice et par ses pairs, il tend ainsi à universaliser sa semi-acculturation aux normes des classes moyennes.

Non-dits, tensions et gratifications

L'écart qui s'est lentement creusé entre Abdel et ses amis d'enfance, de l'école primaire au lycée, s'accroît nettement après son admission à la prépa sup-expé, puis à l'IUP : « ça n'a plus rien à voir » avec ses « potes », explique-t-il. Cependant, il essaie, autant que possible, de maintenir des liens avec eux, en les saluant systématiquement quand il les croise et en échangeant, de temps en temps, quelques mots avec eux. Ces interactions sont pleines de non-dits, car il peut difficilement aborder ses expériences d'étudiant sans passer, à leurs yeux, pour un étranger :

« *Les relations avec tes potes du quartier, elles ont changé après la prépa et l'IUP ?*

— Ah ça n'a plus rien à voir ! Ça n'a plus rien à voir... plus rien à voir...

— *Ils ont quelle image de toi, à ton avis ?*

— J'sais pas... en tout cas, ce qui est sûr, c'est que je suis bien vu. Quand je les vois, ils sont trop contents de me revoir, ils ont de l'estime... l'autre fois, j'en ai croisé un qui m'a dit : (*ton mêlant respect et sympathie*) "Oh, Abdel ! Qu'est-ce que tu fais, maintenant ?"... je lui ai dit : (*ton neutre*) "bah, toujours à la fac, hein !" Mais si tu leur demandes : "Alors qu'est-ce que vous faites ?", on te dit toujours : "on est là !", "on est au quartier"... c'est toujours "on est là !". (*Sur le registre de la déploration*) Qu'est-ce que ça veut dire "on est là" ? C'est : "on fait ce qu'on a à faire"...

— *C'est-à-dire ?*

— En gros : on est toujours là, on n'est pas en prison, on continue à faire ce qu'on a toujours eu à faire, les business, tout ça... l'autre jour, y'en a un qui me fait (*ton chaleureux*) : "Abdel, passe au quartier, ça fait longtemps ! Tu passes l'après-midi avec nous !"... je lui disais : "ouais, ouais !" Mais, dans ma tête, je me disais : "ouais, mais j'ai pas que ça à faire !" (*petit rire gêné*). Parce que c'est des mecs avec qui j'étais à l'école, avec qui on a bien rigolé, mais aujourd'hui, comment dire, c'est... c'est plus pareil...

— *On t'a déjà traité de "lâcheur" ?*

— Non, non... au contraire, ça leur fait plaisir, ils me disent (*ton admiratif*) : "C'est bien, toi tu continues, t'es le seul et ça fait plaisir !" Par contre, si j'avais tourné ma veste, si j'étais passé devant eux sans les calculer, là, ils se seraient dit : "Oh ! On a grandi ensemble et, maintenant il fait le mec [son fier] ?" Mais non, moi je continue à rigoler avec eux, à discuter un peu quand je les croise en bas devant le bloc, si je les vois, si j'attends l'ascenseur ou quoi...

— *Mais ça ne s'éternise pas...*

— Non. (*Bref silence*) Non...

— *Et tu ne vas plus dans les autres cités du coin ?*

— Non, maintenant, j'ai plus de raison de bouger. Avant ouais, j'avais tous les copains dans le quartier, j'allais jouer au foot à droite et à gauche... mais maintenant, non... je me restreins à ma cité, et encore ! Je me limite à ma chambre et à mon gymnase. »

Aussi occasionnelles soient-elles, les relations entre Abdel et ses « potes » n'en demeurent pas moins fondamentales, à ses yeux. Il tire de leurs marques de respect et de leurs témoignages de reconnaissance des gratifications symboliques qui atténuent, pour partie, les tensions induites par son déplacement social : c'est en s'efforçant de les revoir qu'il peut être « bien vu ». En montrant qu'il n'a pas « tourné sa veste », il est perçu comme un membre de leur monde, certes trop différent pour être toujours des leurs, mais assez proche pour être encouragé ou recevoir des invitations. Et il cherche d'autant plus à leur (et me) donner des signes de loyauté envers son univers d'origine que, tôt ou tard, il devra probablement le quitter pour s'installer avec Laure. On perçoit mieux le sens de leur désaccord au sujet du lieu où ils emménageront après leurs études. Si la contradiction entre ce passé toujours présent, incarné dans ses amis, et ce futur déjà là, inscrit dans le devenir de son couple, ne suscite, du moins en apparence, guère de malaise en lui, c'est qu'il s'emploie à réduire la distance, en disant qu'il est à la « fac », sans plus de précision, ou en taisant le fond de sa pensée, pour ne pas vexer ceux qui lui proposent de venir jouer au football avec eux, comme avant.

Le seul moyen, pour Abdel, d'éviter d'être banni symboliquement par les « mecs fatigués » consiste à en dire le moins possible sur ce qu'il devient, tout en essayant de limiter le flou qui entoure son statut dans le « quartier », à travers un mot à la fois connu de tous (la « fac ») et dénué de toute connotation de prestige. Il n'a pas d'autre solution que cette tactique, plus ou moins consciente, qui était déjà au centre de sa présentation de soi, dans la cité, quand il était élève au lycée Coty :

> « *Tu leur as dit, à tes potes du quartier, ce que tu as fait comme études ?*
>
> — Ils savent plus ou moins que je suis encore à l'école, mais sans savoir exactement ce que je fais. Ils savent que je suis encore à la fac, mais…
>
> — *Tu rentres pas dans les détails…*
>
> — J'ai essayé de leur expliquer, mais ils comprennent pas forcément la logique des études supérieures.
>
> — *Tu leur as parlé du lycée Coty ?*
>
> — Non, non… je leur ai toujours dit que je suis encore à la fac, ça leur suffit pour comprendre !

— *T'as pas envie de passer pour une "star"...*

— Exactement ! 'Y a ça aussi, pas faire le mec qui va les voir et qui leur dit : "Vous êtes dans votre merde, regardez, moi, où j'en suis !" C'est ça, tu vois ?

— *Oui... 'y a parfois un peu de pudeur, entre vous...*

— Ouais. Moi, ça me fait un peu, et même beaucoup de peine de les voir qui galèrent au quartier alors que moi, je m'en sors. Quand je vois les possibilités qu'il y a dehors, je me dis que j'ai beaucoup travaillé et que ça a été dur, mais [que] ça n'a pas été évident pour tout le monde ! »

Après avoir appris son échec aux concours, Abdel s'est immédiatement remobilisé. Il a passé quelques jours à consoler Laure : « Elle a pleuré pendant une semaine, on comprenait pas pourquoi ça n'avait pas marché. Moi, j'ai vite tourné la page, mais pour elle, c'était un peu dur », raconte-t-il. Contrairement à elle, il n'obtient pas d'excellents résultats lors de sa première année à l'IUP (10/20 de moyenne). Ses notes s'améliorent considérablement les deux années suivantes. En L3, il a l'impression d'avoir « enfin trouvé sa voie » : les ressources humaines. Il aime de plus en plus discuter avec ses jeunes professeurs, « ouverts à la discussion et qu'on peut tutoyer ». Embauché deux mois – sans être rémunéré – dans un hôpital public, il « prend son pied » dans la mission d'audit qui lui a été confiée. En M1 au moment de l'entretien, il évoque avec enthousiasme son projet professionnel : « sûr à 99 % de vouloir être qualiticien », il jongle sans cesse entre les acronymes administratifs et le vocabulaire technique qu'il utilise dans son mémoire et son travail.

L'implication d'Abdel dans ses stages et l'importance qu'il attache à ses projets professionnels sont inséparables des dispositions ascétiques qu'il a intériorisées auparavant, notamment sur la scène familiale. Il insiste souvent sur le « modèle » de son père, récompensé de ses efforts par une succession de promotions : « il a évolué doucement, doucement parce que c'est un immigré, on lui donne moins sa chance qu'à d'autres, donc je le respecte beaucoup », poursuit-il. Cependant, ce « modèle » est aussi un contre-exemple, qui nourrit son rejet de la condition ouvrière :

« Quand j'étais petit, je voyais mon père revenir de son travail, avec sa fourgonnette, ses seaux et ses balais, je me disais : “je veux pas devenir comme lui”. C’est pas que je dévalorise son métier, pas du tout ! Mais je me vois pas m’user au travail comme lui… et puis je suis pas manuel, je suis une catastrophe avec mes mains ! »

Abdel n’a pas attendu de faire ses stages pour entrer sur le marché du travail. Après la prépa sup-expé, il a travaillé chaque année, pendant toutes les vacances d’été, comme vendeur dans une boutique de chaussures. Ne bénéficiant pas d’une bourse (ses parents ont des revenus juste au-dessus du seuil minimal fixé par le CROUS), ses ressources étaient insuffisantes pour qu’il subvienne à ses besoins. Depuis deux ans, il travaille, parallèlement à ses études, comme serveur dans les mariages le week-end. Il divise l’argent qu’il gagne en deux parties, l’une pour ses parents, « histoire de les aider un peu », l’autre pour lui, afin de s’acheter des vêtements et des cadeaux pour Laure. Au moment de l’entretien, il commence à songer à « mettre de côté », en prévision de ses fiançailles et des frais que sa compagne et lui devront acquitter pour emménager. Comme elle, il n’a pas particulièrement envie de voyager. En six ans, ils ne sont partis que deux fois en vacances tous les deux.

On se méprendrait si l’on assimilait la bonne volonté scolaire et professionnelle d’Abdel à une soumission docile aux normes et aux attentes de ses enseignants ou de ses employeurs. Depuis qu’il a été embauché, pendant une semaine, en 2006, comme employé d’un marchand de légumes ambulant, il ne veut plus refaire ce travail qu’il considère comme de l’« esclavage » : « Jamais je recommencerai ! J’étais payé 150 euros la semaine, si ça, c’est pas de l’esclavage ! » Une anecdote illustre bien ses réticences à courber l’échine devant ses supérieurs. Révolté par l’absence de rémunération pour son stage (obligatoire), il raconte avoir décidé, sans négociation, de « se payer en nature » (en jours de congés) pour ne pas se sentir « l’esclave de [ses] chefs ». Sans sourciller, il présente son choix comme une « application des cours de ressources humaines » : « Comme on nous l’a appris à l’IUP, il faut un équilibre entre contribution et rétribution. Moi, j’estime que je contribue dans une certaine mesure, donc si la rémunération n’est pas égale à ma contribution, j’équilibre la balance par mes propres moyens ! » Cette anecdote suggère la permanence, chez Abdel, d’un « sens de l’honneur », qui s’était manifesté lors de son année au lycée Coty, et se retrouve dans son refus de participer aux soirées étudiantes à l'IUP, organisées par ceux qu'il appelle, avec mépris, les « petits Blancs », dont il ne supporte pas le style « intello » et la propension à consommer de l'alcool en grande quantité. Ainsi, contrairement à Pierre et Lydia, son rapport aux études ne se fonde pas sur, mais contre l'hédonisme tempéré. La distance sociale qui le sépare de ses condisciples tend à cristalliser les dispositions ascétiques que sa pratique du sport et de la religion contribuent à renforcer. Dès lors, quand il est face à eux, il est « toujours un peu quelque part dans la mentalité quartier » :

« *Tu fais les soirées à l'IUP ?*

— Non, jamais, non… j'ai pas besoin de ça pour m'amuser, moi ! J'ai pas envie de me mettre, comme eux, la tête dans l'alcool. Dans ma promo, cette année, 'y en a qui m'ont invité pour fêter mon anniversaire et celui d'autres élèves, mais j'ai dit non (…). Ce qu'y a, c'est que moi, je suis toujours un peu quelque part dans la mentalité quartier, donc pour moi 'y a des gens que… pour moi, c'est des petits Blancs… c'est pas mon délire, tu vois ? Même s'ils boivent pas, ça sera jamais mon délire ! Eux, ils vont discuter ou rigoler sur certaines choses qui… qui vont pas entrer dans mon délire !

— *Quoi, par exemple ?*

— Leurs blagues d'intello, leur point de vue sur certains sujets… par exemple, sur le Proche-Orient et le Moyen-Orient, ils vont avoir des positions qui me plaisent pas forcément, et ça, je préfère éviter…

— *Des positions de demi-mesure, tu veux dire ?*

— Oui, c'est exactement ça ! (*Avec mépris*) C'est des gars qui ont rien compris, mais comme ils ont lu *Le Monde* une fois, ils pensent tout savoir sur la question ! Bref… ce genre de délire-là, ça me plaît vraiment pas, donc je préfère me donner au sport, c'est un moyen de me libérer de la pression (…). J'ai pas mal repris, parce qu'en prépa, j'y allais très peu, genre une ou deux fois par mois, pour pas craquer. Fallait que je me dépense ! »

Cette frontière, indissociablement ethnique et de classe, qu'Abdel trace entre les « petits Blancs » et lui, constitue une autre forme de sa loyauté envers son univers d'origine. Dans ses propos, l'alcool sert de métonymie pour désigner, de façon générale, son rejet d'un style de vie socialement situé : même si ces étudiants ne buvaient pas, « ce ne sera jamais son délire ». Or, paradoxalement, il est confronté à une situation analogue au gymnase de son quartier :

> « *Tu joues avec qui, quand tu vas au gymnase ?*
>
> — Avec un ou deux potes à moi… mais ça a beaucoup changé, par rapport au temps où j'étais au collège ! Maintenant, c'est plein de Français ou de petits Blancs, ça n'a plus rien à voir ! Après ma génération, on n'a plus eu de bons joueurs, et surtout de bonnes joueuses, parce que les résultats du club dépendaient beaucoup des filles et, après ma génération, 'y a pas eu de relève. Et puis, la section sport du collège, ils l'ont supprimée… le club, c'est devenu un club de loisirs ! Tu verrais, 'y a que des vieux, maintenant !
>
> — *Ils viennent d'où, ces vieux ? Des quartiers [de classes moyennes] d'à côté ?*
>
> — Ouais, mais 'y en a qui viennent carrément de l'autre bout de Carmont ! Ils s'inscrivent ici parce qu'on est l'un des seuls clubs de badminton sur la ville, alors ils font le déplacement pour venir ici. Du coup, je me sens un peu perdu, c'est plus comme avant. »

Au fond, il n'y a que dans sa famille qu'Abdel occupe une position claire pour tous et univoquement reconnue. Ses parents sont fiers de le voir réussir ses études et s'insérer, lentement mais sûrement, sur le marché du travail. S'il n'a pas pu, faute de résultats suffisants, accéder, après son M1, au M2 le plus sélectif de l'IUP, où Laure a été acceptée, il parvient à satisfaire les attentes de ses proches. « Meilleur élève de la famille », comme il dit, devant sa cousine (candidate un temps à la prépa sup-expé, elle a finalement préféré s'inscrire à l'université), son admission au lycée Coty et ses succès ultérieurs ont effacé le mauvais souvenir de ses difficultés au lycée. Embauché immédiatement après ses études à un poste de cadre, responsable du secteur qualité dans un hôpital public de Lagnecourt, il a ainsi concrétisé ses ambitions professionnelles, délaissant au passage son projet de devenir salarié dans le privé, faute d'un capital social assez important pour lui offrir des opportunités en dehors de ses lieux de stage.

Ainsi, ce qui se trouve derrière l'envie d'Abdel de s'installer dans sa cité, un jour, avec Laure, c'est sa fidélité à son univers d'origine et son attachement à sa place centrale dans sa famille. Soutenu et reconnu sur la scène domestique, respecté et estimé sur la scène résidentielle, il a peut-être de bonnes raisons de se cramponner au quartier, jusqu'au moment où il devra le quitter ou s'en éloigner, pour composer avec les désirs de sa compagne. En attendant, le domicile parental lui offre un cadre confortable dans lequel il est à l'abri à la fois des « mecs fatigués » et des « petits Blancs ». Sa mère est la pierre angulaire de cet équilibre rassurant. Lorsque nous nous apprêtons à partir, après avoir fini l'entretien, nous repassons devant la cuisine où celle-ci prépare le dîner. Elle nous salue puis, après nous avoir demandé si nous avons « bien travaillé », insiste pour que je reparte avec des gâteaux orientaux. Elle les empaquette soigneusement, « pour pas qu'ils s'écrasent dans votre sac », précise-t-elle. Ensuite, Abdel me raccompagne à l'arrêt de bus le plus proche ; il me remercie d'être venu. Dans ce sens de l'hospitalité envers un étranger considéré comme un représentant d'un « monde » lointain, c'est la réputation d'une famille respectable qui se joue et, à travers elle, celle de tous les « indésirables », immigrés, jeunes de cité, salariés d'exécution et habitants en HLM, ignorés ou stigmatisés, selon les circonstances, par les professionnels du discours autorisé.

* *
*

Mieux dotés scolairement que les « collés » qui ont rejoint les premiers cycles universitaires, ces bénéficiaires de l'ouverture sociale n'ont rencontré que peu de difficultés à s'adapter à leur nouveau cursus. Leurs aspirations sont très différentes de celles des intellectuels de première génération mus par la quête du salut culturel. Nous avons vu toutefois que leur quête du salut matériel s'oppose largement au stéréotype, très répandu dans la presse et la littérature, du *self-made-man*, censé s'être forgé tout seul, « à la force du poignet ». Contre cette représentation illusoire, il faut rappeler deux constats fondamentaux. D'une part, l'amplitude et les modalités du déplacement social dépendent en grande partie de l'état du marché du travail. Dans les périodes où les conditions d'embauche et la conjoncture économique se dégradent, les diplômés des filières universitaires professionnelles longues peuvent difficilement rivaliser avec les élèves des grandes écoles, touchés eux aussi mais moins fortement par le chômage et la précarité. D'autre part, ces jeunes ne s'émancipent que partiellement et progressivement de leur univers d'origine, car leurs atouts sont insuffisants pour obtenir un stage ou un poste de cadre par rapport à ceux, transmis sur plusieurs générations, dont disposent beaucoup de leurs concurrents issus de milieux aisés. Cependant, le soutien des proches (parents, amis, conjoint) peut s'avérer décisif lorsqu'il leur permet d'éviter ou de limiter le ralentissement de leur déplacement social. Leur vie de couple, en particulier, peut servir à compenser (dans le cas de Pierre) leurs difficultés rencontrées dans le monde professionnel ou à accumuler et mutualiser (comme le font Laure et Abdel) les ressources nécessaires à la poursuite de la migration de classe.

Chapitre 6

« Trouver sa place » : les « reçus » aux grandes écoles

Le verdict des concours permet aux « reçus » d'oublier les doutes qu'ils pouvaient avoir, compte tenu du caractère dérogatoire de leur préparation, sur l'authenticité de leur « mérite ». Cette levée du sursis les assure et les rassure : ils détiennent désormais une « arme » pour lutter contre le sentiment d'imposture qu'ils sont amenés à ressentir face à l'aisance « naturelle » de leurs nouveaux condisciples plus dotés qu'eux. « Par rapport à eux, c'est important de mériter ma place à Sciences Po, d'avoir passé le concours comme tout le monde, de pas être rentrée comme ça, sur dossier... je l'ai eu par moi-même, ce concours ! Plus que les autres, les enfants d'avocats ou d'anciens élèves, qui ont baigné dedans », explique ainsi Linda qui, rappelons-le, est la fille d'un ouvrier et d'une mère au foyer, tous deux immigrés algériens.

Ces « reçus » font partie des derniers survivants d'une petite population de miraculés au sein laquelle on compte autant de filles que de garçons. Bons, sinon excellents élèves depuis toujours, ils ont tous eu ou frôlé la mention Bien ou Très Bien au baccalauréat. Certains ont même postulé avec succès dans une CPGE traditionnelle, avant de trancher en faveur de la prépa sup-expé. Presque tous boursiers du CROUS (aux petits ou aux moyens échelons), très peu ont des parents ou des grands-parents immigrés des anciennes colonies françaises. Tous issus de fratries réduites à un ou deux enfants, ils poursuivent souvent les petits déplacements scolaires, professionnels et/ou résidentiels de leurs parents qui, en règle générale, appartiennent aux classes populaires ou ont récemment accédé aux classes moyennes indépendantes[1]. Pourtant, la « place » qu'ils occupent dans leur univers d'accueil est loin d'aller de soi. Ces élèves se retrouvent très minoritaires dans les IEP ou à l'école de commerce, où les enfants d'employés ou d'ouvriers représentent, respectivement, 15 % et 2 % des inscrits[2]. Ils ne peuvent donc guère résister à la force du nombre de leurs condisciples qui, dans les cours, les pauses, les fêtes ou les conférences, « donnent le ton[3] ». « C'est compliqué, pour nous, parce qu'on se retrouve seuls dans un nouveau monde qu'on connaît pas », explique ainsi Claire, fille d'un ouvrier et d'une assistante maternelle, admise en 2006 à l'IEP de Lagnecourt.

N'étant plus protégés par le « cocon » dans lequel ils vivaient l'année précédente, ils sont beaucoup plus vulnérables : « En prépa, les autres, je les fréquentais pas, je traversais la cour, je les voyais, mais j'allais direct en cours, je mangeais pas avec, je les côtoyais pas... alors que là, je suis obligée de les côtoyer, sinon je suis toute seule ! C'est pas simple, surtout quand on débarque », explique Linda. Le verbe « débarquer » témoigne, à sa façon, de l'étrangeté ressentie par ces migrants de classe dans une terre étrangère qu'ils ne découvrent véritablement que sur le tard, à la différence des boursiers des années 1950-1960, scolarisés dès leur plus jeune âge dans des lycées fréquentés presque exclusivement par des héritiers[4]. S'ils ont été préparés à ce changement par leurs enseignants, ils ne pouvaient pas non plus anticiper le brouillage, encore plus fort, de leur « place » dans leur univers d'origine, où ils sont, là aussi, minoritaires. La distance qui les séparait déjà, plus ou moins, de leur famille et de leurs amis s'accuse brutalement, surtout s'ils décident de se rapprocher de leur lieu d'études, en emménageant dans une chambre en cité-u ou un studio, comme le fait la plupart d'entre eux, à court ou à moyen terme. Cet éloignement tend à susciter dans leur entourage des malentendus, des incompréhensions et, quand leur « différence » se manifeste trop clairement, des rappels à l'ordre. Bref, si on les a poussés à « aller loin », c'était à condition de ne pas oublier « d'où ils viennent »[5].

Pris dans un entre-deux social plus durable que les « collés » en réussite scolaire, ils doivent parfois endosser des rôles peu compatibles. Ils sont alors confrontés à des injonctions contradictoires : ne pas se trahir auprès de leurs condisciples, au risque d'être marginalisés ou isolés ; ne pas trahir les leurs, sous peine de perdre leur estime et leur confiance. Parce que cette « place » ambivalente les oblige constamment à se surveiller et à anticiper les jugements des autres, ils ne peuvent guère se laisser aller sur le mode de l'évidence. Ce n'est pas un hasard si, parmi tous les enquêtés, ce sont eux qui jouent le plus le jeu des entretiens longs et réitérés, proposant spontanément de me mettre en contact avec des personnes qu'ils estiment intéressantes et, parfois, prenant l'initiative de m'écrire pour me donner des pistes, des documents ou des textes rédigés en réaction à nos conversations. À la fin des entretiens, il n'est pas rare que l'échange se prolonge, magnétophone éteint. Ils en profitent, alors, pour me demander s'ils sont « les seuls à vivre ça » ou s'ils ne sont « pas paranos », comme si, à leurs yeux, j'étais chargé de statuer sur la normalité de leurs expériences : « Ça me fait du bien de parler avec toi, de faire le bilan sur ce que j'ai vécu », dit ainsi Linda. « En fait, c'est comme une séance de psy, sauf que c'est gratuit ! » lâche Claire[6].

Cette attitude est l'indice de la difficulté, pour chacun d'eux, de « trouver sa place ». Loin de renvoyer à un mal-être individuel et psychologique, elle doit s'analyser comme un porte-à-faux proprement social, dont la genèse et les effets sont d'abord les révélateurs des rapports de domination. Dans les pays anglo-saxons, les sociologues se sont longtemps focalisés sur les corrélations entre le changement de position sociale et les comportements des « mobiles » pris comme un bloc homogène[7]. Les enquêtes de terrain ont substitué à cette approche statique des « conséquences » du déplacement social celle, plus dynamique, de la diversité des expériences qui en sont faites[8]. Elles ont rouvert un chantier qu'Hoggart avait commencé à défricher : il expliquait que, si tous les « boursiers » sont situés « au point de rencontre et de friction de deux cultures », certains « semblent tout à fait à l'aise dans leur peau », tandis que d'autres ont atteint un « équilibre relatif », « à l'aise dans leur classe d'adoption » tout en entretenant des « rapports faciles » avec leur univers d'origine[9]. Mais il s'était surtout intéressé à ceux « dont le déracinement a été particulièrement pénible », érigés en modèle au prix d'un rétrécissement des perspectives, donnant ainsi naissance à *un* boursier qui tient plus du personnage littéraire que de l'idéal-type sociologique[10]. En France, le modèle théorique de Bourdieu est le plus utilisé pour appréhender l'expérience des « transfuges de classe », que ce dernier envisageait comme des contre-exemples de l'ajustement, inconscient et spontané, de l'habitus comme sens pratique[11]. Dans ce modèle, les ratés de la socialisation expliquent les décalages récurrents entre une position et des dispositions, qui sont sources aussi bien de souffrance que de réflexivité, de résignation que de révolte. Et lorsque ces décalages en viennent à former une structure durable de dispositions contradictoires, ils donnent alors naissance à un « habitus clivé », caractérisé par un dédoublement ou une combinaison *durable* de manières d'être, de penser et de sentir, dont la transposition s'avère hautement problématique pour les intéressés.

Ce cadre interprétatif aide à penser les incidences biographiques de la migration de classe sans tomber dans le subjectivisme. Mais il peut mener à une impasse si, au lieu d'interroger les conditions dans lesquelles les habitus *se clivent* ou *se dé-clivent*, il consiste à assimiler des cas atypiques à des cas pathologiques et, partant, des phénomènes sociologiquement « normaux », relationnels et ponctuels, à des dysfonctionnements mentaux, individuels et permanents[12]. Faute d'observer les variations des expériences de désajustements dispositionnels, à l'échelle d'un groupe (selon les trajectoires et les rapports à la trajectoire), mais aussi chez une même personne (selon l'âge, la situation matérielle et les relations entretenues avec l'univers d'origine à diverses périodes), on risquerait d'en revenir aux débats normatifs des années 1950-1960 sur l'existence d'une corrélation positive entre mobilité sociale et schizophrénie[13]. Ce misérabilisme n'est pas l'apanage des analyses savantes : même si Barrès est tombé dans l'oubli, le spectre des *Déracinés* hante encore actuellement nombre de discours, journalistiques ou littéraires, qui présupposent que tout changement radical de milieu entraîne mécaniquement un déchirement identitaire. C'est dire s'il est nécessaire de rompre avec des métaphores médicales, psychiatriques ou policières – comme celle de l'agent double[14] – pour déconstruire les « schèmes faisant des "mobiles" des malheureux ou des individus en souffrance qui, finalement, auraient peut-être mieux fait de ne pas chercher à s'élever dans l'espace social[15] ».

On ne peut donc comprendre l'expérience de ces jeunes sans accorder une attention particulière aux manifestations concrètes de leur porte-à-faux, mais aussi aux pratiques à travers lesquelles ils tentent, avec plus ou moins de succès, de « faire communiquer[16] » ou de « cloisonner[17] » leurs univers d'appartenance. En comparant, selon l'école qu'ils ont intégrée[18], leurs itinéraires au cours de la période située entre leur arrivée et le début de leur deuxième année, j'examinerai ici leurs efforts pour inventer des *arrangements*[19], c'est-à-dire des techniques semi-conscientes qui, dans certains contextes, leur permettent d'atténuer, d'évacuer ou de résoudre des « dilemmes de statut[20] ».

« QU'EST-CE QUE JE FAIS LÀ ? » : DISTANCE SOCIALE ET DÉCALAGES SYMBOLIQUES

Pour la majorité des « reçus », les premiers mois dans la grande école sont les plus déstabilisants. Leur « place » est incertaine, décalée, brouillée, à la fois par rapport aux « autres » et aux « leurs ». Selon les moments, ils se perçoivent – et sont perçus – comme des dominés ou des dominants. Ce porte-à-faux naît de mises à l'épreuve indissociablement corporelles et symboliques : « Au début, je faisais que pleurer, c'était pas le même milieu, j'étais bloquée, j'avais pas le moral. Je me disais : "qu'est-ce que je fais là ?", "est-ce que c'est normal, ce que je vis ?" », raconte Cassandra, cinq mois après son entrée à l'IEP de Lagnecourt.

Une consécration ambiguë

Fille, comme on l'a vu, d'un ouvrier retraité et d'une assistante maternelle au chômage, Cassandra ne s'attendait pas alors à un tel écart entre ce qu'elle était et ce qu'elle devait (implicitement) être. Si, selon leur trajectoire antérieure, les « reçus » aux IEP en déplacement social éprouvent différemment cet écart, tous sont taraudés par une même inquiétude : depuis le jour des concours, leur consécration scolaire est ambiguë. D'un côté, la « discrimination positive », constitue un repoussoir, à leurs yeux. « Ce qui nous sauve, par rapport à [Sciences Po] Paris, c'est qu'on a passé le même concours que les autres », explique Claire. D'un autre côté, ils pressentent qu'ils peuvent en permanence être assimilés aux étudiants bénéficiaires des CEP, que le sens commun méritocratique tend à disqualifier en considérant la promotion de la « diversité » comme une victoire du communautarisme et des privilèges sur l'universalisme et l'égalité. Cette crainte est alimentée par des expériences qui les rapprochent de ce repoussoir. Ainsi, à l'IEP de Lagnecourt, certains d'entre eux (la totalité, dans les premières promotions) passent le concours dans une salle à part et leurs résultats n'apparaissent pas sur les listes publiques[21]. « Quand j'ai vu qu'on n'était pas dans les mêmes locaux que le reste des candidats, ça m'avait révoltée ! Je me suis dit : "là, c'est un pas vers [Sciences Po] Paris" », poursuit Claire, une minute après avoir vanté les spécificités de la prépa sup-expé. Il arrive parfois que cette ambiguïté soit tue, face à moi, justement pour ne pas réactiver ce stigmate collectif. Ainsi, Vincent n'aborde pas le sujet durant le long entretien qu'il m'accorde trois ans après son admission dans cet établissement, comme s'il avait effacé de sa mémoire ce souvenir embarrassant. Fils d'un agent de maîtrise et d'une femme au foyer Blancs et nés en France, il n'a pas le profil-type des bénéficiaires d'un dispositif d'ouverture sociale soupçonnés de « favoritisme » à cause de leur couleur de peau. Pourtant, quelques jours plus tard, il m'envoie un texte de lui, intitulé « sup-ZEP » et écrit au présent, comme si cet oubli était remonté à la surface de sa conscience :

> « 1) Le concours d'entrée : je reçois ma convocation au concours de l'IEP par courrier. Je suis surpris que mon numéro de candidat soit compris entre 1 et 14 (nous sommes 14 dans la classe). Pourquoi pas le numéro 189 ou 260 puisque nous passons le "même" concours que les autres ? C'est bizarre. Le lendemain, nous nous apercevons que nous sommes tous numérotés entre 1 et 14. Tiens, on est pris à part ? Je me questionne. Tout le monde le pense, personne n'ose le dire : le concours ne serait qu'une formalité, d'autant que l'épreuve de littérature a été modifiée pour nous. Nous sommes notés en contrôle continu sur cette épreuve. Ça m'arrange bien. Le jour du concours, toute la classe passe les épreuves dans la même salle à l'IEP. Aucun autre élève. Bizarre. Je finis vraiment par croire que l'histoire du concours est une mise en scène.
> 2) Les résultats : je recherche sur le site internet de l'IEP mon nom pour savoir si j'ai réussi le concours. Mon nom ne figure pas sur la liste. Je pense avoir échoué. Je suis presque soulagé. Dans le fond, je n'ai jamais vraiment voulu réussir le concours ! Je n'ai toujours pas compris ce qu'était un IEP ni ce qu'on y faisait. Par contre, j'ai compris que c'était prestigieux et qu'ils étaient des milliers de candidats à vouloir

> y rentrer ! J'appelle Pierre. Lui non plus n'apparaît pas sur la liste. Tant mieux. On fera notre rentrée sur les bancs de l'IUP. C'est moins prestigieux mais c'est plus "concret". Quelques minutes plus tard, je reçois un coup de téléphone de Mme Michel [la professeure principale de la prépa "sup-expé"], qui m'annonce la nouvelle : j'ai réussi le concours. Je lui réponds que ce n'est pas possible parce que je n'apparais pas sur internet. Elle me dit qu'elle vient elle-même de recevoir un coup de fil (de qui ?) et que je suis admis. Thierry aussi est admis [il démissionnera quelques semaines plus tard]. Nous ne sommes que deux. Je me rappelle avoir dit "merde" au moins une dizaine de fois au téléphone. Finalement, le concours, c'était pas du bidon : 2 admis sur 14, la sélection est rude. Au téléphone, je demande à Mme Michel mes notes. Un 14 en histoire et un 9 en anglais, je crois. Je ne me rappelle plus trop. Je n'ai aucune trace de ces résultats. Aucun "papier" officiel avec mes notes. Rien. Juste un coup de téléphone. Je me demande pourquoi je n'apparais pas sur les listes et pourquoi c'est Mme Michel qui me prévient. Bizarre (…). »

L'entretien a conduit Vincent non seulement à se remémorer ces souvenirs, mais à poser des mots sur son sentiment d'étrangeté, décelable dans la récurrence du terme « bizarre » et des tournures interrogatives. Ses questions se suivent sans trouver de réponse. Son oscillation entre le soupçon (« tout le monde le pense, personne n'ose le dire »), le pragmatisme (« ça m'arrange bien ») et la modestie (il est « presque soulagé » d'avoir échoué à ce concours qu'il n'a « jamais vraiment voulu réussir ») traduit bien le caractère ambigu de sa consécration. Excellent élève (il a raté de peu la mention Très Bien au baccalauréat ES, avec une moyenne de 15,75/20), il lui est impossible d'adhérer pleinement à un jeu qui, par certains aspects, n'en vaut pas vraiment la chandelle. Et s'il en accepte quand même les règles, comme le suggère son constat final (« c'était pas du bidon »), le contraste entre la « mise en scène » et le « coup de téléphone » est trop fort pour ne pas rendre problématique la légitimité conférée par son élection scolaire.

À la différence des miraculés accédant à une grande école par une CPGE ordinaire, ces « élus » de l'ouverture sociale ne peuvent donc guère nourrir la « fierté naïvement élitiste (…) qui fait oublier le double isolement du parvenu[22] ». La « sourde culpabilité » des « transfuges » dont parlait Bourdieu est, en effet, surdéterminée ici par un sentiment d'injustice : « Il faut pas qu'on nous fasse passer par la fenêtre au lieu de nous ouvrir la porte ! » lâche Claire, un brin énervée. Ils éprouvent ainsi plus brutalement l'arbitraire qui se cache derrière la consécration officielle des « élites » scolaires. À l'inverse, les « reçus » à l'école de commerce, qui passent dans les mêmes lieux le même concours que les autres candidats, évoquent leur réussite de façon beaucoup moins équivoque. Le traitement offert ces nouveaux entrants à l'IEP ne se réduit toutefois pas à une humiliation collective. Il leur fournit aussi un moyen de maintenir, dans des circonstances difficiles (stress, découverte des lieux, face-à-face avec des candidats plus assurés), l'entre-soi qui les protégeait l'année précédente : « Le jour du concours, on était dans une salle avec les tiers-temps, on n'était pas en amphi avec les autres, donc c'était moins effrayant : on était fatigués, on était tous complètement angoissés, mais comme on était tous ensemble, on sentait moins la concurrence », raconte Cassandra. À la fois subie et désirée, cette forme de ségrégation est aussi ambiguë que leur consécration. Dans la suite de son texte, Vincent revient sur sa rentrée dans son nouvel établissement, premier contact avec les réalités « officielles » de l'institution où j'interviens, pour aiguiller celui qui fut mon camarade au lycée Voltaire :

> « (…) 3) L'inscription : Mme Michel m'a dit de me rendre à la scolarité et de demander monsieur Larcher [responsable des inscriptions]. Les "autres" font la queue en bas. Moi, je "grille" tout le monde par le haut. C'est Paul (toi !) qui m'amènes à la scolarité. Je frappe. "Les inscriptions sont en bas", me dit-on. Tu me présentes en disant que je viens de Coty et que j'ai fait la prépa "sup-expé". La porte s'ouvre. Tu repars. À la scolarité, je m'inscris administrativement, puis je suis une "dame" (très sympa). Les autres font la queue devant la porte. Moi, je rentre en premier en doublant tout le monde. Je m'inscris aux TD et rentre à la maison. Les autres continuent de faire la queue. Ce petit "privilège" me plaît bien !
> 4) Rentrée des classes : je fais la connaissance d'un élève devant l'amphi. Le genre d'élève à qui jamais je n'aurais imaginé parler un jour. La première question qu'il me pose,

c'est mon "rang" au concours. Je ne le connais pas. Tout juste je connais mes notes. Je stresse. Je réponds que je ne m'en souviens plus, mais que j'ai été bien classé. Je le suis dans l'amphi. On s'assoit au premier rang à droite, car il est "important que les profs nous voient", me dit-il. Il me connaît depuis 3 minutes et veut déjà que je m'inscrive dans une association de l'IEP, car il est important de se montrer, me dit-il. Puis, il me demande mon parcours, mes études, etc. Que lui répondre ? J'ai un bac ES puis j'ai fait une prépa au lycée Coty. Il me demande de préciser. Je lâche le morceau, après tout, vaut mieux assumer et le dire car ils finiront bien par l'apprendre : c'est une prépa pour les élèves issus de lycées ZEP. Notre conversation s'arrête. Le lendemain, fini le premier rang à droite de l'amphi. Je m'installe au fond et à gauche ! Je me sens mieux. J'occupe d'ailleurs toujours la même place depuis ! »

En arrivant dans cet IEP, Vincent n'a aucun repère. Je cherche alors à lui éviter les difficultés auxquelles j'ai été confronté un an avant lui : l'interminable attente devant les bureaux d'inscription, les entrées en matière maladroites pour faire connaissance avec des personnes choisies à l'aveuglette, les regards soupçonneux de condisciples apparemment très sûrs d'eux, l'écoute silencieuse, à distance, des plaisanteries entre des amis de longue date étonnés de se retrouver sur les mêmes bancs, ou encore l'impression d'être, selon les moments, ou trop mal ou trop bien habillé. Mon aide fut assez limitée : c'est par lui-même que mon ancien camarade apprendra à s'orienter dans ce labyrinthe que l'élève dont il parle semble connaître parfaitement. Mais, avant d'y parvenir, sa scolarité dans son nouvel établissement commence, comme son récit le suggère, par une double mise à l'épreuve : à celle, indirecte, impliquée dans la question sur son rang au concours, qu'il contourne par la dissimulation puis par le bluff, et dans l'injonction à se conformer à l'ordre de l'institution (« se montrer » pour être vu et bien vu), succède celle, directe, contenue dans le bref échange sur son « parcours », qui l'oblige à communiquer le moins d'informations possible sur son histoire, de peur de commettre une *fausse note*, avant d'avouer, las de cette comédie embarrassante, sa véritable identité[23]. Sa posture d'« agent double » ne dure que quelques minutes, jusqu'à ce silence éloquent qui le remet à sa place, dans tous les sens du terme. À l'abri des regards indiscrets et des remarques importunes, il s'assied exactement là où il aurait dû le faire, s'il n'avait pas été déplacé.

Mobilité géographique et brouillage des appartenances

Si, dès les premiers jours, Vincent se « sent mieux » dans cette « place » c'est aussi que, chaque soir, il trouve refuge au domicile familial, où il continuera de vivre jusqu'à la fin de sa scolarité. Pourtant, il a suffisamment d'argent pour emménager à Lagnecourt. Grâce à sa mention Bien au baccalauréat, il bénéficie en effet de deux bourses de mérite, chacune d'un montant d'environ 5 000 euros annuels, l'une attribuée par le CROUS, l'autre par une fondation philanthropique. Par ailleurs, c'est le seul des deux enfants de la fratrie à la charge de ses parents. Son frère aîné, âgé de sept ans de plus que lui, a depuis longtemps pris son indépendance. La vie chez ses parents lui permet de limiter les tensions induites par son déplacement social :

> « Je vais pas m'amuser à aller habiter à Lagnecourt, j'ai aucune envie de vivre dans cette ville de bourges. (...) Les loyers, ils sont trop chers, dans cette ville. Même si j'avais 400 euros à mettre dans un loyer, j'irai pas là-bas tant que j'aurais pas un travail ! Et puis, franchement, j'ai pas envie de me faire à bouffer ! (*Rire*)
>
> — *Tu te sens attaché à ton quartier ?*
>
> — Ouais... j'y suis attaché, c'est sûr... j'ai toujours tout fait là. Même mon frère, quand il a pris un appart, il est resté dans la même cité ! »

Par contraste, les « reçus » qui quittent le domicile familial pour se rapprocher de leur grande école vivent des déchirements très douloureux. C'est le cas de Linda, seule élève de sa promotion admise à un IEP situé à plus de 200 kilomètres de Carmont, sa ville natale, où elle a grandi avec sa sœur cadette, dans un immeuble non-HLM jouxté de cités où ses parents, immigrés algériens, louent un appartement depuis leur arrivée en France, au début des années 1980.

Bénéficiaire d'une bourse du CROUS, elle obtient une chambre étudiante où ne réside aucun de ses condisciples. Regrettant l'ambiance chaleureuse de « la maison » (« on a toujours été très soudés, entre nous, à la maison »), elle supporte mal ce double isolement, comme elle l'explique quatre ans après les faits, dans un entretien réalisé pendant les vacances d'été, dans un café accessible en une quinzaine de minutes à pied depuis chez ses parents, circonstances favorables aux retours sur soi et à soi :

> « Le premier semestre, je l'ai super mal vécu. J'étais limite en dépression !
>
> — *Qu'est-ce qui n'allait pas ?*
>
> — C'était pas tant les cours, la prépa m'avait remise à niveau, donc, j'ai pas eu de problèmes particuliers avec les cours, c'était plutôt... (*un temps*) c'était la première fois que je quittais mes parents. Je me retrouvais à 200 kilomètres d'eux, je changeais de ville, c'était... dur, quoi. (...). Et puis, au début, on se dit... (*un temps*) enfin... "comment je vais faire pour me trouver des amis ?" Après, ça s'est amélioré, mais au début c'est hyper compliqué ! (*Avec recul, sur un ton amusé*) Je me rappelle, je pleurais tous les jours, j'appelais mes parents tous les jours en disant "c'est pas pour moi", "j'ai fait le mauvais choix, j'aurais dû aller à la fac !".
>
> — *Tu as pensé à abandonner, à ce moment-là ?*
>
> — Non, j'ai jamais pensé à quitter...
>
> — *C'était trop compliqué de tout lâcher, après tout ce que tu avais fait...*
>
> — (*Haussant la voix*) Ouais, j'aurais jamais quitté ! Je me disais que ça serait difficile, et puis... j'ai pris des antidépresseurs, je voyais un psy et tout ça, mais... j'ai jamais voulu lâcher. J'avais mon concours, donc j'y allais... mais c'était limite... je rentrais tous les week-ends chez mes parents ! (*En riant*) J'ai ruiné mes parents en TGV ! »

Plus qu'une découverte d'un univers étranger, l'arrivée de Linda à l'IEP est un véritable « déracinement ». N'ayant personne pour la guider de l'autre côté de la frontière sociale, elle est confrontée à un brouillage spatio-temporel qui la conduit, dès qu'elle le peut, à revenir vers son univers d'origine. D'où ses conversations téléphoniques le soir avec ses parents, qui ne suffisent pas toutefois à effacer le traumatisme : elle décide de voir un « psy » et de prendre des médicaments qui la tranquillisent, ultime solution pour supporter des décalages *sociaux* vécus, en pratique, comme les symptômes d'une anormalité individuelle[24]. Scolarisée sans interruption en ZEP, Linda est restée très attachée à ses amis d'enfance et à sa famille. Elle a toujours baigné dans une atmosphère de fidélité au pays d'émigration de ses parents. Née à Carmont, elle a la double nationalité, française et algérienne. Par ailleurs, elle a appris l'arabe littéraire jusqu'à ses 12 ans et, durant toute son enfance, partait chaque été visiter ses cousins en Algérie. Élève « sans problèmes depuis le CP », elle a sans cesse été encouragée par sa mère à « réussir ». Si elle a obtenu le baccalauréat S avec 12 sur 20 de moyenne (résultat très en deçà de ses performances en Terminale), ses facilités scolaires étaient assez avérées pour que les enseignants de la prépa sup-expé lui ouvrent, sans hésiter, les portes du lycée Coty. Ses atouts n'ont toutefois pas suffi à compenser son manque d'assurance. Femme, d'origine populaire, enfant d'immigrés et ex-ZEP, elle était bien sûr consciente de sa condition subalterne, mais ne pouvait imaginer un tel écart avant d'entrer dans cet IEP :

> « La première année, on débarque… (*gênée*) enfin, on vient pas du même milieu social, on n'a pas les mêmes habitudes, on n'a pas… on est… enfin, on est face à des gens qu'on n'a pas forcément fréquentés durant notre scolarité, donc… forcément, c'est compliqué ! Moi, j'ai toujours été en ZEP, et à l'IEP, je vois qu'y a… (*mi-surprise, mi-indignée*) 'y a pas de personne de couleur, ou étrangère, tu vois ? On est que trois ! Au début, ça m'a impressionnée, je me suis dit : “elle est pas très ouverte, l'école !”. Enfin, je le savais déjà avant, les profs de la prépa, ils nous l'avaient dit… on nous prévenait tout le temps de ça, à Coty… qu'une fois arrivés là-bas, on se sentirait un peu différents, forcément… enfin… ils nous encourageaient à s'intégrer, mais… c'est vrai que c'était plus compliqué que ça, en fait. »

Minoritaire sous tous les rapports, Linda a été préparée trop tard à cette rupture, pour que les avertissements de ses enseignants aient suffi à atténuer le choc lors de son arrivée à l'IEP. Même si elle est sortie du lycée Coty mieux armée culturellement, son passé social exerce toujours ses effets sur sa nouvelle position. L'image du « débarquement » n'est pas anodine : après une entreprise d'acculturation qui s'est opérée en vase clos, son trajet s'achève par un atterrissage dans une réalité beaucoup plus déstabilisante que ne le furent son vol et son décollage. Les conseils les mieux avisés ne peuvent pas grand-chose contre la confrontation, directe et brutale, aux marqueurs des hiérarchies sociales : « c'était plus compliqué que ça », comme elle dit.

Entre le refuge et l'exil, il existe de nombreux cas intermédiaires. Citons, à titre d'exemple, celui de Cassandra. À la différence de Vincent, elle déménage dès son admission de chez ses parents, propriétaires d'un pavillon situé dans un quartier populaire de Carmont. Rappelons qu'elle est la fille benjamine d'un ouvrier espagnol (qui a un « niveau bac ») et d'une femme au foyer née en France, titulaire du certificat d'études. Comme Linda, elle obtient une chambre en cité-u, à Lagnecourt, dans une résidence isolée de son établissement, où ne vivent presque aucun de ses nouveaux condisciples : la plupart d'entre eux louent ou achètent des logements à quelques minutes de l'IEP. Elle explique avoir « toujours beaucoup travaillé » et s'être « gérée toute seule, puisque [ses] parents ont jamais regardé mes contrôles ou mes devoirs ». Bachelière ES (mention Assez Bien), « à l'heure » scolairement et boursière, elle a un frère (chauffeur routier) et une sœur (vendeuse) qui sont respectivement âgés de 12 et 10 ans de plus qu'elle. Lorsqu'elle quitte le domicile familial, elle rencontre des difficultés qui, sans provoquer des souffrances permanentes, la fragilisent :

> « *Financièrement, tu t'en es sortie pour t'installer ?*
>
> — Oh, ça a été dur ! J'ai eu une chambre en cité-u, c'est vraiment pas cher, mais j'ai eu un problème avec la CAF, j'ai pas reçu d'APL [Aide Personnalisée au Logement] pendant cinq mois, j'ai fait comme j'ai pu pour avancer le loyer, parce que le CROUS non plus, il ne me reversait pas ce qu'il devait me reverser ! Du coup, le premier semestre, j'ai pas eu de livres, parce que je pouvais pas me les acheter donc j'allais à la bibliothèque [de l'IEP]… et puis, j'avais

pas d'ordinateur portable, donc je travaillais sur l'ordinateur de la bibliothèque (...).

— *Le fait de vivre à Lagnecourt, ça a dû te changer un peu...*

— Ah, ça ! C'est sûr que ça change, ça change pas mal ! Pourtant, on n'est pas loin de Carmont, mais la mentalité, c'est pas la même. Ici, c'est beaucoup plus bourgeois, ça se voit ! Au début, ça fait bizarre, parce que moi je suis assez simple... j'ai pas besoin de plein de choses, quoi... j'ai pas besoin de tous les trucs extérieurs, quoi... mais ça va, avec le temps, on s'y fait... mais, dans ma cité-u, 'y a plein d'étrangers, c'est super, ça !

— *T'as tissé des liens avec des gens, à la cité-u ?*

— C'est dur, parce que les seuls de l'IEP, dans la résidence, ils sont pas de ma promo... on se croise dans le couloir, mais de là à tisser des liens...

— *Et tu rentres chez tes parents, de temps en temps ?*

— (*En souriant*) Tous les week-ends ! (...) J'apprécie de rentrer à la maison. Je suis tranquille, là-bas. »

Seule élève de sa promotion à vivre dans sa cité-u, où résident des étudiants des facultés, français ou en séjour Erasmus, Cassandra est isolée à la fois de sa famille et de son nouvel établissement. Comme Linda, elle ressent le besoin de revenir le week-end chez ses parents, de retrouver son quartier, où sont restés ses amis d'enfance et son petit copain, ouvrier pâtissier dans une boulangerie, qu'elle a rencontré en Seconde. Si elle voit dans les étrangers des *alter ego*, c'est que tout oppose sa « tranquillité » en terrain connu, les samedis et les dimanches, au malaise qu'elle éprouve la semaine, à l'IEP, quand ses dispositions sont mises à l'épreuve :

« En arrivant à l'IEP, on se posait tous les quatre plein de questions... c'était : "est-ce qu'on est vraiment faits pour être ici ?", puisqu'ils ont pas la même mentalité que nous, les autres, ils pensent pas pareil, ils regardent pas à la fin du mois, ils ont pas la même valeur des choses. C'était : "qu'est-ce qu'on fait là ?". Heureusement qu'on s'est soutenus mutuellement. Au début, je disais à Claire, tous les midis : “Mais qu'est-ce que je fais là ?”. C'est pas pareil, c'est deux mondes différents (...).

— *Tu devais te faire une certaine image de l'IEP...*

— Oui, c'était la grande image... la grande école, les grands enseignements, des cours de qualité, où on touche à tout... c'était... une autre étape, aussi, quelque chose qu'on peut avoir un truc de sûr au bout, quoi. C'est un peu une rupture, c'est pas dans le cours des choses, quand on vient de milieu défavorisé ou ouvrier. Donc ça a été la rupture. C'est comme un défi que je me suis lancé et, comme j'y suis arrivée, 'y a plein d'autres choses qui ont changé. Je vis plus avec mes parents, je découvre d'autres choses. Ici, c'est pas la cour des grands, mais presque. »

Les « questions » qui hantent Cassandra et ses camarades admis la même année qu'elle montrent combien leur présence est incongrue dans cette « cour des grands » qui, pour eux, n'est pas dans le « cours des choses ». En formant vite un petit groupe, ils restent soudés pour éviter que la rupture ne devienne un déchirement et leurs tiraillements ponctuels, un écartèlement permanent. Leur esprit de solidarité leur permet de se doter d'un *sas d'acclimatation symbolique* dans lequel ils ne risquent pas d'être discrédités, exactement comme ils l'avaient fait au lycée Coty. Ils peuvent ainsi cultiver ensemble une fierté de classe : « 'Y a pas eu de miracle, j'ai travaillé et c'est tout. J'ai pas honte de ce que je suis ni d'où je viens », affirme Cassandra.

Des déplacés heureux ?

Si la distance sociale qui sépare les « reçus » à l'école de commerce d'origine populaire de leurs nouveaux condisciples est tout aussi grande, elle ne s'accompagne pas d'un porte-à-faux social aussi fort. Du moins, au cours des entretiens, ils n'évoquent que rarement un malaise ou des tensions, même s'ils parlent aussi de leurs difficultés à se familiariser avec des « gens qui ne sont pas du même monde », comme le dit Sofian, fils d'un ouvrier algérien sans diplôme (au chômage) et d'une serveuse française titulaire d'un BEP, lors d'une conversation enregistrée neuf mois après son arrivée dans cet établissement situé au cœur des quartiers bourgeois de Carmont, sa ville natale :

> « Quand je suis arrivé pour le concours, j'étais pas impressionné, mais disons que le cadre, l'école en elle-même, ça le faisait bien, je me voyais bien là-dedans. Quand j'ai passé le concours, 'y avait des équipes d'étudiants qui appartenaient à des assos qui présentaient l'école, donc on voyait que les bons côtés. Moi, je me voyais bien dedans, je me disais : "faut absolument que je rentre !" (...) Ils [les étudiants membres des associations] arrêtaient pas de dire : "Ici, on est tous frères !" Donc, moi, je me voyais bien entrer là-bas. Mais, quand j'ai commencé les cours, on voyait très bien que ça allait être une ambiance différente ! Bon, de ZEP c'est très loin, mais même de Coty, c'est pas trop la même population... c'est plus friqué, c'est des gens qui sont pas du même monde, on va dire... on se croirait un peu dans le seizième, à Paris [une partie de sa famille vit en Île-de-France], ou comme les gens que tu vois dans les quartiers riches de Carmont. Moi, j'avais pas trop d'*a priori* sur eux, donc... ce qui est bien, c'est que l'intégration elle a été super facile, 'y a vraiment pas eu de problème à ce niveau. Tu rencontres quelqu'un un jour, le lendemain les gens ils font comme si on était amis, les liens sont super faciles à créer. Les gens qui sont dans les associations, ils sont super accessibles, donc c'est super facile de créer des liens, tout le monde parle avec tout le monde. 'Y a une bonne ambiance. »

Entré dans cette école par la petite porte, Sofian sait qu'il y occupe une position objectivement dominée : « Les élèves qui sortent d'une prépa HEC, ils ont tendance à rabaisser les post-bac en disant qu'ils ont pas de mérite », dit-il. Mais il ne laisse paraître aucun sentiment d'infériorité. D'une part, il est satisfait d'avoir obtenu ce qu'il souhaitait. Il n'a jamais projeté d'intégrer un IEP et, avant son admission à la prépa sup-expé, préférée à la prépa HEC d'un grand lycée de Carmont où il était accepté, il songeait à faire un BTS ou un DUT : « Je voulais en finir assez vite, faire un petit bac + 2 et chercher un petit boulot », raconte-t-il. D'autre part, il est content de rester dans sa ville natale et de continuer de vivre dans le quartier où il a grandi, avec ses deux frères cadets (qui ont 7 et 10 ans de moins que lui), scolarisés dans une école et un collège en ZEP, au milieu d'une demi-douzaine de cités HLM. Boursier au deuxième échelon, il a appris sans trop de regret le refus du CROUS de lui attribuer une chambre sur le campus, localisé à environ une heure de chez ses parents. Même s'il est fatigué par les longs trajets en bus, son déplacement social et spatial n'induit que de faibles décalages, dans la mesure où, face à ses condisciples venus d'autres régions, il est géographiquement « chez lui » :

> « Par rapport à Coty, on n'est pas exténué par les horaires de cours, ici. Après, le truc fatiguant, pour moi, c'est que j'habite loin, c'est plus le transport qui va me fatiguer. Parce qu'ici, la plupart, ils viennent pas de Carmont, ils habitent sur le campus ou sur la ligne du bus, eux ils sont à côté [de l'école], donc ça allonge un peu mes journées.
>
> — *Du coup, tu es l'un des seuls à bien connaître la ville...*
>
> — Ouais, les gens, dans l'école, 'y en a beaucoup qui viennent de Paris, ils retournent voir leur famille assez souvent, donc Carmont, pour eux, c'est pas chez eux...
>
> — *Et puis le campus est assez excentré, ça aide pas, ça...*
>
> — Ah oui ! Quand ils parlent de Carmont, ils le voient comme... la ville, c'est l'école de commerce, pour eux ! Parce qu'à part les gens qui sont à l'école, ils connaissent personne ! Ils ont pas dû dépasser le centre-ville ! (...) Ils croient que là où je vis, c'est Chicago, qu'après 19 heures, tu te fais tirer dessus, que tu te fais racketter ! Et quand je leur dis que je viens d'là-bas, ils me disent (*ton imitant la peur*) : "Oh, mais comment tu fais ?" Je leur dis (*fier*) : "Bah écoute, je suis debout, tu vois !". »

Si la distance sociale entre Sofian et ses condisciples « friqués » n'induit pas de tensions à un haut degré, c'est que sa présence dans son univers d'accueil n'est pas hantée par le spectre d'une « discrimination positive ». Dispensés des frais de scolarité (7 000 euros annuels), les « reçus » à l'école de commerce ont passé les mêmes épreuves que les autres candidats, dans les mêmes locaux qu'eux et leurs noms figurent sur les listes officielles d'admission. Leur consécration a beau être entachée par le dualisme des voies de sélection, elle est sans ambiguïté. Cependant, leur présence ne va pas toujours de soi, dans cet établissement :

> « C'est sûr que même avec ceux avec qui je m'entends bien, à l'école, 'y a des différences de vécu. (...)'Y en a un, il est venu chez moi, un jour. Moi, quand je passe en bus devant les cités, ça me choque pas. Mais lui, il vient de loin, il vient d'un milieu riche et, quand il est passé chez moi, ça l'a choqué. Moi, je comprenais pas trop, parce que ça fait 20 ans que je vis là. Après, on en a reparlé de tout ça, de là où je vis, que lui il se verrait pas habiter dans un truc comme ça, mais... je lui ai expliqué qu'il faut pas croire tout ce qu'on entend... c'est à toi de leur expliquer ce qui est faux dans ce qu'ils croient savoir, que c'est leurs *a priori* (...) genre, faut par sortir la nuit sinon ça craint, faut pas passer dans les petites ruelles, tout ça... alors que moi, quand je sors le soir, je regarde pas à droite et à gauche, j'ai pas peur de me faire tirer dessus ! Donc, je leur dis : “Vous habitez pas là, vous avez des *a priori*.” C'est pas le même monde, tu vois ? »

Face aux « autres », Sofian doit à la fois comprendre leurs « *a priori* » et leur expliquer des réalités qu'ils ignorent. En se servant de son expérience, il leur montre subtilement que leur peur repose en grande partie sur des préjugés. Sa présence dans son univers d'accueil est justifiée, à ses yeux, par son attitude responsable, par contraste avec le comportement déviant de ses condisciples qui participent à des beuveries en semaine, sortent tous les week-ends et prennent leurs études à la légère : « 'Y en a plein qui font la fête tous les mercredis soirs, le jeudi matin, ils viennent pas en cours, ils sont ivres de la veille... ils sont pas ici pour les mêmes raisons que moi », dit-il. Ce style de vie suffit, selon lui, à les disqualifier et, par là, à valoriser sa différence par rapport à eux : « Moi, je suis là pour réussir, eux, ils sont là surtout pour faire la fête ! En cours, c'est hallucinant ! Ils vont sur Facebook pendant que le prof parle... franchement, 7 000 euros l'année pour aller sur internet, ça fait cher la connexion ! » plaisante-t-il.

Pourtant, Sofian n'a pas vraiment le profil-type de l'élève studieux : « J'ai jamais beaucoup aimé l'école, j'ai toujours travaillé juste ce qu'il fallait », admet-il. Situé dans la tête de classe tout au long de sa scolarité, il obtient « sans forcer » un baccalauréat ES, avec une mention Assez Bien. Après une année prometteuse au lycée Coty, il est admissible à l'école de commerce, avec 13 sur 20, puis admis, sur la liste principale. Ce n'est pas non plus un ascète : il sort en boîte de nuit une fois par mois avec ses « potes du quartier », lit assez peu et son loisir préféré consiste à flâner avec ses amis dans les centres commerciaux. Il aimerait travailler, plus tard, dans « le milieu de la télé ou du divertissement ». Mais sa socialisation scolaire, familiale, sportive (il a été membre de l'équipe de volley de son collège) et religieuse (il est musulman pratiquant), l'a incliné à « jouer le jeu » scolaire. Ainsi, ce n'est pas un sentiment de porte-à-faux, mais la déception d'accéder à un établissement laxiste et de suivre un cursus peu exigeant qui est au centre de ses propos :

> « Le niveau des cours, franchement, je m'attendais à mieux qu'ça ! On travaille, mais... on a six matières, mais t'as que deux matières vraiment utiles, que tu vois concrètement où ça va t'amener ! (...) Certaines matières, tu te demandes vraiment pourquoi c'est des cours à part entière... on a un cours de management interculturel, par exemple, c'est n'importe quoi ! (*Rire*) Le prof, il te dit comment t'adapter à différentes cultures quand tu fais du business (...). J'ai une prof de droit, elle fait que des Power Point, elle nous file tout le boulot à faire ! 'Y en a un autre, il parle en anglais, mais il sait même pas aligner deux phrases correctes, en plus il reprend des fiches sur Wikipedia, je l'ai vite capté. Franchement, je tombe de haut. J'ai 6 heures de cours par jour, mais j'ai l'impression d'être tout le temps en vacances. C'est pas ce à quoi je m'attendais ! (...) Quand je vois les potes qui s'arrachent les cheveux à la fac, avec leurs partiels, qui sont tout le temps à réviser leurs partiels et tout, moi je me dis : "j'ai de la chance, je suis en vacances pendant quatre mois !" (...) Cette école, c'est une entreprise, c'est pas une école dans le sens (*en insistant*) de l'école, pour t'éduquer, tout ça. C'est un grand stage de quatre ans. Surtout que les profs, c'est pas des profs, c'est des pros ! C'est une pompe à fric, on encourage

> les élèves à s'investir dans les assos, mais on les laisse boire tout le temps, à faire des coups faciles dans les soirées... 'y en a même qui partent à l'hôpital, tellement ils sont ivres ! »

La condamnation par Sofian de ces déviances et de leur tolérance par l'institution ne doit pas s'interpréter au seul prisme de sa pratique religieuse. Même si cette dimension entre en ligne de compte, ses propos suggèrent aussi tout ce qui le sépare des normes de classe qui prévalent dans son univers d'accueil. S'il a de bonnes raisons d'éviter, face à moi, de dire que cette distance doit à son patronyme et à son faciès maghrébins, ses jugements à l'égard de l'alcoolisme et du laxisme des « autres » retraduisent sa position sociale d'étranger devant ces transgressions qui n'enfreignent l'ordre symbolique que pour mieux le conserver. Ces agissements contrastent avec son attitude positive d'élève sérieux et mature, comme si, en énumérant leurs faiblesses, il s'assurait de sa force. Car s'il estime « tomber de haut », c'est qu'il est suffisamment assuré, moralement et scolairement, pour se sentir un tant soit peu à la hauteur.

Entrée dans cette école un an avant Sofian, Aurore évoque elle aussi sa désillusion : « le mythe s'effondre », lâche-t-elle lors d'un entretien réalisé six mois après son admission. Mais le récit de sa déconvenue ne s'accompagne d'aucune stigmatisation des « autres ». Ce qui frappe dans ses propos, c'est la facilité avec laquelle elle paraît avoir « trouvé sa place ». Elle utilise avec aisance les sigles et le vocabulaire managérial qu'elle a appris dans ses enseignements. Plus nuancée que Sofian, à ce sujet, elle est très satisfaite par les modules de développement personnel, qui l'aident à « mieux [se] connaître ». Toute sa socialisation, scolaire et familiale, l'incline à occuper sa nouvelle position sans éprouver de malaise. Bonne élève depuis le CP et « à l'heure », elle a obtenu un baccalauréat ES, en frôlant la mention Bien (13,7/20). En ZEP à partir de la Seconde, elle a grandi dans un pavillon situé dans un quartier de classes moyennes à l'est de Carmont, avec son jeune frère (qui a 9 ans de moins qu'elle) et sa mère, employée née en France, titulaire d'une Licence en Sciences de l'éducation (elle a raté deux fois le concours de l'IUFM), divorcée d'un petit commerçant franco-israélien, détenteur d'un « bac pro ». Après la séparation de ses parents, peu de temps après sa naissance, elle a bénéficié du soutien constant de sa tante maternelle, employée d'administration, mariée à un diplômé de l'IEP de Lagnecourt, qui a bénéficié d'une formation professionnelle à l'école de commerce de Carmont. Aurore a donc vite trouvé ses repères, comme je l'observe au cours de sa visite guidée des lieux :

> Immédiatement après l'entretien, Aurore me fait visiter, à ma demande, « son » école. Pendant une demi-heure, nous déambulons dans les salles et les amphithéâtres non occupés, en passant par les nombreux couloirs, escaliers et terrasses de l'établissement. Sa maîtrise des lieux s'observe dans de multiples indices : elle me montre des raccourcis qu'elle a l'habitude d'emprunter, explicite les fonctions attribuées à chaque espace, en saluant les condisciples qui s'y trouvent. Nous parcourons la totalité des étages sans qu'elle se perde jamais dans ces vastes locaux, qui ne semblent pas (ou plus) avoir de secret pour elle, même si elle ne vit pas sur place.
>
> Vue de l'extérieur, l'école est une sorte de gros cube d'architecture moderne. Son sigle, accroché sur la façade principale, est visible de loin. À l'intérieur, le bâtiment, entièrement rénové il y a quelques années, est construit pour offrir aux élèves tous les services dont ils ont besoin au quotidien, de façon à ce qu'ils restent en permanence sur le campus : un restaurant, une cafétéria, des distributeurs de billets, des logements, des terrains de sport, etc. « C'est un petit monde, on est coupé du reste », lâche-t-elle. Dans les salles, de nombreuses prises électriques recouvrent les murs pour brancher les ordinateurs portables. Des chaises *design* installées dans les halls permettent de s'asseoir pendant les pauses ou pour des séances de travail en groupe. De grandes baies vitrées rendent l'intérieur très clair. Sur l'un des murs de l'entrée principale sont accrochées des reproductions en plastique d'articles parus dans *Les Échos* vantant la progression spectaculaire de l'école dans les classements des grandes écoles de commerce françaises. Un peu plus loin, on peut voir une galerie de portraits photographiques de patrons qui soutiennent l'école et d'autres grands portraits de célèbres PDG et de leaders politiques locaux ou nationaux invités par le passé pour y donner des conférences. Tout un conditionnement matériel et visuel entretient l'esprit de corps des élus, à travers un entre-soi qui inclut, outre

> les intéressés, ces « grands noms » du monde des affaires. À l'entrée sont déposés des journaux offerts aux élèves, très prisés des cadres d'entreprise (*L'Express*, *Le Nouvel Observateur*, *Les Échos* et *Challenges*).
> Aurore ne semble pas impressionnée par ce vaste espace ni par le matériel, très coûteux, mis à la disposition des élèves, comme les nombreux écrans Plasma dernier cri accrochés aux murs du hall principal, qui diffusent sans arrêt les intitulés, les salles et les horaires des cours, comme dans un aéroport international, ou les bornes informatiques en libre-service servant aux élèves à accéder à leur dossier personnel et à leur courrier électronique. Pendant la visite guidée, nous croisons des jeunes aux coiffures savamment négligées, portant des vêtements chics et sobres. Tous prennent un air décontracté, les uns discutant en petits groupes, les autres tenant un stand pour une association ou marchant d'un pas assuré avec un smartphone à l'oreille. Aurore paraît à l'aise dans cet univers où, d'emblée, elle a réussi à exister publiquement, en devenant présentatrice d'une émission musicale dans la station radio de l'école. C'est, dit-elle, un moyen de « s'amuser tout en se faisant du réseau, puisqu'on nous demande de penser dès maintenant à nos futurs associés » (Journal de terrain, 5 février 2008).

Comme Sofian, Aurore est boursière à un petit échelon. Malgré sa dispense des frais de scolarité, elle a contracté un prêt étudiant afin de payer son permis de conduire, acheter de nouveaux vêtements et financer ses sorties « avec des gens cool qui savent rester modestes », comme elle dit. Significativement, c'est en termes économiques qu'elle se situe par rapport aux « autres ». Elle entretient peu de relations avec ceux qu'elle appelle les « bourges » : « Ils sont toujours entre eux, ils partent ensemble à Paris les week-ends… tant pis pour eux s'ils veulent pas s'ouvrir ! » Cela ne l'empêche toutefois pas de profiter du temps qu'elle passe dans ce cadre agréable. Quand elle a plusieurs heures de libre, elle se promène avec ses copines dans les espaces environnants, savourant le calme et les beaux paysages. Cependant, elle n'ignore pas sa position dans la hiérarchie de son univers d'accueil. Une anecdote permet de l'illustrer. Après l'entretien, Aurore se propose de me raccompagner dans le centre-ville avec le petit véhicule neuf qu'elle a emprunté à sa mère. Avant de démarrer, elle regarde en direction des voitures garées sur le parking de l'école, puis s'exclame : « T'as vu les voitures ! » Je suis surpris, car il s'agit essentiellement de modèles bon marché. Elle précise sa pensée : « Là, ça va, mais des fois tu vois de ces bagnoles ! 'Y en a qui viennent en 4x4... la dernière fois, 'y avait une décapotable ! » « Normal ! » conclut-elle, ironiquement. Ce jugement, trivial en apparence, suggère que, en dépit de ses efforts, elle ne s'est pas entièrement familiarisée avec ces écarts aux normes de son univers d'origine. Ma présence suffit à les lui rappeler : « Je suis contente que tu sois venu ici, ça me fait repenser à des bons moments, c'est des vieux souvenirs, tout ça », dit-elle sur le chemin du retour, comme si son passé ressurgissait à travers moi, alors qu'il est en grande partie derrière elle désormais. En couple avec un élève-ingénieur, elle a perdu de vue Julien, son meilleur ami jusqu'à la prépa sup-expé, « collé » au concours de l'école de commerce.

« RESTER SOI-MÊME » MAIS « S'INTÉGRER » : DILEMMES ET FAUX-SEMBLANTS

Pour ces « reçus » aux grandes écoles, la vie familiale, amicale et, le cas échéant, amoureuse, se déroule essentiellement dans des univers populaires. Leur sociabilité sur la scène scolaire reste structurée par une fidélité à leurs origines, comme c'était le cas l'année précédente. Or, dans ces lieux, ils doivent respecter, au moins en apparence, les normes langagières, corporelles et culturelles dominantes parmi leurs enseignants et leurs condisciples. Ils sont confrontés, sur les différentes scènes où ils s'inscrivent, à de multiples dilemmes de statut : pour reprendre deux expressions souvent entendues en entretien, il leur faut à la fois « rester soi-même » et « s'intégrer ». Voyons comment ces injonctions contradictoires se manifestent au quotidien et dans quelle mesure elles clivent ou non leurs dispositions.

« Rien à prouver » ?

En construisant un sas d'acclimatation sur la scène scolaire, Claire, Cassandra, Solène et Pascal tentent de préserver l'unité qui s'était constituée entre eux l'année précédente, contre les « faux ZEP ».

Ils transposent dans un contexte différent cette stratégie défensive, matérialisée dans une « promesse » qu'ils se font avant d'entrer à l'IEP, comme l'explique Pascal, trois ans après son admission, lors d'un entretien réalisé dans un café, à Lagnecourt :

> « Pascal – Quand on a su qu'on était tous les quatre reçus, on s'est fait une promesse : on est rentré à quatre, on sortira à quatre ! (...) On s'est promis qu'on serait pas dans cette logique où tu te dis : "faut que les gens ils me voient autrement". On n'a rien à prouver : le concours, on l'a réussi, donc on n'a rien à prouver !
>
> Solène – (*En riant*) Ah, le fameux rien à prouver !
>
> Pascal – (*Petit rire, puis sur un ton fier*) Ouais ! Rien à prouver ! »

Cette « promesse » lie ces amis les uns aux autres et, au-delà, à un passé commun, constitué d'expériences pour partie analogues, récentes ou, dans le cas de Claire et Cassandra, plus anciennes, puisque celles-ci se connaissent depuis la Sixième. S'ils ne sont pas tous issus des classes populaires, ils partagent cette image de soi collective fondée sur le refus de se mesurer aux « autres », c'est-à-dire d'*entrer dans leur jeu*, d'en accepter les règles et les enjeux, les épreuves et les classements. Ce « rien à prouver » s'apparente au rejet, électif et catégorique, d'une échelle de valeurs dans laquelle chacun d'eux pressent qu'il réussira difficilement à s'y repérer et à s'y élever sans perdre sa « place » dans son univers d'origine. La seule épreuve de grandeur possible, pour eux, repose sur un retournement collectif du stigmate : ils peuvent ainsi « jouir du bonheur d'être petit[25] ». Cependant, leur engagement à « rester [eux-mêmes] » est vite remis en cause quand les responsables de l'IEP les obligent à se séparer, au moment des inscriptions aux TD :

> « Pascal – En entrant à l'IEP, l'administration savait d'où on venait et, ce qui est bien, c'est qu'elle n'a pas cherché à le montrer de façon ostentatoire.
>
> Solène – (*Le corrigeant*) Enfin, ils nous ont quand même séparés !
>
> Pascal – Oui, c'est vrai... en première année, ils nous ont séparés, tous les quatre...

Solène – Ils nous ont dit : “Tous les quatre, vous vous mettez pas ensemble en TD, c'est obligé !”

— *Et ça vous a paru être une bonne chose ?*

Solène – Non ! Parce que les autres, souvent ils se connaissaient d'avant, ils pouvaient s'entraider en groupe. Nous, pas !

Pascal – (*Gêné*) Ça, ça a été une injustice, c'est vrai...

Solène – C'était pas méchant, ils voulaient qu'on s'intègre mieux, mais bon...

— *Pour toi, Pascal, c'était une bonne décision ou non ?*

Pascal – (*Hésitant*) Bah... sur le moment, c'est bizarre... mais c'est plus nuancé, vu d'aujourd'hui, parce que ça nous a permis de pas trop nous enfermer, dans un groupe soudé envers et contre tous, ça nous a permis de nous frotter aux autres. »

En décidant de séparer ces quatre élèves – et eux seuls – l'institution opère, à la fois en douce et de force, leur agrégation à leur univers d'accueil. Cette intervention anticipe d'éventuelles critiques en interne sur les similitudes entre la politique de la direction et les CEP. Mais cette dispersion inaugurale est ambivalente : d'une part, en discriminant implicitement pour éviter une discrimination explicite, on reconnaît sans le dire que ces élus ne sont *pas comme « les autres »* ; d'autre part, on les incite simultanément à devenir comme eux, alors qu'ils ont été consacrés à moitié. Cet épisode suscite l'indignation de Solène, mieux assurée, scolairement et socialement, que Pascal pour résister à cette injonction. Conscient de cette « injustice », celui-ci oscille entre une critique timide de cette mesure arbitraire et une adhésion pragmatique : cette consigne n'a pas pour lui, mat de peau et encore situé à la frontière des classes moyennes et des classes populaires, les mêmes enjeux que pour sa compagne, blanche et membre à part entière des fractions dominantes des classes supérieures. Elle est rabaissée, lui rehaussé par cette épreuve de grandeur. La formule de Pascal n'est pas anodine : lui et ses trois amies doivent au jour le jour « se frotter » à leurs condisciples, c'est-à-dire se confronter à des préjugés de classe et, plus largement, à des manières d'être, de penser et de se tenir qui mettent à l'épreuve leur « promesse ». Quand bien même ils voudraient n'avoir « rien à prouver », ces interactions les obligent, en effet, à compter avec la légitimité des « autres », comme le suggère Cassandra :

> « Les autres, 'y en a plein qui ont fait des prépas privées, ils te disent tous, au début de l'année : "Tu viens d'où ?" Bon, moi, je dis que je viens de Carmont. Puis : "T'as fait quelle prépa ?" En général, je dis : "sup-expé". Bon, déjà, 'y en a qui me parlaient moins, quoi... faut pas extrapoler, j'ai rencontré des gens super, aussi... mais c'est sûr qu'y en a beaucoup qui... quand on me demande ce que font mes parents et que je réponds qu'ils sont ouvriers et retraités, on sent que... ils nous parlent moins, quoi. »

Comme l'expliquait Everett Hughes, les dilemmes de statut sont produits par des mises à l'écart, plus ou moins explicites, qui surviennent lors des interactions entre des « nouveaux venus » et des personnes prédisposées à se sentir chez elles là où elles sont[26]. Mais ce processus ne se résume pas à un simple rejet des uns par les « autres ». Il repose sur une dynamique relationnelle à travers laquelle les nouveaux venus finissent par s'exclure eux-mêmes de ce dont ils sont exclus. C'est cette logique qui, à travers des petites décisions et des affinités électives, détermine en grande partie la situation des « reçus » aux IEP, comme le montre cet autre extrait de l'entretien avec Cassandra :

> « Je me suis pas renfermée, je vais vers les gens... après, je peux pas non plus faire les choses à leur place ! S'ils jugent que je suis pas assez bien pour eux, tant pis ! J'ai plein d'amis que j'ai rencontrés en TD et en amphi, au début de l'année. Eux, ils sont simples, ils font pas de complications. Donc, je m'y suis un peu retrouvée... parce que moi, je veux rester simple, j'aime pas chercher les complications...
>
> — *Ils sont de quel milieu, ces amis-là ?*
>
> — Juliette, son père est ouvrier, donc déjà... Magali, je sais pas exactement, je sais juste que ses parents vivent bien... mais bon, ils sont tous assez simples, si on mange chez eux ou quoi, ils vont pas nous sortir le grand jeu, ils vont pas nous faire sentir que... bon, voilà, quoi...

> — *Et les sorties organisées par les associations d'élèves, tu y as participé ?*
> — Non... le week-end d'intégration, j'ai pas pu le faire, parce que j'avais pas les moyens... ensuite, 'y a eu certaines réunions où je vais, des conférences, mais c'est rare... là, va y avoir le week-end du critérium [compétition sportive entre les élèves des neuf IEP], mais je vais pas pouvoir y aller non plus... j'essaie de participer quand je peux, quoi. »

La préférence de Cassandra pour les « gens simples » se fonde, comme son refus des « complications », sur l'évitement, à la fois subi et voulu, des relations avec les « autres ». Cette posture la protège mais, parce qu'elle est intenable à la longue, du fait de la récurrence des mises en présence directe avec les élèves de l'IEP, il lui est difficile de n'avoir « rien à prouver » :

> « Je fais tout pour pas me griller, j'évite de dire mes opinions politiques, déjà, sauf avec ceux que je connais bien... et puis, mon accent [très « quartier »], je fais attention, puisqu'on m'a dit qu'il fallait que je le perde... ma prof de culture gé', elle m'a dit que je devais l'atténuer. Et puis, 'y a les mots. Moi, j'ai pas l'éloquence de ceux qui ont baigné dans ce monde depuis leur enfance, je vais dire les choses de manière plus directe, sans être sûre de moi, alors qu'eux, ils vont enrober la phrase, être sûrs d'eux. Je suis bonne à l'écrit, mais je dois travailler mon oral pour faire plus neutre.
> — *Pourtant, vous vous êtes dit, tous les trois, que vous n'avez rien à prouver...*
> — Oui, mais... à l'intérieur de moi, j'ai envie d'y arriver, mais... en fait, je me compare beaucoup aux autres, je... je les mets trop en hauteur, quoi. Quand on vient de ZEP et qu'on se retrouve ici, on a l'impression d'être tout petit, parce qu'on n'est pas habitués à tout ça, quoi. (...) Dans les conversations, quand t'entends un tel dire que son père est médecin, un tel autre grand avocat, ou comte de je sais pas quoi, puis qu'on te demande "et toi ?", tu sais pas trop quoi répondre. »

Les modèles linguistiques dominants dans l'univers d'accueil de Cassandra exercent sur elle une pression irrésistible. Son style d'élocution détonne, son enseignante ne se prive pas de le lui dire. Elle essaie donc de se corriger pour « faire neutre ». Si elle n'abandonne pas ses convictions (très ancrées à gauche), elle a appris à les exprimer différemment et en fonction de ses interlocuteurs. Dans la mesure où ces changements contredisent la « promesse » du groupe, ils tendent à cliver une partie de ses dispositions. Ce genre de situation est vécu aussi par les « reçus » qui n'ont pas intégré une école en même temps que d'autres camarades de la prépa sup-expé. Dans ce cas-là, le sentiment de porte-à-faux peut être décuplé, comme chez Linda :

> « En arrivant à l'IEP, j'avais l'impression que tout le monde me regardait, c'était horrible ! J'ai eu l'impression que tout le monde se disait : "mais c'est qui cette paumée ?", "qu'est-ce qu'elle vient foutre ici ?"... alors que c'est débile, en fait, c'est chacun pour soi et personne ne regarde les autres. Bien sûr, quand on commence à connaître des gens, 'y a des jugements, mais bon... au début, j'avais pas confiance en moi, alors qu'en prépa j'étais parmi les premiers, je m'en sortais toujours bien... mais, arrivée à Sciences Po [l'IEP], tu te sens... en prépa, t'es quelqu'un ! Arrivé là-bas, t'es plus personne !
>
> — *Et pourtant, tu te sentais quand même regardée...*
>
> — Oui, mais c'est pas vrai, tu te sens regardée justement parce que t'es personne... t'es pas quelqu'un. T'as pas... t'as l'impression de pas avoir de... rien que les idées politiques, tu vois. Ils arrivent tous à Sciences Po en ayant... eux, ils sont tous soit à droite soit à gauche, ils sont tous à fond... toi, t'es là, t'as l'impression de... tu débarques à peine dans ce milieu et tu sais pas si t'es à droite, si t'es à gauche... t'en sais rien !
>
> — *T'avais déjà un peu d'intérêt pour la politique, non ?*
>
> — Oui, bien sûr, mais pas autant qu'eux. En prépa, j'avais l'impression d'avoir appris plein de choses, d'être plus intelligente, plus cultivée... et après, à l'IEP, tout ça, ça s'est effondré ! Tu vois qu'il y a des personnes en face de toi qui sont mieux que toi, tu sais pas si c'est vrai, mais c'est ce

> qu'on se dit dès le départ… on se dit : "elles sont mieux que moi !", "elles sont très cultivées", "elles sont nées dedans"… t'as l'impression que tu vas pas y arriver, que c'est foutu pour toi (…) Quand je suis arrivée, je me sentais pas… (*un temps*) t'es à part, quoi ! Maintenant, je me dis que c'est ridicule, parce que je connais mieux les gens de ma promo, je me dis qu'y a pas de raisons de… de se sentir inférieure… mais, au départ, je me sentais carrément inférieure. À Coty, on nous disait tout le temps : "À un moment donné, vous aurez honte de là d'où vous venez, vous aurez honte de vos origines." Moi, je me disais : "jamais j'aurais honte !", parce que faut assumer ses origines pour avancer. Mais, en première année, on n'a pas confiance en soi, on n'ose pas dire : "moi mes parents ils sont… ils travaillent pas"… (*petit rire*). Tu sais, quand on discute avec…
>
> — *Quand tout le monde se présente…*
>
> — Oui ! T'as des parents, ils sont avocats parisiens, ils sont ça et ça, et toi tu te sens vraiment à part. Enfin… on se fait le plus discret possible… (*un temps*) au début, on n'assume pas… au début, on a du mal… on n'assume pas d'où on vient, on n'assume pas… on dit : "j'ai fait une prépa avant", on dit pas : "j'ai fait une prépa pour les ZEP, spéciale et tout ça", on dit pas ça, hein ! On essaie le moins possible de parler de soi. »

En raison des spécificités de sa trajectoire, mentionnées plus haut, Linda ressent une forte honte sociale. Le fait que je taise, volontairement, le nom de l'école où j'effectue ma thèse et, dès les premières minutes de l'entretien, que je lui précise que j'anonymiserai l'identité des lieux et des personnes, contribue sans doute à libérer sa parole. Cette relation d'enquête permet d'expliciter les effets de cette épreuve qui anéantit subitement sa grandeur passée : tout à coup, elle n'est « plus personne », à la fois ignorée, c'est-à-dire marginale, et scrutée, à cause de son faciès et de son patronyme maghrébins, dont elle ne parle guère, peut-être pour éviter de réactiver son stigmate. Elle agit selon une logique du faux-semblant, en mobilisant des savoir-être qu'elle a appris au lycée Coty. Le seul moyen, pour elle, de ne pas sortir perdante de ces épreuves de grandeur, consiste à taire ce qu'elle ignore :

> «Chez moi 'y avait pas… je lisais pas *Le Monde* à 10 ans, quoi ! Au départ, ça, on le vit vraiment… très mal ! Enfin, moi, je l'ai très mal vécu.
>
> — *C'est quand que tu voyais que les autres en savaient plus que toi ?*
>
> — C'était pas tellement en cours, c'était en dehors… c'est des trucs bêtes, mais au début… par exemple, quand on dit BHL, moi je savais pas qui c'était ! Tu fais semblant de savoir… tu dis pas : "non, mais c'est qui ?". »

Ce genre de tactique ne peut pas durer longtemps, car plus la dissimulation est systématique, plus elle alimente le sentiment de ne pas en savoir assez et la crainte d'en faire trop. On comprend mieux ainsi l'obsession qu'a Linda des « regards » portés sur elle et son souci d'en « dire le moins possible », de laisser parler « les autres » en attendant de se familiariser entièrement avec leurs manières d'être. À cette posture défensive s'oppose celle, plus offensive, de Claire. Aînée d'une fratrie de deux enfants (son frère a six ans de moins qu'elle), elle est titulaire d'un baccalauréat L (mention Bien, 15,5/20 de moyenne). Boursière du CROUS au troisième échelon, elle a sauté la classe de CE1. Son père a un BEP d'électricien, sa mère, un CAP de dactylo. Elle a développé un goût pour le débat d'idées et la politique au contact de son père, délégué CGT dans l'entreprise où il est magasinier, après une carrière de soudeur, et de sa grand-mère paternelle, militante communiste, employée de cantine dans une école maternelle. Lorsqu'elle entend des élèves de son groupe de TD évoquer les réalités auxquelles elle ou ses proches ont été confrontés, elle s'insurge contre leur naïveté :

> « En culture générale, on a eu la famille comme sujet, donc on parlait des aides, du RMI, du SMIC et tout ça. La prof, elle demande à la classe à combien est le RMI, et tout de suite, les réponses des autres, c'était… 1 300 euros ! Le SMIC ? 1 500 euros ! Bon… tu vois, plein de petits trucs comme ça… quand ils parlaient des lycées en ZEP, ils disaient : "c'est la jungle"… je voyais qu'y a vraiment une déconnexion entre eux et la société, c'est impressionnant ! Donc, forcément, je me sentais un peu… en décalage.

Mais bon, rien d'alarmant… je prends ça plutôt comme une richesse…

— *Tu interviens quand t'entends des choses comme ça, en cours ?*

— Oui, moi j'y suis confrontée tous les jours, à ces problèmes, donc quand on m'interroge… (*gênée*) mais c'est vrai que j'ai encore du mal à mettre en avant ma différence comme ça, par moi-même. »

Claire oppose sa connaissance, pratique et authentique, aux savoirs, à la fois faux et abstraits, de ses condisciples. Elle rétablit ainsi l'équivalence des grandeurs entre eux et elle : sa singularité devient ainsi une « richesse ». Cependant, ce type de réaction est trop risqué (ces mises au point peuvent, si elles sont systématiques, mener au *clash*, puis à l'isolement) pour suffire à rééquilibrer les rapports de force qui se cachent derrière ces interactions. Dès lors, ces situations tendent à cliver les dispositions de Claire, au cours de son premier semestre :

« Au départ, j'avais peur de passer un peu pour ridicule. Moi, j'avais pas envie de renier d'où je viens, j'avais peur de ça (…). Je voulais pas faire des complexes d'où je venais, je voulais pouvoir en parler librement, sans en avoir honte… j'avais peur d'être obligée… pas obligée, mais montrée du doigt… je voulais rester moi-même, pas être enfermée, mais… pas avoir de problèmes et de honte vis-à-vis de mon milieu (…). Mais, mon but, c'est d'être complètement intégrée, pas de me revendiquer comme différente. »

Claire est prise dans une sorte de spirale de contradictions : à sa « peur d'être montrée du doigt », répond sa honte d'avoir honte[27]. On ne saurait réduire cependant cette ambivalence situationnelle (et non pas mentale) à un *double bind*, concept au fondement de l'analyse de la schizophrénie depuis Gregory Bateson[28], repris ensuite, de façon discutable, par Bourdieu[29]. Si la « place » de ces élèves est incertaine au moment où ils entrent dans une grande école, c'est qu'elle n'est pas encore fixée par une épreuve de grandeur grâce à laquelle ils peuvent clairement évaluer leur position : les examens du premier semestre, à l'issue desquels l'institution assigne, à tous et selon des principes uniques, un rang, visible publiquement dans les listes des notes affichées dans les couloirs, pendant plusieurs mois. Dans la mesure où tous les enquêtés, sans exception, obtiennent de bons ou très bons résultats, ils trouvent dans ce verdict scolaire un point d'appui stable et incontestable pour justifier leur présence et, ainsi, remonter dans la hiérarchie. Ce panneau d'affichage est l'un des espaces les plus fréquentés par les élèves, qui marquent le pas devant lui pour jeter un œil à leurs notes, mais aussi à celles de leurs amis ou de toute leur promotion. Ainsi, ce moment de vérité perdure dans les esprits. « Après les examens de janvier, ça a un peu changé pour moi : quand on regarde les notes, on voit bien qu'on a le niveau ! On se rend compte qu'y en a beaucoup qui parlent, mais dès qu'on creuse, 'y a plus rien ! Les autres, ils savent l'étymologie du mot culture, mais après ils peuvent plus rien dire », estime Claire.

En dehors des cas d'abandon, comme celui de Thierry, ces élèves se sentent ainsi progressivement autorisés à assumer ce qu'ils sont. Par exemple, Claire explique qu'elle a attendu cinq mois avant de parler ouvertement de son milieu d'origine à ses condisciples et à ses enseignants. Mais, en même temps, leurs bons résultats les obligent d'autant plus à tenir leur rang : « 'Y a quand même un poids… en se disant… il faut que je prouve que j'ai le niveau, il faut que je prouve que j'ai ma place, il faut que je prouve que je suis pas moins bonne qu'eux », poursuit-elle. D'autres, comme Vincent, trouvent au contraire un moyen de diminuer leur investissement sans mettre en péril leur scolarité :

> « La première année, je m'en suis sorti avec des mentions Bien aux partiels, avec beaucoup de travail… j'étais angoissé, c'était un travail de fou ! Entre les cours et les devoirs, je passais 50 heures par semaine à bosser. Ensuite, j'ai moins travaillé, parce que j'ai compris que, finalement, personne ne travaillait sauf moi (*rire*). Au bout d'un moment, t'apprends à être feignant, à bosser moins en ayant les mêmes notes. »

En obtenant de bonnes notes, Vincent arrive à relativiser la supériorité apparente de certains de ses condisciples :

> « Le premier cours de culture gé, j'ai été impressionné par les élèves. (*Imitant l'un d'eux, sur un ton sarcastique*)

“Oui, comme disait Platon”… ils te balancent de ces trucs, devant les profs, ils font des débats de fous entre eux… moi, je me disais : “putain, qu’est-ce que je fous là ?”. Mais, finalement, tu regardes les notes et tu vois que c’est que du vent ! Quand j’ai vu que j’avais des meilleures notes qu’eux et qu’ils parlaient tout le temps pour rien dire… ça m’a rassuré ! »

Les succès scolaires de Vincent et ses différentes façons de « se rassurer » n’effacent pas pour autant les hiérarchies. Les frontières symboliques entre ces élèves et leurs condisciples issus de milieux aisés apparaissent dès qu’il est question de leurs lycées d’origine, comme le raconte Cassandra :

« *Quand on te demande de quel lycée tu viens, tu dis quoi ?*

— Je dis lycée Gide… mais ils nous connaissent pas, en fait… (*rire*) l’année dernière, bon, c’est une anecdote, hein… mais on cherchait le classement des meilleurs lycées de France dans un magazine, et celui d’un copain à nous, qui vient d’un milieu très favorisé, il était dans les premiers, forcément (…). Je crois qu’il vient de Paris… ici, tout le monde est passé par les premiers [lycées des classements] ou les trois quarts… moi, j’étais là, fière de moi, je vais chercher le mien… bon… (*gênée*) Gide, on était dans les derniers, Flaubert, pareil, Voltaire, aussi… ça fait mal, hein, ça fait mal… mais… voilà, c’est… (*à voix basse*) “ah, j’étais au lycée là-bas”… après, on s’en fout, c’est qu’un taux de réussite au bac, la preuve, on est là, donc c’est pas une généralité, c’est une statistique… et puis, à Carmont, (*fière*) c’est le lycée Gide, qui connaît pas le lycée Gide, à Carmont ? »

Parce qu’ils doivent aussi se situer sur d’autres échelles de valeur que celles fondées sur leurs propres performances scolaires, ces élèves ne sortent pas entièrement du porte-à-faux. C’est aussi qu’il restent socialement éloignés de leurs enseignants : « Les profs, ils considèrent qu’on sait déjà telle ou telle chose, ils disent : “ça, vous l’avez lu, c’est sûr !”, tandis qu’en prépa, on nous expliquait toujours les choses », explique Claire. Cassandra tient des propos similaires : « En prépa, on pouvait parler avec les profs, même en dehors des cours, alors qu'ici 'y a… une certaine distance… on est plus, aussi, en amphi… mais, même en TD, 'y a de la distance. Par exemple, quand je dois écrire un mail à ma prof de droit, faut s'adresser à elle en disant : "Madame le Professeur, je vous prie de bien vouloir"… voilà, quoi ! C'est pas pareil ! »

Le passé recomposé

En s'efforçant de réduire la distance sociale avec leur univers d'accueil, ces élèves creusent l'écart qui les séparait déjà de leur univers d'origine. Des malentendus, des rappels à l'ordre ou des non-dits lourds de sens contribuent à re-cliver, sur les scènes familiale et amicale, des dispositions qui s'étaient en partie harmonisées sur la scène scolaire, comme le suggère cet échange avec Claire :

> « [Nous discutons de sa scolarité au lycée] Le plus grand déficit que j'ai eu dans mon lycée c'était la confiance… l'ambition et la confiance…
>
> — *Et, aujourd'hui, tu te sens en confiance, à l'IEP ?*
>
> — (*Un temps*) Pas totalement… mais beaucoup plus qu'avant !
>
> — *Pourquoi, "pas totalement" ?*
>
> — Je sais pas… peut-être à cause de ma nature, ou de mon milieu… comment dire ? (*Silence*) Parfois, c'est comme si je menais un peu une double vie. C'est-à-dire que, d'un côté, je suis à l'IEP, ça se voit pas que je suis d'un milieu autre que la majorité, c'est pas marqué sur mon front, donc je suis complètement intégrée. Mais, d'un autre côté, le week-end quand je rentre chez moi, là je vois bien qu'il y a une différence avec le milieu d'où je viens… et après, je reviens ici [à Lagnecourt, à l'IEP]. Donc, c'est comme si je vivais une double vie en parallèle et, parfois, c'est un peu difficile. Même dans l'autre sens : dans ma famille, j'ai peur qu'on croie que ça y est, que j'ai changé de… que j'ai complètement changé… avec mes amis du lycée et d'avant aussi, j'ai pas envie de changer…

— *Ta famille et tes amis te perçoivent différemment, maintenant ?*

— Non, mais c'est un souci que je garde en tête en permanence… des fois j'ai des petites remarques, mais c'est pas méchant… du genre : "ah oui, toi t'es à l'IEP"… des petites remarques comme ça, mais c'est pas parce que j'ai changé, c'est juste parce que je suis actuellement à l'IEP… c'est un jeu… mais on m'a rien reproché. »

La « double vie » de Claire n'a rien à voir avec une schizophrénie. Elle exprime la tension engendrée par la « place », encore incertaine, qu'elle occupe dans son univers d'accueil, où elle vit avec la crainte de laisser paraître sa différence ; dans son univers d'origine, dont elle s'éloigne à travers des détails, infimes mais signifiants, repérables à l'œil nu par ses proches qui, eux, sont « restés eux-mêmes » et le lui rappellent, sur le registre de la plaisanterie ou du sous-entendu sanctionnant, ponctuellement, ses prises de distance. L'héritage de ces élèves continue de peser sur leurs épaules même lorsqu'ils ne sont pas en présence de leurs proches : ce « souci » que Claire « garde en tête en permanence » reproduit, sous une forme intériorisée, les rappels à l'ordre de ses parents et de ses pairs. Ce ne sont pas ces « petites remarques », en elles-mêmes, qui blessent, mais le fait qu'elles s'accompagnent d'une reconnaissance ambivalente, comme le suggère Cassandra :

> « Mes parents, au début ils étaient un peu… enfin, mon père, je le sentais réticent… depuis la prépa, même… il savait pas où je mettais les pieds… je prenais ma décision toute seule, bon… parce que, jusque là, le lycée, le collège, c'était dans l'ordre des choses… mais après, ça a été une rupture. Les choix qu'on fait après le bac, ça engage ce qu'on va devenir (…). Je l'ai senti un peu… il est assez renfermé, il dit pas directement ce qu'il pense, mais je le sentais un peu réticent, au début… maintenant, ça change un peu. Hier, je l'ai appelé pour lui dire que j'avais réussi mes partiels et il m'a dit : "Je suis content, même si je le montre pas, je suis content." »

Aux « réticences » du père de Cassandra, succède sa reconnaissance ambiguë, exprimée furtivement, parce qu'une admiration explicite reviendrait peut-être à ratifier la « rupture » entre sa fille et lui et, ainsi, à nier sa fierté d'ouvrier. Cette relation engendre des tensions assez faibles, dans la mesure où elle s'inscrit dans une configuration familiale marquée par une bonne entente. Il en va autrement dans le cas de Pascal, en butte depuis le collège à des conflits incessants avec son père, devenu récemment petit patron après une longue carrière de laborantin, et sa mère, sage-femme depuis peu, après une longue période d'inactivité, tous deux immigrés malgaches. Après avoir longtemps vécu dans une cité HLM, ces derniers ont par ailleurs acheté un pavillon situé dans un quartier populaire de Carmont. Parce que leur promotion sociale et résidentielle s'est effectuée tardivement, il ressentent une anxiété statutaire, typique des personnes qui, malgré l'amélioration objective de leur sort, restent toujours hantées par la crainte de revenir, au moindre faux pas, à leur ancienne position. C'est cette peur de la chute qu'ils transmettent à leur fils :

> « *Ta famille, elle doit être contente que tu réussisses…*
>
> — (*Il me coupe*) Eux, ils sont tombés des nues ! (…) Quand je leur ai dit que j'étais pris à l'IEP, ils s'y attendaient vraiment pas ! Ils m'ont toujours pris pour un moins que rien… Quand j'ai eu le concours, ça a changé un peu nos relations. Quand 'y avait des discussions sur certains sujets, on m'a… (*à voix basse*) on me traitait de prétentieux ! (*Silence*) Du genre : "C'est pas parce que t'as fait une prépa que tu vas t'amuser à nous dire ton avis sur tout !" Au bout d'un moment, ça devient vexant, parce que… (*en colère*) si j'ai autant poussé pour en arriver là et que je m'entends dire que je me la pète, alors que c'est vraiment pas le cas, ça m'fout les boules ! (…) Implicitement, on [me] fait comprendre que… (*ton dévalorisant*) "ne te prends pas pour ce que t'es pas", "t'es pas arrivé", "tu peux toujours te vautrer". (*Haussant le ton, avec ironie*) Ça, j'en étais sûrement plus conscient que d'autres !
>
> — *C'était tes parents qui te disaient ça ?*
>
> — Oui, oui ! Pour eux, l'éducation ça a toujours été quelque chose de très important, parce que quand on est arrivés en France, pour eux, c'était la terre où j'allais me

développer, tout ça. Moi, ça, je me le suis approprié, je m'en suis fait un objectif. Je veux pas faire dans le misérabilisme, mais j'ai grandi dans les quartiers chauds et quand je voyais comment ça pouvait tourner autour de moi, j'avais qu'une envie, c'était de m'en sortir ! (*Bref silence, puis avec insistance*) Après, je vais pas dire "je m'en suis sorti" et crier ça sur tous les toits, hein ! (...) Moi, j'ai toujours évité de me vanter, mais mes parents, en même temps, ils aimaient bien dire à leur entourage que leur fils, il a fait Coty, Sciences Po [un IEP], tout ça. Alors que moi, à chaque fois, je flippais de me viander ! En plus, autour d'eux, 'y a des gens qui me connaissent pas et qui me disent : "Tu fais un excès de confiance." (...). Ça a été un sacré moteur pour moi d'avoir ces exigences, mais ça détériore aussi. Et j'en garde les séquelles. Encore aujourd'hui, j'ai des potes qui me disent : "Arrête de te rabaisser tout le temps !" Je suis un peu passé par tous les états, quoi ! Mais les choses, elles peuvent changer, aussi. Par exemple, ma mère, depuis qu'elle a une amie qui a sa fille à l'IEP, (*en plaisantant*) ma cote elle est tout d'un coup remontée ! Mais c'est compliqué, parce que les gens, ils te regardent trop autrement. »

Pascal est un cas-limite : ses mauvais rapports avec ses parents démultiplient les situations de clivage, de sorte qu'il ressent encore les « séquelles » de toutes ces querelles. Pour la plupart des élèves que j'ai rencontrés, ces situations sont, en revanche, moins récurrentes et moins éprouvantes. Les dispositions des « reçus » en ascension sont soumises à un clivage de basse intensité qui, *en lui-même*, ne peut pas donner naissance à un habitus durablement scindé en deux ou en plusieurs composantes contradictoires. En effet, s'il ne suffit pas d'être périodiquement confronté à d'autres milieux sociaux pour se sentir déplacé (sinon, nous serions presque tous des « transfuges de classe »), le fait d'appartenir à des univers objectivement très éloignés ne suffit pas non plus à vivre en permanence des « conflits de loyauté ». Car, même quand une personne se trouve dans une position inconfortable ou incertaine, elle conserve toujours un minimum de capacité réflexive qui lui permet de ne pas la subir complètement. Au cours d'interactions avec des proches peu enclins à reconnaître la légitimité de leur nouveau statut, ces élèves finissent par retenir la leçon, si l'on peut dire, sur l'attitude à adopter pour ne pas devenir des étrangers parmi les leurs. C'est le sens de la réaction de Sofian aux reproches qui lui sont adressés par certains de ses amis du quartier :

> « Dans mon entourage, ça change rien à mes relations que je sois à l'école de commerce, j'ai toujours été celui qui réussit, de toute façon… j'ai visé plus haut que mes potes, c'est tout. Je suis peut-être un peu plus reconnu, on me demande plus de l'aide, c'est sûr, par exemple pour écrire des lettres de motiv', mais ça va pas plus loin. Après, 'y a certaines personnes qui peuvent estimer que tu… tu vois, en prépa, on a appris à avoir un esprit critique, à lire les journaux, tout ça… du coup, quand tu dis, autour de toi, que faut faire attention à ce qu'on nous raconte à la télé, que les hommes politiques ou les journalistes, ils déforment la réalité, que ce qu'on nous dit c'est souvent de la merde, on te dit (*ton dévalorisant*) : "Ah, mais tu te la pètes, toi ! Tu crois que parce que t'as fait la prépa et ton école, t'en sais plus que nous ?"… après, toi, t'es pas non plus le Messie, tu vas pas leur expliquer que… c'est compliqué de leur expliquer sans paraître hautain, sinon ils te disent : "Mais tu t'es pris pour qui ? Le mec, il est journaliste, il a fait de grosses études et toi, tu t'y connais mieux que lui ?" Donc après, tu te dis… pas la peine d'insister, quoi, t'as pas la parole d'un livre. Ils ont raison, en fait : si j'avais leur âge et le même niveau qu'eux, je me dirais aussi : "mais pour qui il se prend, celui-là ?". »

Toujours ancré dans son univers d'origine, Sofian est capable de comprendre, sinon d'anticiper les réactions de ses amis à l'égard de son « esprit critique ». En utilisant un ton, des mots et une attitude qui s'ajustent à eux, plutôt que d'essayer de leur « expliquer », il se met à leur place pour éviter de se conduire de façon déplacée. L'héritage social des « reçus » pèse aussi, indirectement, sur leur vie sentimentale. Ce n'est pas un hasard si, lors de leur première année en grande école, ils sortent soit avec un ex-camarade de la prépa, comme Pascal et Solène, soit avec une personne rencontrée par l'intermédiaire de connaissances de longue date, comme Claire ou Vincent, ou habitant leur quartier, comme Cassandra. Les autres restent célibataires, à une période où de nombreux couples se forment dans leur nouvel établissement. Ces non-choix sont aussi significatifs que ces « choix » du conjoint : en s'abstenant, au moins provisoirement, de se lier à un garçon ou une fille qui n'est pas de leur monde, ne se protègent-ils pas ainsi, implicitement, des rappels à l'ordre de leur entourage ? N'essaient-ils pas, consciemment ou non, de ne pas accroître une distance qui, sinon, deviendrait insupportable à eux et à leurs proches ? Songeons aux avantages d'être en couple avec un partenaire qui a grandi et qui demeure dans le même univers social, comme l'explique Cassandra à propos de son « copain » ouvrier-pâtissier :

> « Moi, heureusement que j'ai mon copain ! Il m'aidait beaucoup, quand j'avais pas le moral et que je rentrais le soir en lui disant : "j'ai peur", "je vais pas y arriver"... il était là pour moi, quand je pleurais de voir que... que l'égalité, elle existe pas et qu'y a pas moyen de la mettre quelque part (...). On vit pas ensemble, mais il vient me voir à Lagnecourt, ça me fait du bien ! Même au lycée, pour le bac, il me disait : "Allez, tu vas y arriver !" »

Au-delà du réconfort affectif, cette relation procure à Cassandra un apaisement lié à la possibilité d'être « dans la norme » de son univers d'origine, au moment même où elle s'en éloigne. Son couple ne la maintient pas dans un porte-à-faux : dans la mesure où son copain accepte et soutient sa migration de classe, elle n'est pas sommée de se justifier sur son appartenance à tel ou tel milieu. Il lui suffit de conserver un peu de ce qu'elle est pour que son compagnon accepte ce qu'elle devient. Cette exigence tacite de rester un tant soit peu fidèle à son passé social pour obtenir le droit de s'en affranchir n'est pas toujours présente dans la sociabilité des « reçus » de milieux populaires. Ceux qui sont issus de familles ouvrières peu politisées, engagées depuis longtemps dans un processus de « privatisation[30] » de leur vie sociale, ont la particularité de minimiser spontanément leur attachement à leur héritage et de ne pas évoquer d'anecdotes sur des reproches ou des rappels à l'ordre de la part de leur entourage. Ils insistent, au contraire, sur les encouragements précoces et dénués d'ambiguïté qui ont scandé leur traversée dans l'espace social, sans que cela pose de problème à personne. Même s'ils sont rarissimes parmi les jeunes que j'ai rencontrés, ces cas méritent d'être pris au sérieux pour sortir des analyses trop univoques, qu'elles soient misérabilistes ou enchantées, des parcours de « transfuges de classe ».

Frédéric est un bon exemple de ces ascensions vécues sur le mode de l'évidence, qui n'impliquent ni dilemmes, ni souffrances. Fils d'un caissier de supermarché, titulaire du brevet des collèges, et d'une mère au foyer, diplômée d'un BTS de dactylo, tous deux français d'origine pied-noire, il a intégré l'IEP de Lagnecourt après une scolarité sans accrocs. Inscrit dans la classe bilingue (anglais-français) de son collège ZEP de secteur, après avoir sauté le CE1, il a décroché un baccalauréat ES avec la mention Assez Bien. Il était pris dans la CPGE EC d'un lycée de Carmont, avant d'opter finalement pour la prépa sup-expé. Son frère cadet a réussi aussi bien que lui, en entrant dans une petite école d'architecture locale, avant d'être admis dans une grande école de cinéma parisienne. Contrairement aux autres enquêtés, il ne manifeste aucune fierté d'avoir grandi en ZEP et dans le monde ouvrier. Ainsi, il raconte qu'il n'a jamais eu de « vrais amis » dans son quartier. Sa vie familiale a toujours constitué, à ses yeux, un cadre important pour s'épanouir. Il souligne à plusieurs reprises sa « chance » d'avoir des parents qui l'ont « toujours poussé » et qui, chaque week-end, font le trajet depuis Carmont pour lui apporter des courses. Ces derniers nourrissent depuis longtemps des aspirations qui les maintiennent à l'écart des strates prolétarisées des classes populaires. D'abord propriétaires d'un appartement dans un quartier déshérité, ils ont récemment déménagé dans une zone résidentielle, près du centre-ville. « C'est mieux où ils sont maintenant, y'avait que des fous là où ils étaient avant », juge Frédéric, qui est resté vivre chez eux jusqu'à la fin de sa première année à l'IEP.

Après le Rapatriement d'Algérie, la famille de Frédéric a connu un déclassement. Ses grands pères étaient de petits artisans (l'un ébéniste, l'autre coiffeur) mariés à des employées (l'une dans une banque, l'autre dans la confection de chapeau). Ses parents ont implicitement transmis à leurs fils, et d'abord à leur aîné, les aspirations qu'ils n'ont pas pu satisfaire pour eux-mêmes. En réussissant scolairement, leurs enfants ont donc rattrapé la pente initiale de leur trajectoire. Cet héritage symbolique explique en partie la forte adhésion de Frédéric à la croyance méritocratique. En entretien, il multiplie les invectives à l'égard de ses condisciples à l'IEP qui ne « méritent pas leur concours », parce qu'ils « foutent rien » et « font tout le temps la fête », alors que lui, ne cesse de « travailler ». Ce verbe revient sans cesse dans ses propos : « Si on travaille, on réussit, si on travaille pas, on n'arrive à rien, c'est tout ! » résume-t-il. Ce discours ne se réduit pas à une attitude de bon élève. Boursier du CROUS au quatrième échelon, il a occupé des emplois étudiants tous ses étés depuis qu'il a 18 ans. Il a donc vécu, en dehors du monde scolaire, des expériences qui ont renforcé son attachement à la morale de l'effort, typique des classes populaires en ascension, qui trouve son pendant dans l'idéologie du « quand on veut, on peut » si prégnante dans les classes moyennes. On comprend ainsi qu'il ait pu être enthousiasmé, lors de l'élection présidentielle de 2007, par la candidature de Nicolas Sarkozy, avant de se raviser après « l'affaire Jean Sarkozy » : « C'est honteux, le type, il a redoublé deux fois et il devient haut responsable, c'est pas normal ! » dit-il.

À l'IEP, Frédéric « parle avec tout le monde ». Pourtant, il explique qu'il ne s'y est fait aucun ami et qu'il fréquente assez peu les autres « reçus » issus de la prépa sup-expé. Conscient de sa singularité (« mon humour, c'est pas le même que celui des autres »), il n'en éprouve aucune honte : « le concours, je le mérite plus que les autres, parce que je travaille plus qu'eux ! ». Estimant que ses condisciples sont « tous individualistes », il préfère nouer des liens avec des étrangers à la « fac » de Lagnecourt, où il suit parallèlement un cursus de langue chinoise. Si sa « place » dans son univers d'accueil ne semble pas lui poser de problème, c'est qu'elle entre peu en contradiction avec son celle qu'il occupe dans son univers d'origine. Préparé depuis longtemps à sortir de son milieu, il ne peut que percevoir l'intérêt de convertir ses dispositions pour acquérir une meilleure position et, par là, poursuivre la rupture que ses parents ont entamée avec leur condition.

Chapitre 7

Retours à l'« équilibre » : conservation, transformation et conversion des dispositions

Dès lors que ces élèves en déplacement social sont résolus, au terme de cette phase de découverte, à ne pas démissionner, contrairement à Thierry, ils doivent inventer des tactiques qui leur permettent à la fois de se familiariser avec leur nouveau statut et d'harmoniser les « places » qu'ils occupent dans chacun de leurs univers d'appartenance. Après leur première année, souvent déstabilisante, dans l'école qu'ils ont intégrée, ils commencent à « cerner les autres », comme le dit Cassandra, quelques jours après sa deuxième rentrée de septembre à l'IEP. Claire explique ainsi qu'elle « cherche le bon équilibre » : « J'ai toujours deux côtés en moi. Mais c'est plus comme avant, maintenant j'arrive un peu à gérer les deux. » Loin se s'opérer mécaniquement, ces retours à l'« équilibre » sont le fruit de dynamiques socialisatrices à travers lesquelles leurs dispositions initiales se maintiennent, se transforment ou disparaissent.

LES USAGES DU STIGMATE

Tous ces élèves ont, à des degrés divers, le sentiment d'être, quelle que soit leur couleur de peau, « anormaux » par rapport à la majorité de leurs condisciples. Face à eux, ils courent le risque de révéler des attributs, invisibles à l'œil nu, qui signaleraient leur appartenance à un univers dominé. Le vocabulaire, les sujets de conversation, le type d'humour, l'*hexis* corporelle, le style vestimentaire et toutes les traces de leur héritage social constituent autant d'indices de leur *stigmate de classe*[1] qui, dans leur esprit, sont grossis par leur peur de le trahir. Mais, selon les situations, ils peuvent l'effacer, le cacher ou le retourner, pour « normaliser » leur présence, à travers trois postures : l'imitation, l'affrontement et l'évitement des « autres ».

Ruptures et conversions

Le cas de Linda illustre de façon exemplaire la posture d'imitation. Lors de sa première année à l'IEP, en dehors des heures de cours, elle évitait sans cesse « les autres ». Elle refuse alors de participer au week-end d'intégration : « Je me sentais trop à l'écart, je pouvais pas le faire… les deux-trois personnes qui m'ont proposé de venir, je leur ai dit que j'avais un truc à faire à Carmont. » De même, elle préfère ne pas aller aux soirées organisées par des élèves : « J'étais coincée… quand on me proposait d'aller prendre un verre, je disais non, que j'avais un truc à faire… et après un exposé ou un TD, je parlais à personne… j'avais l'impression que c'était une confrontation avec un autre monde… maintenant, c'est plus comme ça. » Ce « maintenant » coïncide avec un changement radical de posture : après ses séances chez le psychiatre, elle est convaincue de la nécessité de s'investir pleinement dans la sociabilité au sein de l'établissement.

Elle se porte ainsi candidate au Bureau des Élèves (BDE) qui, on le sait, est un lieu de rencontres et de pouvoir central dans les grandes écoles. Élue, au début de sa deuxième année, avec des colistiers qu'elle a connus en amphithéâtre, elle acquiert une certaine notoriété : « Ça m'a permis de relativiser tout ça [sa honte sociale], parce que je me sentais importante, ils avaient besoin de moi, tout d'un coup », dit-elle en souriant. Par un revirement spectaculaire, elle s'est portée volontaire pour animer, comme elle dit, le « week-end d'inté' » des nouvelles recrues. Et si elle estime que, « finalement », ses condisciples sont des « gens comme [elle] », c'est qu'elle s'est décidée à devenir comme eux. Responsable de la prospection de sponsors, Linda trouve dans le BDE un moyen d'accumuler des relations, de la reconnaissance et, par là, se défait progressivement de son stigmate : « Quand on est dans le BDE, on connaît plein de monde, on est populaire… ça m'a beaucoup aidée, ça m'a permis de me sentir à ma place à l'IEP. » Autre changement significatif : au cours de la campagne pour l'élection du BDE, elle est tombée amoureuse de l'un des colistiers, fils d'un directeur commercial et d'une infirmière, avec qui elle est toujours en couple au début de sa quatrième année à l'IEP. Elle considère cette relation comme une « étape » décisive : « C'est différent de ma classe sociale, d'où il vient... et rien que ça, ça fait que le BDE, ça a été une étape importante pour moi, c'est là que je l'ai rencontré et ça se passe super bien entre nous. » Inscrite en section Science Politique, elle a appris des concepts sociologiques (elle réalise un dossier sur la vision de l'État selon la catégorie socioprofessionnelle) et des techniques d'objectivation (elle s'est formée aux logiciels statistiques et aux entretiens) qui lui ont donné un rapport plus distancié à soi et aux « autres ». Elle a su convertir ces savoirs en ressources, au lieu de retourner cette arme contre elle-même. Percevant les affinités entre sa démarche et mon enquête, elle m'assimile à un confident avec qui elle peut évoquer ouvertement des vérités impossibles à admettre avec ses amis ou son compagnon : « Tout ça, je te le dis à toi, mais je vais pas le dire aux autres, je vais pas dire à mon copain : "le BDE ça a été important dans mon intégration !" (*Rire*) Je vais pas raconter ça, hein ! »

C'est avec la même lucidité qu'elle raconte un autre changement décisif, survenu au début de sa deuxième année : quittant sa chambre en cité-u pour un appartement situé près de l'IEP, en colocation avec des condisciples dont elle se sent proche, elle est sortie de son isolement initial. Après coup, elle comprend le sens de ses « affinités » avec eux :

> « Le fait de plus être à la cité-u, ça a changé pas mal de choses... ne serait-ce qu'au niveau des rencontres et des sorties... après, c'est vrai qu'on se regroupe par catégorie sociale. Mes colocs, c'est des personnes qui... (*hésitante*) par exemple, 'y en a une qui est fille d'infirmier... en gros, c'est pas classes sup', quoi ! C'est classes moyennes...
>
> — *Tu t'en rends compte aujourd'hui ou tu te l'es dit sur le moment ?*
>
> — Ah non, sur le moment je m'en rendais pas compte ! Je pensais que c'était des affinités, parce qu'on se comprenait facilement. »

Le fait, pour Linda, de partager un appartement avec des personnes proches d'elle, socialement, tend à harmoniser ses positions sur les scènes scolaires, amicales et résidentielles. Par ailleurs, les décalages sont devenus de moins en moins récurrents depuis qu'elle a décidé de limiter au minimum ses séjours chez ses parents. Elle ne retourne dans sa famille que durant ses vacances. La diminution des situations de clivage et l'augmentation du temps qu'elle passe dans son univers d'accueil l'ont peu à peu convaincue de sa propre légitimité : ainsi, elle participe plus fréquemment à des soirées étudiantes et elle est désormais disponible, le week-end, pour travailler avec des condisciples et s'insérer dans les réseaux de sociabilité à l'IEP. Mais, du même coup, ses relations avec ses amis d'enfance deviennent plus rares et plus « compliquées » :

> « *T'as gardé des liens avec tes amis d'enfance ?*
>
> — Bah… la plupart, ils ont déménagé, comme Fouad… lui, il est en bio à la fac [après avoir redoublé trois fois la Terminale]. On se connaît depuis le collège, c'est le seul avec qui je suis restée vraiment amie. Sinon, j'ai deux ou trois potes du quartier, mais ce ne sont pas des vrais amis. Le problème, c'est qu'on a pris des voies vraiment différentes. Je les revois de temps en temps, quand je reviens sur Carmont, mais, à part Fouad, on se voit pas beaucoup, on a pris des chemins vraiment différents… c'est des gens qui ont pas fait d'études, ils sont mariés, ils ont des enfants, ça fait un décalage par rapport à moi, tout ça… c'est compliqué (*long silence*). »

Pour Linda, « les autres » sont désormais ses « potes du quartier » qui sont restés dans leur milieu et ont précipité leur stabilisation professionnelle et matrimoniale. On devine que cet éloignement a été difficile à vivre, mais que c'était le seul moyen de limiter les « décalages ». Elle est d'autant plus encline à voir ce changement avec réalisme que cette distance ne se creuse pas seulement sur les scènes scolaires, amicales et conjugales, mais aussi sur le marché du travail : elle est passée d'un emploi précaire dans le télémarketing, lors de ses deux premières années à l'IEP, à un poste « mieux payé et plus intéressant » dans une pension familiale appartenant à une fondation caritative, puis à un stage, non rémunéré mais gratifiant, de coordinatrice administrative dans un *think tank*. Sa transformation saute aux yeux le jour de l'entretien; elle visible dans son aplomb, son langage riche et soutenu, son maquillage discret, sa tenue vestimentaire (chemisier noir décolleté, pantalon habillé, chaussures de ville). Elle semble utiliser notre rencontre comme s'il s'agissait d'acter cette nouvelle phase : « J'ai fait du chemin ! 'Y avait pas de quoi avoir peur, mais, au début, ça a l'air effrayant… avec le temps, Sciences Po, on le vit à sa façon. » Elle parvient désormais à valoriser son héritage social : « Je peux revendiquer maintenant que je fais partie de la partie ouvrière de Sciences Po [l'IEP]… et ça devient un avantage, on le retourne et ça devient un avantage. »

L'effacement du stigmate de classe par l'imitation des « autres » peut aussi s'effectuer en dehors de la sociabilité d'école. Ainsi, Frédéric opère le même type de ruptures que Linda, mais de façon plus progressive. Au début de sa deuxième année à l'IEP, il loue un studio en dehors du centre-ville de Lagnecourt, grâce à sa bourse, aux aides de la CAF et à un prêt bancaire. Il adhère à une association d'élèves promouvant la rencontre avec les étudiants étrangers. Faute de temps, il s'en retire assez vite. Les trois années suivantes, il reste à l'écart de ses condisciples, après une expérience qui l'a convaincu de « rester discret » :

> « Je viens de la sup-expé, mais je le dis pas, à Sciences Po, parce que sinon on te regarde… en deuxième année, 'y a une fille qui m'a dit (*avec mépris*) : "Ah, mais t'es un privilégié !" Je lui ai dit : "Pourquoi un privilégié ? Non, j'ai passé le concours comme toi, donc voilà"… (*énervé*) d'où elle me dit privilégié, elle ! Elle croit que je pars en vacances comme ça ou quoi ? Voilà, c'est pour ça que je préfère rien dire, je préfère rester discret. »

Frédéric est le seul de sa promotion à être passé par la prépa sup-expé. Cette interaction marque donc pour lui le début d'une période au cours de laquelle il apprend, de façon isolée, à cacher le stigmate que constitue, dans certaines situations, son passé scolaire. En dehors des cours, il évite d'entrer en contact avec ses condisciples, déclinant leurs invitations à des soirées dansantes ou à des week-ends festifs. Toujours célibataire, sauf pendant sa troisième année dans une université chinoise, il consacre l'essentiel de son temps à ses révisions, à ses devoirs et à ses parents, quand il n'est pas occupé par ses « petits boulots » de vendeur d'abonnements de presse, puis de contrats de mutuelle étudiante, dans les facultés locales. Inscrit en section Économie-Finances, il lit régulièrement *Le Monde* et suit assidûment l'actualité boursière. Parallèlement, il poursuit sa licence de mandarin. Pour parfaire sa maîtrise de cette langue, il la pratique chez lui, par la méthode Assimil. Ce n'est qu'en M2 (affaires internationales) qu'il sort de son isolement, avec son élection comme délégué de promotion. Cette responsabilité l'incite à surveiller sa tenue vestimentaire, son langage et son attitude, pour paraître « adapté » :

> « Je m'habille correct, à l'IEP. C'est mieux de mettre un pantalon et une chemise, plutôt qu'un jean et un t-shirt… il faut avoir une certaine tenue quand même, et dans le comportement aussi, faut être adapté. Moi je me plie à ça, j'aime beaucoup. Je mets des pantalons, des chaussures de ville : je suis en Master, j'ai un certain statut, une certaine idée de moi, de mes capacités, donc je veux me mettre en valeur, mais… je fais comme tout le monde, hein. (…) 'Y a des préjugés quand même à Sciences Po, ils ont certaines attentes, les gens. »

Frédéric a compris l'importance, pour faire oublier ses origines sociales, de conformer son apparence et son attitude aux normes implicites en vigueur chez ses condisciples[2]. L'observance de ces règles de conduite implicites est le fruit des observations répétées qu'il a dû effectuer pour adopter le comportement d'un cadre d'entreprise. En devenant délégué, il a réussi à être officiellement reconnu comme un des leurs. Mais sa conversion ne date pas de cette élection. Dans un entretien réalisé l'année précédente, sa camarade en prépa sup-expé, Jeanne, étudiante en géographie à l'université, raconte son étonnement lorsqu'elle l'a croisé, par hasard, dans les couloirs de la « fac », vêtu d'un costume flambant neuf pour aller à son cours de mandarin : « Ce n'est plus le même, il a complètement changé », lâche-t-elle, amusée. « Avant, Fred c'était le p'tit étudiant, avec des p'tites baskets, un p'tit sac Eastpack et un p'tit jean ! » Ce n'est pas un hasard si Frédéric a opté pour la section la plus « rentable » en termes de débouchés professionnels. Lors de son année de césure, il part en Chine, pays emblématique du capitalisme contemporain qui le fascine : le jour de l'entretien, il porte une veste de costume à col mao, cite en exemple les étudiants chinois (« eux, ils travaillent énormément, c'est bien, ça ») et loue le modèle de « croissance à la chinoise ». Par ailleurs, pour le mémoire de fin d'études, dont le sujet est laissé à la discrétion des élèves, il a choisi un thème en résonance directe avec ses enseignements de microéconomie. Ayant rompu, bien avant son arrivée à l'IEP, avec ses (rares) amis d'enfance, il n'a pas eu de difficultés, après la remarque blessante sur son « privilège », à accélérer sa métamorphose qui, contrairement à Linda, s'est faite sans heurts et sans l'intervention d'un tiers. C'est peut-être la raison pour laquelle, même s'il a développé un recul pragmatique qui lui a permis de « s'adapter », il ne donne pas l'impression d'être habitué au travail permanent d'introspection auquel celle-ci a été contrainte, à force de se trouver en porte-à-faux.

Quand cette posture d'imitation est aussi adoptée par des élèves qui, en dehors des allers-retours les jours de cours, ne connaissent pas de mobilité géographique significative, elle se traduit par des changements moins importants. C'est le cas d'Aurore. À la fin de sa deuxième année à l'école de commerce, je la rencontre pour un quatrième entretien (non enregistré), sur l'une des terrasses du campus. Elle est sur le point d'achever avec succès son dernier semestre en France. Elle vient d'entamer un stage dans un grand musée de Carmont. Vivant toujours chez sa mère, elle s'apprête à partir, dans quelques mois, dans une université anglaise. Son *hexis* corporelle n'a guère changé : elle s'habille toujours de façon sobre, se maquille peu et sa coiffure est peu soignée. En revanche, son ton est plus assuré, son langage plus soutenu et, même si son style d'élocution conserve des traits typiques du langage des jeunes des classes populaires locales, sa diction a gagné en fluidité. Nous discutons deux heures durant de ses études, de ses amis, de sa famille et de son avenir. À aucun moment, Aurore donne l'impression de ne pas être à l'aise dans cette école. Mais, dans les dernières minutes de la conversation, elle ajoute une précision lourde de sens : elle a déposé une demande d'aide à la mobilité, pour son année à l'étranger, au bureau des relations internationales (« je sais qu'ils ont les moyens, alors j'en profite ! »), mais a préféré ne pas solliciter une bourse spéciale réservée aux élèves les plus démunis, à laquelle elle aurait droit, auprès des services sociaux de son école. « J'ai déjà les frais d'inscription gratuits, alors je vais pas demander en plus cette bourse-là », explique-t-elle. Certes, elle a suffisamment d'argent pour se permettre de refuser cette aide. Grâce à son « petit boulot », l'été dernier, de secrétaire dans une banque et à son stage actuel, rémunéré à hauteur du tiers du SMIC, elle a réussi à « mettre des sous de côté », comme elle dit. De plus, elle est soutenue par sa mère, employée dans une chambre de commerce qui arrondit ses fins de mois avec des vacations dans une préparation privée aux écoles d'infirmières. Pourtant, dans sa dernière phrase, son « en plus » exprime autre chose qu'un calcul rationnel (après tout, elle pourrait s'enrichir davantage) ou un désintéressement moral. Ce qui se cache derrière son attitude, c'est un refus de s'endetter *symboliquement* et, ce faisant, d'être assimilée aux « mauvais pauvres » qui, selon les discours ambiants véhiculés par les médias, « abusent » des aides publiques. Dès lors, à ses yeux, seul l'argent perçu par des voies normales (son prêt, ses salaires et son aide sans condition de ressources) est légitime. En se tenant à distance de tout ce qui pourrait la rattacher explicitement à un univers dominé, elle défend ainsi sa dignité.

Engagements et confrontations

À cette posture d'imitation s'oppose celle de la confrontation directe aux « autres », dénuée de toute intention de leur ressembler. C'est le cas de Claire. Peu après son entrée en deuxième année, nous nous revoyons pour un second entretien, dans un café à côté de l'IEP. Elle me rejoint après sa journée de cours. Vêtue d'un chemisier et d'un pantalon de ville sobres, elle a soigneusement maquillé son visage et verni ses ongles. Ses cheveux sont tirés en arrière. Ce changement de style en cache un autre : dès que la conversation commence, elle se lance dans un long récit entièrement consacré à son sentiment d'être « en harmonie avec [elle]-même ». Ce qu'elle m'avait dit sur sa « double vie » n'est plus d'actualité. De fait, en six mois, sa vie a beaucoup évolué. D'abord, elle est devenue membre du Bureau des Arts (BDA), du club théâtre et d'un cercle politique de l'IEP classé à gauche, dont elle vient d'être élue présidente. Ensuite, elle a quitté sa chambre en cité-u, au profit d'un petit studio en location dans un foyer réservé aux filles de l'établissement, situé dans un bâtiment accolé à ce dernier. Enfin, elle songe, avec une poignée de condisciples, à créer une association contre les inégalités d'accès aux grandes écoles et les disparités matérielles à l'intérieur de la sienne, avec pour objectifs l'instauration de bourses spéciales, l'organisation de visites d'information dans les lycées défavorisés et la création d'un système de tutorat, autant d'éléments absents des mesures prévues par la direction au nom de l'ouverture sociale. Surtout, après avoir effectué ce qu'elle appelle « le gros tri », elle a noué des liens avec des « gens simples » qui, comme elle, sont « critiques de Sciences Po » :

> « J'ai un peu élargi mes fréquentations, j'ai mon groupe d'amis avec qui je m'entends bien, sinon j'ai lié quelques amitiés… parce que, avant, je pensais pas avoir des amis à l'IEP, je pensais simplement avoir des camarades de promo et puis, finalement, j'ai découvert des gens vraiment très aimables, avec qui je peux avoir une vraie amitié et que je pense revoir après Sciences Po… bon, pas beaucoup, mais 'y en a quelques-uns avec qui j'ai un bon feeling… j'ai fait le gros tri, j'ai laissé tomber les personnes qui se prenaient trop pour des stars, j'ai gardé les gens qui savent rester simples…
>
> — *Tu les as rencontrés où, ces amis ?*
>
> — Dans ma promo, en amphi, en TD… c'est des gens qui ont un peu la même vision critique de Sciences Po… (*petit rire*) disons, qui se prennent pas trop la tête, ils essaient de dédramatiser, d'avoir une vision critique de ce que disent les profs, de rigoler ensemble… des choses simples, quoi. Donc voilà, j'en connais pas mal dans toute la promo, je parle à tout le monde, mais ce groupe là, on est sept ou huit. »

Hormis le BDA, qu'elle abandonne au bout de quelques mois, Claire s'implique beaucoup dans ses activités associatives. Elle leur consacre, en moyenne, quatre heures par semaine. Ces à-côtés lui permettent, objectivement, de se déplacer des marges vers le centre de son univers d'accueil. Son élection à la tête du cercle politique lui confère une certaine notoriété publique. Dans cet espace où les débats d'idées sont autant d'occasions de prendre le dessus sur « les autres », elle acquiert une reconnaissance qui, ajoutée à ses bons résultats scolaires, lui procure un surcroît d'assurance. Par ailleurs, l'élargissement de sa sphère de sa sociabilité et son rapprochement géographique par rapport à l'IEP opèrent un réajustement entre les scènes scolaire, résidentielle et amicale. Si ces changements ne se traduisent pas, pour elle, par une mise en couple avec un condisciple (elle sort toujours avec un jeune du quartier où elle a grandi), la « normalisation » de sa présence n'en demeure pas moins effective. Forte de la légitimité conférée par ses résultats scolaires et ses responsabilités associatives, elle a désormais l'impression de n'avoir « plus rien à prouver ». Son sentiment d'infériorité n'a toutefois pas entièrement disparu. Il s'est fortement atténué et a changé de sens :

> « 'Y a des élèves, je sais toujours pas comment les prendre. J'essaie plus vraiment, maintenant... tout à l'heure je parlais avec un sarkozyste convaincu, un fils de nobles... tu vois, même avec des gens comme ça, j'arrive à trouver un compromis ! Ce mec, il s'appelle Henri de, du je sais pas quoi, il a deux noms avec une particule, enfin, bref (*rire*)... comme j'avais cassé du Sarkozy [pendant le TD], on en a reparlé après, on en a rigolé... donc je peux avoir des différends avec eux, mais... je vais pas leur parler de ma vie, mais ça me gêne plus... j'arrive à faire la part des choses, quoi, alors que l'année dernière, ça me gênait. Maintenant, 'y a plus du tout ça. J'ai passé les mêmes examens qu'eux, en étant même meilleure qu'eux, parce qu'y en a beaucoup qui sont passés au rattrapage. (*Fière*) Nous [les élèves de la prépa sup-expé], on l'a eue direct, notre première année, donc les autres, ils ont plus rien à dire ! J'ai plus rien à prouver... mais bon, quand on est discriminé, on a toujours l'impression de devoir toujours prouver quelque chose quand même... je pense que c'est toute la vie, quels que soient nos succès (...). Mais je le prends positivement, parce que c'est quand même une motivation ! »

Malgré son « impression de devoir toujours prouver quelque chose », Claire ne perçoit plus ses origines ouvrières comme un handicap. Au contraire, elles constituent, à ses yeux, une ressource morale, une « motivation » supplémentaire pour continuer sur sa lancée. Inscrite en section Services Publics, son « choix de la raison », après avoir hésité à aller en section Science Politique, qui était son « choix du cœur », elle souhaite ardemment intégrer l'ENM et, ensuite, devenir juge pour enfants. Dans la mesure où ce projet correspond à l'un des objectifs les plus légitimes au sein de l'IEP, avec l'entrée à l'ENA, à

HEC ou en Master à Sciences Po Paris après l'obtention du diplôme, ses aspirations « normalisent » sa situation. Ce n'est pas toutefois en refoulant son passé, mais en modifiant le rapport qu'elle entretient avec lui, qu'elle est parvenue à dissiper la « peur de se renier » dont elle avait parlé lors de notre précédente rencontre. Car si sa participation au club théâtre et son élection à la tête du cercle politique marquent une rupture avec son isolement initial à l'IEP, elles sont dans la continuité de son parcours scolaire (c'est une « littéraire ») et de sa socialisation familiale (fille et nièce de militants communistes). L'effacement et le retournement de son stigmate de classe s'opèrent aussi dans des actes de fidélité à l'héritage social qui, implicitement, maintiennent des liens symboliques entre son univers d'origine et elle, par exemple quand elle invite ses parents et des amis à la pièce qu'elle joue avec la troupe du club théâtre :

> « Vers la fin de l'année dernière, j'ai présenté avec toute la troupe la pièce de théâtre qu'on a créée au club. C'était dans un théâtre à côté de l'IEP, ça s'est super bien passé. 'Y avait plein de bons amis à moi, 'y avait mes parents qui sont venus… j'avais un peu peur qu'ils comprennent pas l'humour de notre pièce, qui méprise un peu Sciences Po, mais, en fait, (*en souriant*) ils ont adoré la pièce ! »

En dehors de ce moment, bref mais intense, où elle tisse des liens entre ses univers d'accueil et d'origine, Claire perpétue son héritage familial à travers son implication croissante dans les activités du cercle politique de gauche. Elle milite, pour la première fois, en faveur des valeurs que son père, délégué syndical à la CGT, a défendues toute sa vie. Sa participation, au second semestre de sa deuxième année, à la création de l'association pour l'ouverture sociale des grandes écoles poursuit cet engagement grâce auquel elle réconcilie son passé et son présent :

> « *La dernière fois, tu me parlais de ton impression d'avoir une "double vie", souvent…*
>
> — Oui, oui… l'année dernière, ce passage d'un côté à l'autre, je le vivais plutôt comme une double vie, mais maintenant, c'est comme… une seule avec plusieurs facettes ! J'ai réussi, bon… à tout cumuler en une seule…

— *Et tes copains, ils les voient, ces "facettes"?*

— Les copains proches, oui. Les autres, non… mais ça, ça m'est égal (…).

— *En habitant à la résidence à côté de l'IEP, ça t'a permis de faire des rencontres?*

— Pas trop, mais avec quelques-unes, ouais. Pour l'instant c'est pas encore… on n'a pas organisé de repas ensemble ou quoi, mais… non, mais je suis vraiment bien, là-bas, vraiment bien (…). Ça n'a rien à voir avec l'année dernière, l'année dernière, c'était… c'était assez confus, c'était l'aspect noir. Maintenant, c'est par périodes, mais globalement, ça va. Tandis que l'année dernière, globalement ça allait pas, ça n'allait que par périodes. »

Claire a neutralisé une grande partie des tensions qui rendaient sa vie « confuse ». Mais des contradictions resurgissent dès que son engagement est mis en cause. Si la direction intègre à sa politique la plupart des propositions de l'association, elle écarte vite des instances de décision ceux qui les ont élaborées et, progressivement, leur projet initial est vidé de son sens. L'IEP préfère signer des partenariats avec des grandes firmes, plutôt que de s'appuyer sur l'association. Les élèves sollicitent alors le soutien de députés et d'élus locaux du PS et de l'UMP. Craignant une « récupération », Claire finit, au terme de sa deuxième année, par jeter l'éponge. Elle prend ses distances avec l'association, tout en en restant membre. Malgré son amertume, elle ne se démobilise pas. Elle reste engagée en dehors des actions collectives, par exemple dans des affrontements verbaux avec certains condisciples :

« *T'es contente d'être en section Services Publics?*

— Oui! J'aime bien, c'est passionnant, le droit! Et puis, ça reste terre-à-terre. Par contre, je me retrouve pas dans les gens de ma section! Faut quand même pas caricaturer, mais… l'autre jour, y'a un mec qui voit la prof arriver en cours, à peine elle s'assoit, lui il lève la main tout de suite en disant : "Madame, est-ce que je peux faire le deuxième arrêt?" Tu vois? On en était encore à faire le premier ! Et après, il fait une remarque, et il dit à la prof : "Oh, Madame ! Rajoutez-moi un point dans la moyenne !"... je te le cite, là ! Mais texto ! (...) 'Y en a quelques-uns qui... qui arrivent avec leur mallette, là... ils sont déconnectés du monde, quoi ! Hier, 'y en avait un qui savait même pas ce que c'était l'APL ! Il a dit (*ton naïf*) : "Oh ! J'ai appris quelque chose d'étonnant : on a droit à une aide au logement, tout le monde y a droit !" Je lui ai fait : "Ben ouais, l'APL, quoi !" (*Indignée*) "Tu connais pas la CAF ? Mais redescends sur terre, toi !" (...) J'ai un ami, il vient d'une grande famille, il comprenait pas les grèves dans les supermarchés : "Non, mais j'comprends pas, ils bloquent tout, ils font chier"... je lui ai fait : "Écoute, 'y a des femmes, elles ont trois gosses, elles sont caissières depuis 15 ans et elles gagnent 950 euros !" (*Sur un ton naïf et surpris*) : "Ah bon, elles gagnent 950 euros ? Comment elles font pour vivre ?" Je lui ai dit : "C'est pas un cas isolé ! Et après tu dis pourquoi 'y a des grèves ?" Ils critiquent, mais ils savent pas la réalité des choses, quoi ! (*Indignée*) Ils savent pas ce que c'est, mais ils se permettent de juger (...).

— *Mais tu es toujours en bons termes avec lui ?*

— Oui. C'est une éducation qu'il a, une étiquette... une apparence... l'année dernière, je me fiais beaucoup aux apparences, maintenant j'ai peut-être plus de maturité, plus de distance. Je vais pas non plus l'ouvrir à chaque fois, quoi ! Donc, parfois, je rigole intérieurement. »

Exaspérée par le zèle ou la naïveté de ses condisciples « déconnectés du monde », Claire n'hésite plus à leur dire le fond de sa pensée. Mais, à la longue, ces affrontements l'épuisent. Surtout, elle sait que des altercations trop fréquentes auraient pour effet de la marginaliser à nouveau : mieux vaut, pour elle, « rigoler intérieurement ». Oscillant entre la révolte et le contrôle de soi, elle adopte une posture moins inconfortable, mais toujours aussi ambivalente. C'est justement ce que lui reprochent ses anciens camarades de la prépa : selon eux, sa participation à la vie associative contredit la « promesse » qu'ils s'étaient faite après les concours.

Évitements et dissimulations

En écoutant Pascal et Solène parler de leur volonté de n'avoir « rien à prouver », je suis intrigué par cette formule : que signifie-t-elle et quelle attitude implique-t-elle, dans les faits ? Lorsque je leur pose la question, je sens en eux une retenue pendant quelques secondes, une hésitation à m'en dire davantage. C'est que, sans le savoir, j'ai touché une « corde sensible » : tout à coup, ils se lancent dans un réquisitoire contre Claire, lui reprochant de s'être affranchie de la « promesse ». Seule de la bande à s'investir activement dans la sociabilité au sein de l'IEP, cette dernière s'est marginalisée par rapport au groupe en se familiarisant avec son univers d'accueil. Ses deux camarades ne lui parlent plus depuis qu'elle a dit, haut et fort, qu'elle aurait toujours quelque chose à « prouver ». Signe de leur rancune, ils taisent son prénom durant vingt minutes, avant que je ne me décide moi-même à le prononcer :

> « Pascal – (*Énervé*) On n'a rien à prouver, ça veut dire que… (*silence*) non, mais… (*agacé*) on est quatre à être rentrés à l'IEP et 'y en a une qui… (*rancunier*) elle voulait prouver à tout le monde qu'elle avait sa place ici !
>
> Solène – (*Nuancée*) En fait, c'est parti des journalistes qui nous ont interviewés pour leur documentaire sur la prépa. On a tous eu le même discours. En gros, c'était : "On n'a rien à prouver aux autres, on est pareils qu'eux, on a réussi le [même] concours." Mais, elle, elle a dit : "Moi, tout au long de mon parcours, j'aurai à prouver aux autres que je suis comme eux."
>
> — *Et vous, vous n'êtes pas d'accord avec elle…*
>
> Solène – Pour moi, on a rien à prouver à eux, comme eux ils ont rien à nous prouver, on mérite chacun notre place (…).
>
> Pascal – À partir du moment où on a eu le concours, on n'a pas à dire ça. Je vais pas placarder sur moi que j'ai fait cette prépa, même si je ne nie pas d'où je viens, j'en suis même fier ! [La discussion se poursuit. Quand je prononce le prénom de Claire, ils continuent de dire "elle", comme si je n'avais rien dit.] »

Pascal et Solène se sont sentis désavoués par les déclarations de Claire. Ils n'ont pas compris comment elle a pu reconnaître explicitement son infériorité par rapport aux « autres ». Elle a commis une double faute, à leurs yeux : non seulement elle a tenu un discours contradictoire avec la « ligne » défendue par ses camarades devant les caméras, mais elle a détérioré l'image de soi du groupe en révélant publiquement un aveu de faiblesse qu'elle aurait dû garder pour elle. Cet épisode n'aurait sans doute pas eu de suite s'il n'avait pas augmenté le risque de divulguer un stigmate de classe que la stratégie collective de dissimulation et d'évitement était censée cacher. Leur camarade a transgressé un tabou : accepter de « prouver » sa valeur, c'était violer l'obligation de respecter la séparation entre « eux » et « nous ». Le serment des quatre « reçus » reposait sur l'interdiction tacite d'exhiber ses doutes pour que le groupe ne soit pas « pollué » par un esprit de compétition qui, pour ses membres, constituait une souillure symbolique[3]. C'est sans doute la raison pour laquelle, durant toute l'enquête, elle n'a jamais abordé le sujet avec moi, se déclarant « en bons termes avec les gens de la prépa », admettant seulement les « voir moins », à cause de leur dispersion lors de leurs inscriptions aux TD.

Ce qui sous-tend cette querelle, c'est la coexistence, au sein du groupe, de deux postures antagonistes : là où Claire se confronte directement aux « autres », ses trois camarades, cherchent, quant à eux, à les éviter et à préserver leur cohésion, en résidant à bonne distance de l'IEP et en limitant au minimum le temps qu'ils y passent. Ainsi, Pascal reste vivre chez ses parents jusqu'en quatrième année, avant d'emménager avec Solène dans un T2 loué par le CROUS, loin de l'établissement, lorsqu'il obtient – pour la première fois – une bourse (échelon 0). Tous deux expliquent avoir attendu d'entrer en M1 pour avouer à leurs condisciples qu'ils ont été scolarisés en ZEP et dans la prépa sup-expé. La dissimulation initiale de leur passé est compréhensible : en section Économie-Finances, ils éprouvent de multiples décalages avec des élèves beaucoup mieux pourvus qu'eux culturellement et économiquement. Ayant successivement appartenu aux classes populaires et aux classes moyennes, il y est plus sensible qu'elle. Ses origines immigrées, son enfance dans une cité HLM et, même s'il en parle peu, sa couleur de peau, l'empêchent de se sentir pleinement à sa « place » dans son univers d'accueil. Sa vie de couple et la solidarité amicale compensent, en grande partie, l'isolement induit par sa posture d'évitement :

> « Pascal – Quand on vient à Lagnecourt, on a l'impression de changer de monde. C'est à 20 kilomètres de Carmont, mais ça change du tout au tout ! (...)
>
> — *C'est quoi qui vous différencie des autres élèves, selon vous ?*
>
> Pascal – C'est un ensemble ! 'Y a un décalage financier, quand même, par rapport aux autres, déjà…
>
> Solène – Et puis culturel !
>
> Pascal – Ouais, c'est sûr ! (…) Si tu prends une bibliographie de culture gé', c'est clair qu'ils ont abattu un sacré travail par rapport à nous. Pour eux, ça va être plus de la révision, ils vont revisiter un thème qu'ils ont déjà étudié, alors que pour nous, ça sera quelque chose de nouveau ou qui a été fait vaguement, qu'on a touché à peine. (…) T'as un décalage financier, aussi, qui a un impact sur plein de trucs. Nous, on réfléchit à ce qu'on va manger le soir ou comment gérer un budget équilibré, alors qu'eux… c'est un tout : les autres, enfin ceux qui ont toujours eu ce dont ils avaient besoin, qui savent qu'en entrant à l'IEP, ils ont un appartement, qui se disent, en feuilletant le programme, "j'ai déjà vu tel ou tel cours", forcément, en dehors du scolaire, ils vont avoir une autre approche que nous. Et puis, là où certains vont faire une soirée par semaine avec telle ou telle association, nous, on y allait pas. En première et deuxième année, on n'a jamais mis les pieds dans les soirées organisées à l'IEP !
>
> — *Pourquoi ?*
>
> Pascal – Déjà, ça coûte cher, et puis moi, j'ai pas envie de fricoter avec des gens qui arrivent le matin bourrés de la veille, puant l'alcool…
>
> — *Mais vous n'en faites pas, vous, des fêtes entre vous ?*
>
> Pascal – Si, mais c'est pas du tout le même esprit ! Nous, on fait des soirées pizzas à la maison, on parle de choses simples, on rigole ensemble, tu vois ? Quand on a eu notre appart, on a invité deux nouveaux sup-expé qui ont réussi

le concours. On leur a dit : “vous venez à la maison quand vous voulez, vous vous détendez, vous enlevez vos chaussures, vous regardez la télé, on boit un coup et, comme ça, on coupe un peu !”. »

À l'instar de tous les « reçus » que j'ai rencontrés, Pascal et Solène n'ont jamais participé au week-end d'intégration, la première année, au Critérium, compétition sportive organisée, chaque année, entre les élèves des neuf IEP, ni aux nombreuses soirées, dansantes ou culturelles, au cours desquelles l'alcool est consommé en abondance. L'existence de Pascal est faite de petits plaisirs et d'un sérieux scolaire qui le distingue des « autres », ensemble homogène qu'il perçoit comme pris dans un hédonisme incompatible avec ses loisirs « simples ». Les « soirées pizzas » et les divertissements sans prétention, comme le visionnage de la télévision, illustrent sa quête d'un confort physique et symbolique, bien résumé dans l'invitation à ses hôtes à se déchausser, comme si, dans ce territoire réservé[4], ses amis et lui pouvaient se retrouver, au double sens du terme, en se tenant à l'abri d'interactions qui réactiveraient leur stigmate.

Au-delà des différences de posture à l'égard des « autres », Pascal se distingue de Claire par la nature de ses arrangements : au lieu de tisser des liens symboliques entre ses univers d'accueil et d'origine, il tente de les cloisonner, en utilisant son temps libre pour « couper un peu », comme il dit, avec l'atmosphère qui règne à l'IEP. On ne saurait toutefois prendre au pied de la lettre des propos qui relèvent, pour partie, d'une présentation de soi suscitée par la situation d'entretien. L'idéal de « pureté » qui sous-tend ses critiques contre son ancienne amie occulte les compromis que sa compagne et lui ont dû faire avec les « autres ». Ainsi, ils évoquent tous deux, sans trop insister, des faits qui nuancent la portée réelle de leur « rien à prouver ». D'une part, depuis la fin de leur deuxième année, ils ont toujours assisté au « Gala », soirée dansante organisée à l'issue du dernier semestre, précédée de concerts et de petits sketches, qui réunit l'ensemble des enseignants et la majorité des élèves de l'IEP. Même s'ils n'y ont participé qu'en tant que spectateurs, leur présence dans cet intense moment de célébration de l'institution montre que, dans certaines situations, ils peuvent suspendre leurs principes. D'autre part, lors de leur troisième année, ils ont effectué des stages dans des lieux très prisés par leurs condisciples : lui, à Neuilly dans une entreprise de communication, elle, sur l'avenue des Champs-Élysées, dans une grande banque. Claire, elle, est allée six mois au Canada travailler dans un tribunal pour mineurs, les trois suivants en France, dans une Cour d'appel de province. En définitive, ce qui se joue dans leur querelle avec Claire, c'est moins une divergence sur le sens accordé à leur passé en ZEP, qu'un désaccord sur la nature du rapport entretenu avec l'institution. Si Pascal et, à un moindre degré, Solène, en veulent à leur ancienne amie, c'est que celle-ci s'est acculturée à la fois sans eux, trop vite et trop tôt. Partenaires obligés dans une danse dans laquelle ils sont entrés à leur propre rythme, ils estiment que celle-ci a trahi en faisant cavalier seul. Ils refusent donc de participer, de près ou de loin, aux activités de l'association qu'elle a fondée, dénonçant l'« hypocrisie des élites derrière leurs beaux discours ». Or, en dépit de leur scepticisme à l'égard des réformateurs, ils ont dû se résoudre à se réformer eux-mêmes :

> « Pascal – Quand on est entrés à Sciences Po, on avait deux choix : soit on prenait peur, on s'enfermait dans notre bulle et on creusait notre propre tombe, soit on y allait en éclaireurs, on se prenait quelques balles au passage, mais bon, on découvrait, quoi ! Faut forcer un peu ta nature, quoi. Finalement, je me suis dit, entre le moment où je suis entré et la fin de ma deuxième année : "bon, qu'est-ce que j'ai à perdre ?" (...) Donc, à partir de la deuxième année, on a pris le pli. Mais ce qui est positif, dans tout ça, c'est que c'était un bon moyen de nous connaître et même de (*en insistant*) se connaître, parce que quand on est confronté à des personnes qui ont l'habitude de se côtoyer, qui viennent d'un milieu assez homogène, faut vraiment... 'y a un travail sur soi à faire, quoi. C'est pas non plus immense, mais bon, faut le faire. (...) C'est une sorte de... de dépucelage, quoi ! Eux, sur n'importe quel sujet, ça va leur paraître évident, nous, on doit tout faire soi-même, quoi. Je dirais pas que c'est une injustice ou une échelle de valeur, mais... faut mesurer le chemin à parcourir et y aller.
>
> — *"Y aller", ça implique de dire aux autres d'où tu viens ?*
>
> — Non, j'ai jamais revendiqué être de la sup-expé. J'en n'avais pas honte, mais j'allais pas non plus brosser un

portrait misérabiliste pour dire aux autres d'où je viens ou quoi ! C'est... c'est pas un truc qu'on dit d'emblée, mais on le cache pas, on le nie pas, c'est juste que ça sert à rien d'en faire un plat. C'est pas une tare, c'est pas une maladie, mais c'est pas le premier truc dont on parle avec les autres. J'ai dû attendre cette année pour dire ce que j'ai fait avant l'IEP (...).

— *Vous avez peut-être pris un peu de recul, avec le temps, aussi...*

Pascal – C'est sûr qu'on a eu le temps de prendre du recul. Ça fait que trois ans, mais j'ai l'impression d'en avoir pris quarante ! Sur le moment, c'est très dur de prendre du recul, c'est un coup de massue ! Ça fait mal, quoi ! (...) 'Y a un comportement à adopter, une attitude de travail, un truc inhérent à l'IEP. Tu te dis : "c'est bien, je suis rentré", mais ça demande un minimum de connaissances, donc tu te remets vachement en question par rapport à ça. Tu te dis : "est-ce que, finalement, j'ai le niveau ?". »

Faute de résoudre ce dilemme de statut, Pascal semble l'avoir évacué en le projetant sur Claire : dans sa dernière phrase, il en vient ainsi à se poser exactement la même question qui hantait sa camarade de prépa à son arrivée à l'IEP, révélant par là toute la fragilité qui se cache derrière son attachement inflexible à ce « rien à prouver ». Ayant ralenti son acculturation autant qu'il le pouvait, il ne s'avoue qu'après-coup et à demi-mot son désir, largement illusoire, de demeurer entièrement ce qu'il était. Ses métaphores du « dépucelage » et de la « massue » expriment le coût symbolique de ce « travail sur soi » dont il ne parle qu'à la fin de l'entretien. Son impression d'avoir vieilli de quarante ans en six semestres est la conséquence du rattrapage tardif de son acculturation.

Si Pascal est plus vindicatif que Solène au sujet de Claire, c'est que sa confrontation aux « autres » a ébranlé son assurance masculine[5]. Le « nous » qui alterne avec le « je » dans ses propos suggère en creux que la défense de l'entre-soi est d'abord un moyen pour lui de protéger son *quant-à-soi*, à travers une conception de l'amitié, fondée sur une fidélité inconditionnelle, qu'il a apprise au contact des jeunes de cité avec lesquels il a passé toute son enfance et son adolescence, malgré les réticences de ses parents. Sous cet angle, on perçoit mieux le sens de son image des « éclaireurs » atteints par des « balles » : ce qui lui a « fait mal », c'est à la fois l'obligation de « forcer un peu [sa] nature » et l'impossibilité, pour lui, de se raccrocher à l'ambiance virile de la « West Coast » qui lui offrait une image de soi valorisante. Privé de ses « potes », il a tenté d'appliquer aux trois filles qui ont franchi avec lui les frontières sociales une logique du point d'honneur qui ne fonctionne plus aussi bien qu'avant. Significativement, Cassandra, l'autre membre du groupe originel, ne mentionne jamais le *leitmotiv* résumant leur « promesse » dans les quatre entretiens qu'elle m'accorde entre sa première et sa dernière année. Pourtant, elle aussi essaie de cacher son stigmate, mais sans adhérer à cette logique agonistique. Cette spécificité aide à saisir un type d'acculturation qui ne repose ni sur la confrontation aux « autres », ni sur des tactiques pour s'y soustraire, mais sur un mélange de docilité et de ruse.

Je revois Cassandra pour la seconde fois, au début de sa deuxième année, lors d'un entretien réalisé dans un café près de l'IEP. Inscrite en section Services Publics, elle sort toujours avec son copain et réside dans la même cité-u. Plusieurs changements transparaissent dans son attitude. Elle paraît plus sûre d'elle, son ton est plus serein, son élocution plus fluide et son accent « quartier » à peine décelable, désormais. Son visage est soigneusement maquillé, ses ongles sont vernis, ses cheveux coiffés à l'aide de petites barrettes et, pour un jour où elle n'a pas cours, sa tenue vestimentaire est plutôt apprêtée. Découvrant, avec bonheur, les différentes branches du droit (avec une préférence pour le civil, « plus concret et utile »), elle commence à songer à son avenir professionnel : elle souhaite, après son diplôme, passer les concours d'attaché territorial afin de rassurer ses parents qui lui « demandent souvent quand est-ce que ça s'arrêtera, les études ». Par ailleurs, elle a adhéré depuis peu à une association de l'école dédiée aux échanges linguistiques, « pour être au même niveau que les autres, en anglais ». Simple membre, elle est « contente [d'y] rencontrer plein de gens ». Ayant travaillé tout l'été comme vendeuse pour une mutuelle étudiante, elle n'a pas beaucoup profité de ses vacances, mais cet emploi lui a permis d'économiser de l'argent de poche : « Je fais le petit écureuil, comme ça je peux me payer des petits plaisirs et aller plus au ciné ». Chaque week-end, elle rentre chez ses parents, de plus en plus inquiète de l'état de santé de son père, malade de l'amiante après une longue carrière d'ouvrier-soudeur dans une raffinerie de pétrole. Rassurée par ses bons résultats (entre 12 et 13/20, selon les semestres) Cassandra n'a cependant pas totalement dépassé son sentiment d'illégitimité : « Quand je passe devant les autres, à l'oral, j'ai peur, je tremble… avec ma petite voix, j'ai du mal à ne pas perdre mes moyens, quoi… mais j'y travaille ! » Soucieuse de corriger son langage, elle n'arrive pas encore à vaincre sa timidité : « Si le prof vient pas me débusquer, je passe inaperçue. Si je suis interrogée, j'essaie de parler correctement, de trouver d'autres mots, des mots que les autres, ils trouveraient. » Cette insécurité linguistique ne l'a pas empêchée d'élargir son cercle d'amis à des condisciples de bonne famille :

> « Franchement, ça va mieux que l'année dernière. J'ai appris à cerner les personnes de ma promo, je vois mieux comment ça marche avec les profs, aussi… donc je sais un peu plus où je mets les pieds. Et puis, je me suis fait des amis, des gens avec qui je pensais pas nouer des liens, au début… eux aussi, j'ai appris à les cerner. Je sais ce qu'ils attendent de moi. Par exemple, Charles-Henri, c'est un cas extrême, mais bon, lui c'est un super aristo royaliste, mais je suis allée boire le thé chez lui, la semaine dernière ! J'aurais jamais imaginé ça, l'année dernière, jamais, de sa part comme de la mienne ! On a remballé un peu notre fierté, on a parlé et puis bon, il est pas si… on rigole bien quand même, quoi. Il m'a expliqué plein de manières chez les aristos. Il m'a montré son arbre généalogique… on a bien rigolé, parce que moi je suis… d'un milieu totalement différent. À la fin, on s'est compris, mais c'est vrai qu'au début c'était dur entre nous, ça se passait pas très bien, je comprenais pas tous ses chichis, moi je marche pas comme ça. Et lui, il a compris, hein, il m'en veut pas, on vient pas du même milieu, on a pas été élevés pareil, et puis moi non plus je lui en veux pas… maintenant, en cours, je me mets à côté de lui, je me régale avec lui…
>
> — *Tu lui as expliqué d'où tu viens ?*
>
> — Oui, il le sait… ça s'est vite senti, hein… je suis jamais d'accord avec lui, je le comprenais pas. Je suis toujours pas d'accord avec lui, mais la personne en elle-même, je

l'accepte. Je l'accepte parce que je lui en veux pas de pas être né dans le même milieu que moi, je lui en veux pas d'avoir ses pensées politiques, alors qu'avant je lui en voulais de pas comprendre, d'être déconnecté. Maintenant je comprends : il est dans un monde un peu clos, son monde à lui. Moi je garde mon monde à moi, c'est pas la même réalité, mais finalement il a beaucoup de qualités. Même si pour moi l'aristocratie… je croyais que ça existait plus, quoi ! Fêter la mort de Louis XVI, je savais pas que ça existait encore !

— *Et en dehors de ce cas ?*

— J'ai rencontré d'autres personnes, mais pas énormément. J'ai arrêté de chercher à parler avec les "j'en sais plus que tout le monde". Ils m'intéressent pas, ils sont pas capables de faire un pas, de comprendre, de s'ouvrir un peu. On peut pas les forcer non plus. 'Y a pas d'affinités, 'y a pas d'affinités ! Faut être réaliste ! »

À défaut de se sentir véritablement à sa « place », Cassandra a appris à « cerner » les condisciples qu'elle évitait par tous les moyens, six mois plus tôt. Ses relations avec ce fils d'aristocrates symbolisent ses efforts pour se défaire de son stigmate, sans pour autant taire son passé. En trouvant un compromis entre « les autres » et « son monde à [elle] », elle parvient à prendre du recul avec la peur et le ressentiment qui minaient ses rapports avec les élèves de sa promotion. Invoqué plusieurs fois au cours de l'entretien, son « réalisme » résume l'état d'esprit qui lui permet de gérer les décalages en mêlant la docilité, la ruse et l'auto-surveillance :

« On m'avait reproché, au début de première année, de dire la même chose que les autres, mais d'une façon plus banale, trop passe-partout. C'est pas ce qu'ils attendent, les profs, ici. Donc, je fais beaucoup attention, je fais beaucoup d'efforts… je dis un peu moins ce que je veux dire, je dis plutôt ce qu'ils veulent entendre. C'est comme en politique, hein ! Je me fie un peu à ça… mais, quand je sors de l'IEP, j'explose aussi, hein ! (*Rire gêné*) La dernière fois, j'ai eu un débat avec un ami qui est pas à l'IEP, je lui ai dit : "Moi je suis pas d'accord avec toi, pour moi ça marche pas comme ça", alors qu'à l'IEP, je dirais (*ton circonstancié*) : "Écoute, pourquoi pas, je m'y associe pas forcément, mais peut-être que tu as raison." Tu vois, je vais atténuer, avant j'étais pas comme ça… c'était : je suis pas d'accord et je le dis… mais, si tu fais ça, tu te fais sanctionner. Tu rentres dans le jeu, donc tu dois faire ce qu'il faut, tu te permettras de parler librement quand tu seras sorti de là (…). T'es dans un monde où il faut te méfier des gens. Avant, j'étais naïve. Maintenant, j'ai compris, quoi, quitte à pas forcément dire ce que j'pense. C'est une carapace, quoi. Je fais gaffe à pas dire mes opinions politiques, mes pensées tout court et puis ma personnalité, aussi, d'être plus souple, parce que tout ça, c'est un jeu. (…) Faut être double : devant tu fais comme ça, devant eux, et, à la maison ou avec tes potes, tu retrouves ton langage, tes mots, ton sens de l'humour, tu retrouves tout, tes idées. À l'intérieur, c'est malheureux, mais t'es entre parenthèses. »

Désormais, Cassandra maîtrise suffisamment les normes de présentation de soi en vigueur à l'IEP pour éviter de se faire « sanctionner ». Ses techniques de distanciation (« être double ») lui permettent de considérer son rapport aux enseignants et aux « autres » comme un « jeu », sorte de comédie dans laquelle elle sait mieux tenir son rôle, grâce à cette « carapace » dont on trouve trace dans son usage du « tu », par opposition au « je » qu'elle employait tout au long du premier entretien. L'image des « parenthèses » condense cette posture à travers laquelle elle s'approprie sa « place », quitte à « exploser » en sortant de cours, c'est-à-dire quand elle peut réactiver, sans risque, ses dispositions les plus anciennes. Son « réalisme » l'oblige constamment à ruser avec ses appartenances, sans devenir schizophrène : elle a appris ces tactiques grâce auxquelles les dominés peuvent résister en cachant leurs opinions devant les dominants, même si, entre eux, ils n'en pensent pas moins[6]. Cette logique d'action est plus éprouvante que celles privilégiant l'évitement ou l'engagement, mais c'est l'un des moyens les plus sûrs de cloisonner les diverses scènes sociales où elle s'inscrit, sans (se) donner l'impression qu'elle a quelque chose à « prouver ». Car elle n'est pas seule à « contrôler » son attitude : très proche de Pascal et Solène, qu'elle voit régulièrement lors de ses pauses déjeuner ou à l'occasion de soirées en petit comité, elle doit aussi veiller à minimiser ses changements pour ne pas trahir la « promesse ».

À ma grande surprise, Cassandra n'évoque pas la querelle. Elle vante la « solidarité » entre les anciens élèves de la prépa, mais ne mentionne, parmi ceux dont elle est restée proche, que Pascal, Solène, les « reçus » des autres promotions et les « collés » inscrits à l'IUP, notamment Abdel et Laure, sans aborder le cas de Claire. Sur le moment, je n'insiste pas sur cette omission, de peur de la froisser. Dans les entretiens réalisés au cours des trois années suivantes, j'essaie d'aborder le sujet par « petites touches », mais je bute sans cesse sur son silence ou ses dénégations furtives. Au milieu de sa deuxième année, elle explique fréquenter « plus Pascal et Solène » que Claire, qui est pourtant dans sa section et qu'elle connaît depuis le collège, admettant seulement qu'elles « se croisent de temps en temps, histoire de prendre des nouvelles ». Quand je lui demande si elles ont pris leurs distances, elle répond par un « non » un peu gêné, justifiant la diminution de leurs rencontres par leur « agenda surchargé ». Jusqu'à la fin de l'enquête, elle élude toujours la question. Lorsque nous parlons, au début de sa quatrième année, de sa participation (intermittente) aux réunions de l'association fondée par sa camarade, elle lâche, avant de passer immédiatement à autre chose : « J'ai très peu de contacts avec Claire, ne me demande pas les raisons, j'en sais rien ! » Habituellement très loquace, Cassandra se mure dans un silence fort compréhensible : elle n'a sans doute pas envie de divulguer à un tiers des faits qui relèvent de sa vie privée ou d'aborder des questions sensibles. Par ailleurs, son mutisme et ses dénégations lui permettent d'éviter d'avoir à trancher clairement en faveur de l'une ou l'autre posture, alors qu'elle oscille entre les deux. Ce qui se cache derrière sa pudeur et sa prudence, ce sont ses tiraillements entre l'évitement et la confrontation aux « autres ». Au fond, en se taisant, elle me parlait : dans la mesure où, sur la scène scolaire, toute son existence s'organise autour de sa volonté de neutraliser les conflits d'appartenance en se montrant à la fois docile et rusée, elle n'est guère encline – au moins face à moi – à s'interposer entre des personnes dont l'attitude est moins équivoque que la sienne. Si elle est « non-alignée » dans la querelle, c'est qu'elle est, beaucoup plus qu'eux, située *sur la ligne* symbolique qui sépare ses univers d'accueil et d'origine.

Par-delà leurs différences et leurs divergences, les élèves qui n'adoptent pas la posture d'imitation ont en commun le besoin de rester attachés à leur univers d'origine pour trouver, comme le dit Claire, « le bon équilibre ». Ce phénomène invalide pour partie l'une des hypothèses majeures d'Hoggart : tout en admettant que « personne ne perd totalement contact avec sa classe d'origine », celui-ci estimait que les « boursiers » qui finissent par « retrouver un équilibre » ont un faible sentiment d'appartenance à un groupe social[7]. Cette assertion ignore les pratiques à travers lesquelles les migrants de classe tentent, en dehors de leur univers d'accueil, de réduire la distance entre leur entourage, amical et familial, et eux. Si l'on restreint l'analyse à leur immigration sociale, leurs usages du stigmate de classe ne sont que des solutions de circonstance, des réactions défensives ponctuelles et isolées les unes des autres. Mais, dès que l'on s'intéresse aussi à leur émigration sociale, en particulier à leurs relations avec ceux auprès desquels ils ont grandi, ces tactiques prennent tout leur sens : éléments centraux des arrangements qui rendent possibles et vivables les *allers-retours* entre les frontières sociales, elles constituent des systèmes symboliques durables à travers lesquels ces jeunes tentent de retrouver un « équilibre ».

LES ARRANGEMENTS DES DÉPLACÉS

La situation d'entretien offre aux « reçus » un moyen de réduire, en pensée, la distance symbolique qui se creuse avec leur univers d'origine. Or, dans la mesure où la redéfinition de leur « place » commence avant et se poursuit après le face-à-face avec l'enquêteur, on aurait tort de réduire ce processus à sa dimension verbale, en s'intéressant exclusivement à la reconstitution narrative d'« identités » morcelées[8]. La surestimation du pouvoir des récits de vie (et du sociologue) conduit à négliger l'importance de ce que j'appellerai, pour mieux délimiter l'objet, des *arrangements pratiques*[9]. Ceux-ci prennent au moins trois formes : les transferts de capital (culturel, économique, symbolique et/ou social) de l'univers d'accueil vers l'univers d'origine des migrants de classe ; l'augmentation volontaire du temps consacré au second, souvent au détriment du premier ; le recours à l'écriture pour atténuer, au travers d'auto-analyses déguisées, les tensions induites par leurs passages entre l'un et l'autre.

Dettes du passé, dons du présent

En son sens usuel, la catégorie « boursiers » désigne les bénéficiaires d'une aide pécuniaire et d'un statut d'ayants droit, attribués sous certaines conditions par l'État ou par une fondation privée. Dès lors qu'elle n'est plus pensée en elle-même, mais par opposition à la figure des héritiers, son complément structural, elle rend intelligible un phénomène qui déborde les procédures administratives : le sentiment de dette des boursiers, au sens sociologique du terme. En s'affranchissant de leur univers d'origine, ceux-ci sont conduits à s'interroger sur le contraste entre leur destin et celui de leurs proches. Leur passé social, s'ils ne le nient pas, survit dans leur nouvelle position, à travers la nécessité de « rembourser » les créanciers de leur réussite – parents, amis d'enfance ou anciens enseignants dont ils ont reçu des savoirs, des valeurs et des encouragements décisifs. À l'inverse, les héritiers, qui ont aussi l'obligation de tenir leur rang, ont appris, en étant immergés dans des univers privilégiés, à considérer ce qu'ils sont comme un don, ce qu'ils veulent, un dû[10]. Cas exemplaire des boursiers du siècle dernier, Jean Guéhenno, ouvrier à 14 ans, bachelier à 17, normalien à 21, puis, après une longue carrière de romancier, de professeur de khâgne et d'inspecteur, académicien, commençait ainsi son autobiographie en rendant des « actions de grâce » à son père, petit cordonnier breton, à sa mère, piqueuse de chaussures, à sa nourrice, aux amis de son père et à « tant d'autres encore, à tant d'autres passants[11] ».

Les boursiers des grandes écoles du début du XXIe siècle connaissent un déplacement social nettement moins spectaculaire que le romancier devenu Immortel dans les années 1960. Surtout, le système scolaire et la structure sociale de la France contemporaine n'ont pas grand-chose à voir avec le contexte de la Troisième République. Pourtant, ces « reçus » éprouvent, exactement comme lui, le besoin de rendre des « actions de grâce », en commençant par revenir dans leur lycée d'origine, pour participer à la promotion du dispositif, aux côtés de leurs anciens enseignants, premiers destinataires du remboursement de leur dette symbolique. S'ils ne sont pas liés par un contrat ou un accord tacite comportant une contrepartie exigible et clairement évaluable, comme dans une transaction[12], ils sont tenus par l'obligation tacite de transférer à leurs successeurs les savoirs et le capital symbolique qu'ils tirent de leurs expériences dans leur grande école, au risque, sinon, d'être accusés d'ingratitude et de perdre la reconnaissance de l'institution. Comme le dit Vincent, « c'est comme un devoir » :

> « *T'as participé aux réunions d'information, après ton entrée à l'IEP ?*
>
> — Oui, bien sûr !
>
> — *Pourquoi ?*
>
> — Faut bien donner l'exemple ! C'est comme un devoir, quoi.
>
> — *Envers qui ?*
>
> — Envers les profs qui avaient tout fait pour que j'y arrive... c'était un moyen de m'impliquer, quoi... de pas dire "c'est bon, maintenant que j'y suis, je vous laisse tomber"... puis, par rapport aux élèves, c'était pour leur montrer un exemple qui a réussi (...).
>
> — *Comment ils étaient, les élèves, quand tu leur parlais ?*
>
> — Ils avaient tous peur... ils se sentaient pas capables... ils me semblaient curieux, ils étaient intéressés, mais ils étaient flippés... par rapport à la quantité de travail, surtout. Moi, j'étais là pour servir de témoin, pour les rassurer, je leur disais que c'est un mythe, que je faisais des trucs à côté.
>
> — *Alors que toi, tu croulais au même moment sous le travail...*
>
> — Ouais, mais qu'est ce que je peux leur dire d'autre, franchement ? "N'y allez pas, c'est un coup d'épée dans l'eau" ?... (*rires*) t'es dans un truc qui... t'es pris là-dedans, quoi. »

C'est à titre bénévole que Vincent participe à ces réunions d'information. Premier « reçu » depuis la création du dispositif et seul « exemple », après la décision de Thierry d'abandonner l'IEP, il ressent fortement l'importance de faire son « devoir », en endossant un rôle de « modèle » qui l'honore autant qu'il l'oblige. Il est « pris là-dedans », c'est-à-dire dans un échange symbolique qui consiste à mettre au service de l'institution sa personne et ses compétences, indispensables parce qu'insubstituables, pour contribuer à la fabrique des prétendants dont j'ai parlé au début de l'ouvrage, quitte à embellir certaines réalités. Ce qu'il donne, c'est une parole autorisée qui maintient la communication entre son univers d'origine et lui[13]. L'arrivée de nouvelles générations de « reçus » ne suffira pas à clore ce cycle de transferts : à leurs côtés, il servira de « témoin » encore plusieurs années.

Ces échanges symboliques ne sont pas toujours aussi contraignants. Au lieu de participer à ces réunions, Sofian préfère ainsi s'investir, lors de sa première année à l'école de commerce, dans une association de soutien scolaire de son quartier et un programme de tutorat financé par l'établissement, mais géré par un petit groupe d'élèves, destiné à des collégiens vivant près de sa cité. Ces activités sont comptabilisées dans son cursus, qui inclut un module « projet personnel » tenant lieu de formation au management des organisations. En « rentabilisant », sous la forme de notes, un engagement bénévole qui lui permet de rester ancré dans son univers d'origine, il gagne donc au change :

> « L'avantage, dans cette école, c'est que comme on a assez peu d'heures de cours, on a du temps pour autre chose. Et, comme on est obligé, pour notre cursus, de s'investir dans une association, avec un projet à toi, pour avoir de l'expérience dans le démarchage d'entreprises, la recherche de fonds, manager une équipe et tout ça, ça permet de s'y retrouver.
>
> — *Toi, t'as choisi quoi, comme projet ?*
>
> — Mon projet, c'est du tutorat scolaire, avec une asso qui travaille dans les quartiers défavorisés… en fait, je connaissais déjà l'asso. Quand j'en ai entendu parler, en arrivant à l'école, j'ai dit (*en souriant*) : “Ah, mais je les connais !”
>
> — *C'est quoi, concrètement, ce projet ? C'est de l'ouverture sociale ?*
>
> — Non. 'Y a un autre programme, géré par l'école, pour l'ouverture sociale, il concerne que des élèves qui sont déjà bons, ils essayent des les instruire au niveau culture pour les rattraper. Nous, c'est vraiment de l'aide aux personnes qui ont des difficultés. On est sur deux trucs. 'Y a le tutorat : au premier semestre chaque semaine, je suis allé chez une élève en seconde, on essayait de rattraper ses lacunes.

> Et 'y a tout ce qui est faire connaître le projet, démarcher des partenaires, chercher des fonds pour l'asso, pas pour l'école ni pour nous, parce qu'on avait déjà bien des sous à la base, mais on cherchait des sous pour l'asso du quartier. On organise des goûters, on ramasse des sous, on achète des fournitures, on fait des récoltes de livres dans les salles, on les aide à chercher des tuteurs dans les facs. »

En s'appuyant sur la légitimité et les ressources financières de son école de commerce, Sofian transfère vers son univers d'origine du capital culturel et économique, sans être soumis au contrôle de l'institution. Il transforme en arrangement l'obligation faite aux élèves de s'investir dans une association pour apprendre à devenir « managers ». Ses activités associatives lui permettent d'obtenir une note améliorant sa moyenne générale, mais aussi et surtout un rôle gratifiant. Cependant, ses activités perdent de leur intérêt quand elles ne sont plus rentabilisables scolairement : l'augmentation de ses heures de cours et l'absence d'un module similaire en deuxième année le conduisent à se retirer du projet. Désormais, c'est sur la scène amicale qu'il transfère son capital culturel, par exemple en continuant de rédiger les lettres de motivation de ses « potes » candidats à un BTS ou à une licence professionnelle.

Plus qu'à leurs enseignants et à leurs amis, c'est à leur famille que ces élèves transfèrent leurs savoirs. Ils les transmettent, par exemple, à l'occasion de discussions sur des sujets d'actualité ou, plus rarement, à travers des livres (achetés ou prêtés) ou des conseils de lecture. Ainsi, Claire raconte le plaisir qu'elle éprouve à échanger avec son père et sa tante sur la situation politique locale et nationale, en glissant subtilement dans ces conversations les informations qu'elle tire de ses cours et de la lecture régulière des grands quotidiens. C'est aussi de l'argent qui circule d'un univers à l'autre, à travers des « petits cadeaux » ou des « petits gestes » qui, au-delà de leur valeur pécuniaire, servent avant tout à donner des signes de reconnaissance. Citons, à titre d'exemple, le cas de Cassandra. Lors de sa première année à l'IEP, celle-ci avait proposé à ses parents de l'argent liquide pour participer aux dépenses courantes. Elle s'est heurtée à leur refus catégorique : en disant ouvertement la vérité de leur condition de classe, la monétisation du don aurait nié leur dignité. Elle contourne cet interdit en prenant l'habitude, à partir de l'année suivante, de faire les courses pour eux certains week-ends, en réglant l'intégralité de la note. Ce « service » se distingue d'une opération purement comptable, puisqu'il n'est pas rendu contre un autre du même ordre et n'appelle aucune contrepartie. Son importance ne réside pas dans la somme concernée, mais dans les sacrifices consentis par Cassandra : sa scolarité ne lui laisse guère de temps pour consacrer ses week-ends à aller au supermarché, alors qu'elle doit faire ses devoirs, épauler sa mère pour d'autres tâches domestiques ou voir son copain, et ses économies sont assez limitées. « C'est pas grand-chose, mais ça leur montre que je suis à leurs côtés », explique-t-elle. Cet acte prouve à ses parents que, malgré le manque de temps et d'argent, elle est toujours avec eux (son existence ne se résume pas à ses études) et comme eux (elle prend sur sa bourse, comme ils puisaient pour elle dans leurs modestes salaires).

Ces transferts peuvent aussi contenir du capital social. Au cours de sa deuxième année, Claire est très préoccupée par la situation de son père. Délégué syndical dans une entreprise en cours de restructuration, celui-ci est en première ligne dans la vague de licenciements programmée par la direction. Âgé de 47 ans, il a peu de chances, par ailleurs, d'être reclassé à un poste correspondant au salaire qu'il perçoit actuellement ou d'être embauché dans une nouvelle usine. Au-delà de la conservation de son emploi, sa fille tente de le soutenir dans ses démarches pour maintenir les droits mis en cause par son patron (35 heures, tickets restaurants, primes d'ancienneté). Elle sollicite alors une avocate spécialiste du droit du travail, chargée de TD dans sa section, à l'IEP, pour constituer un dossier en vue d'un éventuel recours de son père aux prud'hommes. Celle-ci vérifie les pièces, relit l'historique que Claire a rédigé, lui donne quelques conseils de forme et se renseigne auprès de ses collègues du Barreau pour savoir s'il existe des précédents dans des entreprises locales du même type. Si la mobilisation des savoirs et des relations que Claire a acquis dans son univers d'accueil constitue un arrangement pratique, c'est que ce « service » lui permet de montrer qu'elle garde pied dans ce qu'elle appelle le « monde réel » : « Lui, il endure tellement que je peux pas ne pas l'aider. C'est ce genre de choses qui te mettent dans… dans le monde réel : c'est pas parce que je suis dans une école où tout le monde est déconnecté que je le suis aussi, tu vois ? » Finalement, son père sera licencié trois ans plus tard, puis il retrouvera un emploi (moins qualifié et à un salaire inférieur) dans une autre entreprise, après une période d'inactivité.

Le cas de Claire est loin d'être isolé. Cassandra aussi s'implique aux côtés de son père, malade de l'amiante, dans la création et l'animation d'une association de défense des ouvriers souffrant de graves problèmes de santé, en raison de leurs mauvaises conditions de travail. Chargée de recenser les victimes et de diffuser les informations nécessaires à la constitution des demandes d'indemnisation, elle vérifie les pièces des dossiers de chacun des membres, établit un listing des articles juridiques de référence et, comme Claire, sollicite son enseignante de droit civil pour rédiger l'historique de son père. En discutant, en dehors des cours, avec cette femme qu'elle qualifie de « super prof », elle prend conscience de l'importance de saisir la justice au plus vite, pour éviter que la procédure ne s'enlise dans d'interminables négociations avec la direction de l'entreprise et ses experts. Le soin qu'elle accorde à ces tâches bénévoles et invisibles (elle n'a pas de rôle officiel dans l'association), tout au long de sa scolarité à l'IEP, malgré un agenda de plus en plus chargé (préparation du grand oral, rédaction du mémoire de fin d'études, candidatures aux concours de la fonction publique), en dit long sur sa volonté de se montrer utile et fidèle à ses parents. Ses efforts seront récompensés : son père et les autres plaignants gagnent leur procès.

L'effacement des distances

Les transferts de capitaux ne suffisent pas toujours à atténuer la distance entre ces élèves et leur milieu d'origine. Ceux qui ont déménagé du domicile parental pour se rapprocher de leur école sont de plus en plus accaparés par leurs devoirs scolaires et leurs révisions. Même quand ils s'efforcent de revenir souvent chez leur famille, leurs amis ou leur conjoint, pendant les week-ends ou les vacances, ils peuvent difficilement maintenir au même niveau la fréquentation de leur entourage. Aussi, ils tentent de montrer à leurs proches qu'ils ne sont pas si loin, en leur prouvant qu'être ailleurs ne signifie pas devenir quelqu'un d'autre. Cette situation les conduit parfois à se séparer de certains de leurs pairs, comme l'explique Cassandra :

> « Ce qui me gêne, dans mon emploi du temps, c'est que je dois toujours tout planifier dans ma vie en dehors de l'IEP… tout, tout est prévu ! L'autre jour, ma sœur, elle m'a

appelée au dernier moment pour qu'on aille faire les boutiques ensemble, je lui ai dit que je pouvais pas, ça l'a… bon, encore elle, elle me comprend, donc ça passe, mais j'ai des amies qui comprennent pas… enfin, des amies entre guillemets, maintenant… qui l'ont pris très mal, qui se sont permis de juger aussi, genre : "ah, ce qu'elle se permet depuis qu'elle est à l'IEP, ça se voit qu'elle a changé de mentalité." (…) J'ai une amie, en particulier, que j'ai pas le temps forcément d'appeler trois quarts d'heure au téléphone comme avant. Je l'appelle une fois de temps en temps, mais voilà, quoi. J'ai des nouvelles d'eux par l'un, par l'autre, mais j'ai pas le temps d'appeler toutes les semaines trois heures la même personne. Le soir, tu rentres à 21 heures, t'as pas le temps ! Alors, quand t'en as qui te balancent dans la figure : "T'as changé de mentalité, ça se passe bien pour toi, tu nous appelles plus", tu te dis que, bon… d'un côté, je perds des personnes, mais, d'un autre côté, si elles sont pas capables de comprendre ça, tant pis !

— *Et, en dehors de cette amie…*

— Elle, c'est ce qui m'a le plus touchée, parce qu'on était très proches, depuis le collège. Après, 'y a d'autres copains du lycée qui… eux, je les ai un peu perdus de vue, quoi. Après, j'ai des amis proches qui ont compris, avec eux c'est pas grave, on se voit pendant les vacances, puis ça passe. Pareil pour les copains de la prépa… Abdel et Laure, ils comprennent, ils ont beaucoup de boulot, ils savent que c'est pas parce qu'on se voit pas pendant quatre mois qu'on va se faire la gueule. »

En s'éloignant de ses amis d'enfance, Cassandra s'expose à des condamnations (elle se sent « jugée ») qui, au-delà de leur dimension affective, mettent en cause sa loyauté à l'égard de son univers d'origine. Après avoir « perdu des personnes », comme elle dit, elle doit anticiper des reproches sur son éloignement et, pour s'en protéger, se montrer disponible pour ses proches et gommer, devant eux, ses changements de vocabulaire, d'accent et de style vestimentaire. Ainsi, elle consacre une part croissante de son temps libre aux amis qui la « comprennent », à ses parents et à son copain, qu'elle voit certains soirs de la semaine et pendant le week-end. Une anecdote illustre la façon dont ce type d'arrangement peut atténuer ces tensions : depuis sa deuxième année à l'IEP, elle a pris l'habitude de faire ses devoirs dans la même pièce que ses parents, les samedis et dimanches, au lieu de travailler dans sa chambre. Cette co-présence compense l'écart qui se creuse, objectivement, entre eux et elle :

> « Le week-end, je bosse beaucoup, mais ça me fait du bien de rentrer chez mes parents, je suis au calme, je sors un peu du contexte IEP… comme je me suis acheté un ordinateur portable, je peux bosser devant eux, sur la terrasse ou dans la salle à manger, ils me voient, c'est pas comme si j'étais enfermée dans ma chambre à taper mes cours où à bosser sur internet. »

Les week-ends offrent à Cassandra la possibilité de revenir dans un espace où elle n'est pas obligée de ruser. D'une part, elle « sort du contexte IEP », tout en restant concentrée sur ses études. D'autre part, elle maximise le temps qu'elle passe avec ses parents, sans négliger pour autant son travail scolaire. Peu à peu, elle intériorise des savoir-faire qui lui permettent, pour reprendre l'expression de Roger Bastide au sujet du syncrétisme entre le *candomblé* et le catholicisme des Afro-Brésiliens, de « jouer sur plusieurs tableaux[14] », en toute sincérité. L'anthropologue montrait, en effet, que loin de vivre des conflits de loyauté et des souffrances psychiques, les individus appartenant à plusieurs groupes diamétralement opposés, culturellement, sont capables de se mouvoir dans les uns et les autres en activant un « principe de coupure[15] ». Quand les migrants de classe ne cherchent pas à effacer les distances par un surcroît de présence physique, ils peuvent recourir à d'autres tactiques qui les rapprochent indirectement de leur univers d'origine. Par exemple, lors de sa quatrième année à l'IEP, Claire s'inscrit dans une équipe du Samu Social. Elle effectue bénévolement, deux nuits par mois, des rondes auprès des sans-abri dans les quartiers populaires de Carmont. Significativement, son initiative est dissociée des actions organisées par l'association humanitaire gérée par ses condisciples, axée sur la solidarité avec des pays sous-développés. C'est d'abord à l'échelle de « son » monde qu'elle veut être utile, car il lui semble plus « vrai » que celui de ses condisciples :

« *Tes amis, en dehors de ceux de l'IEP, ça t'arrive de leur parler de tes études ?*

— Non, je parle pas trop de Sciences Po, avec mes amis. Parce qu'avec eux, je suis toujours restée la même, et puis, Sciences Po, c'est pas connu ! Ils voient pas trop ce que c'est, pour eux, c'est la fac, quoi ! Donc ils savent juste que je travaille dur, ils me considèrent comme quelqu'un d'intelligent, mais c'est tout, quoi. (...) Je leur ai dit que j'étais à l'IEP, mais j'ai pas eu à leur expliquer ce que c'était... je veux pas me faire mousser, quoi ! S'ils avaient remarqué un changement, ils m'auraient posé des questions, mais je pense qu'ils ont pas vu de changements chez moi à leur égard...

— *'Y a eu quelques petits changements, quand même, non ?*

— Oui, mais c'est des changements normaux... je veux dire : on évolue, c'est normal ! Mais c'est pas (*imitant un ton prétentieux*) "je suis à Sciences Po, je veux plus te parler parce que tu connais pas". (*Silence*) Et puis, moi, ça m'aide à garder un pied dans... dans le vrai monde ! (*Rires*). Enfin... pas le vrai monde, mais toute une facette du monde, quoi. Si on se déconnecte carrément de ça, on voit plus que... (*en souriant*) les conflits mondiaux, le droit civil, l'art d'écrire de Machiavel et puis... tu vois ? Après, le chômage et compagnie, tu vois plus trop. Moi j'ai besoin des deux, je trouve essentiels les deux. »

Le souci de Claire de ne pas se « déconnecter » du « vrai monde » la conduit à taire, en présence de ses amis, tout ce qui pourrait expliciter la distance entre eux et elle. Son silence lui permet à la fois d'éviter les rappels à l'ordre et de (se) donner l'impression que son déplacement social ne se traduit que par des « changements normaux ». Cette formule condense la fonction tacite des arrangements pratiques : garder, autant que possible, le contrôle de la transformation de soi, en surveillant constamment son attitude face à ses proches, jusque dans les moindres détails qui, s'ils étaient perçus, suffiraient à ruiner les techniques de minoration des différences et de majoration des ressemblances. Pour ceux qui résident toujours chez leurs parents durant l'année universitaire, en revanche, l'effacement des distances se joue moins sur la scène familiale que dans leur participation à la sociabilité locale. Face à leurs pairs ou à leurs voisins, ils doivent prouver que leur réussite n'implique aucune rupture avec leur statut antérieur.

Le cas de Vincent est exemplaire de ce point de vue. Depuis la fin du collège, il consacre une grande partie de son temps libre à la danse hip-hop. Formé par les meilleurs artistes de la région, il a acquis des savoir-faire corporels et chorégraphiques qui, progressivement, lui ont conféré une certaine notoriété dans le milieu des *breakers* de Carmont. Peu après son admission à l'IEP, il crée sa propre compagnie. Il fonde, dans son quartier, une association gérée par sa mère, qui propose aux jeunes des cités ou des pavillons alentour des cours de danse et une initiation à la création chorégraphique à un prix accessible. Au fil du temps, ces activités occupent une place de plus en plus importante dans son agenda : de six heures hebdomadaires, lors de sa première année, elles passent à quinze, ensuite, en incluant ses entraînements individuels, dans le gymnase de son quartier. L'évolution de son style vestimentaire constitue un indice supplémentaire de son ancrage dans son univers d'origine : en l'espace d'une décennie (je l'ai connu en 2001), il a délaissé ses jeans et ses pulls standards au profit de *baggys* dernier cri, de *sweatshirts* amples et de baskets de marque, qu'il porte en dehors, puis à l'intérieur de l'IEP. Par ailleurs, il effectue son stage dans une compagnie de danse locale, alors que la plupart de ses condisciples partent à l'étranger, soit pour travailler dans une ambassade ou une entreprise, soit pour étudier dans une université. Comme Claire, Vincent a appris à ajuster sa présentation de soi en fonction de ses interlocuteurs. Face à des amis proches ou des personnes « bien placées », il n'hésite pas à dire qu'il est « à Sciences Po ». Avec les danseurs qu'il côtoie, en revanche, il reste silencieux ou énigmatique, sans doute parce que cela reviendrait à les snober et parce que, avec eux, le capital corporel est plus valorisé que le capital culturel : « Je dis que je suis à la "fac", comme ça, ça fait pas la tête », dit-il.

Une anecdote met en évidence ses techniques d'effacement des distances. Après un entretien, réalisé à la fin de sa deuxième année à l'IEP, dans un café situé dans le centre-ville de Carmont, nous continuons de discuter, magnétophone éteint, dans le bus qui nous ramène dans nos quartiers respectifs. Quelques secondes avant de nous séparer, il lâche, d'un air satisfait : « J'ai pas dépensé un centime de l'argent que j'ai touché de mes bourses ! » Ce qui frappe, au-delà des faits en question, c'est le ton sur lequel il prononce cette phrase : son attitude suggère que, loin d'être seulement la conséquence du soutien financier de ses parents ou l'indice d'un rapport ascétique à l'avenir, le gel de ses économies est d'abord, pour lui, une protection contre le mépris ou la jalousie qu'il susciterait dans son quartier s'il exhibait des signes de richesse[16].

Des auto-analyses déguisées

On sait le goût des intellectuels de première génération pour l'écriture autobiographique, leur talent pour décrire finement les rapports de domination et leur propension à construire leurs récits à partir d'une trame d'emblée collective[17]. Tous ont cherché, chacun à sa façon, à remplir l'objectif que se donnait Guéhenno : « [s']arranger avec ce dernier homme [qu'il] est devenu[18] ». Ce type de pratiques réflexives ne vaut, cependant, que pour des professionnels du discours qui, en général, ont atteint un certain âge. Il prend un sens différent pour les migrants de classe qui, plus jeunes et dépourvus de légitimité, s'y adonnent en profanes, à l'instar des élèves de la prépa sup-expé qui intègrent un IEP, dont les retours sur soi se matérialisent dans leur mémoire de fin d'études, support et prétexte pour « s'arranger », non avec ce qu'ils sont devenus, mais avec ce qu'ils deviennent.

Exercice obligatoire, mais dont le sujet est laissé à la discrétion de l'auteur, le mémoire de fin d'études peut servir à certains « reçus » de substitut ou de prolongement à l'écriture d'un journal intime. Tous ne choisissent pas un thème en résonance avec leur passé biographique, mais beaucoup y pensent lorsque leurs enseignants leur demandent de commencer à y réfléchir. Ainsi, Claire souhaite d'abord « faire quelque chose sur la gestion de la diversité à l'école », avant d'abandonner cette idée, « trop liée à [son] vécu », selon elle, au profit d'une autre plus en phase avec son stage et son désir – toujours aussi vif – d'intégrer l'ENM : la réforme du statut du juge d'instruction. Vincent arrête très tôt sa décision : il travaillera sur « la culture hip-hop », en se fondant sur ses propres expériences, même s'il ne les évoquera qu'à mots couverts. La formulation de sa problématique traduit en grande partie la dynamique sous-jacente à sa trajectoire : comment une culture populaire est-elle transformée par des canons esthétiques qui lui sont étrangers, à travers ses appropriations par des danseurs contemporains ? Quant à Pascal, il s'interroge, sans mentionner son parcours, sur les usages de la catégorie « excellence » dans l'enseignement supérieur français.

Le cas de Cassandra permet de mesurer l'importance de ces auto-analyses déguisées à travers lesquelles ces jeunes tentent, plus ou moins consciemment, de faire communiquer leurs univers d'accueil et d'origine, tout en évitant de contredire leurs efforts pour masquer leur singularité par rapport à leurs condisciples. Plusieurs mois avant la date butoir, fixée par le règlement intérieur, pour choisir un sujet et un directeur de mémoire, celle-ci souhaite enquêter sur les dispositifs d'ouverture sociale, à l'échelle nationale et locale, avec un projet de recherche sur une CPGE expérimentale, analogue à la prépa sup-expé, ouverte dans un département voisin. « Ça me paraît logique, pour moi, de prendre ce thème », dit-elle. Elle veut ainsi « renvoyer l'ascenseur à Coty » et « montrer la réalité pour qu'on arrête de croire que c'est tout beau, tout rose ». Cependant, elle hésite à changer de sujet, après des discussions avec certains de ses enseignants, qui lui expliquent que ce sujet a déjà été abondamment traité, et avec des condisciples estimant qu'elle serait trop « partiale ». Finalement, elle revient à sa décision initiale, en refusant toutefois de « dire je » :

> « *Tu veux faire quoi pour ce mémoire ? Partir de ton expérience ou…*
>
> — (*Elle me coupe*) Non, partir de mon expérience, non ! Je veux pas que ça soit trop lié à moi et qu'on me le reproche, même si, de fait, ça le sera, hein ! Mais je veux pas dire "je". J'ai pas envie qu'un jour ou l'autre on me le renvoie à la tête, ça (…) Si je choisis ce sujet, c'est aussi un peu pour renvoyer l'ascenseur à Coty. Mais ça doit pas être "le mémoire de Cassandra", c'est un mémoire (*en insistant sur le mot*) sur quelque chose (…) j'aimerais vraiment montrer la réalité, les choses telles qu'elles sont, pour qu'on arrête, surtout à l'IEP, de faire croire que ça va, que tout est beau, tout est rose, que tout va bien, que c'est le monde des Bisounours… c'est pas vrai, quoi ! Donc, montrer la réalité et discuter de ce que vivent ceux qui viennent d'en bas, quoi… (*indignée*) c'est pas normal, ce qui se passe ! »

Tiraillée entre sa volonté de dénoncer « la réalité » et son désir de la « montrer », Cassandra est aussi traversée par les contradictions d'un choix à travers lequel elle cherche autant à objectiver ce qu'elle voit qu'à comprendre ce qu'elle vit. Rien d'étonnant, donc, si elle me sollicite pour l'aider à organiser son enquête. Durant plusieurs mois, elle me confie ainsi un rôle de directeur de mémoire informel. Elle me demande des conseils bibliographiques et méthodologiques, m'envoie des plans détaillés et me propose de relire les premiers jets de sa problématique. Me sentant peu à l'aise avec ce statut ambigu, je l'encourage à discuter davantage avec ses enseignants, j'évite de lui parler de ma thèse et ne lui transmets aucun de mes textes. Je suis conduit à opter pour un « service minimum », afin de ne pas décevoir ses attentes tout en conservant ma position de sociologue, seule façon de maintenir la complicité grâce à laquelle je peux réaliser des entretiens approfondis à intervalles réguliers. Je me borne donc à lui suggérer, sans émettre d'avis, des lectures qui sont données à tout étudiant en sciences sociales. Pour interférer le moins possible, je m'interdis, par ailleurs, d'aborder avec elle le déroulement de son enquête avant qu'elle ne l'ait achevée.

La réflexivité est un exercice difficile, particulièrement pour de jeunes migrants de classe. Ce n'est pas un hasard si, dans le manuscrit final de Cassandra, on trouve peu de traces de ses entretiens avec ses enquêtés. Elle s'est effacée elle-même du récit, en se cachant derrière des « nous » et des « on » qui sont les masques d'un « je » impossible à assumer. Son mémoire commence par un long exposé des statistiques sur la question, avant de détailler les textes de loi et les politiques d'ouverture sociale, puis d'aborder, très brièvement, le « vécu » des élèves interviewés. Une seule phrase, située dans le dernier paragraphe, renvoie – implicitement – à son passé. Le ton objectiviste et le langage très soutenu qu'elle emploie dans son texte ne sont pas de simples artifices rhétoriques : ils sont, pour elle, un moyen d'opérer un retour sur soi tout en gardant le contrôle de son image publique et en arborant des signes de sérieux payants, scolairement. Mais la dissimulation de sa subjectivité est aussi l'effet de ses expériences avec les élèves qu'elle a interviewés. Lors d'une conversation avec l'ensemble de la classe, elle se reconnaît dans l'une d'eux, puis, soudain, elle est prise à partie par des élèves qui estiment qu'elle n'appartient pas à leur « monde ». Six mois après les faits, elle revient sur cet échange tendu, au cours duquel elle s'est « sentie mise de l'autre côté de la barrière » :

« Les profs, il m'ont tout de suite fait confiance, ils m'ont donné des créneaux sur leurs heures de cours, donc j'ai pu discuter avec toute la classe, avant de faire des entretiens individuels. Du coup, j'ai pu rassurer les élèves, en leur parlant de mon parcours, et aussi les motiver, en leur disant qu'ils pouvaient réussir s'ils s'en donnaient les moyens. (…) Je me suis reconnue dans quelques uns, 'y avait une fille, elle était comme moi quand j'étais à Coty ! J'avais l'impression de me voir moi, trois ans avant, c'était flagrant ! C'est pour ça que je leur ai dit : "'Y a une barrière, c'est bizarre qu'on la passe, mais ça tombe pas du ciel, faut s'adapter, et pour ça, faut analyser, comme ça, après, on sait s'adapter aux gens (…)." Ensuite, on a parlé un peu des codes à apprendre. 'Y en a un qui m'a demandé si je m'habillais toujours comme ce jour-là [pantalon, blazer, talons aiguilles], ou si ça m'arrivait d'aller à l'IEP en survêt et baskets. Eux, ils étaient habillés comme ça, tu vois. Je lui ai dit : "Bien sûr, je suis humaine, quand même ! Je suis pas sur mon 31 en permanence, mais 'y a un minimum de présentation à assurer, quoi ! C'est juste que ça te rend crédible d'arriver à un oral bien présentée, de pas t'enfermer dans des clichés qui servent à rien (…)." Là, j'ai senti que la classe, elle se clivait. C'était compliqué… je pensais pas que j'allais être prise à partie. D'un coup, on m'a dit : "Bah, c'est comme toi !" Là, je me suis dit : "mince, ils me mettent de l'autre côté de la barrière !" Là, ça m'a fait bizarre, parce qu'au final, je suis pas différente d'eux, mais eux, ils me disaient ; "regarde, toi, aujourd'hui t'as les talons, t'es maquillée, nous, on ressemble à rien." (…) Ce qui m'a fait bizarre, c'est qu'une partie de la classe me faisait ressentir que j'étais une élève de l'IEP… à part entière. Moi, je voulais leur dire : "certes, mais c'est pas pour autant que…", c'est comme si je pouvais plus être neutre, j'étais obligée de leur expliquer qu'on pouvait évoluer sans abandonner ce qu'on est, sans rentrer dans le moule de Sciences Po… je suis moi, avec mes idées, mes vêtements, mais tu évolues, forcément. »

Sommée de se justifier sur ce qu'elle devient par « ses » enquêtés, Cassandra vit mal cette inversion des rôles. Indigène de ses propres indigènes, elle doit tout à coup s'assumer comme l'objet de sa recherche. Elle ne peut le reconnaître sans revenir sur « l'équilibre » qui lui avait permis, à travers ses techniques de distanciation, d'« évoluer sans abandonner ce qu'on est », comme elle dit. Cet épisode n'est pas mentionné dans son mémoire, sans doute parce qu'il l'a confrontée à un porte-à-faux qu'elle avait appris à maîtriser et dont elle pensait peut-être sortir grâce à cette auto-analyse déguisée. Cette anecdote suggère combien ce type d'arrangement est fragile et, par rapport aux deux autres, beaucoup plus coûteux, symboliquement. La réflexivité ne libère que ceux qui, en la pratiquant sur une longue durée, ont su la contrôler. Cependant, elle est propice au développement d'une vigilance indispensable à la poursuite du déplacement social. Car dès que les migrants de classe « baissent leur garde », ils encourent dans leur univers d'accueil des sanctions bien plus graves que celles qu'ils peuvent subir dans leur univers d'origine. Vincent en a fait les frais. Abondamment félicité lors de sa soutenance, il est désormais convaincu d'être « accepté tel [qu'il] est ». Il décide donc de participer au Gala de l'IEP à l'issue de son dernier semestre, en montant sur la scène du théâtre loué pour l'occasion. Avec des jeunes de son association, il offre au public un spectacle de danse hip-hop qui remporte un franc succès. Mais, quelques semaines plus tard, c'est la désillusion. Le jour de son grand oral, le jury le pousse dans ses retranchements, en lui posant des questions auxquelles il répond sans jouer le jeu, comme s'il croyait avoir imposé ses propres règles à l'institution. Or, on lui reproche précisément ce qu'il appelle son « originalité ». Recalé, il m'envoie, le soir même, un récit de cette rude mise à l'épreuve qui mérite d'être cité dans sa quasi-totalité, compte tenu de sa richesse sociologique :

> « "Vous n'avez pas de culture" : je n'oublierai jamais cette phrase. Elle est gravée en moi. Elle fait mal. Et c'est pourtant la justification avancée par le président de jury de mon grand oral pour ne pas me le donner. 9/20, je suis éliminé (il fallait avoir au moins 10). Ma prestation m'avait pourtant laissé une bonne impression. Mon étude de texte portait sur un extrait du *Choc des civilisations*, de Samuel Huntington. Un exposé de 10 minutes précises, conforme aux

exigences de l'épreuve. S'enchaînent ensuite 20 minutes d'entretien où toute une série de questions sont posées, sur tout et n'importe quoi : cinéma, littérature, actualité… sur le coup, je me trouve pas mal : à l'aise dans mon costume tout neuf, je tente de répondre avec un trait d'humour parfois, pour montrer mon "bon esprit". Je suis en difficulté sur des questions qui me paraissaient accessoires : dernier film à la mode, dernier roman… mais je "sèche" également sur des points qui semblent "essentiels" au jury, comme : "Quel théologien islamique a traduit l'œuvre d'Aristote ?" (Réponse : Averroès). Après une longue délibération, j'apprends que je suis recalé. Le jury m'expose les raisons de mon "échec". Celui-ci s'est, semble-t-il, joué durant cette épreuve d'entretien et non sur mon commentaire. J'avais donc la méthode (le commentaire) mais pas le style (l'entretien)… je suis terriblement déçu mais je tente de faire face, de comprendre… jusqu'à ce que le président du jury lâche, froidement : "Vous n'avez pas de culture.- Pardon ?", je réponds. Il tente de se rattraper, reformule, mais ce qui est dit est dit. Il ajoute : "Et votre dossier scolaire n'a malheureusement pas joué en votre faveur pour vous sauver." La tension monte, je suis sur le point de m'énerver : "Avez-vous réellement étudié mon dossier ?", je lui demande. Mon année fut validée avec 13,5 de moyenne (soit mention AB) mon mémoire a été validé avec 14/20 et mon année de stage avec 15 ! Pas un bon dossier ? Mais, surtout, pas de culture ? (…) Je me remémore alors une question posée durant l'entretien, qui m'a semblée anodine sur le coup, mais qui en dit long sur le mépris que le jury portait sur mon parcours : "À part un pharaon égyptien, qui est Akhenaton ?" Je réponds : "C'est le leader du groupe de rap IAM." Mais avec le recul, pourquoi cette question, formulée ainsi ? Je n'aurais pas dû répondre. Juste avant, je séchai sur le célèbre traducteur d'Aristote et là, je réponds sur un chanteur de rap. J'aurais dû faire semblant de ne pas comprendre et répondre : "À part un pharaon égyptien ? Non, je ne vois pas. Akhenaton est un pharaon égyptien et rien que cela." Mais j'étais démasqué. Capable de parler de rap mais pas du traducteur d'Aristote. (…) Le jury venait habilement de me faire comprendre que nous n'avions pas "les mêmes valeurs". D'autant que, durant l'entretien, sur une question relative à l'échec scolaire dans les banlieues, j'avais défendu la thèse de Pierre Bourdieu sur le "capital culturel". Et l'explication du jury pour me recaler "vous n'avez pas de culture" était comme un écho de ma propre réponse à leur question. Et c'est là que j'ai compris : la pseudo-"ouverture" accueillant des élèves de ZEP venait de se refermer sur moi. Emprisonné dans un stage dans une compagnie de danse, un mémoire sur le hip-hop, habitant toujours dans mon quartier, j'avais toujours refusé de jouer pleinement le jeu de l'"intégration". Si le rapport de force l'avait permis, il aurait fallu demander à ces messieurs si, à part Akhenaton, ils connaissaient un autre membre du groupe IAM ? (...) S'ils s'étaient demandés, une fois dans leur vie, pourquoi un enfant qui habite une cité n'a jamais mis les pieds dans un musée, à l'Opéra ou même dans une librairie ? Il aurait fallu pouvoir leur demander s'ils avaient enfin situé le gène de la délinquance et en quoi il se distinguait de celui du droit à porter la cravate ? Toutes ces choses qu'ils ne sont de toute façon pas prêts à entendre, tellement ils sont préoccupés à réduire l'autre au même (...) et à n'ouvrir les portes de leur "grande école" qu'à ceux qui leur ressemblent. (...) Ils me l'auraient donné, mon diplôme, si je m'étais assis sur le hip-hop et Bourdieu. Si je m'étais assis sur les quartiers et les jeunes, sur ce que je suis. Si j'avais su montrer que quatre ans avaient suffi pour enfin devenir comme eux. Que j'étais enfin devenu quelqu'un de "cultivé" (...). »

En écrivant ce texte, Vincent cherche un moyen d'apaiser la blessure provoquée par cette phrase qui, au fond, lui importe plus que le verdict du jury. Les sous-entendus ou les malentendus sur son passé, social et scolaire, l'ont pris à revers : il est « démasqué », mais ne peut guère peser dans ce « rapport de force ». Désarmé sur le moment, ce n'est qu'après-coup qu'il objective, en sociologue spontané, le sens de cette interaction. Je suis pour lui un interlocuteur tout trouvé : notre amitié et mon appartenance au monde intellectuel l'inclinent à se servir de mon enquête pour se faire justice. Mais c'est seul qu'il lavera cet affront, en réussissant son grand oral au rattrapage. Avant de sortir diplômé, il obtient réparation lors de l'annonce officielle des résultats, en entendant, de la bouche de celui qui, quelques semaines auparavant, évoquait son manque de « culture », un jugement tout aussi définitif que le précédent : « Vous avez bénéficié de notre clémence, parce que votre dossier est brillant. »

Épilogue : quel poste pour « trouver sa place » ?

Les arrangements qui ont été décrits ne sont pas de simples solutions de circonstance. Ils déterminent plus ou moins le champ des possibles professionnels, selon les formes d'acculturation qu'ils ont contribué à opérer, à empêcher ou à retarder. Cependant, le degré auquel les dispositions se transforment ne constitue pas, en lui-même, un indicateur de la réussite scolaire des « reçus » (tous obtiennent leur diplôme, presque toujours avec une mention) ou de leurs chances de succès sur le marché du travail. Si les emplois les plus rémunérateurs sont surtout le lot de ceux qui ont choisi les cursus les plus « rentables » et qui se sont convertis le plus vite, bien d'autres variables interviennent dans le devenir de ces jeunes migrants de classe : outre leurs capitaux et leur héritage, c'est l'offre de postes qui, en dernier ressort, décide de leur destin. Les stages qu'ils ont effectués au cours de leur cursus leur ont donné un avant-goût des difficultés qui les attendent, dans un contexte marqué par le ralentissement de l'activité économique, la hausse du chômage des jeunes et la précarisation croissante des salariés, notamment en début de carrière. Pour résister au déclassement, ils recourent à trois types de stratégies : « prendre ce qu'on trouve et se faire du réseau », comme le dit Cassandra, préparer les concours de la haute fonction publique, comme Claire, ou poursuivre les études, comme Linda, Aurore et Vincent, afin d'augmenter la valeur de leurs titres scolaires[19].

Après l'obtention d'un M2 à l'IEP de Lagnecourt (spécialité Administrations Locales), Cassandra songe un temps à passer les concours d'attaché territorial. Elle hésite à « continuer », car elle « ne peut pas [se] permettre de rester étudiante trop longtemps ». « Autour de moi, 'y a plein de gens qui me disent : “T'es encore à l'école ?” Mes parents, des fois, ils me disent : “Oh, mais c'est quand que tu vas terminer ?” », raconte-t-elle. Elle finit par abandonner cette idée, au profit d'un CDD de sept mois de « chef de projet » dans une entreprise internationale du secteur énergétique, reconduit pour un an et demi. Travaillant à Carmont, elle peut ainsi s'occuper de son père, de plus en plus souffrant, et voir son copain, avec qui elle sort toujours. Claire, elle, n'a pas changé d'avis : elle prépare à l'IEP le concours de l'ENM. Elle y réussit à sa première tentative. Elle envoie un courrier électronique à plusieurs destinataires, dont moi, dès qu'elle apprend la nouvelle, pour annoncer qu'elle a « enfin concrétisé son rêve de devenir juge pour enfants ».

Quant à Vincent, après son diplôme de l'IEP, il s'inscrit en STAPS, à l'université locale, en M2 management des organisations culturelles. Il l'obtient sans aucune difficulté. Parallèlement, il entame une carrière de danseur professionnel : c'est dans ce poste qu'il « trouve sa place ». Il devient auto-entrepreneur, signe ses premiers contrats, tourne des clips pour des célèbres chanteurs de variétés et développe son association, qu'il intitule « académie de hip-hop ». Grâce à son association, qui compte désormais plusieurs centaines d'adhérents, et les nombreuses programmations des spectacles de sa troupe dans des festivals organisés dans la région, Vincent parvient à vivre de son art. Cependant, ses chorégraphies, de moins en moins conformes aux canons du hip-hop, lui valent les critiques de ses pairs. Il se sépare de ses meilleurs amis, estimant, la mort dans l'âme, qu'il doit « tracer sa route plutôt que de faire attention aux jaloux ». Il est assez déstabilisé par ces ruptures : « Je comprends pas ce qu'on me reproche : de pas imiter les Ricains ? De porter un *baggy* et une casquette de travers, alors que je suis blanc et français ? »Malgré sa déception, il savoure le confort de sa nouvelle vie : figure incontournable pour les pouvoirs publics en charge de l'animation socioculturelle dans les quartiers populaires de Carmont, il jouit d'un statut gratifiant et d'un revenu assez élevé pour enrichir sa garde-robe de *breaker* et acheter, à 28 ans, un petit appartement situé à quelques minutes de chez ses parents, dans une zone résidentielle près de leur cité.

Frédéric et Linda continuent, chacun à sa façon, à s'éloigner de leur univers d'origine en visant des carrières très rémunératrices. L'un obtient, après un M2 à l'IEP de Lagnecourt (spécialité Affaires Internationales), plusieurs CDD de « chargé de mission » dans une grande entreprise publique et une firme d'import-export, avant de signer un CDI dans un cabinet parisien de consulting financier. L'autre intègre, après un M2 à l'IEP où elle a effectué sa scolarité, le

Collège de Bruges, une école privée très sélective (outre les auditions d'admission, les frais d'inscription s'élèvent à 15 000 euros), sorte de « super-Sciences Po » où sont formés les futurs hauts fonctionnaires et diplomates européens. Elle aimerait passer ensuite les concours du Quai d'Orsay et de l'UE. En attendant, elle « rêve d'être ambassadrice » : « Je m'imagine en train de me déplacer dans tous les pays arabes... mais 'y a encore un long chemin avant d'y arriver », dit-elle en souriant. En se projetant dans un avenir correspondant à la fois à ses aspirations, à ses diplômes et à son passé familial, elle se destine ainsi à un poste dans lequel elle trouvera probablement sa « place ». En ménage avec le garçon qu'elle avait rencontré lors des élections des membres du BDE, elle est toujours préoccupée par la dégradation de la santé de son père, atteint d'une grave maladie professionnelle. Elle souhaite offrir à ses parents, un jour, « une maison dans un quartier tranquille ».

Quant à Aurore et Sofian, ils ont su tirer parti du Bachelor délivré par l'école de commerce, mais en des sens très différents. La première poursuit d'abord ses études avec un M2 dans un IAE de la région, après deux années en Angleterre, comprises dans son cursus, dans une université anglo-saxonne. Ses trois diplômes lui permettent, ensuite, de décrocher un CDD de quatre mois dans une société londonienne, spécialisée dans la confection de vêtements de mode, puis un autre de six mois, à Paris, dans une firme multinationale de cosmétiques, toujours à un poste de chargée de communication. Sofian a quitté la France pour les États-Unis. Il s'y est installé après une année dans une petite faculté. Titulaire d'un double diplôme, il a toutefois le sentiment de ne « pas y avoir appris grand-chose » : « un cours sur trois est complètement inutile, là-bas », m'écrit-il dans un échange de courriers électroniques. Il est tombé amoureux d'une étudiante qu'il a rencontrée sur le campus. Celle-ci travaille à mi-temps, parallèlement à son cursus, comme « prof d'anglais dans le ghetto ». Il vit désormais avec elle, heureux d'avoir trouvé « quelqu'un qui s'intéresse à autre chose qu'à son pays, voire à son État, comme la plupart des gens, ici ». C'est, plaisante-t-il, « une Américaine vrai de vrai, dans le sens où elle a pas d'origine (enfin, elle est black), pas dans le sens où elle est stupide ». Il espère revenir un jour en France, avec elle, pour la présenter à ses parents, auxquels il rend visite chaque été. D'ici là, il prospecte un emploi, « au pire, un truc passable, sinon un bon petit job dans le marketing ». Pour l'heure, la mère de sa compagne lui a trouvé un CDD d'employé dans une entreprise de communication. L'Hexagone ne lui manque pas. Il envisage seulement d'y rentrer dans deux ans, pour faire un M2 professionnel. Ce diplôme est hors de prix aux États-Unis (30 000 euros par an) et il ne veut pas demander de bourses à des fondations privées : « Je peux pas faire ça, c'est tout ce que je déteste », conclut-il. Loin de sa cité, où beaucoup de ses amis sont restés, il s'aperçoit ainsi que, contrairement à ce qu'il pensait avant de quitter le Vieux Continent, le rêve américain ne vaut peut-être pas mieux que le français.

* *
*

Si les déplacements sociaux de grande amplitude sont propices aux dilemmes et aux décalages, ils n'impliquent pas des situations de porte-à-faux permanentes et identiques dans le temps. De plus, les tensions induites par des conflits de dispositions varient en intensité selon la trajectoire antérieure de l'intéressé. Elles sont maximales pour ceux qui, en plus de changer de position objective dans les espaces social et scolaire, connaissent une forte mobilité géographique ou qui ont été socialisés dans des configurations familiales marquées par la récurrence d'injonctions contradictoires. À l'inverse, ceux qui ont déjà rompu avec leur univers d'origine et dont les parents ont exactement les mêmes aspirations qu'eux sont relativement épargnés par les clivages d'habitus. Par ailleurs, l'expérience du passage des frontières sociales, qui n'est jamais purement individuelle, n'est pas entièrement déterminée par le désajustement entre la position occupée et les dispositions antérieures : elle dépend aussi des principes structurant les hiérarchies dans l'univers d'accueil de l'intéressé et du degré de congruence de ses rôles sur les diverses scènes sociales où il s'inscrit. En outre, le sentiment de porte-à-faux n'est pas seulement l'effet de l'appartenance à des milieux diamétralement opposés, il est aussi construit par l'institution, au travers d'opérations d'« étiquetage » qui renforcent l'ambiguïté statutaire des élus, voués à se vivre comme des miraculés à demi consacrés.

Nous avons vu les dynamiques selon lesquelles les habitus de ces jeunes migrants de classe se clivent, se dé-clivent et se re-clivent, jusqu'à ce qu'ils atteignent un « équilibre », plus ou moins durable, entre leurs « places » dans leurs univers d'accueil et d'origine. La mise en évidence de trois types de postures (imitation, affrontement, évitement) qu'ils adoptent à l'égard des « autres » montre qu'il existe une diversité relative d'expériences, irréductibles au modèle hoggartien du « déraciné » en combat perpétuel avec lui-même. La déconstruction des catégories, savantes ou littéraires, qui pathologisent le vécu des migrants de classe, ne peut s'effectuer qu'à la condition de *décrire*, au lieu de chercher d'emblée à tester ou à bâtir un modèle général, les situations auxquelles ils sont confrontées, sans privilégier une scène sociale en particulier. C'est le seul moyen de comprendre le rôle des parents, de la fratrie, des conjoints et des amis d'enfance dans l'invention d'arrangements qui, dans certains cas, atténuent ou résolvent les dilemmes de statut. Grâce à ces tactiques semi conscientes, ils peuvent passer d'un univers à l'autre sans être sans cesse perturbés par l'ambivalence de leur position. Les transferts de capitaux, l'augmentation de la fréquentation des proches et les pratiques réflexives substituent ainsi à leur « double absence » une double présence qui limite ou évacue les tensions induites par leur déplacement social.

Conclusion

En retraçant les itinéraires de ces bénéficiaires de l'ouverture sociale sans évacuer les tensions et les incertitudes dont ils sont aussi faits, j'ai voulu offrir, de façon plus générale, une vision aussi précise que possible de la diversité des expériences du passage des frontières sociales. Je n'ai pas cherché à révéler la « face cachée » des réformes de l'accès aux classes préparatoires et aux grandes écoles ni les « coûts psychologiques » de la mobilité sociale. Mon propos consiste plutôt dans le souci d'objectiver des pratiques, des interactions et des affects en apparence très singuliers, mais qui sont en réalité de part en part structurés par des forces extérieures, des situations collectives et des contraintes institutionnelles. Donner la parole à des jeunes qui ne l'ont presque jamais ne procède pas d'une posture de réhabilitation, c'est un impératif de méthode que l'anthropologue Gérard Lenclud nomme « principe de parité » : pour comprendre ce que des personnes disent et éprouvent, il faut s'efforcer de se mettre à leur place, en l'occurrence ici *se déplacer avec elles*, en accordant à leurs croyances autant de sens qu'aux siennes[1]. C'est là le seul moyen d'éviter les interprétations hâtives et d'observer des régularités sociologiques qui resteraient invisibles si elles étaient vues de trop loin : même atypique, un « cas est plus et il est autre chose qu'un exemple[2] ».

Cette approche a permis de montrer les conditions de possibilité de la réussite scolaire de ces élèves, les modalités de leur appropriation de la culture savante, les effets de la transformation plus ou moins complète et rapide de leurs dispositions initiales, ainsi que l'évolution de leur rapport à l'avenir et de leurs relations avec leurs univers d'accueil et d'origine. Elle a aussi mis en évidence le rôle crucial des acteurs éducatifs, bien au-delà de la préparation aux concours des grandes écoles. Endossant un rôle de passeurs de frontières, les enseignants et les responsables administratifs de cette « prépa » d'ouverture sociale contribuent à rendre pensables et faisables, pour ces bacheliers ZEP, des destins scolaires *a priori* impensables et improbables. À travers les archives restées dans les dossiers des candidats, les entretiens répétés et l'observation de moments-clés comme les auditions d'admission, on mesure à quel point les relations entre ces adultes et ces jeunes sont ambivalentes : elles donnent lieu à des pratiques d'inculcation parfois violentes et, en même temps, à des formes de reconnaissance symbolique et d'émancipation culturelle qui s'avèrent décisives dans la conquête de savoirs réservés aux héritiers. Tous ces enseignants n'adhèrent pas au même degré à la cause de l'ouverture sociale. En particulier, ceux qui exercent leur profession dans un lycée ZEP se montrent souvent très critiques à l'égard de réformes qui, à leurs yeux, renforcent la logique profondément « élitiste » du système éducatif français. Mais, en dépit de leurs réticences, ils sont convaincus, comme leurs collègues qui enseignent pour tout ou partie en classes préparatoires, que leur métier consiste aussi à servir de médiateurs entre les frontières sociales. Les attaques récurrentes contre leur profession, dans la presse et le monde politique, au sujet des privilèges qui seraient accordés à une « corporation » supposée être « irréformable », de même que la dénonciation des avantages dont bénéficieraient systématiquement leurs enfants au cours de leur scolarité, laissent dans l'ombre le rôle que certains d'entre eux peuvent jouer pour contrecarrer la reproduction des inégalités économiques et culturelles d'une génération à l'autre.

Dire cela ne revient nullement à redonner vie au mythe des « hussards noirs ». C'est simplement souligner la dualité constitutive du rôle des enseignants : ils sont à la fois des gardiens des frontières sociales et, pour celles ou ceux qui cherchent à les franchir, des passeurs de premier ordre. Cependant, on ne saurait recourir, pour rendre compte de réussites scolaires statistiquement improbables, à la notion d'« autocensure ». Nous avons vu, ainsi, que les choix des élèves s'expliquent avant tout par leurs petits héritages, comme le goût pour l'actualité et la politique, une bonne volonté culturelle ou une attitude disciplinée, qu'ils ont préalablement accumulés au sein de leur famille, mais aussi par leurs élections répétées sur les scènes scolaire, domestique et résidentielle et, surtout, par l'adéquation de leurs dispositions aux attentes des personnes chargées de les détecter et de les recruter. Derrière les procédures officielles de sélection se cachent de multiples interactions au cours desquelles les prétendants se font persuader ou dissuader de postuler. En entrant dans un lycée prestigieux où ils sont à la fois numériquement minoritaires et culturellement dominés, la plupart de ces élèves découvrent un univers situé aux antipodes de celui dont ils proviennent. D'abord, leurs dispositions sont mises à l'épreuve par des techniques, des injonctions et des situations d'apprentissage qui visent à leur inculquer de nouvelles normes culturelles, non seulement pendant l'année scolaire, mais aussi avant la rentrée, chez eux (avec des devoirs de vacances obligatoires) ou dans l'établissement, lors d'auditions qui n'existent que pour eux. Nous avons vu comment ils vivent cette entreprise d'acculturation et dans quelle mesure leurs manières de s'habiller, de se tenir et de parler se transforment ou se maintiennent jusqu'aux concours. En général, il ne s'agit que d'une acculturation partielle. Ils ont assez peu de contacts avec les autres préparationnaires et certains, notamment les enfants d'immigrés des anciennes colonies et les jeunes de cité, se sentent méprisés ou scrutés par les élèves des CPGE. Leur sociabilité se restreint donc souvent à leur salle de classe, qu'ils se réapproprient en y construisant un entre-soi protecteur. Dans certains cas, l'appartenance à des mondes très éloignés peut induire des tensions avec leurs amis d'enfance ou leurs parents, mais aussi au sein du groupe : le rapport à l'héritage peut provoquer des conflits entre ceux qui adhèrent à cette entreprise d'acculturation et ceux qui, sans s'y opposer ouvertement, tentent d'y résister collectivement en retournant le stigmate, en « freinant » le travail pédagogique ou en utilisant une autodérision à travers laquelle ils se défendent des « autres ».

Comparer les devenirs scolaires et professionnels, après les concours, des élèves « collés » permet de déconstruire les discours homogénéisants – et édifiants – qui sont couramment tenus sur les bénéficiaires de l'ouverture sociale. Selon leur orientation après l'année de préparation, leurs capitaux de départ et leurs résultats scolaires ultérieurs, ils connaissent des déplacements d'amplitude et de rythme variables. Ceux qui s'inscrivent à l'université rencontrent le plus de difficultés. Une part significative abandonne, redouble ou bifurque vers d'autres filières. Seuls ceux qui avaient déjà de bonnes dispositions en sortant de Terminale et dont les parents ne sont pas inactifs, employés ou ouvriers y suivent un cursus linéaire. En revanche, ceux qui rejoignent l'enseignement supérieur professionnel s'approprient vite leur condition d'étudiant. Mais leurs aspirations sont aussi fragilisées par la dégradation de la conjoncture économique et par les suppressions de postes dans le secteur public. Nous avons vu qu'ils révisent souvent leurs ambitions à la baisse et qu'ils adoptent diverses stratégies pour éloigner la menace d'un déclassement (accélération de leur entrée sur le marché du travail, voyages à l'étranger, stages pour étoffer le CV, « piston » familial). La sociabilité amicale et la mobilité géographique peuvent aussi leur servir de substituts provisoires à la réussite qui leur fait défaut. Par ailleurs, pour certains, la scène conjugale constitue une entreprise d'accumulation et de mutualisation de ressources qui augmente leurs chances de concrétiser leurs espoirs.

Quant aux « reçus », ils effectuent, dans leur majorité, un déplacement social de plus grande amplitude. Ils connaissent des situations à la fois plus confortables et plus éprouvantes. D'un côté, ils bénéficient de conditions d'études privilégiées et accèdent à un statut rare et valorisant qui augmente leur capital symbolique. Mais, d'un autre, ils sont confrontés à des décalages avec leurs nouveaux condisciples et enseignants qui revêtent des formes plus accusées que lors de l'année de préparation, surtout durant leurs deux premiers semestres. Simultanément, leurs appartenances se brouillent. Ceux qui ont gardé des liens avec leur univers de provenance peuvent se sentir en porte-à-faux. Ces tensions sont plus fortes chez ceux qui intègrent un IEP de province que chez les élèves de l'école de commerce : situés dans une région du monde social où la culture lettrée prévaut sur la richesse matérielle, les premiers peuvent moins facilement que les seconds prendre leur revanche dans le domaine scolaire et, contrairement à ces derniers, font l'objet de discriminations implicites de la part de l'administration. Ainsi, l'institution contribue à favoriser ou à renforcer des conflits dispositionnels par un traitement qui donne aux intéressés l'impression de n'être qu'à demi consacrés.

Parmi les principaux résultats de l'enquête, le plus important est sans doute l'absence de liens mécaniques entre les déplacements sociaux de grande amplitude et le clivage durable des dispositions. Tout dépend de la posture que chaque élève adopte à l'égard de ses condisciples (imitation, évitement, confrontation), de l'intensité de ses relations avec ses amis d'enfance et les membres de sa famille, de ses caractéristiques ethniques (les conflits dispositionnels sont plus fréquents chez les enfants d'immigrés des ex-colonies françaises), de son éloignement géographique par rapport à ses parents et, surtout, de sa capacité à compartimenter ou à faire communiquer ses univers d'appartenance. Toutes les situations de clivage n'engendrent pas des souffrances psychologiques permanentes, dans la mesure où les intéressés inventent des arrangements pratiques (transferts de capitaux, augmentation volontaire de la fréquentation des proches, écriture réflexive) à travers lesquels ils tentent, avec plus ou moins de succès, de neutraliser les tensions induites par le changement radical de milieu. Pour les filles, ce porte-à-faux est redoublé par une domination masculine qui s'exprime dans leurs doutes récurrents sur leur légitimité et dans leurs efforts pour corriger leur langage, leur style vestimentaire et leur apparence physique. Pour les garçons, la découverte d'un monde où ils se sentent étrangers, surtout s'ils ne sont pas blancs, contribue à fragiliser la fierté de classe et, chez certains, l'assurance virile qui sous-tendent leur image de soi.

L'analyse comparée des postures et des tactiques adoptées par ces jeunes migrants de classe à l'égard de leurs condisciples, de leurs enseignants, de leur famille et de leurs amis d'enfance permet de brosser un tableau plus réaliste et plus complexe que les récits trop schématiques et misérabilistes de certains intellectuels de première génération, comme Paul Nizan ou Jack London, et autrement plus nuancé que les interprétations parfois pathologisantes du déplacement social qu'on peut trouver chez Hoggart ou ses commentateurs[3]. Je me limiterai ici à trois pistes théoriques qui mériteraient d'être mises à l'épreuve dans d'autres recherches en sciences sociales :

1) On aura noté la récurrence, dans les discours et les conduites des enquêtés, d'un principe de loyauté aux origines, qu'il s'agisse de la « ZEP », des classes populaires ou des cités. Ce phénomène peut être interprété comme un mythe régulateur : la fidélité au passé collectif et à « soi-même » est peut-être une ruse de la raison à travers laquelle les intéressés accomplissent, à leur insu, le minimum d'acculturation nécessaire à leur réussite scolaire. Tout se passe ainsi comme si la contradiction inscrite dans leur habitus portait en elle les mécanismes de son propre dépassement. Bien sûr, la réalité ne suit pas toujours les chemins de la dialectique : dans une même trajectoire, les tensions peuvent n'être que momentanément suspendues, avant d'être à nouveau réactivées. Mais il y a là une logique qui, à mon sens, mérite d'être prise au sérieux. La répétition, dans les chansons de rappeurs français et américains, de la formule « je [ou on] représente » (« ma » ou « notre » quartier, cité, amis, famille, etc.), pourrait servir de point de départ à une étude originale de ce mythe régulateur de la migration de classe.

2) On gagnerait beaucoup à utiliser avec parcimonie le concept d'habitus clivé. Pour augmenter son potentiel heuristique, il faudrait s'en servir pour désigner des séquences biographiques ou des interactions ponctuelles (qui peuvent ou non avoir des effets durables), au lieu de se référer à une catégorie spécifique de systèmes de dispositions : les situations de clivage n'engendrent pas nécessairement des habitus clivés. À force de s'intéresser aux dispositions comme produits, en s'interrogeant plus sur des *états* (de conflit ou de dédoublement) que sur des *processus*, on risque d'oublier que le degré de pluralité dispositionnelle varie dans le temps, selon contextes et les dynamiques relationnelles. Pour devenir pleinement intelligible, l'expérience du déplacement social doit être appréhendée comme un phénomène appartenant à l'espace du raisonnement propre aux sciences historiques (anthropologie, sociologie, histoire), c'est-à-dire enraciné dans des coordonnées spatio-temporelles et des trames biographiques qui impliquent de multiplier les descriptions et les comparaisons longitudinales avant de formaliser les résultats sous la forme d'un modèle théorique. Les observations recueillies, qu'elles soient statistiques, ethnographiques ou fondées sur des archives, permettraient sinon de dépasser, du moins d'enrichir les auto-analyses faites par d'anciens boursiers.

3) Le concept d'habitus clivé est indissociable de la trajectoire, objectivement très exceptionnelle, de celui qui l'a forgé. L'itinéraire de Bourdieu a trop peu d'équivalents pour évoquer, sans recourir systématiquement à la comparaison empirique, ce qu'il appelait, à propos de lui-même, une « schizophrénie à demi contrôlée[4] ». Fils d'un receveur des Postes lui-même en ascension (il a été auparavant métayer, puis facteur) et d'une femme issue d'une « grande famille » d'agriculteurs, ce boursier a connu, tout au long de sa vie, de multiples situations de porte-à-faux qui, pour la plupart des déplacés sociaux, sont sans doute moins fréquentes et moins accusées. Tour à tour dominant, par rapport à ses camarades fils de paysans, à l'école primaire, dominé (rural) et dominant (meilleur élève) au lycée, il est dominé en khâgne à Louis-le-Grand et à la rue d'Ulm (provincial, bachelier de première génération), puis dominant dans le monde intellectuel parisien (professeur agrégé, assistant d'Aron à la Sorbonne, élu précocement directeur d'études à l'EHESS). Attiré par la sociologie, discipline alors dominée par la philosophie, après avoir sacrifié (provisoirement) son capital symbolique en se convertissant

à l'ethnologie, il est à nouveau dominant face aux « soldats de base », durant son service militaire, aux chômeurs ou aux paysans algériens qu'il rencontre dans ses premières enquêtes, puis aux amis de sa famille au centre de ses études sur les stratégies matrimoniales dans son Béarn natal. Son élection au Collège de France, en 1981, a peut-être contribué à réactiver les tensions qu'il pensait avoir neutralisé en choisissant des objets (célibat paysan, inégalités scolaires, pratiques culturelles, grandes écoles), qui, si on lit entre les lignes, sont autant de tentatives pour inventer des arrangements.

Dans quelle mesure ces conclusions empiriques et ces propositions théoriques sont-elles généralisables – étant entendu que, en sciences sociales, la généralisation ne repose pas forcément sur des extrapolations statistiques valant « toutes choses égales par ailleurs[5] » ? Outre les gains heuristiques obtenus par la variation des échelles d'interprétation sur un même objet, c'est par la comparaison avec des travaux portant sur des sujets analogues réalisés dans d'autres contextes, en particulier dans d'autres pays, que l'on peut vérifier la fiabilité des hypothèses[6]. Une lecture approfondie de la littérature récente sur les grands déplacements sociaux indique plusieurs convergences avec mes analyses. Parmi d'autres exemples, trois sociologues britanniques[7] ont montré que les étudiants d'origine populaire des « universités d'élite » anglaises ne vivent pas des tiraillements incessants entre leurs univers d'accueil et d'origine, même si beaucoup sont confrontés à des situations inconfortables, résumées par la formule « *strangers in paradise* ». Les auteurs notent par ailleurs que l'acculturation partielle est la règle et la conversion des dispositions, l'exception. Ces phénomènes s'expliquent, selon eux, par le développement d'une réflexivité propice à un « constant remodelage de soi » (« *a constant fashioning and re-fashioning of the self* ») qui s'accompagne rarement d'un abandon ou d'une honte de l'héritage social. Car, disent-ils, des « techniques de compartimentation » limitent la probabilité d'une rupture totale avec le milieu d'origine, sans pour autant réduire les chances de réussite scolaire. Une enquête sur des étudiants de milieux populaires dans les *colleges* américains les plus sélectifs[8] confirme l'hypothèse selon laquelle les conflits dispositionnels ne sont pas toujours durables. Le sentiment de porte-à-faux concerne principalement celles et ceux qui ne parviennent pas ou plus à garder avec leur famille ou avec leurs amis d'enfance des liens qui leur permettraient de passer sans trop de difficultés d'une région à l'autre du monde social. Dans le cas de ce qu'ils appellent les « navigateurs multi-classe » (« *multi-class navigators* »), les auteurs observent divers moyens de faire bénéficier leurs proches des ressources acquises au cours de la scolarité dans l'enseignement supérieur. Pour les autres, les souffrances sont plus fréquentes, en particulier chez les garçons et les enfants dont les parents sont les plus démunis économiquement et culturellement. Par ailleurs, la réussite professionnelle des uns et des autres dépend étroitement de l'état du marché du travail, en France comme aux États-Unis : même quand ils sortent d'un établissement prestigieux, ils accèdent rarement aux meilleurs postes. Enfin, des travaux étrangers spécifiquement consacrés aux désajustements dispositionnels convergent avec mon invitation à utiliser de façon plus parcimonieuse et descriptive le schème du clivage. Ainsi, dans un article tiré de son enquête auprès de garçons de milieux populaires admis sur concours, à 11 ans, à un lycée d'élite catholique (« *grammar school* ») situé en Irlande du Nord[9], la sociologue Nicola Ingram note que l'existence d'injonctions contradictoires récurrentes ne vaut que pour les élèves qui reconnaissent complètement la légitimité des hiérarchies scolaires, au point de leur accorder une importance supérieure aux valeurs de leur univers d'origine. Ses analyses permettent d'esquisser une typologie qui prolonge et aide à modéliser les conclusions présentées dans ce livre. Elle distingue trois sortes d'habitus clivé : tiraillé (« *tug* »), déstabilisé (« *destabilized* ») et déchiré (« *disjunctive* »). Dans tous les cas, les déplacements sociaux ne s'accompagnent pas forcément d'une réflexivité accrue, comme je l'ai montré à propos de ceux qui se sont très tôt éloignés de leur univers d'origine.

Pour prolonger les questions abordées dans ce livre, il faudrait approfondir l'analyse des appartenances ethniques et religieuses dans l'expérience des passages des frontières sociales. Si j'ai souligné que la moindre importance de ces dimensions dans les entretiens tient pour partie à la relation d'enquête, il me semble qu'elle s'explique aussi par le contexte français[10] et, en particulier, par les multiples controverses sur la « discrimination positive » qui ont pu inciter certains élèves à minimiser ces aspects pour se démarquer de la figure du « faux méritant ». On pourrait aussi insister s'interroger sur l'orientation sexuelle des migrants de classe : les gays et lesbiennes d'origine populaire sont sans doute, à la différence des hétérosexuels, voués à franchir plusieurs types de frontières sociales et, peut-être, à inventer d'autres formes d'arrangements. Enfin, il serait intéressant d'élargir l'enquête aux héritiers qui, comme je l'ai dit, ne forment un bloc homogène qu'aux yeux des boursiers. Même si les bacheliers qui intègrent une CPGE ou une grande école n'ont pas eu – ou rarement – à franchir les frontières sociales, on peut se demander si, pour eux, il n'existe pas aussi un coût à *rester dominants*, c'est-à-dire à accepter et à honorer un *mandat de reproduction*[11]. Plusieurs questions se posent, ici : Ces jeunes se perçoivent-ils eux-mêmes comme les membres des « élites » ? Si oui, comment considèrent-ils ceux qui ne sont pas de leur « monde » ? Sinon, comment peuvent-ils être intimement convaincus de leur « mérite », malgré tous les démentis empiriques à cette croyance qui ont été apportés par les sociologues et largement relayés par les faiseurs d'opinion, depuis cinquante ans ?

Ces interrogations peuvent sembler naïves ou triviales. Pourtant, elles touchent à un point essentiel : en comprenant comment s'acquiert le sentiment de sa propre légitimité, vécu sur le mode du cela va de soi ou, parfois, de ce que le langage ordinaire appelle un « complexe de supériorité », on renverse ainsi la perspective qui prédomine dans les débats publics, focalisée sur les « autocensures » des enfants des classes populaires, à travers laquelle les « élites » imposent implicitement une image d'elles-mêmes neutre et rassurante. Rien d'étonnant, en effet, si la rhétorique méritocratique actuelle coexiste souvent avec la dénonciation du « nivellement par le bas » qu'auraient provoqué l'instauration du collège unique, la création des ZEP et la massification des universités. Loin de remettre en cause l'ordre établi, les appels à ouvrir les classes préparatoires et des grandes écoles poursuivent ainsi, par d'autres moyens, le travail quotidien d'édification des frontières sociales qui, si elles n'étaient pas sans cesse redéfinies et re-justifiées, par l'invention de points de passage et la célébration des mythes collectifs, deviendraient vite inacceptables.

Notes

Introduction

1. Genette G., 2012 [2006], p. 63. Les mots en gras et en italiques sont de l'auteur.
2. J'utilise ici les guillemets pour signaler qu'il s'agit d'un terme indigène. Cependant, pour faciliter la lecture, je les abandonnerai dans le reste de l'ouvrage.
3. Pour une approche statistique de ce phénomène, cf. Albouy V. et Wanecq T., 2003. Pour plus d'informations sur l'histoire de l'ouverture sociale et sur les tentatives, depuis la Libération, d'élargir le recrutement social des grandes écoles, cf. Pasquali P., 2013, p. 41-245.
4. J'emprunte ce terme à Marie Duru-Bellat et Annick Kieffer (2008). Il désigne les filières les plus sélectives de l'enseignement supérieur français, soit les CPGE, les grandes écoles et les formations universitaires en médecine et pharmacie, qui représentent selon ces auteures 16 % des générations nées entre 1975 et 1980. Je n'utiliserai ce mot et celui d'« élites » que par commodité, en les mettant toujours entre guillemets pour marquer la distance avec la philosophie à laquelle ils sont historiquement liés, qui assimile les personnes les mieux dotées en pouvoir, en prestige ou en diplômes, aux « meilleurs » et, par là, naturalise l'ordre social.
5. Malgré la remise en cause, dans les années 1980-1990, d'une partie des programmes d'*affirmative action* aux États-Unis. Voir Sabbagh D., 2006.
6. Allouch A. et van Zanten A., 2008 ; Buisson-Fenet H. et Draelants H., 2010 ; van Zanten A., 2010.
7. Ce changement est aussi l'effet de la mobilisation de certains chercheurs en sciences sociales. Voir notamment Weil P., 2005 et Wieworka M., 2008.
8. MESR-DEPP, 2012b, p. 169 ; Gateaud G., 2012, p. 3.
9. Briand J.-P. et Chapoulie J.-M., 1992.

10. Les noms des enquêtés et des lieux situés dans la région où ma recherche s'est déroulée sont tous fictifs. Je reviendrai à la fin de cette introduction sur les raisons de cette anonymisation.
11. Ils bénéficient toutefois de quelques aménagements secondaires. Avant la création, en 2008, d'un concours post-bac commun à six IEP de province, ils avaient ainsi la possibilité, certaines années, de voir leur moyenne au baccalauréat (comptabilisée dans les épreuves d'admission) remplacée par une « note de progression », décernée par le biais du contrôle continu. Par ailleurs, ceux qui souhaitaient préparer les concours de l'IEP situé dans leur académie étaient dispensés de l'épreuve sur ouvrages, dont la liste était communiquée au début des vacances d'été, remplacée par un programme de lectures plus lourd (une dizaine de livres), mais fixé dès la rentrée de septembre. Je reviendrai en détail sur les modalités d'accès aux IEP dans le dernier chapitre. En ce qui concerne l'école de commerce, ces élèves passent exactement les mêmes épreuves que les autres candidats, mais leurs frais de scolarité (7000 euros annuels) sont pris en charge par l'établissement, en vertu d'un accord de partenariat.
12. Sorokin P., 1959 [1927], cité par Cuin C.-H., 1993, p. 69. Sur l'histoire de la sociologie de la mobilité sociale en France et aux États-Unis, je renvoie à ce dernier ouvrage et à celui de Dominique Merllié (1994).
13. Bendix R. et Lipset S., 1959 ; Blau P. et Duncan O., 1967 ; Boudon R., 1973.
14. Il s'agissait alors, d'une part, de mesurer et de comparer le degré de « rigidité » ou de « fluidité » des structures sociales de chaque pays et, d'autre part, d'identifier les « facteurs » et les « conséquences » politiques, économiques et psychologiques de la mobilité sociale, ascendante ou descendante, dans le but notamment d'évaluer, par des procédures rigoureuses de quantification, l'écart entre les constats empiriques et l'idéal de l'égalité des chances, à la naissance, entre tous les individus. Pour une revue de littérature critique, cf. Naudet J., 2012, p. 12-36.
15. Passeron J.-C., 2006 [1991], p. 301-330.
16. Strauss A., 2006 [1971].
17. Il s'agissait, selon Strauss, de mettre au jour les tactiques et stratégies par lesquelles certains individus essayent, avec ou sans succès, de maintenir ou d'améliorer leur position, au prix de plusieurs tentatives et sur une pluralité de scènes sociales (parents, fratrie, famille élargie, conjoint, enseignants, voisins, amis, collègues, confrères ou condisciples, etc.).
18. Thévenot L., 1990.

19. Bertaux D., 1974 et 1976.
20. Bertaux D., 1993; Bertaux D. et Bertaux-Wiame I., 1988.
21. Cartier M., Coutant I., Masclet O., Siblot Y., 2008; Lahire B., 2004; Masson P. et Suteau M., 2010; Terrail J.-P., 1990.
22. Merllié D. et Prévot J., 1997. Entre autres exemples de ces approches, cf. Thélot C., 1982 et Vallet L.-A., 1999.
23. Darbel A., 1975; Gollac M., et Laulhé P., 1987.
24. Des données récentes indiquent que les trois quarts des enfants de classes populaires ne changent pas de position sociale au cours de leur vie, que les chances d'ascension des générations nées après les années 1960 se sont nettement détériorées et que le risque de déclassement intergénérationnel s'est accru pour les jeunes de tous les milieux. Par ailleurs, la proportion d'enfants de salariés connaissant une mobilité significative (ascendante ou descendante) s'est accrue depuis trente ans, mais elle demeure assez faible : de 13 % en 1983, elle est passée à 18 % en 2009. Voir Peugny C., 2013.
25. Ernaux A., 1983, 1996 et 2008; Eribon D., 2009.
26. Je renvoie ici aux travaux de Louis Chauvel (2010 [1998]) et de Camille Peugny (2009).
27. J'ai dû laisser de côté les formations d'ingénieurs. Voir à ce sujet Bouffartigue P. et Marry C., 1996; Dubar C. et Gadéa C., 1999; Eckert H., Gadéa C. et Grelon A., 2003; Laurens J.-P., 1992. Par ailleurs, je ne parlerai pas des cas, tout aussi intéressants, d'individus qui améliorent leur position par d'autres voies que l'École. Sur les artisans, cf. Zarca B., 1979 et 1995; sur les petits commerçants, cf. Mayer N., 1993; sur les sportifs, cf. Beaud S. et Guimard P., 2011, Bertrand J., 2011, Rasera F., 2012 et Schotté M., 2012; sur les militants politiques, syndicaux et associatifs, cf. Leclercq C. et Pagis J., 2011.
28. Memmi D., 1996, p. 34.
29. Sur les significations et les usages variables de ce concept, cf. Jeanpierre L., 2010. Pour un aperçu des rares travaux qui le mobilisent, en France, cf. Merklen D. et de Saint Martin M., 2010; Gheorghiu M. D. et Merklen D., 2010.
30. Lamont M., 1995 [1992]; Lamont M., 2001; Lamont M., 2002; Lamont M. et Molnar V., 2002.
31. Abbott A., 1995; Reay D., 1998a; Tilly C., 2004.
32. Bourdieu P., 1984.
33. Lapierre N., 2006 [2004], p. 122-179.
34. Il suffit, pour s'en convaincre, de penser à ces clôtures très concrètes que constituent les espaces réservés aux «élites» (des résidences fermées à l'abri des regards, avec leurs murs, portails et caméras, aux lieux de villégiature et aux hôtels de luxe, en passant par les clubs

selects recrutant par parrainage) et, plus largement, toutes les divisions inséparablement spatiales et symboliques (banlieue/centre-ville, cités/pavillons, universités/grandes écoles, etc.) qui limitent fortement les contacts durables et directs entre les groupes sociaux et ethniques.

35. Ce n'est pas un hasard si l'auteur de *La Barrière et le niveau*, Edmond Goblot, a décrit avec tant de soin les mœurs de la bourgeoisie du début du XXe siècle : normalien descendant, par sa mère, d'une vieille lignée de professeurs, mais fils d'un enfant de modestes paysans devenu employé puis cadre moyen, ce logicien a directement éprouvé les rapports de domination au cours de sa vie. Cf. Goblot E., 1984 [1925]. Sur l'histoire de la famille de Goblot, cf. Isambert-Jamati V. et Sirota R., 1981.
36. Crompton R., Devine F., Savage M. et Scott J., 2004 ; Thompson E. P., 2012 [1963]. À l'inverse, on peut faire l'hypothèse que ces frontières sont plus étroitement liées à la couleur de peau dans des pays qui, comme les États-Unis, se sont presque entièrement construits sur la référence (courante, ancienne et officielle) à la religion ou à la couleur de peau. Cf. Schor P., 2009 ; Wright Mills C., 1966, p. 341-342.
37. Deauvieau J. et Dumoulin C., 2010 ; Galland O. et Rouault D., 1998.
38. Alonzo P. et Hugrée C., 2010 ; Renahy N., 2002. ; Verret M., 1995 ; Vigna X., 2012.
39. Hoggart R., 1970 [1957], p. 352.
40. Beaud S. et Pialoux M., 2003 ; Mauger G., 2006b ; Schwartz O., 1998.
41. MESR, 2011. Par ailleurs, les écarts se creusent progressivement jusqu'à la fin du lycée : 53 % de l'ensemble des enfants d'ouvriers entrés en Sixième en 1995 ont accédé à la Terminale, contre 93 % de ceux de cadres ou d'enseignants, et 46 % des premiers ont obtenu le baccalauréat, contre 89 % des seconds. Cf. MESR-DEPP, 2012b, p. 147.
42. Convert B., 2003.
43. Brint S. et Karabel J., 1989.
44. Cookson P. et Persell C., 2001. Pour une recension critique des récents travaux à ce sujet, cf. Darmon M., 2012a.
45. Allouch A. et Buisson-Fenet H., 2008.
46. Source : données brutes de la DEPP.
47. Cette anonymisation n'induit aucun biais, dans la mesure où cet IEP a un recrutement social qui se distingue peu de celui des autres.
48. Pasquali P., 2011.
49. Ces différences sont inséparables de tactiques de présentation de soi qui, selon les cas, consistent à arborer une appartenance stigmatisée, transformée en emblème ou, au contraire, à limiter les indices

d'infériorité sociale. Mais elles s'expliquent aussi par le degré d'asymétrie de chaque relation d'enquête et à la propension de chaque élève à envisager l'entretien soit comme un exercice scolaire, soit comme un service rendu, soit encore comme une occasion, trop rare pour ne pas la saisir, de parler avec une personne *a priori* susceptible de les assister dans un travail d'introspection antérieur à ma recherche.

50. Après ma prise de contact avec l'administration du lycée, ma place s'est stabilisée. Le proviseur et son adjointe ont manifesté beaucoup d'intérêt pour ma recherche, sans doute parce qu'ils espéraient en tirer profit, en termes de connaissances et de visibilité médiatique, mais peut-être aussi parce qu'en coopérant, ils cherchaient à garder un minimum de contrôle sur mon travail. Quoi qu'il en soit, ils ont fait preuve d'une grande bienveillance à mon égard.
51. Bensa A., 2006, p. 341-347 ; Cefaï D., 2010 ; Weber F., 2009.
52. Sur les enjeux et les effets de ce type de stratégie, cf. Masclet O., 2006 [2003], p. 307-309.
53. Plusieurs sociologues ont fait de même par le passé, à l'instar de William Foote Whyte, qui n'a révélé que quarante ans plus tard les vrais noms d'« Eastern City » (Boston) et de « Cornerville » (le quartier du North End), ou de Paul Willis, qui n'a jamais levé le secret sur la zone géographique évoquée dans *Learning to labour*. Cf. Whyte W. F., 2002 [1943], p. 365 et Willis P., 2011 [1977], p. 360-361.
54. N'ayant pas adopté cette stratégie durant les premiers mois de ma recherche, j'ai constaté ensuite combien elle aidait à libérer la parole et à mettre en confiance. Ma promesse était d'autant mieux reçue des élèves qu'elle se différenciait, à leurs yeux, de la pseudo-anonymisation des journalistes de la presse écrite ou de la télévision, envers lesquels ils éprouvaient souvent une profonde méfiance.

Chapitre 1
Prospection, élection, projections : le recrutement des candidats

1. Comme l'écrit Muriel Darmon (2013, p. 35), « Lorsque les élèves [de CPGE] se présentent le jour de la rentrée (...) l'institution a déjà débuté, à distance, son travail sur eux par les processus de sélection utilisés, qui lui ont permis de choisir sinon ses élèves, du moins un certain type d'élèves qu'elle était prête à accepter. »
2. S'il est vrai que la migration de classe ne renvoie pas aux mêmes expériences selon les trajectoires migratoires et la nationalité des intéressés

(les enfants d'immigrés d'origine populaire en réussite scolaire et/ou professionnelle étant, si l'on peut dire, des « doubles migrants »), il n'en demeure pas moins qu'elle se caractérise par une situation analogue : celle d'un « exil » social et culturel, plus ou moins durable et radical.

3. Mauger G., 2004, p. 177.
4. Weber F., 1995 ; Maillochon F. et Selz M., 2009, p. 77-85.
5. Cayouette-Remblière J., 2011.
6. Soutrenon E., 2005.
7. Ce constat peut s'expliquer à la fois par les dispositions des enquêtés à parler de soi, plus fréquentes dans les classes moyennes (Poliak C., 2002), et par la plus ou moins grande distance entre leurs propriétés (sociales, scolaires, de genre) et les miennes au moment de l'enquête : homme, membre des classes moyennes intellectuelles, étudiant en doctorat dans des écoles réputées et, depuis peu, installé en région parisienne.
8. Source : dossiers de candidature, archives du lycée Coty. Sauf mention contraire, il s'agira toujours de cette source. Pour alléger mon propos, je n'indiquerai plus par la suite que ces données correspondent à la situation des élèves au moment de postuler.
9. Source : listings des élèves du lycée Coty (promotions 2003 à 2009).
10. Source : INSEE, recensements de 1975, 1982, 1990, 1999 et 2008. Toutes les données citées ici proviennent de cette source.
11. Goffman, E. 1975 [1963].
12. Sur cette logique d'auto-stigmatisation des habitants des zones de relégation, cf. Pialoux M., 1979.
13. Schwartz O., 2009 [1990], p. 61-86.
14. Cartier M. et *alli*, 2008.
15. Cette formule est employée par S. Beaud et B. Convert (2010) pour désigner la conception consumériste du système éducatif qui tend à se diffuser à de larges pans de la société, alors qu'elle se limitait auparavant selon eux aux fractions intellectuelles des classes moyennes et supérieures.
16. Chapoulie J.-M., 2010, p. 553 ; Van Zanten A., 2009, p. 179-205.
17. Laval C. et *alli*, 2011.
18. Ben Ayed C., Broccolichi S., Trancart D. et Mathey-Pierre P., 2007, p. 31-48.
19. Source : MESR-DEPP, 2011.
20. En 2007, 40 % des élèves en deuxième année de CPGE (hors prépa sup-expé) ont intégré une des 20 grandes écoles les plus prestigieuses (celles couramment appelées les « écoles du top » par les professeurs en CPGE).

21. À l'inverse, je n'ai jamais été « contrôlé » dans les lycées ZEP où j'ai enquêté.
22. Les élèves des sections européennes suivent des enseignements spécifiques en langues vivantes étrangères dans des disciplines non linguistiques (par exemple l'histoire-géographie), à hauteur d'au moins deux heures hebdomadaires en plus du tronc commun. De plus, ils bénéficient chaque année d'activités culturelles et de voyages pédagogiques. En cas de réussite au baccalauréat (et de l'obtention d'une note au moins égale à 12/20 dans la langue de leur section), ils se voient attribuer un diplôme portant la mention « section européenne ».
23. Merle P., 2012 ; Oberti M., 2007.
24. Le PR (père, mère ou tuteur) est déterminé au moment de l'inscription de l'élève. Interlocuteur principal de l'administration, c'est à son nom que sont envoyés les bulletins trimestriels et c'est lui qui est contacté en priorité pour les réunions parents-professeurs. Les données du Rectorat ne différencient pas les trois types de PR.
25. En France, la même année, ce taux atteint dans les lycées publics 8 % en ZEP et 29 % hors ZEP. À l'autre extrême, la part des inscrits dont le PR est ouvrier est de 5 % au lycée Coty, contre 34 % au lycée Gide, 31 % au lycée Flaubert et 24,5 % au lycée Voltaire. À l'échelle nationale, c'est le cas d'environ 30 % des lycées publics en ZEP et 16 % hors ZEP.
26. Orange S., 2010.
27. Source : questionnaire auprès des entrants en première année de CPGE au lycée Coty, 2009.
28. IEP de Paris, 2006.
29. Coquard O., 2010.
30. Pons A., 2007, p. 2.
31. MESR-DEPP, 2012a, p. 11.
32. Par exemple, 77 % des élèves de Terminale ES au lycée Voltaire sont des filles, en 2006. Source : Base élèves. La prédominance des filles au sein des recrues du dispositif n'est pas corrélée significativement à un écart de performances, même si elles sont meilleures scolairement (73 % n'ont jamais redoublé, contre 66 % des garçons).
33. Ferrand M., Imbert F. et Marry C., 1999.
34. Lemaire S., 2008, p. 2.
35. IEP de Paris, 2008, site internet [document en ligne : http://www.sciences-po.fr/upload/Espace_presse/Dossiers_thematiques/bilan_admission__octobre_2008.pdf (consulté le 7 mai 2012) ; van Zanten A., 2010, p. 76-77. On ne dispose malheureusement pas de

données précises sur les origines sociales des admis à la CPES du lycée Henri IV.

36. Pour les pères, il faut rester prudent compte tenu d'un taux de non-réponse (TNR) élevé (19 %). Les données sont plus fiables pour les mères (TNR = 11 %).
37. Chacune de ces catégories inclut les anciens actifs à la retraite.
38. Les chiffres concernant le programme « Pourquoi pas moi ? » (PQPM) de l'ESSEC sont plus difficiles à interpréter, car ils proviennent d'un questionnaire non exhaustif (n = 177). On note toutefois que les enfants de classes supérieures y sont peu nombreux, alors que ceux de classes moyennes représentent près d'un tiers des effectifs.
39. *Ibid.*, p. 79-80 ; Coquard O., 2010.
40. Dardelet C. et *alli*, 2008, p. 20.
41. La CPES sélectionne les meilleurs boursiers à l'échelle nationale et l'admission à Sciences Po Paris par les CEP est conditionnée à la réussite au baccalauréat à la première session. Quant aux bénéficiaires de PQPM, ils sont davantage « triés » par l'ESSEC (présélection par les enseignants, entretien de motivation et examen des bulletins), au sein d'un vivier de recrutement plus large qui permet de mieux « cibler » les recrues.
42. En général, le test du Chi2 est utilisé pour des échantillons, mais on peut aussi s'en servir, comme je le fais ici, pour apprécier le degré de dépendance entre les variables dans une population exhaustive et, ainsi, évaluer la robustesse des hypothèses. Les résultats exposés ci-dessous sont tous significatifs au seuil de 99 %.
43. Faute de disposer des dossiers des non-admis, qui auraient constitué une base de comparaison adéquate, je suis contraint d'utiliser les tableaux statistiques du Rectorat et les données nationales de la DEPP (Base élèves).
44. Darmon M., 2012b.
45. En 2006, 58,8 % de ces néo-bacheliers s'inscrivent à l'université, 10,5 % dans un IUT, 7,8 % dans une STS et 10,8 % dans d'autres formations (Lemaire S., 2007).
46. Source : service statistique du Rectorat, année 2007-2008.
47. Outre les dossiers de candidature, je m'appuierai ici sur les recensements détaillés des trois lycées ZEP tirés des statistiques du Rectorat (2007-2008) et de l'exploitation de la Base Élèves – exhaustive – de la DEPP (2006).
48. Mercklé P., 2005.
49. Lahire B., 1994 et 2004 ; Millet M. et Thin D., 2007.
50. Bourdieu P. et Passeron J.-C., 1970, p. 104-106.

51. Cependant, on ne doit pas isoler ces atouts des critères dominants de l'excellence scolaire. Pour s'en tenir à l'allemand, discipline traditionnellement privilégiée par les meilleurs élèves en France, notons que si les admis sont anglicistes en première langue dans les mêmes proportions que les inscrits en Terminales générales dans leurs établissements d'origine, ils ont été deux fois plus qu'eux germanistes en deuxième langue.
52. Faute de données suffisantes, il est difficile de repérer d'éventuelles caractéristiques compensatoires ethniques (le fait d'être Blanc plutôt que Noir ou Arabe, français plutôt qu'étranger, etc.).
53. Merllié D. et Monso O., 2007 ; Zarca B., 1995.
54. Benabou R., Kramarz F. et Prost C., 2003, p. 45.
55. Pirus C., 2011, p. 174.
56. Ce résultat doit être interprété avec prudence, le TNR étant très élevé (27 %). Notons tout de même qu'1/7e d'entre eux ont un parent qui appartient aux classes populaires et l'autre aux classes moyennes ou supérieures
57. Il faut éviter toute extrapolation compte tenu de la taille des effectifs et des imperfections des données de la DEPP (Base Élèves), qui indiquent la profession du premier responsable sans différencier les pères, les mères et les tuteurs.
58. Les archives permettent ainsi de montrer des phénomènes que les responsables du dispositif tendent à minimiser ou à présenter comme un symbole de la mixité sociale en ZEP. Monique Dulong, proviseure-adjointe du lycée Coty, explique ainsi en entretien : « On a eu un élève qui a été assez intelligent une année : il était à Coty au collège, puis il est reparti au lycée Flaubert en Seconde, et il est revenu chez nous en sup-expé ». Lorsque je lui demande si ce n'est pas contradictoire avec les objectifs du dispositif, elle répond : « Non, c'était aussi un objectif de Monsieur Lopez que des élèves puissent venir à Coty en classes prépas sans contourner la carte scolaire en quittant la ZEP [entre la Seconde et la Terminale]. »
59. Lignier W., 2012, p. 165-166.
60. Lahire B., 1995.
61. Siblot Y., 2006, p. 46-66.
62. Mauger G., 2006a.
63. Comme l'écrivent Gérard Mauger et Claude F. Poliak (2000), « la "féminisation des femmes" et la "masculinisation des hommes" (...) [s'accomplissent] à la fois au travers de la familiarisation avec un monde symboliquement structuré et d'un travail d'inculcation collectif (de la famille, de l'école, des médias, etc.), souvent plus implicite qu'explicite et qui dirige en particulier l'orientation des investissements vers le

monde des choses humaines ou vers le monde des choses matérielles, vers les lettres ou vers les sciences, vers les sciences humaines ou vers les sciences physiques. »

64. Baudelot C. et Establet R., 2006 [1992] ; Duru-Bellat M., 2004 [1990] ; Ferrand M. et *alli*, 1999 [1996].
65. Turner R. H., 1960, *in* Forquin J.-L., 1997, p. 91-110.
66. Depuis l'adoption d'une loi sur l'enseignement supérieur le 9 juillet 2013, une importante modification a été apportée à cette procédure, avec la création d'un « droit d'accès » aux formations sélectives (dont les CPGE) pour 5 à 7 % des meilleurs élèves de chaque lycée.
67. Les écarts sont significatifs au seuil de 99 % ici et dans les paragraphes suivants, mais ces chiffres ne concernent que les promotions 2003 à 2007 (les deux suivantes ont un TNR trop élevé pour être incluses).
68. Bourdieu P. et de Saint Martin M., 1970.
69. Darmon M., 2012b
70. Comme je l'ai dit plus haut, je n'ai eu accès qu'à deux dossiers de candidats recalés. Mon propos ne concerne donc que les élèves de ce troisième groupe qui ont été admis par le jury.
71. Combessie J.-C., 1969.
72. Source : questionnaire auprès des entrants en première année de CPGE au lycée Coty, 2009.
73. C. Grignon (1968) a montré comment, dans les années 1960, les instituteurs en milieu rural produisaient des garanties matérielles et symboliques (promesse d'une bourse, d'une réussite assurée) capables de contrecarrer l'« appréciation diffuse des risques d'échec » dans les familles paysannes (p. 221).
74. Hajjat A., 2012 ; Noiriel G., 2006 [1988], p. 125-187.
75. Sayad A., 1999, p. 108.
76. Noiriel G., 2006 [1988] ; Thomas W. I. et Znaniecki F., 1998 [1918].
77. Pennetier C. et Pudal B., 2002.
78. Lahire B., 1998, p. 107-118.
79. Naudet J., 2012, p. 143-166.
80. Martinet M., 2004 [1935]. Normalien, journaliste et écrivain issu des classes moyennes provinciales (mère directrice d'école primaire, père préparateur en pharmacie), Marcel Martinet (1887-1944) a poursuivi les réflexions sur le « refus de parvenir » du syndicaliste Albert Thierry (1881-1915), fils d'un père maçon, élève de l'ENS de Saint-Cloud, instituteur devenu professeur dans l'enseignement primaire supérieur puis dans une école normale d'instituteurs.
81. Reay D., 1998b ; Skeggs B., 1996.
82. Duru-Bellat M. 2004 [1990] ; Lahire B., 2001.
83. Lagrave R.-M., 2010.

Chapitre 2
« Apprenez votre place » :
ethnographie d'une entreprise d'acculturation

1. Bastide (1971, p. 45-46) opposait l'« acculturation planifiée » à l'acculturation « forcée » (engendrée par une guerre d'occupation, un système d'esclavage ou une situation coloniale) ou « spontanée » (consécutive à la rencontre de groupes hors de toute intervention institutionnelle). Sur la portée et les limites du concept d'acculturation, cf. Wachtel N., 1974, p. 124-146.
2. Darmon M., 2010, p. 53-57.
3. Bourdieu P., 1989, p. 112-132 ; Darmon M., 2013.
4. Bourdieu P., 1981.
5. Contrairement aux préparationnaires bénéficiant d'un hébergement dans leur établissement et à la différence des « oblats » en khâgne jusqu'à la fin des années 1960. Cf. Faguer J.-P., 1995.
6. Darmon M., 2013.
7. J'emprunte à Muriel Darmon (*ibid.*, p. 36-41) l'usage qu'elle fait, dans le cas des préparationnaires, des concepts goffmaniens (Goffman E., 1968 [1961]) de « mise en condition » et de « dépouillement ».
8. Goffman E., 1974 [1967].
9. Bourdieu P., 1982.
10. Lors de l'entretien informel cité plus haut, Henri Mounier me propose d'assister aux auditions (« ça peut vous intéresser pour votre enquête ») aux côtés des trois jurys. J'accepte immédiatement, à une réserve près : je ne souhaite pas poser de questions aux élèves, comme il me le suggère. J'ai donc opté pour une observation non participante. Au total, j'ai assisté à 11 auditions en 2008 et 2009. Avec l'accord de l'équipe pédagogique, j'ai pu les enregistrer intégralement, à l'insu des élèves pour éviter d'accroître leurs craintes éventuelles. Le choix de rester muet et/ou physiquement à distance du jury, ne signifie pas cependant que ma présence soit neutre : tour à tour assis derrière, à côté et avec le jury, pour varier les angles de la description, je suis toujours présenté (ou, plus rarement, je me présente) aux lycéens comme un doctorant en sociologie. À ce titre, ils m'adressent les mêmes marques de déférence qu'aux autres adultes. Par ailleurs, il arrive que, une fois l'élève sorti, des enseignants ou des personnels de direction me demandent ce que j'ai pensé de l'échange ou qu'ils m'interrogent sur la teneur des discussions dans les salles voisines, ce qui fait de moi un informateur « en temps réel » utile pour coordonner le travail pédagogique.

11. Goffman E., 1968, p. 117-118.
12. Bourdieu P., *op. cit.*, p. 61.
13. Les admis en première année de CPGE littéraires et EC ont aussi des devoirs de vacances mais, sauf exception, ils ne doivent pas les rendre à la rentrée et les travaux qu'ils ont à effectuer sont beaucoup moins encadrés par des prescriptions : les enseignants se bornent à mettre sur le site internet du lycée des bibliographies indicatives, le plus souvent sans conseils méthodologiques, en dehors des encouragements à « beaucoup lire ». Les lectures au programme ne sont obligatoires que pour un ou deux ouvrages, les autres sont laissées à la discrétion des élèves.
14. Bidart C., 1997. Comme l'ont montré Michel Bozon et François Héran (1987, p. 965), c'est entre mai et août que les occasions de rencontres, amoureuses ou amicales, sont les plus nombreuses.
15. Poliak C. F., 1992 ; Hoggart R., 1970 [1957].
16. Tourné par une équipe composée d'un cinéaste, d'un journaliste et de deux techniciens, en 2006, ce documentaire ne m'a guère servi pour élaborer mes propres hypothèses. En revanche, j'ai beaucoup appris de mes conversations avec les enquêtés au sujet de leur exposition aux caméras pendant plusieurs mois, et j'ai tiré profit des entretiens informels avec les deux réalisateurs et de l'exploitation de leur « matière première » qui comprend, outre les séquences non retenues pour le film, le synopsis initial, leur cahier de notes, des transcriptions d'interviews annotées et mes notes d'observation rédigées après ma visite au studio de montage pendant la sélection des rushes. Cf. Pasquali P., 2011.
17. Il faut toutefois se garder de considérer ces rushes comme un matériau immédiatement intelligible. D'une part, l'analyse est rendue difficile par des problèmes techniques (absence de son, mauvaise mise-au-point, contrejour, etc.) et par la divergence de centres d'intérêt (en l'occurrence, les réalisateurs se focalisent sur « l'intégration » des élèves de familles immigrées, surreprésentés dans les séquences tournées) et de contraintes formelles (en grande partie esthétiques pour le cinéaste, qui multiplie les zooms sur des mains, des chaussures, des fenêtres ou des portes). D'autre part, chez les élèves, les enseignants et les personnels de direction filmés, les caméras provoquent des réactions que la visite d'un sociologue suscite beaucoup moins : sur-jouant ou inhibant leurs émotions, recherchant ou fuyant l'objectif, ils doivent d'autant plus « sauver la face » qu'ils ne seront pas anonymisés dans le documentaire.
18. L'équipe de tournage (un caméraman, un preneur de son et une journaliste chargée de poser les questions) attend les élèves dans leur salle.

N'ayant pas été prévenus, ces derniers sont gênés par cette présence qui fait d'eux des curiosités (les autres élèves ne sont pas filmés) et qui désacralise leurs premiers pas dans le lycée Coty. Leurs visages sont extrêmement tendus, ils évitent de regarder en direction de l'objectif et, de temps en temps, certains laissent échapper de petits rires crispés ou des regards méfiants. Ils restent silencieux tout au long de cette séance introductive, tandis que presque tous les professeurs font mine d'ignorer les caméras.

19. Comme l'explique Pascal, élève de la promotion 2005, dans un entretien réalisé quatre ans plus tard : « Ce que les anciens nous ont dit, ça nous a interpellés, mais vraiment ! C'était frappant, quoi ! Ça vaut quelque chose, quand ils viennent te dire : "les gars, nous on est arrivés au bout, on a fini au moins l'année"... ça dégage des perspectives intéressantes et, forcément, tu te rends compte que si tu te sacrifies, c'est pas pour du beurre ! 'Y a une force, quoi, 'y a une force dans ces témoignages, ça insuffle quelque chose de différent par rapport aux profs. »

20. En 2012, les élèves de la prépa sup-expé ont 26 heures de cours par semaine (6 en français, 4 en histoire, en philosophie, en SES et en anglais), dont 4 heures de conférence de méthode (étude critique de l'actualité), auxquelles s'ajoutent 1 heure de colle hebdomadaire (30 minutes par discipline) et 2 heures d'options facultatives (autres langues vivantes, mathématiques et logique). Des devoirs surveillés sont organisés tous les deux mois et des concours blancs ont lieu à la fin de chaque semestre. Les travaux à rendre (fiches de lecture, revues de presse, exercices écrits, exposés oraux) occupent une grande partie du temps restant. Les épreuves des concours ont connu également d'importantes transformations. En 2011, les candidats aux IEP (celui de Lagnecourt, en premier lieu) doivent faire une dissertation de culture générale (3 heures, coefficient 3), une en histoire contemporaine (3 heures, coefficient 3) et deux exercices écrits dans une langue vivante au choix (1 heure 30, coefficient 2). La note finale inclut, en outre, la moyenne au baccalauréat (coefficient 1). Auparavant, ces épreuves comprenaient un commentaire sur trois ouvrages (un roman, un essai et un livre d'histoire, dont les titres étaient communiqués environ trois mois à l'avance) et des questions d'actualité (la dissertation d'histoire, les exercices en langue vivante et la moyenne au baccalauréat existaient déjà). Moins exigeant, le concours post-bac de l'école de commerce est composé de trois écrits d'admissibilité (langue vivante, synthèse et analyse de dossier, mathématiques) et de deux oraux d'admission (langue vivante et entretien de motivation). En cas d'échec, les élèves bénéficient, selon leurs résultats et leur assiduité, d'une

équivalence totale ou partielle en Licence 2 (L2 en lettres modernes, en philosophie, en histoire, en droit, en sociologie ou en Langues Étrangères Appliquées – LEA).

Chapitre 3
Une classe à part ?
Appropriations, tensions, résistances

1. Hoggart R., 1970 [1957], p. 115 et suiv. Hoggart a bien expliqué comment les membres des classes populaires, pour se protéger du monde extérieur, cultivent un entre-soi fondé sur la proximité spatiale et des affinités de style de vie.
2. Le questionnaire a fait l'objet d'une passation directe lors de la cérémonie de bienvenue, à la rentrée 2009, auprès de l'ensemble ou presque des élèves en première année de CPGE du lycée Coty. La composition des items en cinq rubriques (« Qui êtes-vous ? », « Vous et votre famille », « Le choix de la prépa », « Le présent et l'avenir », « Sorties, loisirs, culture, amis »), précédées d'un court texte de présentation de mon « enquête sur les élèves des classes préparatoires », s'inspire pour partie des questionnaires des enquêtes *Conditions de Vie des étudiants* de l'Observatoire de la Vie Étudiante (OVE) et du Ministère de la Culture (enquêtes Pratiques Culturelles), pour partie des hypothèses issues des entretiens réalisés entre 2006 et 2009. Avec 507 répondants sur 512 inscrits, le taux de réponse est proche du maximum. Cette quasi-exhaustivité s'explique par une situation d'enquête très favorable, sur laquelle je reviendrai plus loin. Les données recueillies permettent de situer avec fiabilité l'établissement dans l'espace des lycées à CPGE en France. Par rapport aux moyennes nationales (cf. Bouhia R., 2006, p. 3 et Lemaire S., p. 2), celui-ci se caractérise par une sélectivité scolaire nettement plus forte (90 % des préparationnaires ont obtenu une mention Bien ou Très Bien au baccalauréat, contre 49 % dans le pays), une proportion plus importante de préparationnaires d'origine supérieure (+ 8 points) et une part plus faible d'enfants d'ouvriers (– 4 points). Au-delà de cet usage comparatif, ces statistiques aident à mesurer la distance sociale et à identifier les dimensions qui fondent l'altérité des « autres ». Grâce aux tests du Chi2, j'ai vérifié la force des écarts pour chacune des variables élaborées à partir des 53 questions posées aux élèves. Je n'ai retenu que les résultats significatifs au seuil de 99 %.
3. Cf. Baudelot C., Dethare B. et *alli*, 2003. ; Pons A., 2007, p. 6. Par rapport aux moyennes nationales, le lycée Coty a la spécificité

de compter davantage d'enfants de classes supérieures en A/L qu'en B/L et moins en MPSI qu'en PCSI. En revanche, les deux extrêmes du *continuum* sont les mêmes (EC et BCPST). Pour les littéraires, cette inversion doit être nuancée car la proportion d'élèves de classes moyennes est plus forte en B/L qu'en A/L.

4. Tiphaine B., 2002, p. 3.
5. Selon l'OVE (2008, p. 53), ce taux s'élève à 0,6 % chez les élèves des CPGE, contre environ 20 % des étudiants des universités.
6. Les PCSI (37 % de candidats au Concours Général) sont loin devant les EC (12 %) et les BCPST (8 %), les MPSI, B/L et A/L se situant entre ces deux extrêmes.
7. Lemaire S., 2008, p. 5.
8. Coulangeon P., 2009 ; Vourc'h R., 2003, p. 7.
9. Selon la dernière enquête « Pratiques culturelles », réalisée en 2009 par le Ministère de la Culture sous la direction d'Olivier Donnat, les sorties en discothèque concernent 56 % des élèves et des étudiants, contre 11 % à 29 % des répondants sortis du système scolaire. Par ailleurs, la tendance des élèves en CPGE EC à plus sortir en discothèque s'explique par des différences de rapport aux études (cf. Darmon M., 2013, p. 241-302).
10. Grignon C., 1991, p. 4-11.
11. Goffman E., 1975 [1963].
12. Héran F., 1988.
13. Hoggart R., 1970 [1957], p. 121 ; Durand M., 2006 [1990] ; Scott J. C., 2008 [1990] ; Willis P., 2011 [1977].
14. Bozon M., 1984.
15. Buisson-Fenet H. et Landrier S., 2008.
16. Cette opposition entre Ouest et Est ne se fonde pas sur la topographie de Carmont.
17. Pascal est le seul membre de la « West Coast » à ne pas être d'origine populaire. C'est sa trajectoire et celle de ses parents qui créent des affinités avec ses acolytes. Fils d'un père devenu petit patron, il y a quelques années, après avoir été laborantin, ses parents sont immigrés, bacheliers de première génération, protestants très pratiquants et ont longtemps vécu dans un quartier populaire de Carmont, avant d'acheter un pavillon proche d'un HLM, situé à l'est de la ville. Pascal a toujours été scolarisé en ZEP et fréquenté des camarades et des voisins habitant dans des cités.
18. Willis P., 2011 [1977].
19. Ce terme a une connotation positive dans les classes populaires, où le rôle de mère constitue, comme l'a montré O. Schwartz (2009 [1990], p. 177-286), un support fondamental des images de soi chez les jeunes filles et les femmes.

20. Par « adaptation secondaire », Goffman (1968) désignait les stratégies à travers lesquelles les « reclus » d'une « institution totale » tentent de se déprendre du rôle qui leur est assigné par les agents chargés de les encadrer en se révoltant *ou* en contournant subtilement les règlements.
21. Poliak C., 2002.
22. Boltanski L. et Thévenot L., 1987, p. 84-90.

Chapitre 4
« Réussir autrement » ?
Les « collés » à l'université et dans le monde du travail

1. Source : Archives du lycée Coty, dossiers scolaires des élèves. Les 4 % restants concernent des abandons ou des refus d'équivalence.
2. « Collés » et « reçus » sont des termes indigènes : ils sont utilisés par tous les enseignants et par certains élèves.
3. Selon Pierre Cam (2009, p. 311-312), seulement 68 % des étudiants à l'université (hors IUT) restent dans le même cursus en premiers cycles, contre 83 % en IUT, 76 % des élèves en CPGE et 88 % de ceux en STS. Dans les facultés, le *turn-over* est maximal en AES, lettres et langues, et relativement fort en droit, en sciences, en sciences économiques et en sciences humaines. Ce sont ces filières que rejoignent les « collés » dont je vais parler dans ce chapitre.
4. En fonction de leurs résultats en prépa sup-expé, les élèves ont droit à une équivalence pleine ou partielle donnant accès à une deuxième année de licence en AES, en économie-gestion, en histoire-géographie ou en LEA. En revanche, ceux qui s'inscrivent en droit, en lettres ou en philosophie entrent seulement en première année.
5. Dominique Memmi (1996, p. 37) analyse l'image du « nouveau départ » comme l'une des « postures de conquête » à travers lesquelles les déplacés sociaux donnent un sens à leurs expériences en dehors de leur univers d'origine.
6. En mars 2009, je conviens par téléphone avec Yasmine d'un rendez-vous, un an et demi après notre dernier entretien. Mais, quelques jours plus tard, elle me rappelle pour l'annuler, expliquant, un peu gênée, qu'elle « n'a pas envie de raconter [sa] vie ». Son refus n'a rien de surprenant : je reviens vers elle au moment où sa migration de classe est remise en cause, après une maladie qui l'a obligée à quitter la prépa sup-expé au milieu de l'année, des conflits avec ses camarades qui l'ont conduite à « couper les ponts » avec beaucoup

d'entre eux, puis son redoublement en L2 AES, faute d'avoir réussi à jongler entre les cours et son emploi de caissière à mi-temps.

7. Un an après notre premier entretien, en 2007, je téléphone à Lydia, ma camarade en Première et Terminale, en lui rappelant son accord pour nous revoir régulièrement jusqu'à la fin de mon enquête. Elle semble l'avoir oublié. Au moment où elle revoit ses ambitions à la baisse (inscrite à l'IUP, elle abandonne son projet d'intégrer une grande école de journalisme parisienne), alors que je continue mes études à Paris, ma sollicitation la met peut-être mal à l'aise : « T'en as pas marre d'être étudiant ? », dit-elle sur le ton de l'humour. Elle refuse une seconde fois, en 2009, m'écrivant, dans un bref courriel : « Tu veux encore faire de moi un rat de laboratoire, ou quoi ? ».
8. Coulon A., 2005 [1997].
9. Je lui avais aussi donné une courte bibliographie d'ouvrages classiques en histoire (Antoine Prost, Marc Bloch, Georges Duby, François Braudel et Carlo Ginzburg). Il les a achetés ou empruntés, mais n'en a lu aucun.
10. Beaud S., 1997.
11. Chamboredon J.-C., 1991.
12. Lemaire S., 2005.
13. Bodin R. et Millet M., 2011.
14. Bourdieu P., 1974, p. 15.
15. Beaud S., 2002, p. 248-252.
16. Ces informations proviennent, pour partie, de mes conversations avec Réda et, pour autre partie, des échanges que j'ai eus avec Youssef par Facebook. Ne parvenant ni à le revoir ni à le contacter par téléphone, je lui envoie, fin juin 2009, un message *via* ce réseau virtuel. Sa réponse en dit long sur l'ambiguïté de notre relation et la signification implicite de nos rendez-vous manqués : « Salut grand frère. Désolé pour tout. J'avais pas le courage de venir affronter ton regard ! J'espère que tu m'en as pas trop voulu ? ». Après avoir accepté de refaire un entretien, qui n'aura jamais lieu (il me pose un énième lapin, puis redevient injoignable), il me donne épisodiquement de ses nouvelles par internet. Faute d'en savoir plus sur son devenir, je n'évoquerai donc plus son cas dans les pages qui suivent.
17. Wagner A.-C., 1998.
18. Lazuech G., 1999.
19. Comme l'a montré J.-F. Giret (2009, p. 331-348), les diplômés de l'enseignement supérieur sont quatre fois plus protégés du chômage que les non-diplômés (un quart des jeunes). L'évolution de leur insertion professionnelle correspond, globalement, aux fluctuations de la conjoncture économique. Cependant, les titulaires d'une L3 ou d'un

M1 général ont subi de plein fouet le ralentissement de l'activité après la reprise de 1999-2002, contrairement aux étudiants des filières professionnelles et aux élèves des écoles de commerce ou d'ingénieurs.

20. Pinto V., 2008.
21. Beaud S. et Pialoux M., 1999, p. 57-65.
22. Pinto V., 2010.
23. Fin 2012, il s'inscrit au Revenu de Solidarité Active (RSA) et obtient un « contrat d'avenir » dans l'association où il avait suivi les cours du soir. Fruit des premières mesures du gouvernement Ayrault, cet emploi à temps partiel est, pour lui, un signe de reconnaissance de son implication, mais aussi (surtout) un moyen d'économiser de l'argent afin de financer son voyage et son emménagement à l'étranger, l'année suivante.
24. Beaud S., 2002.
25. Poullaouec T., 2010.
26. Comme l'écrit Pap Ndiaye (2008, p. 263), « il est frappant de constater que ces jeunes gens [noirs], filles et garçons confondus, occupent des emplois "en attendant mieux", qui ne correspondent pas du tout à leurs diplômes ». Évoquant « un hiatus entre les prétentions professionnelles et les emplois occupés par les diplômés », il rapporte une phrase, hautement significative, d'un stagiaire : « 'y a que dans ce pays que j'ai vu des vigiles avec des thèses ! ». Parmi ses enquêtés, les plus diplômés se sont exilés en Grande-Bretagne ou au Canada, estimant, comme Aïda, que la France est incapable de reconnaître leurs « mérites », indépendamment de leur couleur de peau (p. 264-267).
27. La mobilité régionale est d'abord le fait des personnes les plus diplômées, en particulier celles résidant en milieu urbain (Baron M. et Perret C., 2006). Par ailleurs, la distance géographique parcourue par les nouveaux entrants sur le marché du travail s'accroît avec la position sociale (Margirier G., 2004). Enfin, rappelons que la probabilité de partir en vacances est fortement corrélée à l'origine sociale : 71 % des cadres partent en voyage pendant leurs congés estivaux, contre 41 % des ouvriers et 62 % des étudiants (Hoibian S., 2010).
28. Chamboredon J.-C., 1991.
29. Renahy N., 2010 ; Retière J.-N., 2003.
30. Ses voyages à l'étranger lui serviront, peu de temps après, pour se faire recruter comme enseignante contractuelle en anglais dans un lycée professionnel situé dans un quartier populaire très éloigné de celui où elle a grandi.
31. Beaud S., 2002, p. 221-254.
32. Depuis, je n'ai pas eu de nouvelles d'elle. Mes tentatives pour reprendre contact se sont révélées infructueuses.
33. Gollac S., 2005.

34. Schwartz O., 1998.
35. Giret J.-F., 2009, p. 342.
36. Aux élections professionnelles de 2008 et 2011, plus des deux tiers des personnels de direction de l'Éducation nationale ont voté en faveur du syndicat affilié à l'UNSA, qui recueille moins de 20 % des voix chez les CPE, contre environ 50 % pour le SNES.
37. Duru-Bellat M. et Kieffer A., 2008, p. 158.

Chapitre 5
« Éviter la fac » : les « collés » dans l'enseignement supérieur professionnel long

1. Les données concernant cet établissement proviennent toutes de documents publiés sur son site internet.
2. Après cette réforme, mise en œuvre entre 2004 et 2006, le diplôme d'ingénieur-maître (niveau bac + 4, ouvert aux bac + 1) auparavant délivré par les IUP a progressivement disparu.
3. Doté du statut d'UFR depuis 2004, cet établissement jouit d'une large autonomie qui renforce sa position dans l'espace local : selon les données du Rectorat, sur la vingtaine d'IUP de la région, il est le seul à être spécialisé en management public et fait partie des cinq formations accueillant le plus d'effectifs.
4. En 2009, 92 % des diplômés de l'IUP étaient actifs six mois après la fin de leurs études. Parmi eux, 75 % occupaient un emploi, dont 47 % en CDD et 42 % en CDI (11 % dans d'autres situations), dans une entreprise ou une association pour les deux tiers.
5. *Ibid.*, p. 3. Les statistiques du CEREQ agrègent les effectifs des titulaires d'un diplôme d'IUP avec ceux d'un M1 universitaire, d'une MSG (Maîtrise de Sciences de Gestion) ou d'une MST (Maîtrise de Sciences et Techniques). Il faut donc lire ces chiffres avec prudence.
6. Calmand J. et Épiphane D., 2010, p. 8.
7. Calmand J. et Mora V., 2011, p. 3.
8. Les IUP ont été créés par décret, en 1992, par Lionel Jospin, alors Ministre de l'éducation nationale. Délivrant un diplôme de niveau bac + 4, ces établissements sont accessibles, un an après le baccalauréat, aux étudiants en réorientation après une première année en CPGE ou à l'université et aux titulaires d'un BTS ou d'un DUT. Malgré l'abrogation et le remplacement du décret fondateur, en 1994, les principes de fonctionnement des IUP ont perduré : parité

des jurys d'examens et des équipes pédagogiques entre enseignants et professionnels, stages annuels intégrés aux formations et spécialisation des savoirs. Au moment de leur création, les IUP étaient censés remplir trois principaux objectifs : d'abord, ajuster directement l'offre de formation aux qualifications demandées par les employeurs, en préparant des ingénieurs à des tâches plus relationnelles que « techniques » ; ensuite, désengorger les seconds cycles universitaires, après l'augmentation massive des effectifs d'étudiants, pour partie liée à la hausse du nombre de bacheliers technologiques et l'arrivée des nouveaux « bacs pro » ; enfin, éviter la « pénurie de cadres » prévue par les experts consultés par les gouvernements successifs. La construction d'un système universitaire européen, à partir des années 2000, a fragilisé les IUP. Avec la disparition, en 2004, des maîtrises, et la suppression, en 2006, du titre d'ingénieur-maître, beaucoup ont dû, pour survivre, changer de statut et de schéma d'études, en amont, avec des cursus à partir de bac + 0, et/ou en aval, avec la création de M2. Leur nombre a été divisé par deux entre 2003 et 2007 et leurs effectifs sont passés de 35 000 à 20 000 étudiants. La nature de leurs formations a profondément évolué : la plupart des IUP sont spécialisés dans le secteur tertiaire, notamment en économie et gestion. Cf. Legrand A. et Lemant J., 2004, p. 94-95.

9. Millet M., 2003.
10. Hoggart R., 1970 [1957], p. 346-376. Hoggart consacre quelques lignes à ceux qu'il appelle les « parvenus » (administrateurs ou hauts fonctionnaires), mais il reste focalisé sur les boursiers et les autodidactes, sans doute parce qu'il est parfois aveuglé par ses propres expériences d'étudiant d'origine populaire puis d'enseignant chargé de cours pour adultes salariés à l'université de Hull (1990, p. 97-147).
11. La sociologie anglo-saxonne est moins marquée par cet intellectualocentrisme, comme le montrent les travaux déjà cités de Strauss et ceux de Wright Mills (1966 [1951] ; 1969 [1956]).
12. Lahire B., 1998, p. 49. Il existe toutefois quelques exceptions : citons le travail pionnier de Luc Boltanski sur les cadres autodidactes (1978), la recherche collective sur les ingénieurs autour de Claude Dubar et Charles Gadéa (1999), l'enquête comparative (cadres, universitaires et hauts fonctionnaires d'origine populaire) de Jules Naudet (2012) et celle de Monique Pinçon-Charlot et Michel Pinçon sur les grands gagnants au Loto (2010).
13. J'ai été leur camarade jusqu'en Terminale, en 2002. En couple, à l'époque, avec une amie d'enfance de Lydia, j'ai noué avec elle des liens qui se sont révélés décisifs lorsque je l'ai contactée, en 2006, pour lui parler de mon enquête. Entre-temps, j'avais eu de ses nouvelles par

Pierre, que je n'ai jamais cessé de fréquenter, notamment à l'occasion de soirées et de parties de football, lors des vacances d'été, entre 2003 et 2007.

14. Lamont M., 1995 [1992].
15. Abraham Y.-M., 2007.
16. Lahire B., 1997. « Séculière », au sens où cette attitude implique un mode de vie en phase avec celui des autres étudiants (comme on dit d'un prêtre qu'il est « dans le siècle »), notamment en termes de loisirs, par opposition au mode de vie « régulier », qui suppose un usage ascétique du temps laissant peu de place aux activités extra-universitaires (par analogie avec les moines qui se conforment à la « règle » de leur communauté religieuse).
17. Masse B., 2002.
18. Les Mastères (avec un « e » à la fin) sont des diplômes délivrés par certaines écoles d'ingénieurs ou de commerce au terme d'une année d'études après un M2 ou, plus rarement, un M1. Offrant une formation plus spécialisée à des futurs cadres de direction, ils sont souvent très onéreux.
19. Son abandon est sans doute aussi dû au coût, très élevé, des préparations au concours du CELSA (entre 1 000 et 6 000 euros selon les formules proposées par les diverses « écuries ».
20. Bidart C. et Pellissier A., 2002.
21. Bozon M. et Héran F., 2006.
22. Si, comme le montre une récente enquête de l'INSEE (Vanderschelden M., 2006), l'homogamie sociale est moins forte en France que par le passé, ce phénomène demeure toujours la règle, statistiquement parlant : deux tiers des couples sont constitués de personnes de catégories identiques ou proches. Ainsi, 37 % des couples sont composés de conjoints de classes populaires, alors que seulement 1 % sont constitués d'un conjoint ouvrier et d'un conjoint cadre.
23. Sur l'importance du rôle de mère chez les jeunes femmes de classes populaires, je renvoie aux analyses d'Olivier Schwartz (2009 [1990], p. 177-286.). Le cas de Laure suggère bien les microprocessus qui aboutissent à la tendance statistique à la moindre fécondité des filles en déplacement social (Merllié D. et Monso O., 2007).
24. J'insisterai davantage sur le cas d'Abdel, car le matériau recueilli auprès de Laure est moins riche. Cette différence est, pour partie, l'effet des dispositions de genre qui sous-tendent la relation d'enquête : Abdel se montre beaucoup plus disponible et semble plus intéressé par ma recherche que sa compagne.
25. Bigot R., 2009, p. 3. Cet intervalle correspond à ce que ce chercheur appelle les « classes moyennes supérieures » : la limite (1 120 euros nets

mensuels, avant impôts) à partir de laquelle commenceraient les classes moyennes me paraît beaucoup trop large : ainsi construite, cette catégorie représenterait 50 % de la population française, soit presque autant que les catégories employés et ouvriers.

26. Les individus qui occupent une position frontalière sont souvent des « alliés d'enquête » de premier ordre pour les ethnographes (Amrani Y. et Beaud S., 2004 ; Corouge C. et Pialoux M., 2011 ; Whyte W. F., 2002, p. 381-398). Leurs singularités les conduisent à se distancier de leur groupe sans s'en détacher. Il ne faut pas oublier, cependant, que leur point de vue, aussi lucide soit-il, n'est jamais représentatif de celui des membres de leur univers d'origine.
27. Delsaut, Y., 2010 ; Saunier P., 1993.
28. D'après les textes officiels, l'emploi du temps des sections sportives scolaires comprend au minimum trois heures hebdomadaires d'EPS. Cette discipline prend une place plus ou moins importante selon les établissements. Le collège où Abdel était scolarisé avait la spécificité de mettre le sport au cœur de la vie des élèves.

Chapitre 6
« Trouver sa place » : les « reçus » aux grandes écoles

1. Rappelons que sur l'ensemble des effectifs de la prépa sup-expé entre 2002 et 2009, une petite quinzaine environ (les résultats varient selon que l'on prenne pour référence la profession du père ou celle de la mère) est originaire des classes supérieures. Parmi ces élèves, on compte seulement deux « reçus ».
2. Ces chiffres proviennent des données brutes de la DEPP. Ceux concernant les IEP sont fiables (moins de 10 % de non-réponses), mais sont calculés à partir de l'ensemble des effectifs en 2006, ce qui ne donne qu'un aperçu approximatif de la structure sociale de chaque promotion. Pour l'école de commerce, ces pourcentages, observés en 2007, doivent être lus avec une extrême prudence (environ 60 % de non-réponses).
3. Chamboredon J.-C. et Lemaire M., 1970 ; Pierrel A., 2012, p. 10.
4. Bourdieu P., 1989, p. 145-146.
5. Poliak C. F., 1992, p. 193-196 ; Hoggart R., 1970 [1957], p. 352.
6. À l'inverse, ceux qui me connaissaient avant l'enquête semblent voir en moi plutôt un porte-parole légitime, en raison des différences qui nous séparent (« reçu » sans être passé par le dispositif et « habilité » par

mon inscription en thèse à Paris, dans deux établissements renommés), malgré nos affinités de trajectoire : « Tout ce que je te raconte, je préfère que ça soit toi qui le dises : t'es vraiment celui qui peux dire tout ça, t'as pas fait la prépa, donc t'es plus difficile à cataloguer… nous, on se traînera toujours cette catégorie de ZEP, c'est notre boulet… même en ayant fait un IEP », explique ainsi Vincent, qui fut mon camarade au lycée, lors d'un entretien réalisé trois ans après son admission à l'IEP de Lagnecourt.

7. Pour m'en tenir aux précurseurs : Bendix R. et Lipset S. M., 1970 [1953], p. 303-308 et p. 561-573; Blau P., 1956; Kenkel W. F., 1956; Lenski G., 1966, p. 408-410.
8. Cette dimension était déjà présente dans les années 1940, notamment dans l'analyse que W. F. Whyte fait du cas de Chick Morelli (2002 [1943], p. 92-147), étudiant à Harvard, membre des *college boys* et ami des *corner boys*. Mais elle ne deviendra centrale dans les enquêtes ethnographiques que beaucoup plus tard. Citons à titre d'exemple : Hopper E., 1981 ; Granfield R., 1991 ; Kaufman P., 2003; Reay D., Crozier G. et Clayton J., 2009.
9. Hoggart R., 1970 [1957], p. 348.
10. Grignon C., 2008, p. 66.
11. Bourdieu P., 1997, p. 79 et 189-193; Bourdieu P., 1998 [1993], p. 1091-1103; Bourdieu P., 2004, p. 127-140.
12. Avancée par Pitirim Sorokin, pionnier des recherches sur la mobilité sociale, cette idée a été reprise plus tard par Reinhard Bendix et Seymour Lipset (1959, p. 65) dans leur ouvrage classique. Les sociologues français n'ont pas suivi cette piste, mais certains ont étudié, sans toutefois postuler l'existence d'un lien mécanique entre changements de classe sociale et pathologies psychiques, des cas de « névroses de classe ». Cf. de Gauléjac V., 1991 [1987].
13. Hollingshead A. B., Ellis R. et Kirby E., 1954; Hollingshead A. B. et Redlich F. C., 1953 et 1954. Ces travaux montraient l'existence d'une corrélation positive entre maladies mentales et mobilité sociale, à partir d'une enquête auprès de patients hospitalisés. Ce résultat a été dénaturé par la suite, dans des articles ou des ouvrages devenus célèbres aux États-Unis (Bendix R. et Lipset S. M., 1959; Turner R. J., 1968), dans lesquels les données originelles étaient interprétées comme si elles renvoyaient à une population-mère de « mobiles ».
14. Lahire B., 1998, p. 47.
15. Darmon M., 2001, chapitre 9.
16. Hoggart R., 1970 [1957], p. 352.
17. Poliak C. F., 1992, p. 194.

18. Les « reçus » à l'école de commerce suivent un cursus en quatre années : les deux premières en France, la troisième, dans une université étrangère, la dernière, en stage. L'obtention du diplôme *Bachelor* est soumise à l'obtention des crédits ECTS dans chaque matière. À l'IEP de Lagnecourt, principal débouché pour les enquêtés dont il est question ici, la durée des études est passée, en 2004, de quatre à cinq ans. Auparavant, les élèves se pré-spécialisaient en deuxième année, après un an de « tronc commun » (étendu à deux, ensuite), en choisissant une section (« Économie-Finances », « Services Publics », « Relations Internationales », « Science Politique » ou « Information-Communication »). Quelle que soit leur promotion, tous effectuent en troisième ou quatrième année une « césure », en France ou à l'étranger, dans une université, une administration ou une entreprise, sauf s'ils souhaitent poursuivre leur scolarité pour préparer les concours de la haute fonction publique. La spécialisation proprement dite, dans l'ancien système, avait lieu la quatrième et dernière année. Dans le nouveau, elle commence en M1 et se renforce en M2. L'obtention du diplôme de l'établissement est conditionnée, d'une part, à une note aux partiels et aux TD au moins égale à la moyenne, d'autre part, à la réussite à une épreuve finale, appelée « grand oral », qui consiste en un commentaire de 10 minutes, devant un jury d'enseignants, d'un texte tiré au sort, suivi d'un échange de 20 minutes avec chacun des membres, au sujet de l'exposé, de l'actualité ou de questions de culture générale. Pour être admis, il faut avoir une note au moins égale à 10 sur 20, qui n'est pas compensable avec les autres. En cas d'échec, le candidat a droit à deux autres tentatives. Au-delà des différences d'organisation et de durée entre le cursus post-bac de l'école de commerce et celui, plus exigeant, des IEP, ces deux groupes de « reçus » on en commun d'être destinés, en principe, à des postes de salariés hautement qualifiés (cadre administratif, financier ou commercial, juge ou diplomate) et d'être exposés à des discours élitistes qui comptent beaucoup dans leur socialisation.
19. J'emprunte ce concept à Bernard Lahire (2002, p. 424). Il s'agit de mettre au centre de l'analyse du déplacement social l'hypothèse de « conflits limités » ou d'une « coexistence pacifique » (Lahire B., 1998, p. 47) entre des dispositions contradictoires, dans la lignée des travaux de Bernard Pudal (1989, p. 129-133), Claude F. Poliak (1992, p. 193) et Julie Pagis (2009, p. 58-59).
20. Hughes E. C., 1996 [1945], p. 187-197. Hughes entendait par là des interférences entre l'image de soi d'un individu et la définition établie de son rôle social lorsqu'il apparaît « anormal » aux yeux de ses collègues (une femme dans un « métier d'homme ») ou de ses clients (le médecin Noir qui soigne des Blancs).

21. Ce traitement différencié ne doit pas être interprété comme une simple « discrimination positive » qui ne dit pas son nom. En fait, on peut tout aussi bien y voir un effet (pervers) de la logique expérimentale à l'œuvre dans une multitude d'autres dispositifs spécifiques, scolaires ou non, dont la particularité est d'autoriser, sinon d'encourager, des « innovations » et des « tâtonnements » qui brouillent en partie les règles et les procédures officielles.
22. Bourdieu P., 1989, p. 148.
23. Goffman E., 1973 [1971], p. 53 ; Goffman E., 1974 [1967], p. 98.
24. C'est parce qu'elle ne dispose pas d'autre alternative qu'elle participe à la médicalisation de son porte-à-faux social. Son cas est exceptionnel : à ma connaissance, aucun autre « reçu » n'a recouru à un traitement médical ou à des antidépresseurs.
25. Boltanski L. et Thévenot L., 1987, p. 277. Je m'inspire librement d'un concept qui, à l'origine, fut créé dans une tout autre perspective, centrée sur l'analyse de discours et la modélisation théorique. L'examen des « épreuves de grandeur » dans une perspective ethnographique conduit à élargir la focale à d'autres situations que la communication verbale survenant lors de désaccords entre des individus ou de controverses publiques.
26. Hughes E. C., 1996 [1945], p. 189-195.
27. Mauger G., 2004.
28. Bateson G., 1980.
29. Bourdieu P., 1998 [1993], p. 1092. Bourdieu lui-même reconnaît, quelques pages plus loin, que la sociologie s'intéresse à des « aspects de la réalité que la psychanalyse écarte comme secondaires ou insignifiants, ou qu'elle traite comme des écrans qu'il faut traverser pour aller à l'essentiel », tout en estimant que ces deux disciplines ne doivent pas être pensées en termes d'alternative. Cette posture de compromis ouvre des pistes heuristiques, mais elle empêche aussi de rompre réellement avec la pathologisation des migrants de classe.
30. Schwartz O., 2009 [1990], p. 102 et 161.

Chapitre 7
Retours à l'« équilibre » : conservation, transformation et conversion des dispositions

1. J'emprunte ce concept à Robert Granfield (1991). L'extension de l'analyse du stigmate aux appartenances de classe permet de compléter l'approche goffmanienne, qui insiste sur les « monstruosités

du corps » et les « tares du caractère ». Ce que Goffman appelait les « stigmates tribaux » (1975 [1963], p. 14) renvoie à l'appartenance religieuse, nationale ou ethnique, tandis que la classe sociale ne fait l'objet que d'une brève note de bas de page.

2. Il faudrait analyser ici de façon approfondie la distribution par section des élèves de l'IEP de Lagnecourt selon le sexe et l'origine sociale. Faute de disposer de statistiques, je ne formulerai que des hypothèses provisoires. Les informations recueillies par observation suggèrent que les élèves en sections Services Publics et Science Politique sont mieux dotés scolairement que les autres. Ceux qui s'orientent en Relations Internationales ou en Information-Communication ont, pour la plupart, le profil exactement opposé. Quant à ceux qui choisissent Économie-Finances, ils sont à mi-chemin entre ces deux pôles. Il s'agit, d'une part, d'enfants de professions libérales ou intellectuelles qui trouvent dans cette section un moyen de convertir leur héritage culturel en capital économique et, d'autre part, d'enfants issus des classes moyennes et supérieures indépendantes, qui tendent à utiliser l'IEP comme une alternative à une école de commerce ou d'ingénieurs, grâce à laquelle ils peuvent reproduire la position de leurs parents.
3. Douglas M., 1971 [1967].
4. Goffman E., 1968 [1961], p. 294-295.
5. Dans un récent article sur les étudiants d'origine populaire dans des *colleges* sélectifs aux États-Unis (Lee E. M. et Kramer R., 2013), deux sociologues ont montré, statistiques à l'appui, que les garçons éprouvent plus souvent que les filles un sentiment de malaise à l'égard de leurs condisciples ou de leur milieu d'origine.
6. Scott J. C., 2009 [1990].
7. Hoggart R., 1970 [1957], p. 348-349.
8. Pour des exemples récents de ce type d'approche, cf. Hurst A., 2007 et Naudet J., 2011.
9. Ce concept permet de renouer avec l'hypothèse, formulée dès 1971 par Anselm Strauss (2006, p. 221), selon laquelle les « passages de statut » s'accompagnent de « tactiques » assurant des « continuités matérielles et symboliques » entre les « mobiles » et leur univers d'origine.
10. Pinçon M. et Pinçon-Charlot M., 2006 [1998], p. 327-373.
11. Guéhenno J., 1990 [1961], p. 13-15.
12. Mauss M., 2007, je me réfère ici à l'introduction de Florence Weber (p. 25-27).
13. Bazin J., 2008, p. 550.
14. Bastide R., 1955, p. 498.
15. Comme l'écrit l'anthropologue Denys Cuche à propos du « principe de coupure » (1994), « ce n'est pas l'individu qui est "coupé en deux",

c'est lui qui découpe la réalité en plusieurs compartiments étanches dans lesquels il a des participations différentes qui, de ce fait même, ne lui apparaissent pas comme contradictoires. Ces coupures, délimitées et maîtrisées, lui permettent précisément d'éviter sa propre déchirure. »

16. Weber F., 1989, p. 173-192.
17. Baudelot C., 2010; Charpentier I., 2005; Lahire B., 2011; Mauger G., 1994; Thumerel F., 2011.
18. Guéhenno J., 1990 [1961], p. 19.
19. Faute de temps, je n'ai pas pu réaliser d'entretien avec Pascal et Solène après leur scolarité. Je ne les inclurai donc pas dans cet épilogue.

Conclusion

1. Lenclud G., 2013, 199-237.
2. Passeron J.-C. et Revel J., 2005, p. 18.
3. Lahire B., 2011, p. 79-173. Sur Hoggart, cf. Passeron J.-C., 1999, en particulier les remarques éclairantes de Brian Rigby sur la version originale de *La Culture du pauvre*. Pour une critique récente de cet ouvrage, cf. Eribon D., 2013. Si le premier volume de son autobiographie, traduit en français sous le titre *33 Newport Street* (1991 [1989]), contient nettement moins d'interprétations pathologisantes, la préface de Claude Grignon est, en revanche, en grande partie centrée sur la « crise permanente d'identité » (p. 8) que vivraient les boursiers.
4. Bourdieu P., 2004, p. 139.
5. Passeron J.-C., 2006 [1991].
6. Revel J., 1996.
7. Reay D., Crozier G. et Clayton J., 2009.
8. Lee E. et Kramer R., 2013.
9. Ingram N., 2011.
10. Dubet F., Cousin O., Macé E. et Rui S., 2013; Hajjat A. et Mohammed M., 2013.
11. De Singly F., 1996.

Bibliographie

ABBOTT Andrew, 1995, « Things of Boundaries », *Social Research*, vol. 62, n° 4, p. 857-882.

ABRAHAM Yves-Marie, 2007, « Du souci scolaire au sérieux managérial, ou comment devenir un "HEC" », *Revue française de sociologie*, vol. 48, n° 1, p. 37-66.

ALBOUY Valérie et WANECQ Thomas, 2003, « Les inégalités sociales d'accès aux grandes écoles », *Économie et statistique*, n° 361, p. 27-52.

ALLOUCH Annabelle et BUISSON-FENET Hélène, 2008, « Diversification des élites et repositionnement organisationnel. Le cas des politiques d'ouverture sociale en France et d'outreach en Angleterre », *Cahiers de la recherche sur l'éducation et les savoirs*, n° 7, p. 155-171.

ALLOUCH Annabelle et VAN ZANTEN Agnès, 2008, « Formateurs ou "grands frères" ? Les tuteurs des programmes d'ouverture sociale dans les grandes écoles et des classes préparatoires », *Éducation et sociétés*, vol. 21, n° 1, p. 49-65.

ALONZO Philippe et HUGRÉE Cédric, 2010, *Sociologie des classes populaires*, Paris, Armand Colin.

AMRANI Younes et BEAUD Stéphane, 2004, *Pays de malheur !*, Paris, La Découverte.

BEN AYED Choukri *et al.*, 2007, « Fragmentations territoriales et inégalités scolaires. Des relations complexes entre la distribution spatiale, les conditions de scolarisation et la réussite des élèves », *Éducation et Formation*, n° 74, p. 31-48.

BARON Myriam et PERRET Cathy, 2006, « Bacheliers, étudiants et jeunes diplômés. Quels systèmes migratoires régionaux ? », *L'Espace géographique*, n° 35, p. 44-62.

BASTIDE Roger, 1955, « Le principe de coupure et le comportement afro-brésilien », *Anais do XXXI Congresso Internacional de Americanistas (1954), Anhembi*, 1955, São Paulo, p. 493-503.

—, 1971, *Anthropologie appliquée*, Paris, Payot.

BATESON Gregory, 1980, *Vers une écologie de l'esprit, II*, Paris, Seuil.

BAUDELOT Christian, 2010, « Compte rendu de Ernaux Annie, “Les années” », *Annales. Histoire, Sciences Sociales*, n° 2, p. 527-561.

—, 2003, « Les CPGE au fil du temps », *Dossiers de la DEPP*, n° 143.

BAUDELOT Christian et ESTABLET Roger, 2006, *Allez les filles ! Une révolution silencieuse*, Paris, Seuil.

BAZIN Jean, 2008, *Des clous dans la Joconde. L'anthropologie autrement*, Toulouse, Anacharsis.

BEAUD Stéphane, 1997, « Un temps élastique », *Terrain*, n° 29, p. 43-58.

—, 2002, *« 80 % au bac »... et après ? Les enfants de la démocratisation scolaire*, Paris, La Découverte.

BEAUD Stéphane et CONVERT Bernard, 2010, « “30 % de boursiers” en grande école... et après ? », *Actes de la recherche en sciences sociales*, n° 183, p. 4-13.

BEAUD Stéphane et GUIMARD Philippe, 2011, *Traîtres à la nation ? Un autre regard sur la grève des Bleus en Afrique du Sud*, Paris, La Découverte.

BEAUD Stéphane et PIALOUX Michel, 1999, *Retour sur la condition ouvrière : enquête aux usines Peugeot de Sochaux-Montbéliard*, Paris, Fayard.

—, 2003, *Violences urbaines, violence sociale. Genèse des nouvelles classes dangereuses*, Paris, Fayard.

BENABOU Roland, KRAMARZ Francis et PROST Corinne, 2003, « Zones d'éducation prioritaires. Quels moyens pour quels résultats ? Document de travail n° 2003-38 », *CREST*.

BENDIX Reinhard et LIPSET Seymour M., 1959, *Social Mobility in Industrial Society*, Berkeley, University of California Press.

—, 1970, *Class, Status and Power : Social Stratification in Comparative Perspective*, Londres, Routledge and Paul Kegan.

BENSA Alban, 2006, *La fin de l'exotisme : essais d'anthropologie critique*, Toulouse, Anacharsis.

BERTAUX Daniel, 1974, « Mobilité sociale biographique Une critique de l'approche transversale », *Revue française de sociologie*, vol. 15, n° 3, p. 329-362.

—, 1976, « Pour sortir de l'ornière néopositiviste », *Sociologie et Sociétés*, vol. 8, n° 2, p. 119-133.

—, 1993, « Mobilité sociale : l'alternative », *Sociologie et sociétés*, vol. 25, n° 2, p. 211-222.

BERTAUX Daniel et BERTAUX-WIAME Isabelle, 1988, « Le patrimoine et sa lignée : transmissions et mobilité sociale sur cinq générations », *Life Stories/Récits de vie*, n° 4, p. 8-26.

BERTRAND Julien, 2012, *La fabrique des footballeurs*, Paris, La Dispute.

BIDART Claire, 1997, *L'amitié, un lien social*, Paris, La Découverte.

BIDART Claire et PELLISSIER Anne, 2002, « Copains d'école, copains de travail. Évolution des modes de sociabilité d'une cohorte de jeunes », *Réseaux*, vol. 115, n° 5, p. 17-49.

Bigot Régis, 2009 [Credoc], « Les classes moyennes sous pression », *Consommation et modes de vie*, n° 219.

Blau Peter M., 1956, « Social mobility and interpersonal relations », *American Sociological Review*, vol. 21, n° 3, p. 290-295.

Blau Peter M. et Duncan Otis D., 1967, *The American Occupational Structure*, New York, Wiley.

Bodin Romuald et Millet Mathias, 2011, « L'université, un espace de régulation. L'“abandon” dans les premiers cycles à l'aune de la socialisation universitaire », *Sociologie*, n° 3, p. 225-242.

Boltanski Luc, 1978, « Les cadres autodidactes », *Actes de la recherche en sciences sociales*, vol. 22, n° 1, p. 3-23.

Boltanski Luc et Thévenot Laurent, 1987, *Les économies de la grandeur*, Paris, Presses Universitaires de France.

Boudon Raymond, 1973, *L'inégalité des chances : la mobilité sociale dans les sociétés industrielles*, Paris, Armand Colin.

Bouffartigue Paul et Marry Catherine, 1996, « Formation d'ingénieurs. Le modèle de l'élite en question », *Formation Emploi*, n° 53, p. 3-4.

Bouhia Rachid, 2006 [DEPP], « Les étudiants en classes préparatoires aux grandes écoles. Année 2005-2006 », Note d'information n° 06.23.

Bourdieu Pierre, 1974, « Avenir de classe et causalité du probable », *Revue française de sociologie*, n° 15, p. 3-42.

—, 1981, « Épreuve scolaire et consécration sociale », *Actes de la recherche en sciences sociales*, n° 39, p. 3-70.

—, 1982, « Les rites comme actes d'institution », *Actes de la recherche en sciences sociales*, n° 43, p. 58-63.

—, 1984, « Espace social et genèse des classes », *Actes de la recherche en sciences sociales*, n° 52-53, p. 3-14.

—, 1989, *La noblesse d'État. Grandes écoles et esprit de corps*, Paris, Minuit.

—, 1997, *Méditations pascaliennes*, Paris, Seuil.

—, 2004, *Esquisse pour une auto-analyse*, Paris, Raisons d'agir.

Bourdieu Pierre (éd.), 1998, *La misère du monde*, Paris, Seuil.

Bourdieu Pierre et Passeron Jean-Claude, 1970, *La Reproduction*, Paris, Minuit.

Bourdieu Pierre et Saint Martin Monique de, 1970, « L'excellence scolaire et les valeurs du système d'enseignement français », *Annales. Économies, Sociétés, Civilisations*, n° 25, p. 147-175.

Bozon Michel, 1984, *Vie quotidienne et rapports sociaux dans une petite ville de province : la mise en scène des différences*, Lyon, Presses Universitaires de Lyon.

Bozon Michel et Héran François, 1987, « La découverte du conjoint. I. Évolution et morphologie des scènes de rencontre », *Population*, vol. 42, n° 6, p. 943-985.

—, 2006, *La formation du couple. Textes essentiels pour la sociologie de la famille*, Paris, La Découverte.

Briand Jean-Pierre et Chapoulie Jean-Michel, 1992, *Les collèges du peuple : l'enseignement primaire supérieur et le développement de la scolarisation prolongée sous la Troisième République*, Paris, CNRS/INRP.

Brint Steven et Karabel Jerome, 1989, *The Diverted Dream : Community Colleges and the Promise of Educational Opportunity in America, 1900-1985*, New York, Oxford Universited Press.

Buisson-Fenet Hélène et Draelants Hugues, 2010, « Réputation, mimétisme et concurrence : ce que "l'ouverture sociale" fait aux grandes écoles », *Sociologies pratiques*, n° 2, p. 67-81.

Buisson-fenet Hélène et Landrier Séverine, 2008, « Être ou pas ? Discrimination positive et révélation du rapport au savoir », *Education et sociétés*, n° 1, p. 67-80.

Calmand Julien et Epiphane Dominique, 2010 [CEREQ], « Origine sociale et insertion professionnelle après des études supérieures. Des diplômés plus égaux que d'autres », *Net-Doc*, n° 76.

Calmand Julien et Mora Virginie, 2011 [CEREQ] « Insertion des sortants du supérieur : les effets contrastés de la professionnalisation », Bref n° 294-2.

Cam Pierre, 2009, « La diversité des parcours. Les étudiants à la croisée des chemins », *in* L. Gruel, O. Galland et G. Houzel (éd.), *Les étudiants en France. Histoire et sociologie d'une nouvelle jeunesse*, Rennes, Presses Universitaires de Rennes.

Cartier Marie *et al.*, 2008, *La France des « petits-moyens ». Enquête sur la banlieue pavillonnaire*, Paris, La Découverte.

Cayouette-Remblière Joanie, 2011, « Reconstituer une cohorte d'élèves à partir de dossiers scolaires. La construction d'une statistique ethnographique », *Genèses*, n° 85, p. 115-133.

Cefaï Daniel éd., 2010, *L'engagement ethnographique*, Paris, EHESS.

Chamboredon Jean-Claude, 1991, « Classes scolaires, classes d'âge, classes sociales. Les fonctions de scansion temporelle du système de formation », *Enquête*, n° 6.

Chamboredon Jean-Claude et Lemaire Madeleine, 1970, « Proximité spatiale et distance sociale », *Revue française de sociologie*, n° 11, p. 3-33.

Chapoulie Jean-Michel, 2010, *L'école d'État conquiert la France. Deux siècles de politique scolaire*, Rennes, Presses Universitaires de Rennes.

Charpentier Isabelle, 2005, « Produire "une littérature d'effraction" pour "faire exploser le refoulé social". Projet littéraire, effraction sociale et engagement politique dans l'œuvre auto-sociobiographique d'Annie Ernaux », *in* M. Collomb (éd.), *L'Empreinte du social dans le roman depuis 1980*, Montpellier, Publications de l'Université Paul-Valéry-Montpellier III, p. 111-131.

CHAUVEL Louis, 2010, *Le destin des générations : structure sociale et cohortes en France du XXe siècle aux années 2010*, Paris, Presses Universitaires de France.

COMBESSIE Jean-Claude, 1969, « Éducation et valeurs de classe dans la sociologie américaine », *Revue française de sociologie*, n° 10, p. 12-36.

CONVERT Bernard, 2003, « Des hiérarchies maintenues », *Actes de la recherche en sciences sociales*, vol. 149, n° 4, p. 61-73.

COOKSON Peter W. et PERSELL Caroline H., 2001, « Pensionnats d'élite », *Actes de la recherche en sciences sociales*, n° 138, p. 56-65.

COQUARD Olivier, 2010, « De l'ouverture sociale à Henri IV », Laviedesidées.fr.

COROUGE Christian et PIALOUX Michel, 2011, *Résister à la chaîne : dialogue entre un ouvrier de Peugeot et un sociologue*, Marseille, Agone.

COULANGEON Philippe, 2009, « Que sont les Héritiers devenus ? Les loisirs et les pratiques culturelles des étudiants en France », *in* L. Gruel, O. Galland et G. Houzel (éd.), *Les étudiants en France. Histoire et sociologie d'une nouvelle jeunesse*, Rennes, Presses Universitaires de Rennes, p. 291-306.

COULON Alain, 2005, *Le métier d'étudiant. L'entrée dans la vie universitaire*, Paris, Économica /Anthropos.

CROMPTON Rosemary *et al.*, 2004, *Rethinking Class : Culture, Identities and Lifestyles*, New-York, Palgrave Macmillan.

CUCHE Denys, 1994, « Le concept de principe de coupure et son évolution dans la pensée de Roger Bastide », *in* P. Verger et P. Laburthe-Tolra (éd.), *Roger Bastide ou Le « réjouissement de l'abîme ». Échos du colloque tenu à Cerisy-la-Salle du 7 au 14 septembre 1992*, Paris, L'Harmattan, p. 69-77.

CUIN Charles-Henry, 1993, *Les sociologues et la mobilité sociale*, Paris, Presses Universitaires de France.

DARBEL Alain, 1975, « L'évolution récente de la mobilité sociale », *Économie et statistique*, vol. 71, n° 1, p. 3-22.

DARDELET Chantal, LOUVEAUX François et SIBIEUDE Thierry, 2008, *Une grande école, pourquoi pas moi ? Bilan d'étape : janvier 2003-janvier 2008*, Paris, Conférence des grandes écoles.

DARMON Muriel, 2001, *Approche sociologique de l'anorexie : un travail de soi*, Thèse de doctorat, Université Paris 5.

—, 2008, « La notion de carrière. Un instrument interactionniste d'objectivation », *Politix*, n° 82, p. 149-167.

—, 2012a, « Compte rendu de GAZTAMBIDE-FERNÁNDEZ Rubén A., The best of the best. Becoming elite at an American boarding school ; et de KHAN Shamus Rahman, Privilege. The making of an adolescent elite at St. Paul's school », *Revue française de sociologie*, vol. 53, n° 3, p. 529-535.

—, 2012b, « Sélectionner, élire, prédire. Le recrutement des classes préparatoires », *Sociétés contemporaines*, n° 86, p. 5-29.

—, 2013, *Classes préparatoires : la fabrique d'une jeunesse dominante*, Paris, La Découverte.

Deauvieau Jérôme, 2010, « La mobilité socioprofessionnelle des professions intermédiaires : fluidité, promotion et déclassement », *Économie et statistique*, n° 431-432, p. 57-72.

Delsaut Yvette, 2010, *Reprises : cinéma et sociologie*, Paris, Raisons d'agir.

De Singly François, 1996, « L'appropriation de l'héritage culturel », *Lien Social et Politiques*, n° 35, p. 153-165.

Donnat Olivier, 2009, *Les pratiques culturelles des Franc,ais à l'ère numérique : enquête 2008*, Paris, La Découverte/Ministère de la Culture et de la Communication.

Douglas Mary, 1971, *De la souillure. Essai sur les notions de pollution et de tabou*, Paris, Maspero.

Dubar Claude et Gadea Charles (éd.), 1999, *La promotion sociale en France*, Villeneuve-d'Ascq, Presses Universitaires du Septentrion.

Dubet François *et al.*, 2013, *Pourquoi moi ? L'expérience des discriminations*, Paris, Seuil.

Durand Marcel, 2006, *Grain de sable sous le capot : résistance et contre-culture ouvrière*, Marseille, Agone.

Duru-Bellat Marie, 2004, *L'école des filles. Quelle formation pour quels rôles sociaux ?*, Paris, L'Harmattan.

Duru-Bellat Marie et Kieffer Annick, 2008, « Du baccalauréat à l'enseignement supérieur en France : déplacement et recomposition des inégalités », *Population*, vol. 63, n° 1, p. 123-157.

Eckert Henri, Gadéa Charles et Grelon André, 2003, « La formation des cadres : une histoire longue et de lourds enjeux », *Formation Emploi*, n° 83, p. 27-34.

Eribon Didier, 2009, *Retour à Reims*, Paris, Fayard.

—, 2013, *La société comme verdict : classes, identités, trajectoires*, Paris, Fayard.

Ernaux Annie, 1983, *La place*, Paris, Gallimard.

—, 1996, *La honte*, Paris, Gallimard.

—, 2008, *Les années*, Paris, Gallimard.

Faguer Jean-Pierre, 1995, *Khâgneux pour la vie : une histoire des années soixante*, Noisy-le-Grand, Centre d'études de l'emploi.

Ferrand Michèle, Imbert Françoise et Marry Catherine, 1999, *L'excellence scolaire : une affaire de famille*, Paris, L'Harmattan.

Galland Olivier et Rouault Dominique, 1998, « Devenir cadre dès trente ans : une approche longitudinale de la mobilité sociale », *Économie et statistique*, vol. 316, n° 1, p. 97-107.

GATEAUD Gaëlle, 2012 [DEPP], *Les étudiants en classes préparatoires aux grandes écoles. Rentrée 2011*, Note d'information n° 12.02.

GAULÉJAC Vincent de, 1991, *La Névrose de classe : trajectoire sociale et conflits d'identité*, Paris, Hommes et Groupes.

GENETTE Gérard, 2012, *Bardadrac*, Paris, Seuil.

GHEORGHIU Mihaï D. et MERKLEN Denis, 2010, « Les frontières sociales : de la réflexion à la mise en œuvre d'un concept », *in* M. de Saint Martin et M. D. Gheorghiu (éd.), *Éducation et frontières sociales. Un grand bricolage*, Paris, Michalon, p. 27-52.

GIRET Jean-François, 2009, « L'évolution des conditions d'insertion professionnelle des étudiants », *in* L. Gruel, O. Galland et G. Houzel (éd.), *Les étudiants en France. Histoire et sociologie d'une nouvelle jeunesse*, Rennes, Presses Universitaires de Rennes.

GOBLOT Edmond, 1984, *La barrière et le niveau. Etude sociologique sur la bourgeoisie franc,aise moderne*, Brionne, G. Monfort.

GOFFMAN Erving, 1968, *Asiles*, Paris, Minuit.

—, 1973, *La mise en scène de la vie quotidienne I. La présentation de soi*, Paris, Minuit.

—, 1974, *Les rites d'interaction*, Paris, Minuit.

—, 1975, *Stigmate*, Paris, Minuit.

GOLLAC Michel et LAULHÉ Pierre, 1987, « La transmission du statut social : l'échelle et le fossé », *Économie et statistique*, vol. 199, n° 1, p. 85-93.

GOLLAC Sibylle, 2005, « La fonction publique : une voie de promotion sociale pour les enfants des classes populaires ? », *Sociétés contemporaines*, n° 58, p. 41-64.

GRANFIELD Robert, 1991, « Making it by faking it. Working-class students in an elite academic environment », *Journal of Contemporary Ethnography*, vol. 20, n° 3, p. 331-351.

GRIGNON Claude, 1968, « L'orientation scolaire des élèves d'une école rurale », *Revue française de sociologie*, n° 9, p. 218-226.

—, 1991, « Racisme et racisme de classe », *Critiques sociales*, n° 2, p. 3-15.

—, 2008, « Des catégories aux hypothèses : la théorisation progressive », *Revue européenne des sciences sociales*, n° 142, p. 55-73.

GUÉHENNO Jean, 1990, *Changer la vie. Mon enfance et ma jeunesse*, Paris, Grasset.

HAJJAT Abdellali, 2012, *Les frontières de l'« identité nationale ». L'injonction à l'assimilation en France métropolitaine et coloniale*, Paris, La Découverte.

HAJJAT Abdellali et MOHAMMED Marwan, 2013, *Islamophobie. Comment les élites françaises fabriquent le « problème musulman »*, Paris, La Découverte.

HÉRAN François, 1988, « La sociabilité, une pratique culturelle », *Économie et statistique*, n° 1, p. 3-22.

HOGGART Richard, 1970, *La culture du pauvre. Étude sur le style de vie des classes populaires en Angleterre*, Paris, Minuit.

—, 1991, *33 Newport Street. Autobiographie d'un intellectuel issu des classes populaires anglaises*, Paris, Gallimard/Seuil.

HOIBIAN Sandra, 2010, *Vacances 2010: Les contraintes financières favorisent de nouveaux arbitrages*, Paris, CREDOC.

HOLLINGSHEAD August B., ELLIS R. et KIRBY E., 1954, « Social mobility and mental illness », *American Sociological Review*, vol. 19, n° 5, p. 577-584.

HOLLINGSHEAD August B. et REDLICH Frederick C., 1953, « Social Stratification and Psychiatric Disorders », *American Sociological Review*, vol. 18, n° 2, p. 163-169.

—, 1954, « Social Stratification and Schizophrenia », *American Sociological Review*, vol. 19, n° 3, p. 302-306.

HOPPER Earl, 1981, *Social mobility. A Study of Social Control and Insatiability*, Oxford, Blackwell.

HUGHES Everett C., 1996, *Le regard sociologique. Essais choisis*, Paris, EHESS.

HURST Allison, 2007, « Telling tales of oppression and dysfunction : narratives of class identity reformation », *Qualitative Sociology Review*, vol. 3, n° 2, p. 82-104.

IEP DE PARIS, 2006, « Conventions éducation prioritaire : bilan de l'année 2006 ».

INGRAM Nicola, 2011, « Within school and beyond the gate : The complexities of being educationally successful and working-class », *Sociology*, vol. 45, n° 2, p. 287-302.

ISAMBERT-JAMATI Viviane et SIROTA Régine, 1981, « La barrière, oui, mais le niveau ? », *Cahiers internationaux de sociologie*, vol. 70, p. 5-33.

JEANPIERRE LAURENT, 2010, « Frontière », *in* Olivier Christin (éd.), *Dictionnaire des concepts nomades en sciences humaines*, Paris, Métailié.

KAUFMAN Peter, 2003, « Learning to ot labor : How working-class individuals construct middle-class identities », *Sociological Quarterly*, vol. 44, n° 3, p. 481–504.

KENKEL William F., 1956, « The relationship between status consistency and politico-economic attitudes », *American Sociological Review*, vol. 21, n° 3, p. 365-369.

LAGRAVE Rose-Marie, 2010, « Se ressaisir », *Genre, sexualité & société*, n° 4.

LAHIRE Bernard, 1994, « Les raisons de l'improbable. Les formes populaires de la "réussite" à l'école élémentaire », *in* G. Vincent (éd.), *L'Éducation prisonnière de la forme scolaire ? Scolarisation et socialisation dans les sociétés industrielles*, Lyon, Presses Universitaires de Lyon, p. 73-108.

—, 1995, *Tableaux de familles. Heurs et malheurs scolaires en milieux populaires*, Paris, Seuil/Gallimard.

—, 1997, *Les manières d'étudier*, Paris, la Documentation française.

—, 1998, *L'homme pluriel. Les ressorts de l'action*, Paris, Nathan.

—, 2001, « Héritages sexués. Incorporation des habitudes et des croyances », *in* T. Blöss (éd.), *La Dialectique des rapports hommes-femmes*, Paris, Presses Universitaires de France, p. 9-25.

—, 2002, *Portraits sociologiques : dispositions et variations individuelles*, Paris, Nathan.

—, 2004, *La culture des individus. Dissonances culturelles et distinction de soi*, Paris, La Découverte.

— (éd.), 2011, *Ce qu'ils vivent, ce qu'ils écrivent : mises en scène littéraires du social et expériences socialisatrices des écrivains*, Paris, Archives contemporaines.

Lamont Michèle, 1995, *La morale et l'argent*, Paris, Métailié.

—, 2001, « Symbolic boundaries : Overview », *in* N. J. Smelser et P. B. Baltes (éd.), *International Encyclopedia of the Social & Behavioral Sciences*, Oxford, Pergamon.

—, 2002, *La Dignité des travailleurs*, Paris, Presses de Sciences Po.

Lamont Michèle et Molnár Virág, 2002, « The study of boundaries in the social sciences », *Annual Review of Sociology*, vol. 28, p. 167-195.

Lapierre Nicole, 2006, *Pensons ailleurs*, Paris, Stock.

Laurens Jean-Paul, 1992, *1 sur 500 : la réussite scolaire en milieu populaire*, Toulouse, Presses Universitaires du Mirail.

Laval Christian *et al.*, 2011, *La nouvelle école capitaliste*, Paris, La Découverte.

Lazuech Gilles, 1999, *L'exception franc,aise. Le modèle des grandes écoles à l'épreuve de la mondialisation*, Rennes, Presses Universitaires de Rennes.

Leclercq Catherine et Pagis Julie, 2011, « Les incidences biographiques de l'engagement », *Sociétés contemporaines*, n° 84, p. 5-23.

Lee Elizabeth et Kramer Rory, 2013, « Out with the old, in with the new ? Habitus and social mobility at selective colleges », *Sociology of Education*, vol. 86, n° 1, p. 18-35.

Lemaire Sylvie, 2005, « Les premiers bacheliers du panel. Aspirations, image de soi et choix d'orientation », *Éducation et formation*, n° 72, p. 197-153.

—, 2007 [DEPP], « Qui sont les nouveaux bacheliers inscrits en licence à la rentrée 2006 ? », Note d'information n° 07.11.

—, 2008 [DEPP], « Disparités d'accès et parcours en classes préparatoires », Note d'information n° 08.16.

Lenclud Gérard, 2013, *L'universalisme ou le pari de la raison : anthropologie, histoire, psychologie*, Paris, EHESS/Gallimard/Seuil.

LENSKI Gerhard E., 1966, *Power and Privilege : A Theory of Social Stratification*, New York, McGraw-Hill.

LIGNIER Wilfried, 2012, *La petite noblesse de l'intelligence. Une sociologie des enfants surdoués*, Paris, La Découverte.

MARGIRIER Gilles, 2004, « Quelles mobilités géographiques en début de vie active ? », *Formation et Emploi*, n° 87, p. 15-27.

MARTINET Marcel, 2004, *Culture prolétarienne*, Marseille, Agone.

MASCLET Olivier, 2006, *La gauche et les cités : enquête sur un rendez-vous manqué*, Paris, La Dispute.

MASSE Benjamin, 2002, « Rites scolaires et rites festifs : les "manières de boire" dans les grandes écoles », *Sociétés contemporaines*, vol. 47, n° 3, p. 101-129.

MASSON Philippe et SUTEAU Marc, 2010, « Réinterroger la relation entre école et mobilité sociale. Le cas des enfants d'agriculteurs et d'ouvriers dans l'Ouest », *Sociologie du Travail*, n° 52, p. 40-54.

MAUGER Gérard, 1994, « Les autobiographies littéraires. Objets et outils de recherche sur les milieux populaires », *Politix*, n° 27, p. 32-44.

—, 2004, « Annie Ernaux, ethnologue organique de la migration de classe », *in* F. Thumerel (éd.), *Annie Ernaux, une œuvre de l'entre-deux*, Arras, Presses de l'Université d'Artois, p. 177-203.

—, 2006a, *Les bandes, le milieu et la bohème populaire*, Paris, Belin.

—, 2006b, « Les transformations des classes populaires en France depuis trente ans », *in* P. Cours-Salies, J. Lojkine et M. Vakaloulis (éd.), *Nouvelles luttes de classes*, Paris, Presses Universitaires de France, p. 29-42.

MAUGER Gérard et POLIAK Claude F., 2000, « Lectures : masculin/féminin », *Regards sociologiques*, n° 19.

MAUSS Marcel, 2007, *Essai sur le don. Forme et raison de l'échange dans les sociétés archaïques*, Paris, Presses Universitaires de France.

MAYER Nonna, 1993, « Identité sociale et politique des petits commerçants (1966-1988) », *Vingtième Siècle. Revue d'histoire*, vol. 37, n° 1, p. 69-80.

MEMMI Dominique, 1996, « L'ascension sociale vue de l'intérieur : les postures de la conquête », *Cahiers internationaux de sociologie*, vol. 100, p. 33-58.

MERCKLÉ Pierre, 2005, « Une sociologie des "irrégularités sociales" est-elle possible ? », *Idées, la revue des sciences économiques et sociales*, n° 142, p. 22-29.

MERKLEN Denis et SAINT MARTIN Monique de, 2010, « Frontières sociales : divisions, mouvements », *in* M. de Saint Martin et M. D. Gheorghiu (éd.), *Éducation et frontières sociales*, Paris, Michalon, p. 9-24.

MERLE Pierre, 2012, « Carte scolaire et ségrégation sociale des établissements. Une analyse monographique des collèges rennais », *Espaces et sociétés*, n° 151, p. 103-121.

Merllié Dominique, 1994, *Les Enquêtes de mobilité sociale*, Paris, Presses Universitaires de France.

Merllié Dominique et Monso Olivier, 2007, « La destinée sociale varie avec le nombre de frères et soeurs », *France, portrait social-édition 2007*, INSEE, p. 135-153.

Merllié Dominique et Prévot Jean, 1997, *La mobilité sociale*, Paris, La Découverte.

Millet Mathias, 2003, *Les étudiants et le travail universitaire : étude sociologique*, Lyon, Presses Universitaires de Lyon.

Millet Mathias et Thin Daniel, 2007, « Scolarités singulières et déterminants sociologiques », *Revue française de pédagogie*, n° 161, p. 41-51.

Ministère de l'Enseignement Supérieur et de la Recherche [MESR] et Direction de l'Evaluation, de la Prospective et de la Performance [DEPP], 2011, *Repères et références statistiques sur les enseignements, la formation et la recherche*, Vanves.

—, 2012a, *Filles et garçons sur le chemin de l'égalité. De l'école à l'enseignement supérieur*, Vanves.

—, 2012b, *Repères et références statistiques sur les enseignements, la formation et la recherche*, Vanves.

Naudet Jules, 2011, L'expérience de la mobilité sociale : plaidoyer pour une approche par le discours », *Bulletin de Méthodologie Sociologique*, n°112, p. 43-62.

—, 2012, *Entrer dans l'élite. Parcours de réussite en France, aux États-Unis et en Inde*, Paris, Presses Universitaires de France.

Ndiaye Pap, 2008, *La condition noire. Essai sur une minorité franc,aise*, Paris, Calmann-Lévy.

Noiriel Gérard, 2006, *Le creuset franc,ais*, Paris, Seuil.

Oberti Marco, 2007, *L'école dans la ville. Ségrégation, mixité, carte scolaire*, Paris, Presses de Sciences Po.

Orange Sophie, 2010, « Le choix du BTS », *Actes de la recherche en sciences sociales*, n° 183, p. 32-47.

Observatoire de la vie étudiante [OVE], 2008, *Présentation des principaux résultats de l'enquête Conditions de vie des étudiants 2006*, Paris.

Pagis Julie, 2009, *Les incidences biographiques du militantisme en mai 68. Une enquête sur deux générations familiales : des « soixante-huitards » et leurs enfants scolarisés dans deux écoles expérimentales (Vitruve et Ange-Guépin)*, Thèse de doctorat, EHESS, Paris.

Pasquali Paul, 2011, « Caméras sur le terrain. Enquêter pendant un tournage », *Revue de synthèse*, vol. 132, n° 3, p. 351-367.

—, 2013, *Passer les frontières sociales. Promoteurs et bénéficiaires de l'« ouverture sociale » des grandes écoles dans la France contemporaine*, Thèse de doctorat en sociologie, EHESS.

Passeron Jean-Claude (éd.), 1999, *Richard Hoggart en France*, Paris, Bibliothèque publique d'information.
—, 2006, *Le Raisonnement sociologique*, Paris, Albin Michel.
Passeron Jean-Claude et Revel Jacques (éd.), 2005, *Penser par cas*, Paris, EHESS.
Pennetier Claude et Pudal Bernard (éd.), 2002, *Autobiographies, autocritiques, aveux dans le monde communiste*, Paris, Belin.
Peugny Camille, 2009, *Le déclassement*, Paris, Grasset.
—, 2013, *Le destin au berceau : inégalités et reproduction sociale*, Paris, Seuil.
Pialoux Michel, 1979, « Jeunes sans avenir et travail intérimaire », *Actes de la recherche en sciences sociales*, n° 26, p. 19-47.
Pierrel Arnaud, 2012, *Les « petits moyens » des grandes écoles*, mémoire de master 1, ENS-EHESS, Paris.
Pinçon Michel et Pinçon-Charlot Monique, 2006, *Grandes fortunes. Dynasties familiales et formes de richesse en France*, Paris, Payot et Rivages.
—, 2010, *Les millionnaires de la chance. Rêve et réalité*, Paris, Payot.
Pinto Vanessa, 2008, « Les étudiants animateurs : un petit boulot vocationnel », *Agora débats/jeunesses*, n° 48, p. 20-30.
—, 2010, « L'emploi étudiant et les inégalités sociales dans l'enseignement supérieur », *Actes de la recherche en sciences sociales*, n° 183, p. 58-71.
Pirus Claudine, 2011, « Les conditions d'habitat des enfants. Poids des structures familiales et de la taille des fratries », *France, portrait social-édition 2011*, INSEE.
Poliak Claude F., 1992, *La vocation d'autodidacte*, Paris, L'Harmattan.
—, 2002, « Manières profanes de "parler de soi" », *Genèses*, n° 47, p. 4-20.
Pons Adrien, 2007 [DEPP], « Les étudiants en classes préparatoires aux grandes écoles. Année 2006-2007 », Note d'information n° 07.37.
Poullaouec Tristan, 2010, *Le diplôme, arme des faibles. Les familles ouvrières et l'école*, Paris, La Dispute.
Pudal Bernard, 1989, *Prendre parti. Pour une sociologie historique du PCF*, Paris, Presses de la Fondation nationale des sciences politiques.
Rasera Frédéric, 2012, *Une ethnographie du métier de footballeur*, Thèse de doctorat, Université Lyon 2.
Reay Diane, 1998a, *Class work : Mother's Involvement in their Children's Primary Schooling*, London, University College Press.
—, 1998b, « Surviving in dangerous places. Working-class women, women's studies and higher education », *Women's Studies International Forum*, vol. 21, n° 1, p. 11-19.
Reay Diane, Crozier Gill et Clayton John, 2009, « "Strangers in Paradise" ? Working-class students in elite universities », *Sociology*, vol. 43, n° 6, p. 1103-1121.

RENAHY Nicolas, 2002, « Les transformations récentes du monde ouvrier », *Ecoflash*, n° 168.

—, 2010, « Classes populaires et capital d'autochtonie. Genèse et usages d'une notion », *Regards sociologiques*, n° 40, p. 9-26.

RETIÈRE Jean-Noël, 2003, « Autour de l'autochtonie. Réflexions sur la notion de capital social populaire », *Politix*, n° 63, p. 121-143.

REVEL Jacques (éd.), 1996, *Jeux d'échelles : la micro-analyse à l'expérience*, Paris, Gallimard/Seuil.

SABBAGH Daniel, 2006, « Une convergence problématique. Les stratégies de légitimation de la discrimination positive dans l'enseignement supérieur aux Etats-Unis et en France », *Politix*, vol. 73, n° 1, p. 211-229.

SAUNIER Pierre, 1993, *L'ouvriérisme universitaire : du sublime à l'ouvrier-masse*, Paris, L'Harmattan.

SAYAD Abdelmalek, 1999, *La double absence. Des illusions de l'émigré aux souffrances de l'immigré*, Paris, Seuil.

SCHOR Paul, 2009, *Compter et classer : histoire des recensements américains*, Paris, EHESS.

SCHOTTÉ Manuel, 2012, *La construction du « talent »: sociologie de la domination des coureurs marocains*, Paris, Raisons d'agir.

SCHWARTZ Olivier, 1998, *La notion de « classes populaires »*, Habilitation à diriger des recherches en sociologie, Saint-Quentin-en-Yvelines.

—, 2009, *Le monde privé des ouvriers : hommes et femmes du Nord*, Paris, Presses Universitaires de France.

SCOTT James C., 2008, *La domination et les arts de la résistance : fragments du discours subalterne*, Paris, Ed. Amsterdam.

SELZ Marion et MAILLOCHON Florence, 2009, *Le raisonnement statistique en sociologie*, Paris, Presses Universitaires de France.

SIBLOT Yasmine, 2006, « "Je suis la secrétaire de la famille !" La prise en charge féminine des tâches administratives entre subordination et ressource », *Genèses*, n° 64, p. 46-66.

SKEGGS Beverley, 1996, « Theorising, ethics ans representaion in feminist ethnography », *in* B. Skeggs (éd.), *Feminist cultural theory. Process and production*, Manchester, Manchester University Press, p. 190-206.

SOROKIN Pitirim, 1959, *Social and cultural mobility*, Glencoe (Ill.), Free Press.

SOUTRENON Emmanuel, 2005, « Le questionnaire ethnographique. Réflexions sur une pratique de terrain », *Genèses*, n° 60, p. 121-137.

STRAUSS Anselm L., 2006, *The Contexts of Social Mobility : Ideology and Theory*, New Brunswick, Aldine Transaction.

TERRAIL Jean-Pierre, 1990, *Destins ouvriers : la fin d'une classe ?*, Paris, Presses Universitaires de France.

THÉLOT Claude, 1982, *Tel père, tel fils ? Position sociale et origine familiale*, Paris, Dunod.

THÉVENOT Laurent, 1990, « La politique des statistiques : les origines sociales des enquêtes de mobilité sociale », *Annales. Économies, Sociétés, Civilisations*, vol. 45, n° 6, p. 1275-1300.

THOMAS William I. et ZNANIECKI Florian (éd.), 1998, *Le paysan polonais en Europe et en Amérique : récit de vie d'un migrant (Chicago, 1919)*, Paris, Nathan.

THOMPSON Edward Palmer, 2012, *La formation de la classe ouvrière anglaise*, Paris, Seuil.

THUMEREL Fabrice, 2011, « Retour à/retour sur… Sociogenèse d'un paradigme heuristique », *Tumultes*, vol. 36, n° 1, p. 77-90.

TILLY Charles, 2004, « Social boundary mechanisms », *Philosophy of the Social Sciences*, vol. 34, n° 2, p. 211-236.

TIPHAINE Béatrice, 2002, « Etudes supérieures et départ du domicile parental », *OVE Infos*, n° 3.

TURNER Ralph J., 1968, « Social mobility and schizophrenia », *Journal of Health and Social Behavior*, vol. 9, n° 3, p. 194-203.

—, 1997, « Compétition ou parrainage. Les mécanismes de la mobilité sociale et le système », *in* J.-C. Forquin (éd.), *Les sociologues de l'éducation américains et britanniques. Présentation et choix de textes*, Paris, Bruxelles, INRP/De Boeck, p. 91-110.

VALLET Louis-André, 1999, « Quarante années de mobilité sociale en France. L'évolution de la fluidité sociale à la lumière de modèles récents », *Revue Française de Sociologie*, vol. 40, n° 1, p. 5-64.

VANDERSCHELDEN Mélanie, 2006, « Homogamie socioprofessionnelle et ressemblance en termes de niveau d'études : constat et évolution au fil des cohortes d'unions », *Économie et statistique*, n° 398-399, p. 33-58.

VERRET Michel, 1995, *Chevilles ouvrières*, Paris, L'Atelier.

VIGNA Xavier, 2012, *Histoire des ouvriers en France au XX*e *siècle*, Paris, Perrin.

VOURC'H Ronan, 2003, « Loisirs et pratiques culturelles des étudiants », *OVE Infos*, n° 7.

WACHTEL Nathan, 1974, « L'acculturation », *in* J. Le Goff et P. Nora (éd.), *Faire de l'histoire*, Paris, Gallimard, p. 124-146.

WAGNER Anne-Catherine, 1998, *Les nouvelles élites de la mondialisation. Une immigration dorée en France*, Paris, Presses Universitaires de France.

WEBER Florence, 1989, *Le travail à-côté : étude d'ethnographie ouvrière*, Paris, France, INRA-EHESS.

—, 1995, « L'ethnographie armée par les statistiques », *Enquête*, n° 1, p. 153-165.

—, 2009, *Manuel de l'ethnographe*, Paris, Presses Universitaires de France.

WEIL Patrick, 2005, *La république et sa diversité : immigration, intégration, discriminations*, Paris, Seuil.

WHYTE William F., 2002, *Street Corner Society. La structure sociale d'un quartier italo-américain*, Paris, La Découverte.

WIEVIORKA Michel, 2008, *La Diversité : rapport à la ministre de l'Enseignement supérieur et de la recherche*, Paris, Robert Laffont.

WILLIS Paul, 2011, *L'école des ouvriers : comment les enfants d'ouvriers obtiennent des boulots d'ouvriers*, Marseille, Agone.

WRIGHT MILLS Charles, 1966, *Les cols blancs*, Paris, Maspero.

—, 1969, *L'élite du pouvoir*, Paris, Maspero.

VAN ZANTEN Agnès, 2009, « Le choix des autres. Jugements, stratégies et ségrégations scolaires », *Actes de la recherche en sciences sociales*, n° 180, p. 24-34.

—, 2010, « L'ouverture sociale des grandes écoles : diversification des élites ou renouveau des politiques publiques d'éducation ? », *Sociétés contemporaines*, n° 3, p. 69-95.

ZARCA Bernard, 1979, « Artisanat et trajectoires sociales », *Actes de la recherche en sciences sociales*, n° 1, p. 3-26.

—, 1995, « L'héritage et la mobilité sociale au sein de la fratrie I. L'héritage et la mobilité sociale différentielle des frères », *Population*, vol. 50, n° 2, p. 331–56.

Remerciements

Je tiens tout d'abord à remercier les élèves et les enseignants qui ont participé à l'enquête. Sans leur confiance et leur générosité, je n'aurais pas pu travailler dans d'aussi bonnes conditions. J'espère qu'ils se retrouveront, d'une manière ou d'une autre, dans les descriptions et les analyses exposées dans ce livre, qui est aussi le leur. Je voudrais aussi exprimer ma gratitude envers les personnels d'administration du lycée Coty qui m'ont aidé tout au long de mon enquête, notamment en collaborant à la passation du questionnaire et en mettant à ma disposition des archives très précieuses pour ma recherche.

Je suis également redevable aux trois personnes qui m'ont accompagné aux différentes phases de la fabrication éditoriale de ce livre : Sophie de Closets, Diane Feyel et Patrick Weil. Leur confiance et leur bienveillance m'ont permis de prendre beaucoup de plaisir à écrire cet ouvrage.

Je tiens ensuite à dire ma reconnaissance la plus vive envers Stéphane Beaud et Gérard Mauger, les co-directeurs de ma thèse, pour leurs précieux conseils, leur écoute attentive et leurs encouragements tout au long de ma recherche. Une mention spéciale pour Michel Pialoux, qui a été un lecteur et un interlocuteur de premier plan à toutes les étapes de mon travail. Je remercie aussi les membres de mon jury de thèse, pour leurs remarques constructives : Muriel Darmon, Frédéric Sawicki, Olivier Schwartz et Agnès van Zanten.

Mes remerciements les plus chaleureux à celles et ceux qui ont accepté de relire un ou plusieurs chapitres des versions antérieures du présent ouvrage : Lise Bernard, Jean-Claude Chamboredon, Jean-Baptiste Comby, Delphine, François, Abdellali Hajjat, Mathieu Hauchecorne, Isa, Marie L., Wilfried Lignier, Pascal Marichalar, Julie Pagis, Hélène Pialoux, Monique Pinçon-Charlot, Nicolas Renahy et Magali. J'ai par ailleurs beaucoup appris de mes échanges avec Anne-Marie Arborio, Christian Baudelot, Céline Bessière, Émilie Biland, Ivan Bruno, Thibault Cizeau, Pierre Clément, Jean-Claude Combessie, Bertrand Geay, Sibylle Gollac, Pierre Fournier, Samir Hadj-Belgacem, Cédric Hugrée, Daniele Inda, Liora Israël, Marie J., Annick Kieffer, Rose-Marie Lagrave, Sylvain Laurens, Brice Le

Gall, Francis Lebon, Dominique Memmi, Julian Mischi, Françoise Oeuvrard, Étienne Ollion, Jean-Claude Passeron, Sylvain Pattieu, Étienne Pénissat, Amin Pérez, Michel Pinçon, Sophie Pochic, Romain, Mandana Saedi, Monique de Saint-Martin, Tim, Benoît Trépied, Fabien Truong et Florence Weber. Je souhaite aussi remercier tous les membres du Centre Maurice Halbwachs, en particulier Arlette Mollet et Nicole Ruster, grâce auxquels j'ai pu travailler dans un environnement chaleureux et stimulant.

Ma gratitude est infinie envers celles et ceux qui m'ont permis de garder le cap : ma mère, Alex, Nico, Marinette, Bernard, Mimi, François, Delphine, Pierre G., Vincent, Hervé, Dounia, Hélène O. et Isa. Enfin, un immense merci à Caroline. Sans elle, ce livre n'aurait sans doute jamais vu le jour.

Table des matières

PAPIER À BASE DE
FIBRES CERTIFIÉES

Fayard s'engage pour
l'environnement en réduisant
l'empreinte carbone de ses livres.
Celle de cet exemplaire est de :
1,650 kg éq. CO_2
Rendez-vous sur
www.fayard-durable.fr

Achevé d'imprimer en Italie par Grafica Veneta
36-4682-5/01 - Dépôt légal: septembre 2014